Rose Marie Donhauser

KÜCHEN DER WELT
VON A BIS Z

Lexikon der Länderküchen und Kochstile
mit 300 Rezepten

Illustrationen von Therese Schneider

Verlagshaus Jacoby & Stuart

INHALT

Eine kulinarische Reise um die Welt

Auf Reisen rund um die Welt probieren wir immer wieder aufs Neue fremde Spezialitäten, und diese ungewohnten Geschmackserlebnisse bleiben in unserem kulinarischen Gedächtnis haften. Wir möchten mehr über die Besonderheiten der einzelnen Küchen, die typischen Produkte, Gewürze und Zubereitungsarten erfahren und auch selbst mal das eine oder andere Gericht am eigenen Herd ausprobieren.

Und genau das macht dieses Lexikon möglich. Es stellt in kompakten Porträts von A wie ABC-Inseln bis Z wie Zen-Küche typische Produkte und Gerichte, spezielle Zubereitungsarten sowie Essgewohnheiten vor; wichtige landeskundliche Informationen werden gleich mitliefert. Außerdem gibt es zu jeder der 72 Länderküchen und jedem der 23 Kochstile mehrere Rezepte (allein die Molekularküche muss ohne Rezepte auskommen, denn kaum ein Haushalt verfügt über die notwendigen Gerätschaften).

So können Sie nach Lust und Laune mal ein schwedisches, mal ein kenianisches und mal ein türkisches Gericht nachkochen oder sich an ayurvedischen, makrobiotischen oder kreolischen Speisen versuchen.

Die alphabetische Sortierung und rote Registermarken bieten Orientierungshilfe bei der Suche nach bestimmten Einträgen. Pfeile in den Texten verweisen auf weiterführende Informationen in anderen Kapiteln. Und zur Kennzeichnung der einzelnen Textsorten gibt es drei Icons: Nationalküchen sind mit der jeweiligen Landesflagge 🇵🇹 gekennzeichnet, geographische Regionen mit einer Weltkugel 🌍 und Kochstile mit einem gekreuzten Besteck 🍴. Zwei ausführliche Register erleichtern überdies die Suche nach Rezepten.

So können Sie buchstäblich über den eigenen Tellerrand blicken, in ganz unterschiedliche Küchentraditionen hineinschnuppern und die Aromen ferner Länder zu sich nach Hause holen.

Viel Spaß bei dieser kulinarischen Entdeckungsreise, fröhliches Nachkochen und guten Appetit!

ABC-INSELN

Aruba, Bonaire und Curaçao, als ABC-Inseln bekannt, gehören zu den südlichen Antillen und sind der venezolanischen Küste vorgelagert. Ursprünglich waren die drei Inseln von den Arawak-Indianern besiedelt, die allerdings schon früh von den Spaniern ausgerottet wurden. 1634 brachten niederländische Kolonialherren die ABC-Inseln unter ihre Herrschaft. Mehr als 200 Jahre lang war Curaçao Zentrum des karibischen Sklavenhandels, bis die Niederländer schließlich 1863 die Sklaverei abschafften. Die ABC-Inseln gehören bis heute zum Königreich der Niederlande; allein Aruba nimmt seit 1986 einen Sonderstatus ein. Amtssprache ist Niederländisch, die Muttersprache von rund 90 Prozent der knapp 300 000 Bewohner jedoch ist Papiamento, eine Kreolsprache, die sich vor allem aus Elementen des Spanischen, Portugiesischen und Niederländischen zusammensetzt.

Die Inseln unter dem Winde, zu denen die Inselgruppe gehört, stehen unter dem Einfluss des Nordost-Passats. Im gleichmäßig warmen, regenarmen Klima sind die Böden der ABC-Inseln kaum für den landwirtschaftlichen Anbau nutzbar. Das nahe gelegene Venezuela ist deshalb Hauptlieferant von landwirtschaftlichen Produkten. Die Küche der ABC-Inseln ist genauso bunt wie das hier lebende Völkergemisch. Neben zahlreichen Nachkommen afrikanischer Sklaven leben Menschen verschiedenster Nationen, die in der hier ansässigen Erölindustrie Arbeit gefunden haben.

Die Küche ist vornehmlich afro-kreolisch geprägt, weist aber auch → niederländische und andere europäische Einflüsse auf. Aus den heimischen Kakteen wird Kaduschi zubereitet, eine Suppe, in die auch Schweinefleisch, Fisch und Basilikum gehören. Weitere Spezialitäten sind Kabritu stoba (geschmortes Ziegenfleisch), Giambo (Okrasuppe), Baked pawpaw (überbackene Papaya), Sopa de col (Kohlsuppe), Jambalaya (Reistopf mit Fleisch und Gemüse), Surullitos (gebackene Teigstangen mit Käse) und mit Edamer überbackener Spargel. Wie überall in der Karibik werden auch auf den ABC-Inseln aus Ananas, Papaya, Mango und Kokosnuss Milchshakes und Fruchtcocktails gemixt, die häufig noch mit Rum und vor allem Curaçao vermischt werden. Dieser nach der Insel benannte weltberühmte Likör wird aus der Schale der inseltypischen Bitterorangen, den Pomeranzen, hergestellt und mit blauen, seltener mit roten Farbstoffen versetzt. Da der Markenname nicht geschützt ist, wird Curaçao heute überall hergestellt, einzig Curaçao of Curaçao wird auf der Insel produziert.

Sopa de fideo (Nudelsuppe aus Curaçao)

Für 4 Portionen:
1 große Zwiebel
2 Knoblauchzehen
250 g Tomaten
100 g Edamer
5 EL Olivenöl
50 g Fadennudeln (Suppennudeln)
250 ml Tomatensaft
750 ml Fleisch- oder Gemüsebrühe
Salz, schwarzer Pfeffer
1 Prise Zucker
2 EL fein gehackte Petersilie

- Zwiebel und Knoblauchzehen schälen und fein hacken. Tomaten überbrühen, häuten, entkernen und in Würfel schneiden. Edamer würfeln.
- In der Hälfte des Olivenöls die ungekochten Nudeln kross ausbraten und dann auf Küchenpapier legen. Das restliche Olivenöl in den Topf gießen und Zwiebel, Knoblauch und Tomatenwürfel darin andünsten.
- Mit Tomatensaft und Brühe aufgießen und etwa 15 Minuten köcheln lassen. Mit Salz, Pfeffer und Zucker würzen.
- Kurz vor dem Servieren Petersilie, Nudeln und Käsewürfel einrühren.

Poulet rôti à la créole (Hähnchen mit Bananenfüllung aus Aruba)

Für 4 Portionen:
1 küchenfertiges Hähnchen von 1 kg
Salz, schwarzer Pfeffer
400 g Kochbananen
2 Knoblauchzehen
100 g Weißbrot
Saft von 1 Limette
1 EL gehackter frischer Thymian
3 EL Rum
1 kräftige Prise Cayennepfeffer
2 EL flüssige Butter

- Hähnchen innen und außen mit Salz und Pfeffer würzen.
- Kochbananen in kleine Würfel schneiden, Knoblauchzehen abziehen und fein hacken. Weißbrot grob würfeln. Die vorbereiteten Zutaten mit Limettensaft, Thymian, Rum und Cayennepfeffer vermengen und das Hähnchen damit füllen.
- Das gefüllte Hähnchen mit Butter bepinseln, in eine Form setzen und auf mittlerer Schiene im vorgeheizten Backofen bei 180 °C (Umluft 160 °C) etwa 1 Stunde garen. Dabei zwei- bis dreimal wenden und mit Butter einpinseln.
- Zum Servieren in vier Teile schneiden. Dazu passen geschmorte Okraschoten.

Keshi yena (Gefüllter Käse aus Bonaire)

Für 4 Portionen:
750 g Hähnchenfleisch
1 Zwiebel
3 Tomaten
1 rote Paprikaschote
2 hartgekochte Eier
100 g grüne Oliven
2 EL Kapern
50 g Rosinen
Salz, schwarzer Pfeffer
Saft von 1 Limette
½ TL Tabasco
1 mittelgroßer Laib Edamer Käse
(in der roten Wachshülle)
1 Eigelb zum Bestreichen
Butter für die Form

- Hähnchenfleisch in kleine Würfel schneiden. Zwiebel schälen und fein hacken. Tomaten überbrühen, häuten, entkernen und in kleine Würfel schneiden. Paprikaschote waschen, entkernen und würfeln. Eier, Oliven und Kapern fein hacken.

- Die vorbereiteten Zutaten mit den Rosinen gründlich vermengen und mit Salz, Pfeffer, Limette und Tabasco kräftig würzen.
- Vom Käselaib den Deckel abschneiden, die rote Wachsschicht vom gesamten Käse entfernen und die Kugel vorsichtig aushöhlen. Mit dem verquirlten Eigelb innen auspinseln, die Hähnchenfleischmischung einfüllen und den Deckel aufsetzen.
- Ein großes Stück Alufolie mit Butter bestreichen. Den gefüllten Käse darauf setzen, mit der Folie umhüllen und in eine passende Backform stellen. Die Backform wiederum in ein Behältnis mit siedendem Wasser stellen. Dann auf mittlerer Schiene im vorgeheizten Backofen bei 180 °C (Umluft 160 °C) etwa 1 Stunde garen.
- Käse mit der Alufolie aus der Backform nehmen und auf eine Servierplatte setzen. Mit einem Messer in Stücke schneiden und dazu frittierte Süßkartoffeln servieren.

AFGHANISTAN

Die islamische Republik Afghanistan grenzt im Westen an den Iran, im Norden an Turkmenistan, Usbekistan und Tadschikistan, im Osten und Süden an China und Pakistan. Die rund 32 Millionen Einwohner des Vielvölkerstaates leben zum größten Teil in ländlichen Gebieten.

Afghanistan ist ein Land der Gegensätze, mit den wohl extremsten Temperaturunterschieden weltweit. In den südlichen Wüstengebieten können Temperaturen von mehr als 50 °C erreicht werden, während es im Hochland bisweilen kälter als minus 50 °C wird. Dies erklärt auch, warum die afghanische Speisekarte quer durch das Land sehr abwechslungsreich ist. Durch ausgeklügelte Bewässerungssysteme können im Osten Zitrusfrüchte, Zuckerrohr und Oliven gedeihen, am Nord- und Südrand herrscht karge Trockenheit, im Süden des Landes wachsen noch heute wilde, nicht kultivierte Pistazien, die allerdings von Abholzung bedroht sind. Viele Anbaugebiete sind durch den Krieg in Mitleidenschaft gezogen, und so fallen die Ernten in den ausgedehnten Flussoasen um Herat, Farah, Kandahar, Kabul, Mazar-e Scharif und Kunduz, wo stets reichlich Obst, Getreide und Gemüse geerntet wurde, geringer aus. Herat rühmte sich einst seiner 72 Traubensorten, heute werden hier Melonen, Granatäpfel, Mandeln, Trauben und Datteln angebaut.

Viele Kulturpflanzen, zum Beispiel Weizen, Erbsen, Möhren und Zwiebeln, sollen ihren Ursprung in Afghanistan haben. Pfirsich und Rhabarber dagegen fanden aus China, die Orange aus Malaysia ihren Weg hierher. Aus Amerika kamen Paprika, Chili, Tomaten, Sonnenblumen und Mais. Die wichtigsten und ältesten Grundnahrungsmittel sind Weizen, Hirse und Gerste, erst ein paar Jahrhunderte später, nach der Mongolenherrschaft, setzte sich auch der Reis durch. Ein weiteres kulinarisches Erbe der zentralasiatischen Reitervölker sind die Milchprodukte, die heute aus der afghanischen Küche nicht mehr wegzudenken sind. Da gibt es zum Beispiel Joghurt in verschiedenen Konsistenzen, wie dickcremige Tschaka, den festen Käse Aschawa panir oder den getrockneten Rohkäse Panir-e kham. Ein Erbe der Mongolen sind auch die Mehlspeisen, dazu gehören Mantu (gedämpfte Teigtaschen mit Fleischfüllung) und Aschak (Nudeltaschen mit Lauchfüllung).

Das wichtigste Grundnahrungsmittel ist Nan (Fladenbrot), das vor allem aus Weizenmehl hergestellt wird. Im hauseigenen flachen Wok werden Nan, Nan-e paraki (hauchdünnes Fladenbrot), Nan-e roghani (Brot mit Öl oder Butterschmalz), Nan-e dschawari (Maisbrot) oder Bolani (Teigtaschen mit Gemüsefüllung) zubereitet. Brot ist heilig und wird zu allen Mahlzeiten gereicht, sei es zu Kabab (Fleischspießen) oder zu Schorba (Suppen). Die bevorzugte Fleischsorte ist Lamm, daneben werden Ziege, Geflügel, Rind und Kamel gegessen – Schweinefleisch ist in dem islamisch geprägten Land tabu.

Großer Beliebtheit erfreuen sich die Palau (Reisgerichte), die mit verschiedenen Zutaten verfeinert werden. Qabeli palau etwa wird mit fein geschnittenen Karotten, Rosinen, Mandeln und Pistazien zubereitet. Tschalau ist ein weißer Reis, der zu verschiedenen Fleisch-Gemüse-Saucen, den Qorma, gereicht wird. Bei beiden Reisgerichten wird der Reis knusprig gebacken: Dazu wird er eingeweicht, dann fast gar gekocht und schließlich in Öl knusprig gebraten. Die Kruste, die sich am Topfboden bildet, gilt dabei als Delikatesse. Mit dem »Dickreis« Berendsch-e luk, einem Rundkornreis, werden Schola oder Bata, pikante oder süße Gerichte zubereitet. Sehr verbreitet ist Ketschri qorut, ein Brei aus Dickreis und Mungobohnen mit Hackfleisch und Joghurt.

Die sehr aromareiche afghanische Küche verwendet zum Würzen vorzugsweise Ajowan (ähnlich wie Anis), getrocknetes Berberitzenpulver, Bockshornkleesamen, Kardamom, Ingwer, Fenchel, Chili, Koriander, Kreuzkümmel, Kurkuma, Nelken, Safran und Schwarzkümmel. Bei einer Mahlzeit werden verschiedene Speisen wie Salat, eingelegtes Gemüse, Brot und Joghurt gleichzeitig gereicht.

Zum Essen gibt es sommers wie winters stark gesüßten schwarzen oder grünen Tee, der in Gläsern serviert wird. Alternativ trinkt man ungesüßten Tee und lässt dabei Würfelzucker im Mund zergehen oder nascht Süßigkeiten wie Rosinen, gezuckerte Mandeln oder Kichererbsen. Die Essgewohnheiten variieren stark je nach Stadt und Region, und insbesondere in ländlichen Gegenden ist es üblich, dass Männer und Frauen die Mahlzeiten getrennt einnehmen. Traditionell sitzt man in Afghanistan beim Essen auf dem Boden um ein ausgebreitetes Tuch, auf dem die Speisen angerichtet sind, und isst mit der rechten Hand: Dabei wird der Reis mit den Fingern der rechten Hand zu einer Kugel geformt, in Sauce gedippt und mit dem Daumen in den Mund geschoben. In den Städten allerdings werden nicht nur den Gästen Löffel und Gabel gereicht, auch die Afghanen verwenden zunehmend Besteck.

Tschatni-e sir (Knoblauchsauce)

Für 4 Portionen:
10 Knoblauchzehen
3 EL Weinessig
5 EL Olivenöl
100 g gemahlene Mandeln
frisch gemahlener weißer Pfeffer
Saft von 2 Zitronen

- Knoblauchzehen abziehen, fein hacken und 30 Minuten in Weinessig einlegen. Abtropfen lassen und mit Olivenöl, Mandeln, Pfeffer und Zitronensaft im Mörser gründlich zerreiben.
- Diese Knoblauchsauce lässt sich als Universalwürze oder Sauce zum Dippen verwenden.

Qorma-e golpi (Blumenkohl und Hähnchenfleisch in Currysauce)

Für 4 Portionen:
400 g Hähnchenbrust
3 cm frische Ingwerwurzel
1 Zwiebel
3 Knoblauchzehen
3 EL Pflanzenöl
800 g Blumenkohlröschen
1 EL Currypulver
Saft von ½ Zitrone
Salz, schwarzer Pfeffer
4 Tomaten

• Hähnchenfleisch in mundgerechte Stücke schneiden. Ingwer, Zwiebel und Knoblauchzehen schälen und fein würfeln. In heißem Pflanzenöl einige Minuten glasig dünsten, dann die Fleischwürfel untermischen und braten.

• Sobald das Fleisch gebräunt ist, die Blumenkohlröschen einschwenken und mit Curry, Zitronensaft, Salz und Pfeffer würzen. Mit 250 ml Wasser begießen, aufkochen und bei mittlerer Hitze etwa 40 Minuten schmoren lassen.

• Tomaten überbrühen, häuten, entkernen und würfeln. Die Tomatenwürfel einschwenken, mit Salz und Pfeffer abschmecken und servieren. Dazu Knisterreis reichen (s. Rezept unten).

Tschalau (Knisterreis)

Für 4 Portionen:
500 g Langkornreis
1 EL Salz
2 EL Pflanzenöl
5 EL Buttermilch
1 EL Kümmel
6 zerstoßene Kardamomkapseln

• Reis gründlich spülen, mit warmem Wasser bedecken und etwa 2 Stunden einweichen; anschließend in einem Sieb abtropfen lassen.

• 1,5 l Wasser mit Salz aufkochen, den Reis einstreuen und in etwa 10 Minuten bissfest garen. In ein Sieb gießen und abtropfen lassen.

• Mit Pflanzenöl, Buttermilch, Kümmel und Kardamom vermischen und den Reis im geschlossenen Topf so lange weiter garen, bis der Dampf entwichen ist und der Reis anfängt zu knistern.

• Der Reis ist fertig, wenn sich am Topfboden eine goldgelbe Reisschicht gebildet hat.

Halwah-e swanak (Honig-Walnuss-Konfekt)

Für 4 Portionen:
150 g Walnüsse
200 g Honig
200 g Zucker
2 EL Pflanzenöl
250 g Mehl
50 g Pistazien

- *Walnüsse grob hacken. In einer breiten Pfanne unter ständigem Rühren mit einem Holzspatel Honig und Zucker auflösen. Vorsichtig Pflanzenöl unterrühren, nach und nach Mehl einstreuen und glattrühren.*
- *Einige Minuten bräunen lassen und dabei Walnüsse und Pistazien hinzufügen.*
- *Den Pfanneninhalt auf eine glatte, kalte Fläche (möglichst Marmor) gießen und abkühlen lassen. Mit einem scharfen Messer die fest gewordene Masse in kleine Rechtecke schneiden. Zum Tee servieren.*

AFRIKA

Auf dem drittgrößten Kontinent der Erde leben rund 930 Millionen Menschen, was etwa 15 Prozent der gegenwärtigen Weltbevölkerung entspricht. Die sehr heterogenen Völker in den 53 Staaten kommunizieren in mehr als 2000 afrikanischen Sprachen, davon sind etwa 50 Sprachen stärker verbreitet. In den ehemaligen europäischen Kolonien werden außerdem Englisch, Französisch, Niederländisch, Italienisch, Portugiesisch, Spanisch und Deutsch gesprochen. Natürlich gibt es bei diesem Vielvölkergemisch und den verschiedenen klimatischen und geographischen Voraussetzungen auch unterschiedliche kulinarische Gewohnheiten; allerdings ist Nahrung in vielen Teilen Afrikas ohnehin ein rares Gut, da durch Bürgerkriege und Dürre die Beschaffung von Lebensmitteln vielfach schwierig ist.

Traditionell wird der Kontinent kulinarisch grob in vier Regionen unterteilt: die nordafrikanische, die südafrikanische, die äthiopische und die schwarzafrikanische Küche.

Die arabisch geprägte nordafrikanische Küche umfasst die ans Mittelmeer grenzenden Länder nördlich der Sahara, insbesondere → Marokko, → Algerien und → Tunesien sowie → Ägypten. Hier finden Fisch und Meeresfrüchte, Lamm- und Schaffleisch, Couscous, vielerlei Gemüse und Früchte wie Datteln, Oliven, Mandeln, Weintrauben und Kichererbsen reichlich Verwendung. Gewürzt wird mit Minze, Kreuzkümmel, Muskat, Zimt, Koriander, Petersilie und Safran. Die beliebtesten Gewürzmischungen sind Harissa, Baharat und Ras el-hanout.

Die → südafrikanische Küche ist geprägt von kulinarischen Einflüssen europäischer Einwanderer aus Holland, Deutschland und Frankreich, aber auch von asiatischen Einflüssen, vor allem aus Indien, Malaysia und Indonesien. Die sogenannte Kapküche ist deshalb heute eine bunte Mischung aus nationalen und internationalen Gerichten und Essgewohnheiten.

Die äthiopische Küche unterscheidet sich sowohl von der schwarzafrikanischen als auch von der orientalischen Küche. In dem sehr armen nordostafrikanischen Land wie auch im benachbarten Eritrea, dessen Küche vergleichbar ist, bildet Injera, ein mild gesäuertes, pfannkuchenähnliches Fladenbrot, das Grundnahrungsmittel. Injera wird aus Teff hergestellt, einem Getreide, das nur am Horn von Afrika angebaut wird, und mit verschiedenen Wot (Saucen) gegessen. Reine Gemüsesaucen, etwa aus Karotten, Kartoffeln oder Linsen, heißen Fasting, Fleischsaucen aus Rind, Lamm oder Huhn werden Besiga genannt. Die variantenreichen Wot können mild bis sehr scharf sein und werden mit dem Fladenbrot, das als Besteckersatz dient, getunkt. Injera vom Vortag wird zum Frühstück als Firfir, das heißt eingelegt in Tomaten- oder Fleischsauce, oder mit Trockenfleisch gegessen. Sehr verbreitet ist auch Alidscha, ein vegetarisches Gericht aus frischem Gemüse und Linsen sowie Yataklete kilkil (eine Gemüsepfanne) und Azifa (grüner Linsensalat). Typisch sind ebenfalls scharfe Gerichte mit Huhn, die mit Berbere, einer scharfen Gewürzmischung, zubereitet werden. In Eintopfgerichten mit Gemüse und/oder Fleisch sind oft Erdnüsse oder Erdnussbutter enthalten. An Festtagen gibt es Doro wot (mit hartgekochten Eiern und Berbere gefülltes Huhn).

Typische Getränke sind Tella, ein dunkles Bier, bei dem die Gerste mit Gersho (einem einheimischen Blattgewächs) gegoren wird, und Karibo, die alkoholfreie Variante. Auch Tej (süßer Honigwein) ist beliebt. Außerdem wird in ganz Äthiopien, das als Ursprungsland des Kaffees gilt, Kaffee getrunken, allerdings nicht mit Zucker, sondern – für europäische Gaumen ungewohnt – mit Salz.

Die schwarzafrikanische Küche umfasst die Küchen Ost-, Zentral- und Westafrikas, also die kulinarischen Gewohnheiten der indigenen Bevölkerung Afrikas südlich der Sahara. Sie zeichnet sich durch die Verwendung bestimmter Grundzutaten aus, die in ganz Schwarzafrika angebaut werden: Dazu gehören Hirse, Mais, Reis, Maniok und Yamswurzeln sowie Bananen (stärkehaltige Kochbananen und Gemüsebananen), Okraschoten, Erdnüsse, Kürbisse und Straucherbsen, außerdem Obst, etwa Zitrusfrüchte und Ananas, sowie Früchte und Samen des Affenbrotbaums.

Hirse bildet die Grundlage der meisten Mahlzeiten. Sie wird im Mörser zerstoßen, zu einem dicken Brei verkocht und mit verschiedenen Saucen gegessen. Auch Mais, Maniok und Yams sind wichtige Grundnahrungsmittel, die ebenfalls oft zu Brei verarbeitet werden. Zum täglichen Getreidebrei werden Früchte und Gemüse, etwa Ananas, Zitrusfrüchte, Radieschen, Kohlrabi, aber auch viele außerhalb Afrikas unbekannte Pflanzen wie Juteblätter, wilder Spinat, Kalembula, Morogo oder wilder Sesam gegessen. Sehr beliebt ist Ishu (gegarte Yamswürfel); aus Yams, Maniok, Süßkartoffeln und/oder Kochbananen wird in Westafrika außerdem Fufu zubereitet, ein fester Brei, aus dem Klöße geformt werden, die man in eine Sauce tunkt, zum Beispiel in Abenkwain (mit Palmcreme und Rindfleisch). In den Küstengebieten und rund um die großen Seen wird viel Fisch gegessen, Fleisch dagegen spielt in der traditionellen schwarzafrikanischen Küche, die von einer größtenteils armen Bevölkerung gepflegt wird, eine untergeordnete Rolle und wird meist für Eintöpfe verwendet oder zu Brei gereicht. Dabei ist es durchaus üblich, Fleisch und Fisch zu kombinieren. In der gehobeneren Küche Schwarzafrikas gibt es auch Gerichte mit Hähnchen, Gans, Ente, Perlhuhn, Kaninchen und Rind. Und natürlich wird auch Bushmeat (Wildfleisch) zubereitet, das von Antilopen, Schlangen, Affen, Rohrratten oder Fledermäusen stammt. Typisch für die westafrikanischen Länder sind Pepe soup, auch Pepe supi genannt (eine Suppe mit Fisch- oder Ziegenkopf), und Dodo plantain (frittierte Bananenscheiben). Eine zentralafrikanische Spezialität ist Dongo-Dongo (Gemüseeintopf mit geräuchertem Fisch). Unter den schwarzafrikanischen Küchen zählt die → kenianische zu den abwechslungsreichsten.

Gewürzt wird vor allem mit Salz und Cayennepfeffer, aber auch mit Kurkuma, Chili, Kubebenpfeffer, Ingwer, Thymian, getrockneten Baobabblättern, Sesam und Zitronengras.

Viele Speisen werden mit Palmöl zubereitet, und bei der Herstellung von Saucen und Eintöpfen spielen Erdnüsse eine wichtige Rolle. Der unvergleichliche Geschmack vieler afrikanischer Speisen rührt auch vom Mitkochen von Dörrobst her. Aus Haltbarkeitsgründen werden die meisten Früchte getrocknet und nicht nur als Snack oder Nachspeise verzehrt, sondern eben auch in herzhaften Gerichten mitgekocht, die dadurch oft einen leicht süßsäuerlich, fruchtigen Geschmack erhalten.

Die Mahlzeiten werden in Afrika stets in großer, geselliger Runde eingenommen. Getrunken wird überwiegend Wasser, Saft oder regionales Bier. In muslimisch geprägten Gegenden wird stets Tee gereicht. Traditionell wird der Tee beim Kochen gezuckert und anschließend so oft umgegossen, bis er eine kleine Schaumkrone bildet.

Fufu (Süßkartoffel-Bananen-Brei aus Ghana)

Für 4 Portionen:
800 g Süßkartoffeln (Bataten)
Salz
800 g Kochbananen

- *Süßkartoffeln schälen, in gleichmäßige Stücke schneiden und in Salzwasser etwa 10 Minuten garen. In der Zwischenzeit die Kochbananen im vorgeheizten Backofen*

bei 180 °C (Umluft 160 °C) in etwa 15 Minuten garen, bis sich die Schalen schwarz färben und leicht aufplatzen. Die geschälten Bananen mit den gegarten Süßkartoffeln pürieren.
- *Hände mit kaltem Wasser benetzen, aus dem Teig 12 kleine Klöße formen und diese mit einer würzigen Sauce, zum Beispiel Abenkwain (s. Rezept Seite 17), servieren.*

Yataklete kilkil (Äthiopische Gemüsepfanne)

Für 4 Portionen:
2 Zwiebeln
4 Knoblauchzehen
3 cm frische Ingwerwurzel
1 kleine rote Chilischote
500 g Kartoffeln
250 g grüne Bohnen
1 große Karotte
je 1 grüne und 1 rote Paprikaschote
4 Frühlingszwiebeln
6 EL Erdnussöl
Salz, Pfeffer

• Zwiebeln, Knoblauchzehen und Ingwer schälen und fein würfeln. Chilischote putzen, entkernen und fein hacken.

• Kartoffeln halb gar kochen und in mundgerechte Stücke schneiden. Bohnen putzen und blanchieren, Karotte putzen und in Scheibchen schneiden. Paprikaschoten waschen, entkernen und in kleine Stücke schneiden. Frühlingszwiebeln putzen und jeweils in vier Teile schneiden.

• In einer großen Pfanne das Erdnussöl erhitzen und nacheinander Zwiebeln, Knoblauch, Ingwer und Chili darin anbraten. Nach und nach Kartoffeln, Bohnen, Karotte, Paprikaschoten und Frühlingszwiebeln hinzufügen.

• Das Gemüse unter mehrfachem Schwenken etwa 10 Minuten (bissfest) garen und mit Salz und Pfeffer würzen.

Abenkwain (Palmcreme-Sauce mit Rindfleisch und Räucherfisch)

Für 4 Portionen:
500 g Rindfleisch
Salz, schwarzer Pfeffer
750 ml Gemüse- oder Fleischbrühe
250 g Tomaten
250 g Zwiebeln
1 kleine rote Chilischote
200 g geräucherter Fisch (z. B. Schillerlocken)
300 g Palmcreme (Konserve aus dem Afro-Shop)

• Rindfleisch in ½ cm große Würfel schneiden, mit Salz und Pfeffer würzen und in einem Topf mit kalter Brühe aufgießen. Aufkochen, die Hitze reduzieren und die Fleischwürfel bei mittlerer Hitze etwa 20 Minuten garen.

• Tomaten überbrühen, häuten und klein schneiden. Zwiebeln schälen und fein würfeln, Chilischote putzen und fein würfeln. Die vorbereiteten Zutaten zum Fleisch geben und weitere 20 Minuten köcheln lassen.

• Den geräucherten Fisch klein schneiden. Sobald das Fleisch gar ist, Fisch und Palmcreme einrühren. Die Sauce zu Fufu (s. Rezept Seite 16) servieren.

Mafe (Rindfleischtopf mit Erdnüssen aus dem Senegal)

Für 4 Portionen:
800 g mageres Rindfleisch
4 EL Erdnussöl
2 Zwiebeln
4 Knoblauchzehen
1 große Karotte
250 g Maniok
500 g Süßkartoffeln
Salz, schwarzer Pfeffer
750 ml Fleischbrühe
1 kleine rote Chilischote
2 Lorbeerblätter
50 g Tomatenmark
150 g Erdnussbutter
100 g ungesalzene Erdnüsse

- Rindfleisch in 1 cm große Würfel schneiden. In einem breiten Topf 2 EL Erdnussöl erhitzen und das Fleisch portionsweise von allen Seiten kräftig darin anbraten; herausnehmen und auf einen Teller legen.

- Zwiebeln schälen und in Streifen schneiden, Knoblauchzehen abziehen und fein hacken. Karotte putzen und in Scheiben schneiden. Maniok und Süßkartoffeln schälen und in kleine Würfel schneiden.
- Das restliche Erdnussöl in den Topf gießen und das vorbereitete Gemüse darin braten. Mit Salz und Pfeffer würzen und die gebratenen Fleischwürfel untermengen. Mit Fleischbrühe aufgießen.
- Chilischote im Mörser mit den Kernen grob zerstoßen und mit Lorbeerblättern in den Topf geben. Bei mittlerer Hitze etwa 45 Minuten garen.
- Tomatenmark und Erdnussbutter einrühren, nochmals abschmecken und weitere 15 Minuten garen. In der Zwischenzeit die Erdnüsse ohne Fett in der Pfanne rösten, bis sie duften.
- Das Gericht in eine Servierschüssel füllen und mit gerösteten Erdnüssen bestreut servieren. Dazu passen Reis und gebratene Zwiebeln.

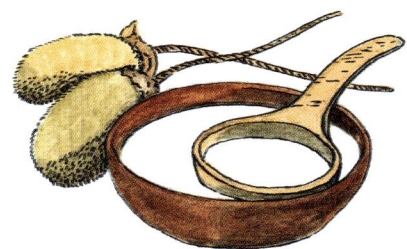

🇪🇬 ÄGYPTEN

Schon zur Zeit der Pharaonen wurde in Ägypten die hohe Kunst des Kochens zelebriert. Die alten Ägypter kannten beispielsweise schon den Sauerteig und setzten ihn zur Teiglockerung ein. Zudem gelten sie neben den Mesopotamiern als Erfinder des Biers. Der altägyptische Landesname Khemet bedeutet »schwarzes Land« und rührt daher, dass sich im Zuge der regelmäßigen Überflutungen im Niltal dunkler, fruchtbarer Schlamm über weite Flächen links und rechts des Flusses ausbreitete. Mit dem Bau des Assuan-Staudamms wurde den Überflutungen ein Ende bereitet – und die landwirtschaftlich nutzbaren Flächen schrumpften. Heute werden nur etwa drei Prozent der gesamten Landesfläche landwirtschaftlich genutzt, um Kartoffeln, Zuckerrohr, Mais, Reis, Weizen, Hirse, Obst und Gemüse anzubauen. Deshalb muss zum Beispiel ein Großteil des benötigten Weizens importiert werden. Aus dem Getreide wird das allgegenwärtige Aish balladi (Fladenbrot) hergestellt, das die Ägypter kurz Aish nennen, was »Leben« bedeutet.

Die über 72 Millionen Ägypter leben vorwiegend in den Ballungsgebieten – allein Kairo zählt knapp acht Millionen Einwohner und wird mit den umliegenden Ortschaften sogar auf das Doppelte geschätzt. Ein Großteil der Ägypter gehört dem Islam an. Somit haben der muslimische Fastenmonat Ramadan sowie das Verbot von Schweinefleisch und Alkohol Grundvoraussetzungen für die Ernährung geschaffen.

In ägyptischen Haushalten wird traditionell mit den Fingern gegessen, und zwar mit denen der rechten Hand – die linke gilt in der arabischen Welt als unrein. Die Speisen werden in kleinen Portionen und großer Zahl alle auf einmal serviert. Die Mezze (Vorspeisen) bestehen vorwiegend aus Gemüse; zu den beliebtesten gehören Tahina (Sesampaste), Hummus (Kichererbsenpüree) und Baba ghanoush (Auberginen mit Sesamsauce). Sie werden mit viel Olivenöl zubereitet und mit reichlich Fladenbrot aufgetunkt. Mit den Mezze kommen auch die Hauptspeisen, etwa Kebab (gegrilltes Lamm oder Hähnchen) und Kofta (Lammhackfleisch), auf den Tisch. Rind- und Kalbfleisch werden eher selten zubereitet. Zum Dessert gibt es frisches Obst, oft auch Granatäpfel, Datteln in Honig, Feigencreme oder Grießbrei mit Rosenwasser. Eine beliebte Süßspeise ist Om Ali, was »Alis Großmutter« bedeutet und ein Gebäck mit Nüssen, Rosinen und Mandeln bezeichnet. Die gemeinsame Mahlzeit ist schnell verzehrt; der Hausherr steht auf, wenn er satt ist, und signalisiert so, dass die Gespräche in einem anderen Raum fortgesetzt werden. Zum Essen und auch in der übrigen Zeit wird viel heißer oder kalter Karkadeh (Malventee) getrunken.

Wenn es denn ein ägyptisches Nationalgericht gibt, dann ist es Ful medames, ein vegetarisches Bohnengericht, das in unzähligen Varianten und mit vielerlei Gewürzen zubereitet wird. Die braunen Bohnen werden dabei in einer dicken würzigen Sauce aus Butter, Zwiebeln, Zitronensaft und Gewürzen gegart. Auch Ful akhdar (grüne Bohnen in würziger Sauce) wird häufig gegessen. Nicht minder verbreitet ist das schon zu Nofretetes Zeiten bekannte Molokheya, eine dickflüssige Gemüsesuppe aus einem spinatähnlichen Gemüse, die mit Hühnerfleisch und viel Knoblauch,

Koriander und Kümmel zubereitet wird. Während des Ramadan gibt es frühmorgens sättigende Gerichte wie Ful oder Tameya, eine Art Falafel aus dicken Bohnen, das mit verschiedenen Würzsaucen verzehrt wird. Ein beliebtes einfaches Gericht, das an den Straßenständen verkauft wird, ist Kushari: Dafür werden gekochter Reis, Nudeln und braune Linsen in Schüsseln geschichtet und dazu je nach Geschmack eine milde oder würzige Sauce gereicht.

Generell ist die ägyptische Küche sehr vielseitig und bietet – da Fleisch teuer ist – eine große Auswahl an raffinierten vegetarischen Gerichten. Begleitend zu allen Speisen werden stets Reis und eingelegtes Gemüse serviert. An den Küsten des Mittelmeers und des Roten Meers kommen außerdem reichlich Fischgerichte auf den Tisch, denn von Barrakudas über Tintenfische bis zu Krabben wird hier vielerlei Meeresgetier gefangen.

Ful akhdar (Grüne Bohnen in würziger Tomatensauce)

Für 4 Portionen:
500 g grüne Bohnen
½ Bund Dill
1 Zwiebel
2 EL Pflanzenöl
2 EL Tomatenmark
Salz, schwarzer Pfeffer
gemahlener Zimt

- *Bohnen putzen und eventuell halbieren. Dill waschen und fein hacken. Zwiebel schälen, fein würfeln und in Pflanzenöl andünsten. Mit Tomatenmark leicht rösten und mit etwa 500 ml Wasser aufgießen.*
- *Bohnen einlegen, mit Salz, Pfeffer und Zimt würzen und etwa 20 Minuten garen. Nochmals abschmecken, mit Dill bestreuen und mit Fladenbrot servieren.*

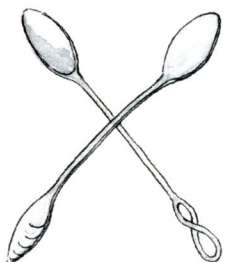

Tameya (Bohnenbällchen)

Für 4 Portionen:
250 g dicke geschälte Bohnen (Ful Nabed)
1 Bund glatte Petersilie
1 Bund Koriandergrün
1 große Zwiebel
1 TL Salz
je 1 kräftige Prise Cayennepfeffer und
schwarzer Pfeffer
½ Päckchen Backpulver
1 EL zerstoßene Korianderkörner
1 l Pflanzenöl

- Bohnen 1 Tag lang in Wasser einweichen. Petersilie und Koriander waschen, trockenschwenken und von den Stielen zupfen. Zwiebel schälen und grob hacken. Alle Zutaten in der Küchenmaschine zu einer glatten Masse pürieren und mit Salz, Cayennepfeffer und schwarzem Pfeffer würzen.
- Backpulver und Koriander untermischen und aus dem Teig etwa walnussgroße Bällchen formen. Diese mit Folie abdecken und für 1 Stunde in den Kühlschrank stellen.
- Bällchen in siedendem Fett goldbraun und knusprig backen und mit Fladenbrot servieren.

Shorba ads (Rote-Linsen-Suppe)

Für 4 Portionen:
250 g Karotten
150 g Zwiebeln
3 Knoblauchzehen
400 g rote Linsen
½ TL Kreuzkümmelsamen
1 EL Mehl
6 EL Olivenöl
2 EL Zitronensaft
Salz, schwarzer Pfeffer
1 EL gehackte Petersilie

- Karotten in Scheibchen schneiden. Zwiebeln und Knoblauchzehen schälen und fein würfeln. Die vorbereiteten Zutaten mit den Linsen in einen breiten Topf geben und mit etwa 1,5 l Wasser aufgießen. Aufkochen lassen, Hitze reduzieren und bei mittlerer Hitze etwa 40 Minuten garen.
- Kreuzkümmel, Mehl, Olivenöl und Zitronensaft mit einer Kelle Suppe glattrühren und in die Suppe rühren. Die Suppe mit Salz und Pfeffer würzen und zum Servieren mit Petersilie bestreuen.

ALGERIEN

Der Staat Algerien im Nordwesten Afrikas ist rein flächenmäßig das zweitgrößte Land des Kontinents. Da ein Großteil des Landes aus Wüstengebieten besteht, lebt die Bevölkerung überwiegend im küstennahen Norden. Die rund 32 Millionen Einwohner sind zu 70 Prozent Araber und gehören zu etwa 30 Prozent verschiedenen Berberstämmen an. Im Laufe seiner Geschichte war Algerien multikulturellen Einflüssen ausgesetzt: Zunächst waren die Römer hier, dann Araber, Phönizier, spanische Mauren, Osmanen und, bis in die jüngste Vergangenheit, Franzosen. Deshalb zeichnet sich auch die Landesküche traditionell durch kulinarische Vielfalt aus.

Im Wüstenland Algerien, das zu gut 80 Prozent vegetationslos ist, gibt es nur wenige Anbaugebiete im nördlichen Küstenstreifen, die intensiv landwirtschaftlich nutzbar sind. Dort werden Getreide, Kartoffeln, Hülsenfrüchte, Zuckerrüben, Tomaten, Oliven, Datteln und Feigen angebaut. Die Oasen, jene fruchtbaren Wasserstellen in den Wüsten, sind fast ausnahmslos den Dattelpalmen vorbehalten, die eine so reiche Ernte hervorbringen, dass der überwiegende Teil exportiert werden kann. Auf anderen Gebieten zählt Algerien zu den der größten Importeuren Afrikas, denn nur etwa 40 Prozent des Nahrungsmittelbedarfs können aus eigener Produktion gedeckt werden. Rohrzucker und Kaffee, der hier zu allen Tageszeiten getrunken wird, sind zum Beispiel fast ausschließlich Importgut.

Das Wüstenvolk der Berber lebt überwiegend von Getreide, Trockenfrüchten und Lammfleisch. Das Getreide wird zu Brei gekocht, als Couscous verzehrt oder zu Brot verarbeitet. Tagella, das Brot des Nomadenvolks der Tuareg, wird im heißen Wüstensand gebacken und mit einer Sauce aus Tomaten, Zwiebeln und Fleisch gegessen. Die spanischen Mauren brachten Eintopfgerichte ins Land, die Araber süße Nachspeisen und die Türken vielerlei Gewürze. Die Franzosen schließlich führten die Verwendung von (pürierten) Tomaten in die algerische Küche ein.

Da nahezu die gesamte algerische Bevölkerung dem Islam angehört, wird in der algerischen Küche kein Schweinefleisch verwendet. Wenn mit Fleisch gekocht wird, dann mit Hammel, Lamm oder Geflügel. An der algerischen Mittelmeerküste kommen häufig auch Gerichte mit Fisch und Meeresfrüchte auf den Tisch. Ein traditionelles, sehr verbreitetes Gericht ist Chorba, ein Eintopf mit Lamm, Gemüse, Kräutern und Gewürzen. Überhaupt sind Eintöpfe in Algerien sehr beliebt und werden mit vielfältigem Gemüse, etwa Okraschoten, Zucchini, Auberginen, Tomaten, Paprikaschoten, Zwiebeln und Knoblauch, variiert. Für das algerische Nationalgericht Couscous gibt es zahlreiche verschiedene Rezepte, mal wird es mit Gemüse, mal mit Fisch, mal mit Lamm oder Huhn zubereitet. Gewürzt wird moderat, nicht zu scharf, mit Kreuzkümmel, Koriander, Kümmel, Safran, Fenchel und Majoran. Den Abschluss einer Mahlzeit bildet in der Regel frisches Obst, und der kleine Hunger zwischendurch wird mit Mandeln, Oliven und Datteln gestillt.

Das algerische Gebäck, das in der Regel nach dem Abendessen zusammen mit gesüßtem Pfefferminztee gereicht wird, zeichnet sich durch großzügige Verwendung von Zucker und Honig aus. Sehr beliebt ist Makrout, ein rautenförmiges, mit Mandelpaste gefülltes Gebäck. Getrunken werden neben dem allgegenwärtigen Tee vor allem Wasser und Fruchtsäfte. Ein Erbe aus der Kolonialzeit sind die algerischen Weinberge, und wenngleich der Islam den Alkoholkonsum verbietet, wird hier noch immer guter Wein produziert, der allerdings überwiegend für den Export bestimmt ist.

Chorba (Lammeintopf mit Tomaten und Kichererbsen)

Für 4 Portionen:
500 g Tomaten
1 Bund Koriandergrün
4 Knoblauchzehen
1 EL Tomatenmark
1 große Zwiebel
500 g Lammfleisch
2 EL Pflanzenöl
Salz, schwarzer Pfeffer
edelsüßes und rosenscharfes Paprikapulver
¼ TL gemahlener Zimt
1 TL getrocknete Minze
einige Stangen Staudensellerie
250 g Kichererbsen (Dose)
evtl. 2 EL Freekeh (grüne, unreife Weizenkörner, in arabischen Geschäften erhältlich)

- *Tomaten überbrühen, häuten und grob zerkleinern. Koriander waschen, trockenschwenken und Blättchen abzupfen. Knoblauchzehen abziehen und grob hacken.*

- *Tomaten, Koriander, Knoblauch und Tomatenmark pürieren. Zwiebel schälen und in Streifen schneiden.*
- *Fleisch in mundgerechte Würfel schneiden. Pflanzenöl im Topf erhitzen und Fleischwürfel darin von allen Seiten anbraten. Zwiebelstreifen hinzufügen und mit Salz, Pfeffer, Paprika, Zimt und Minze würzen.*
- *Etwa 250 ml Wasser zugießen, den Topf mit einem Deckel verschließen und das Fleisch rund 30 Minuten garen.*
- *Selleriestangen waschen, kleinwürfeln und mit Kichererbsen sowie 1 l Wasser zum Kochen aufstellen. Nach dem Aufkochen bei geringer Hitze etwa 5 Minuten garen lassen.*
- *Tomatenpüree in den Fleischtopf rühren und Kichererbsenbrühe dazugeben. Zuletzt – sofern vorhanden – Freekeh unterrühren. Mit Salz und Pfeffer abschmecken und servieren.*

Makrout (Frittiertes Grießgebäck)

Für 4 Portionen:
300 g Grieß
100 g weiche Butter
3 EL Zucker
50 ml kaltes Wasser
300 g gemahlene Mandeln
150 g Zucker
2 EL Rosenwasser
1 TL gemahlener Zimt
Pflanzenöl zum Frittieren
100 g Honig zum Tränken

* *Grieß, Butter, Zucker und Wasser in einer Schüssel zu einem geschmeidigen Teig verkneten. Die Schüssel mit Folie abdecken und etwa 1 Stunde in den Kühlschrank stellen.*

In der Zwischenzeit Mandeln, Zucker, Rosenwasser und Zimt verkneten.
* *Aus dem Grießteig zwei Rollen mit einem Durchmesser von 3 bis 4 cm formen. In jede Teigrolle eine tiefe Rille drücken, die Mandelmischung einfüllen und den Grießteig darüber wieder verschließen.*
* *Die runden Teigrollen auf einer bemehlten Arbeitsfläche etwas andrücken, sodass ein rautenförmiger Querschnitt entsteht. Dann die Rollen in Rauten schneiden.*
* *Makrout in siedendem Fett kurz goldgelb frittieren, herausnehmen, abtropfen und etwas abkühlen lassen. Lauwarm in Honig tauchen und servieren.*

 # ANDEN

Die Küche der Anden ist zwar eine grenzüberschreitende Küche, sie hat aber durch ähnliche landschaftliche und klimatische Verhältnisse in den höheren Lagen eine große Eigenständigkeit entwickelt, die bis heute besteht. So verfügen die Bewohner der Anden, obwohl sie in ganz unterschiedlichen Ländern leben, doch über eine gemeinsame Kochtradition.

Die Anden bilden die längste Gebirgskette der Erde. Sie erstrecken sich über rund 7500 Kilometer entlang der Westküste Südamerikas von Venezuela über Kolumbien, Ecuador, → Peru und → Bolivien bis nach → Argentinien und → Chile. Der höchste Berg ist mit 6960 Metern der Aconcagua in Argentinien, daneben gibt es zahlreiche weitere Gipfel, die eine Höhe von mehr als 5000 oder sogar mehr als 6000 Metern erreichen. Der Hauptsiedlungsraum der Anden liegt auf 2000 bis 3500 Meter Höhe. Untersuchungen haben ergeben, dass die Andenbewohner der extremen Höhenlagen größere Lungen besitzen, in denen die Lungenbläschen so erweitert sind, dass der ab 3000 Meter Höhe geringere Sauerstoffgehalt gut ausgenutzt und aufgenommen werden kann. Das Kochen findet in diesen Höhenlagen unter anderen Voraussetzungen statt, denn der Siedepunkt von Wasser liegt hier niedriger – bei 3000 Meter etwa bei 90 °C. Dadurch verlängern sich die Garzeiten.

Die Koch- und Essgewohnheiten der Andenbewohner basieren auf alten Indio- und → spanischen Traditionen. Amaranth (nussige Samenkörner von einem Fuchsschwanzgewächs) und Quinoa (Reismehlgewächs) werden für Aufläufe, Suppen, Salate, Gebäck und Süßspeisen verwendet. Zusammen mit weiteren regionalen Produkten wie Mais, Kartoffeln, Kichererbsen, Kürbis, Kochbananen, Erdnüssen, Olluco (eine Knollenart), Süßkartoffeln, Yucca und Oca (der Kartoffel ähnlich) und zahlreichen Bohnensorten bilden sie den Grundstock der Andenküche. Gewürzt wird vorzugsweise mit Minze, Koriander, Zimt, Knoblauch, Muskatnuss und Pfefferschote; zum Süßen verwendet man braunes Panela (eingedickten Zuckerrohrsirup, der in Blöcken abgepackt wird). Die Andenbewohner sind Meister im Räuchern, denn für kalte Tage muss ausreichend vorgesorgt werden:

Queso blanco (ein beliebter Käse aus Kuhmilch), Schinken, Fleisch und Würste werden ebenso wie die beliebten Regenbogenforellen aus den klaren Bergseen mit unterschiedlichen Holzsorten geräuchert. Auch Früchte gedeihen in höheren Lagen: Cherimoya, Tamarillo, Hochlandpapaya und die Andenbeere (auch Kapstachelbeere genannt) etwa, die schon bei den Inkas eine wichtige Rolle spielten, werden reichlich geerntet.

Ein bekanntes Gericht der Andenküche ist der Plato paceño, ein Eintopf, der nach der bolivianischen Hauptstadt La Paz benannt ist, die auf 3600 Meter Höhe liegt. Der traditionelle Eintopf, der aus Mais, Bohnen, Kartoffeln, Käse, Tomaten und Pfefferschoten zubereitet wird, existiert in vielen Varianten. Chuño cola (ein Kartoffeleintopf) und Quinoa-Suppe aus Peru sowie die fleischlose Ostersuppe Fanesca aus Ecuador sind typische überlieferte Inkarezepte.

Die Andenküche ist reichhaltiger als man gemeinhin annimmt: Wild, Schwein, Rind und Ziege, aber auch Meerschweinchen und Geflügel werden häufig zubereiet, als Braten oder im Eintopf. Dazu gibt es Arepas (gebratene Maisbällchen), die in verschiedenen Varianten und mit unterschiedlichen Füllungen gern auch zum Frühstück verzehrt werden. Eine Art »Nationalgetränk« ist Mate, ein teeähnliches Getränk, das aus den Blättern des Mate-Strauchs (Ilex paraguarensis), gewonnen wird.

Frituras de batatas (Süßkartoffelpuffer)

A

Für 4 Portionen:
1 kg Süßkartoffeln
Salz
2 Eier
1 EL weiche Butter
2 EL Mehl
schwarzer Pfeffer
Butterschmalz zum Braten
Butter und Honig zum Servieren

- Süßkartoffeln schälen, in Würfel schneiden und in kochendem Salzwasser etwa 20 Minuten garen. Abgießen, ausdampfen lassen und kleinstampfen. Mit Eiern, Butter und Mehl verkneten, salzen und pfeffern.
- In einer Pfanne Butterschmalz erhitzen, den Teig esslöffelweise in das heiße Fett geben, mit dem Löffelrücken flach drücken und auf beiden Seiten braten. Die Puffer heiß mit Butter und Honig oder als Beilage zu Fischgerichten servieren.

Pastel de choclo (Maisauflauf mit Huhn)

Für 4 Portionen:
1 küchenfertiges Suppenhuhn
800 g Gemüsemais (Dose)
50 g Butter
2 EL Olivenöl
500 ml Milch
1 TL Salz
3 EL brauner Zucker
1 Bund fein gehacktes Basilikum
4 hartgekochte Eier
1 milde Pfefferschote
Butter für die Form

- Huhn waschen, in einen Topf legen und mit so viel kaltem Wasser begießen, dass alles bedeckt ist. Salzen und bei mittlerer Hitze etwa 1 Stunde kochen.
- Huhn aus dem Topf nehmen, häuten, Fleisch von den Knochen lösen und in mundgerechte Stücke schneiden.

- Gemüsemais abtropfen lassen und in einer Schüssel pürieren. Butter und Olivenöl in einem breiten Topf erhitzen und den Maisbrei unter Rühren darin andünsten. Sobald Flüssigkeit nötig wird, nach und nach Milch zugießen und alles in etwa 15 Minuten zu einem Brei kochen.
- Mit Salz und der Hälfte des Zuckers würzen und zuletzt das Basilikum unterrühren. Den Topf vom Herd nehmen.
- Eier schälen und in Scheiben schneiden. Pfefferschote waschen und fein würfeln.
- Eine Auflaufform mit Butter ausstreichen. Hähnchenfleisch und Eierscheiben einlegen und mit Pfefferschotenwürfeln bestreuen.
- Maisbrei darübergeben und glattstreichen. Den restlichen braunen Zucker darüberstreuen und im vorgeheizten Backofen auf mittlerer Schiene bei 200 °C (Umluft 180 °C) etwa 10 Minuten gratinieren, bis die Maisschicht schön karamellisiert ist.

ARABISCHE KÜCHE

Die verschiedenen Länderküchen der arabischen Halbinsel und des Nahen Ostens werden unter dem Oberbegriff arabische Küche zusammengefasst. Der Einfluss reicht aber auch bis in die nordafrikanischen Länder, etwa → Marokko, → Tunesien und → Algerien hinein, und im weiteren Sinn meint der Begriff auch die Küche des gesamten islamischen Kulturkreises. Die drei Säulen, auf denen die arabische Küche beruht, sind die Zeltküche der Beduinen, ein breites Gewürzsortiment, das auf die Zeit des Gewürzhandels im Mittelalter zurückgeht, und die Speisevorschriften des Korans. Die Kochstile der arabischen Länder wie Saudi-Arabien, Bahrain, Oman, Katar, Kuwait, Jemen, die Vereinigten Arabischen Emirate, der Irak, Jordanien, → Ägypten, Syrien, → Libanon und der Iran (→ Persien) haben zwar durchaus ihre landestypischen Eigenheiten, aber die meisten Gerichte lassen sich der allgemeinen arabischen Küche zuordnen.

Die Grundnahrungsmittel der arabischen Küche sind Linsen, Bohnen und Kichererbsen. Aus ihnen werden sättigende Eintöpfe, Pasten und Hauptgerichte zubereitet. Eine große Bedeutung kommt auch dem Weizen zu, denn traditionell wird zu allen arabischen Mahlzeiten Brot, in der Regel dünnes Fladenbrot, gereicht. Es dient nicht nur als Sättigungsbeilage, sondern auch als Bestecksersatz, da man mit den Fingern isst beziehungsweise die Speisen mit dem Brot aufnimmt oder auftunkt. Ein mit gekochtem Fleisch belegter und zusammengerollter Fladen heißt Tharid – laut Überlieferung war dies das Lieblingsgericht des Propheten Mohammed. Aus Hartweizen werden auch zwei weitere Grundzutaten der arabischen Küche hergestellt: Bulgur (grob zerkleinerter Hartweizen), der im Vorderen Orient weit verbreitet ist, und Couscous (Hartweizengrieß), der die Küchen Nordafrikas prägt. Ebenfalls allgegenwärtig ist Reis, der als Beilage serviert oder unter Schmorgerichte gemischt wird. Fleisch ist in der traditionellen arabischen Küche eher etwas Besonderes. Wenn mit Fleisch gekocht wird, dann meist mit Lamm (das zum Beispiel zu Kebab verarbeitet wird), Ziege oder Kamel; seltener kommen Huhn und Kalb auf den Tisch. Schweinefleisch ist im islamischen Raum tabu. Fisch spielt nur in Gebieten entlang der Gewässer eine Rolle.

Geschmacklich bewegt sich die arabische Küche zwischen süß, pikant, herb und scharf, und oftmals finden sich alle Richtungen in einem Topf wieder, wenn zum Beispiel Zitronen, Rosinen, Granatapfel(saft), Tamarinden, Essig, Safran, Rosenwasser, Zimt, Loomi (getrocknete Limetten), Zucker und Sumak oder Baharat (typisch arabische Gewürzmischung) zum Würzen verwendet werden. Das arabische Gebäck besteht meist aus Nüssen, Mandeln, getrockneten Früchten und Honig und ist in der Regel außerordentlich süß, da es entweder in Zuckersirup eingelegt oder in Dattelsirup oder Honig getaucht wird. Allgemeiner Beliebtheit erfreuen sich Muhallabia (süßer Reispudding) und Baklava (Blätterteiggebäck mit Nussfüllung), dessen Name »Wonne des Schlundes« bedeutet.

Die Hauptmahlzeit wird im arabischen Raum in den kühlen späten Abendstunden eingenommen. Zum Dessert werden Gebäck oder frische Früchte gegessen, vor allem Datteln, die als »Brot der Wüste« gelten. Dazu gibt es stark gesüßten schwarzen Kaffee, gern gewürzt mit Kardamom, oder schwarzen Tee. Aufgrund des islamischen Alkoholverbots wird ansonsten vor allem Wasser getrunken oder Qamar ad-din, ein dicklicher Aprikosentrunk, der mit Wasser gemischt wird.

In der arabischen Welt, die für ihre Gastfreundschaft berühmt ist, wird immer eine Portion mehr gekocht als benötigt, für den Fall, dass unerwarteter Besuch kommt. Um dem Gastgeber die ihm gebührende Ehre zu erweisen, kostet der Gast stets alles, was auf dem Tisch steht. Üblicherweise lässt er etwas auf dem Teller liegen, da sonst der Gastgeber

meinen könnte, der Gast sei nicht satt geworden. Die Mahlzeiten werden traditionell auf Teppichen oder Kissen auf dem Boden eingenommen. Dabei sitzt man auf den Fersen, denn es gilt als unhöflich und sogar beleidigend, dem Gegenüber die Fußsohlen entgegenzustrecken. Gegessen wird ausschließlich mit den Fingern der rechten Hand, die linke gilt als unrein. Ob ein Festmahl oder ein einfaches Essen – stets wird es mit dem Ausspruch »Bismillah« (im Namen Gottes) eröffnet und mit dem Ausspruch »Alhamdulilah« (Gott sei gepriesen) beendet.

Tabouleh (Petersiliensalat)

Für 4 Portionen:
150 g Bulgur
2 Bund glatte Petersilie
½ Bund Minze
1 große Zwiebel
250 g Tomaten
100 ml Olivenöl
Saft von 2 Zitronen
Salz, schwarzer Pfeffer

- *Bulgur in eine Schüssel geben, mit warmem Wasser begießen und etwa 1 Stunde quellen lassen. Petersilie und Minze waschen, trockenschwenken, zupfen und fein hacken. Zwiebel schälen und fein hacken. Tomaten überbrühen, häuten, entkernen und in kleine Würfel schneiden.*
- *Bulgur abgießen, kräftig mit den Händen ausdrücken und mit Petersilie, Minze, Zwiebeln, Olivenöl und Zitronensaft vermengen. Mit Salz und Pfeffer würzen und auf einem Teller anrichten. Mit Tomatenwürfeln belegen und servieren.*

Baba ganoush (Auberginendip)

Für 4 Portionen:
3 Knoblauchzehen
6 EL Olivenöl
½ Bund glatte Petersilie
½ frische Chilischote
2 mittelgroße Auberginen
Saft von 1 Zitrone
Salz, schwarzer Pfeffer
½ TL Kreuzkümmel
1 kräftige Prise gemahlener Zimt
1 Prise Zucker

- *Knoblauchzehen abziehen, fein hacken und mit der Hälfte des Olivenöls verrühren. Petersilie waschen, trockenschwenken, Blätt-chen abzupfen und fein hacken. Chilischote waschen, entkernen und fein hacken.*
- *Auberginen waschen, längs halbieren, mit den Schnittflächen nach oben auf ein Backblech legen und mit Knoblauchöl bestreichen. Im vorgeheizten Backofen bei 200 °C (Umluft 180 °C) etwa 20 Minuten garen.*
- *Das weiche Auberginenfruchtfleisch von der Schale lösen und mit dem Zitronensaft pürieren. Petersilie und das restliche Olivenöl unterrühren und mit Salz, Pfeffer, Kreuzkümmel, Chili, Zimt und Zucker würzen. Mit Fladenbrot servieren.*

🇦🇷 ARGENTINIEN

Argentinien erstreckt sich entlang der Atlantikküste Südamerikas bis zur Südspitze des Kontinents. Aufgrund seiner großen Nord-Süd-Ausdehnung (3700 Kilometer) durchquert das Land zahlreiche Klima- und Vegetationszonen. Die Bevölkerung, die rund 40 Millionen Einwohner umfasst, ist stark durch europäische Einwanderer geprägt, die auch die Küchenkultur beeinflusst haben. Generell sind viele europäische Gerichte nur durch die Verwendung lokaler Zutaten leicht verändert worden, und oft sind ihre Ursprünge noch am Namen erkennbar. Durch den hohen Anteil italienischer Einwanderer finden sich viele Gerichte italienischer Herkunft: Allgemein sind Pastagerichte in Argentinien sehr beliebt, die Ñoquis ähneln den italienischen Gnocchi, und unter Pizza a la piedra versteht man auf Steinplatten gebackene Teigfladen. Mit Fiambre alemán (Pfannkuchen mit Schinken und Käse) hat sich die deutsche Küche hier verewigt, und bei Palatschinken und Strudel haben sich sogar die original österreichischen Namen erhalten.

Ein wichtiger Wirtschaftsfaktor ist die Rinderzucht, vor allem in der Pampa-Region. Das Rindfleisch spielt deshalb auch in der argentinischen Kochkultur eine bedeutende Rolle: Häufig kommen deftige, fleischhaltige Gerichte auf den Tisch. An Sonn- und Feiertagen, wenn Familie und Freunde zusammenkommen, wird das Fleisch traditionell als Asado con cuero (große Fleischstücke mit Haut, die auf Spießen rund um ein offenes Feuer gegart werden) oder als Parrillada (auf einem großen Rost gegrilltes Fleisch) zubereitet. Dabei wird Fleisch von Rind, Lamm und Ziege verwendet sowie deren Innereien und kräftig gewürzte Würste (etwa Chorizo, eine pikante Paprikawurst, und Morcilla, eine Blutwurst vom Schwein). Meist wird das Fleisch nur gesalzen und dann mit Salat und einer kräftigen Würzsauce, etwa Chimichuri, serviert. Unter Churrasco versteht man gemeinhin eine Grillparty oder ein Buffet mit Grillspezialitäten in einem Restaurant. Die Rollenverteilung beim Grillen ist klassisch-konservativ: Der Hausherr ist für den Grill und das Schneiden des Fleisches zuständig, die Damen steuern die Empanadas bei, mit Fleisch oder Gemüse gefüllte Teigtaschen, die gebacken oder frittiert werden.

Ein beliebtes Alltagsgericht ist Puchero, ein deftiger Eintopf mit Fleisch und Gemüse; Curanto hingegen wird mit Hähnchen und Muscheln zubereitet, ist jedoch in → Chile von größerer Bedeutung. Cazuela ist ein weiterer der zahlreichen argentinischen Eintöpfe, die meist auf der Basis von Rind-, Schweine- oder Lammfleisch zubereitet werden; Cazuela heißt aber auch der Keramiktopf, in dem das

Gericht serviert wird. Im Norden von Argentinien kommt traditionell Locro auf den Tisch, ein Eintopf, der vor allem aus Mais besteht. In Küstennähe werden viele schmackhafte Fischgerichte zubereitet, etwa Lenguado (Seezunge), Calamares a la plancha (gegrillte Tintenfische) und Cazuela de marisco, ein feiner Muscheltopf.

Als Dessert wird häufig Flan (ein Karamellpudding) oder Kuchen serviert. Eine Besonderheit ist Postre de limón, ein erfrischender Zitronennachtisch. Dazu gibt es stets einen Cafecito, einen kleinen espressoähnlichen Kaffee. Sehr beliebt ist auch Mate, ein teeähnliches, koffeinhaltiges Getränk aus den Blättern des Mate-Strauchs, einer Gattung der Stechpalme. Mate wird traditionell bei geselligen Zusammenkünften aus einer gemeinsamen Kalebasse mit einem Strohhalm getrunken.

Fast ebenso bedeutend für die argentinische Landwirtschaft wie die Rinderzucht ist der Weinanbau. Besonders die Rot- und Weißweinsorten aus dem Gebiet von Medoza haben einen beachtlichen Bekanntheitsgrad erreicht. Mittlerweile gehören die Argentinier nicht nur zu den größten Weintrinkern weltweit, sie zählen auch zu den größten internationalen Weinexporteuren.

Puchero (Argentinischer Eintopf)

Für 4 Portionen:
250 g Rinderbrust
Salz
50 g magerer Räucherspeck
250 g Lammfleisch am Stück
250 g Schweineschulter am Stück
1 große Zwiebel
150 g Weißkohl
150 g Sellerie
250 g Kartoffeln
1 Karotte
1 Hühnerbrust ohne Knochen
100 g Chorizo
250 g Kichererbsen (Dose)
100 g Gemüsemais (Dose)
1 rote Paprikaschote
1 grüne Paprikaschote
1 Bund Petersilie
Pfeffer

- Rinderbrust in 2 l kochendes Salzwasser legen und bei mittlerer Hitze etwa 30 Minuten garen. Speck, Lamm- und Schweinefleisch hinzufügen und weitere 15 Minuten kochen.
- Zwiebel schälen und in Viertel schneiden. Weißkohl putzen und in 1 cm große Stücke schneiden. Sellerie, Kartoffeln und Karotte waschen, schälen und in Scheibchen schneiden. Mit der Hühnerbrust und der Chorizo zum Fleisch geben. Weitere 25 Minuten köcheln lassen.
- Kichererbsen und Maiskörner abtropfen lassen. Paprikaschoten entkernen und das Fruchtfleisch in Streifen schneiden. Kichererbsen, Mais und Paprikastreifen unter den Eintopf heben. Petersilie waschen, trockenschwenken, zupfen und fein hacken.
- Den Eintopf weitere 10 Minuten ziehen lassen, dann salzen und pfeffern. Fleisch und Wurst aus der Brühe nehmen und auf einer Servierplatte anrichten. Das Gemüse mit der Brühe in eine Schüssel füllen, mit Petersilie bestreuen und servieren.

Empanadas rápidas (Fix gefüllte Teigtaschen)

Für 4 Portionen:
100 g Kochschinken
150 g Schnittkäse (Edamer, Gouda)
1 große Zwiebel
2 Knoblauchzehen
1 frische rote Chilischote
½ Bund Petersilie
½ Bund Koriandergrün
1 Ei
Salz, schwarzer Pfeffer
300 g Blätterteig (TK)
Mehl für die Arbeitsfläche
1 Eigelb zum Bestreichen
Butter für das Backblech

- Schinken und Käse in kleine Würfel schneiden. Zwiebel und Knoblauchzehen abziehen und fein würfeln. Chilischote säubern, entkernen und fein würfeln.
- Kräuter waschen, Blättchen abzupfen und fein hacken. Alle vorbereiteten Zutaten mit dem Ei vermengen, salzen und pfeffern.
- Blätterteigscheiben auf einer bemehlten Arbeitsfläche quer halbieren und jede Hälfte leicht ausrollen. Auf die Hälfte der Teigstücke etwas Füllung setzen und jeweils mit einer leeren Teighälfte abdecken. Ränder gut andrücken.
- Eigelb mit etwas lauwarmem Wasser verrühren und die gefüllten Teigtaschen damit bestreichen. Teigtaschen auf ein gefettetes Backblech legen und im vorgeheizten Backofen bei 180 °C (Umluft 160 °C) in etwa 15 Minuten goldgelb backen.

Postre de limón (Zitronendessert)

Für 6 Portionen:
3 Blätter weiße Gelatine
4 Eier
150 g Zucker
2 Zitronen
6 frische Feigen

- Gelatineblätter in einem Topf mit wenig kaltem Wasser bedecken und etwa 10 Minuten einweichen. Eier trennen. Eigelb und Zucker in einer Schüssel weiß-cremig aufschlagen. Zitronen auspressen.
- Gelatine bei geringer Hitze auflösen. Den Topf vom Herd nehmen und 2 EL der Eigelbcreme sowie den Zitronensaft unter die Gelatine rühren. Die Mischung zur restlichen Eigelbcreme geben und alles glattrühren. Eiweiß steif schlagen und unterheben.
- Sechs Portionsförmchen mit kaltem Wasser ausspülen, die Creme einfüllen und für etwa 2 Stunden in den Kühlschrank stellen.
- Feigen waschen und Stiele abschneiden. Jede Frucht längs in sechs Spalten schneiden. Die gekühlten, erstarrten Cremes stürzen und mit den Feigen dekorieren.

Rein flächenmäßig ist Australien der sechstgrößte Staat der Erde, doch große Teile des Landes, vor allem im Westen und im Zentrum, sind unbewohnbares Wüstengebiet und Gebirge. Diese sogenannten Outbacks, zu denen im Norden auch tropischer Regenwald zählt, nehmen drei Viertel der australischen Landesfläche ein. Mehr als 90 Prozent der rund 21 Millionen Einwohner leben in Städten, vor allem im südöstlichen Küstengebiet. Große Flächen des Landes dienen als Weidegebiet für die über 100 Millionen Schafe und mehr als 25 Millionen Rinder. Entsprechend groß ist der Fleischkonsum der Australier. Nur etwa sechs Prozent der Landesfläche werden landwirtschaftlich genutzt, mehr als die Hälfte davon für den Anbau von Weizen und Zuckerrohr. Im Süden Australiens floriert der Weinanbau, die am häufigsten angebauten Rebsorten sind Cabernet Sauvignon, Shiraz (Syrah) und Chardonnay.

Die Küche des junges Landes erfuhr ihre wichtigste Prägung durch die britischen Kolonisatoren, die ab dem Ende des 18. Jahrhundert in das Land kamen, in dem bis dahin nur Aborigines, die australischen Ureinwohner, lebten. Die → englische Tischkultur ist bis heute deutlich erkennbar, Plumpudding und Fish and Chips sind ebenso verbreitet wie der Afternoon Tea, zu dem Scones gereicht werden. Ab dem 19. Jahrhundert kamen auch zunehmend Einwanderer aus anderen, vornehmlich europäischen Ländern wie → Italien, → Deutschland und → Griechenland auf den Kontinent. Nachdem Australien in den 1960er Jahren allmählich begann, seine »weiße« Einwanderungspolitik aufzuheben, setzte auch eine verstärkte Immigration aus asiatischen Ländern und dem Nahen Osten, vor allem dem → Libanon, ein. So sind in der australischen Küche im Laufe der Zeit europäische Kochtraditionen mit den Küchen → Japans, → Chinas und Südostasiens verschmolzen und haben sich zu einer modernen → Fusionsküche entwickelt. Die englische Prägung tritt immer mehr in den Hintergrund. Steak mit Spiegelei und Baked Beans mag noch vor einigen Jahrzehnten das Nationalgericht der Australier gewesen sein. Heute wird eher eine Modern-Australia-Küche praktiziert: reichlich Fisch und Meeresfrüchte, heimische Produkte und ein Kochstil, der Anleihen aus zahlreichen Länderküchen in sich vereint.

Diese internationale neue australische Küche wird insbesondere in den großen Städten Sydney, Melbourne, Brisbane und der Hauptstadt Canberra gepflegt: Sie ist asiatisch dominiert und reicht ansonsten vom neu entdeckten Bushfood, der traditionellen Aborigine-Küche, bis hin zum amerikanischen → Fastfood – eine kulinarische Weltreise auf kleinstem Raum. Diese Vielfalt, die auch auf die unterschiedliche Herkunft der Einwohner verweist, ist im Alltag weithin sichtbar: Drei Viertel der Haushalte besitzen einen Wok, im Café gibt es Cappuccino to go, überall werden Hamburger, arabisches Falafel oder Kebab verkauft. Grog ist der allgegenwärtige Begriff für Alkohol, und die englische Tradition des High Tea wird gern zelebriert, Jelly (Wackelpudding) ist ein Lieblingsdessert der Kinder, Gäste werden zum nachmittäglichen Sponge Cake, einer hausgemachten hohen Biskuittorte, eingeladen, oder, wenn die Zeit dafür nicht gereicht hat, zu Anzac Biscuits, traditionellen Keksen aus Hafer- und Kokosflocken. Die sonnengereiften heimischen Chardonnays sind weltberühmt, billige Weine werden als Plonk abgetan.

Eine Art Nationalessen, das gleichzeitig eine der beliebtesten Freizeitaktivitäten darstellt, ist das Barbecue, das in Downunder Barbie genannt wird. Würstchen, Steaks vom Rind, vom Känguru oder vom Emu, heimische Fische und Meeresfrüchte, allen voran Lobster (Hummer), werden allenthalben in freier Natur gegrillt, und dazu gibt es häufig australisches Bier. Ein typisches australisches Lebensmittel ist Vegemite, ein dem englischen Original Marmite nachempfundener Hefeextrakt, den die »Aussies«, wie die Einwohner sich selbst nennen, mit Vorliebe dick auf Damper (traditionelles Buschbrot) streichen. Ebenfalls typisch ist Roo-Burger (ein Hamburger aus Kängurufleisch), in Kokosblättern gedünsteter Red Snapper, Eukalyptushonig, Känguruschinken, mariniertes Krokodilsteak vom Grill oder Kängurubratwurst mit Kakteengemüse.

Oyster Sydney (Überbackene Austern)

Für 4 Vorspeisen-Portionen:
½ Bund Schnittlauch
100 g Crème fraîche
Saft von 1 Limette
Salz, schwarzer Pfeffer
50 g frisch geriebener Parmesan
12 frisch geöffnete Austern

- *Schnittlauch waschen und in Röllchen schneiden. Mit Crème fraîche und Limettensaft verrühren. Mit Salz und Pfeffer würzen, Parmesan unterrühren und die Masse löffelweise auf den frischen Austern verteilen.*
- *Auf einem Backblech im vorgeheizten Backofen bei 200 °C mit Grillstufe 2 bis 3 Minuten überbacken. Dazu passen Spicy Wedges (s. Rezept Seite 35).*

Spicy Wedges (Würzige Kartoffelspalten)

Für 4 Portionen:
800 g Kartoffeln
1 l Pflanzenöl
1 kleine rote Chilischote
2 Zweige Rosmarin
1 TL mildes Currypulver
je 1 TL edelsüßes und rosenscharfes
Paprikapulver

- Kartoffeln waschen, schälen und längs in Viertel schneiden. Pflanzenöl in einem Topf oder einer Friteuse bis zum Sieden erhitzen und Kartoffelstücke darin por-
tionsweise goldgelb und knusprig frittieren. Dabei gleich zu Beginn die Chilischote zum Aromatisieren 2 Minuten mit frittieren.
- Rosmarinzweige beim letzten Frittiergang 1 Minute mitbraten und mit den Kartoffeln in eine Schüssel geben. Mit Currypulver, Paprikapulver und Salz in der Schüssel schwenken, bis alle Kartoffeln damit überzogen sind.
- Spicy Wedges in einem mit Papierservietten ausgelegten Körbchen servieren. Dazu Tomatenketchup reichen.

Potato Salad (Kartoffelsalat mit Hähnchen und Papaya)

Für 4 Portionen:
500 g festkochende Kartoffeln (z. B. Kipfler)
½ Grillhähnchen
8 gegarte Shrimps
100 g saure Sahne
2 EL Mayonnaise
Saft von ½ Zitrone
2 Spritzer Worcestershiresauce
Salz, schwarzer Pfeffer
1 Papaya zum Garnieren
1 EL gehacktes Koriandergrün

- Kartoffeln in der Schale garen. Grillhähnchen entbeinen, enthäuten und das Fleisch
in Streifen schneiden. Shrimps schälen und längs halbieren.
- Aus saurer Sahne, Mayonnaise, Zitronensaft und Worcestershiresauce eine Marinade rühren und mit Salz und Pfeffer würzen. Papaya schälen und in dünne Streifen schneiden
- Kartoffeln abgießen, kurz ausdampfen lassen, pellen und in Scheiben schneiden. Mit der Marinade locker vermengen und auf vier Teller verteilen. Mit Hähnchenfleisch, Shrimps und Papaya belegen und mit Koriander bestreuen.

✳ AYURVEDA-KÜCHE

Ayurveda ist eine traditionelle indische Heilkunst, die auch eine Ernährungslehre umfasst. Ziel dieser »Wissenschaft von der Kunst des Lebens« (von Sanskrit ajus, »das Leben«, und veda, »das Wissen«) ist es, das Gleichgewicht von Körper, Geist und Seele zu halten, die goldene Mitte zu finden, um auch bis ins hohe Alter gesund zu bleiben. Dieses Ziel wird unter anderem durch eine ausgewogene Ernährung erreicht. Den Wert der Ernährung beurteilt man im Ayurveda – anders als in der modernen Ernährungswissenschaft – nicht primär anhand des Gehaltes an Kalorien, Eiweißstoffen, Fetten, Kohlehydraten, Vitaminen und Mineralstoffen. Wichtig ist hier vor allem, dass das Agni, das Verdauungsfeuer, gestärkt wird. Die Verdauung ist das wichtigste Anliegen der ayurvedischen Ernährung, denn nur bei optimaler Verdauung können die guten Teile der Nahrung in unser Körpersystem gelangen.

Anders als westliche Ernährungsmodelle geht der Ayurveda stark auf individuelle Bedürfnisse ein. Ayurvedische Ernährungstipps werden entsprechend dem Konstitutionstyp eines jeden Menschen individuell bestimmt. Ein Nahrungsmittel kann also für eine Person gesund, für eine andere aber ungesund sein. Die individuelle Verträglichkeit der Nahrung ist abhängig von der Ausprägung der drei Doshas (Bioenergien), die Vata, Pitta und Kapha heißen und körperliche wie charakterliche Eigenschaften bestimmen. Diese drei Doshas sind bei jedem Menschen unterschiedlich stark vorhanden, oft ist eines dominant, weshalb man vom Vata-, Pitta- und Kapha-Typ spricht; es gibt aber auch Mischtypen. Der Vata-Typ wird mit den Elementen Äther und Luft in Verbindung gebracht, der Pitta-Typ ist von Feuer und Wasser bestimmt und der Kapha-Typ von den Elementen Erde und Wasser geprägt. Den einzelnen Doshas werden folgende Eigenschaften zugeordnet: Vata steht für trocken, kalt, leicht, antreibend, beweglich, unregelmäßig, fein, rau, zusammenziehend, bitter und scharf; Pitta für heiß, ölig, leicht, scharf, intensiv, flüssig, säurehaltig, salzig; Kapha für ölig, kühl, glatt, schwer, stabil, dicht, schleimig, süß und salzig.

Um die Doshas in der Balance zu halten und vorhandene Eigenschaften auszugleichen, gibt es für jeden Konstitutionstyp bestimmte Ernährungsempfehlungen: Menschen, bei denen Vata dominiert, sind nach der ayurvedischen Lehre eher schlank und beweglich, neigen zu trockener Haut und Falten und frieren leicht. Charakteristisch für Vata-Typen sind auch Nervosität, Ängste, Schlaf- und Verdauungsstörungen. Deshalb werden ihnen leicht verdauliche, ölige und warme Speisen empfohlen, die salzig, süß oder sauer schmecken. Pitta-Typen hingegen haben einen athletischen Körperbau, sind körperlich und geistig aktiv, oft hitzköpfig und ungeduldig. Sie sollten kühle, leichte Kost wählen mit den Geschmacksrichtungen bitter, herb und süß. Die eher korpulenten Kapha-Typen sind meist ruhige und etwas träge Menschen, die sich eher langsam bewegen und über viel Muskelkraft und Ausdauer verfügen. Sie sollten sich an leichte und trockene Speisen halten, die scharf, bitter und herb schmecken.

Es gibt im Ayurveda aber auch einige allgemeine Ernährungsempfehlungen. Als nicht empfehlenswert gelten Schweinefleisch, Rindfleisch, Thunfisch, Meeresfrüchte, gekochte

Tomaten und Ananas. Grundsätzlich verzichtet werden sollte auf kalte Getränke und Eis; Fisch oder Fleisch sollten nie zusammen mit Milchprodukten gegessen werden. Empfohlen werden dagegen frisch zubereitetes Gemüse, Obst und Kräuter. Generell sollten die Mahlzeiten eher vegetarisch gehalten werden, und Fisch oder Fleisch sollte höchstens zwei- bis dreimal die Woche auf den Tisch kommen.

Die Ayurveda-Küche muss nicht zwangsläufig → indisch oder ceylonesisch sein, ihre Grundsätze können auch auf andere internationale Küchen angewandt werden, sofern bei der Auswahl und Zubereitung der Speisen die individuellen Bioenergien berücksichtigt werden, die im Übrigen bei einer ärztlichen ayurvedischen Untersuchung festgestellt werden können.

Kürbis mit Fischfilet

Für 4 Portionen:
1 große Zwiebel
3 Knoblauchzehen
2 milde Pfefferschoten
500 g Kürbisfruchtfleisch (z. B. Hokkaido)
800 g Fischfilet (z. B. Seelachs, Lachs)
2 EL Sonnenblumenöl
1 EL frische Thymianblättchen
1 Prise Salz, schwarzer Pfeffer

- Zwiebel und Knoblauchzehen schälen und fein würfeln. Pfefferschoten putzen und ebenfalls würfeln. Kürbisfruchtfleisch in etwa 2 cm große Würfel schneiden. Fischfilet in Streifen schneiden.
- Öl erhitzen und Zwiebel, Knoblauch und Pfefferschote darin andünsten. Kürbisstücke hinzufügen, mit etwa 250 ml Wasser begießen und bei mittlerer Hitze etwa 20 Minuten garen.
- Fischfiletstreifen unterheben, einige Minuten ziehen lassen und Thymianblättchen hinzufügen. Mit Salz und Pfeffer leicht würzen. Dazu passt Reis.

Kartoffel-Erbsen-Curry

Für 4 Portionen:
1 kg Kartoffeln
5 cm frische Ingwerwurzel
4 EL Sonnenblumenöl
1 EL zerstoßene Korianderkörner
½ TL mildes Chilipulver
500 g grüne Erbsen
1 Prise Salz
2 EL gehacktes frisches Koriandergrün

- Kartoffeln schälen und in kleine Würfel schneiden. Den geschälten und fein gewürfelten Ingwer mit den Kartoffeln im Öl anbraten.
- Korianderkörner und Chili einrühren, die Erbsen hinzufügen und alles mit etwa 500 ml Wasser begießen. Bei geringer Hitze etwa 20 Minuten köcheln lassen.
- Zuletzt mit einer Prise Salz würzen und Koriander unterziehen. Mit Reis servieren.

 BALI

Das beliebte Touristenziel Bali ist weltweit so bekannt, dass es oft als eigener Staat wahrgenommen wird. Seit 1949 jedoch gehört Bali zur Republik → Indonesien und ist mit seinen rund 3,3 Millionen Einwohnern eine der gut 6000 bewohnten Inseln, die den größten Inselstaat der Welt bilden. Die balinesische Küche ist bäuerlich geprägt. Das wichtigste Grundnahrungsmittel ist der Reis, und so ist Nasi, wie der gekochte Reis auf Indonesisch heißt, auf Bali auch allgegenwärtig. Den Balinesen gilt er als Geschenk der Götter, und es gibt sogar eine Göttin, die speziell für den Reis zuständig ist: Dewi Sri. Ihr sind alle wichtigen Zeremonien geweiht, die den Reisanbau begleiten, von der Aussaat bis zur Ernte, denn Reis bedeutet (Über)Leben, und Leben heißt Reis. So wie keine Mahlzeit auf Bali ohne Reis auskommt, so arbeiten auch viele Balinesen – immerhin 59 Prozent – in der Landwirtschaft, vor allem im Reisanbau, und Reisfelder und -terrassen prägen das Landschaftsbild.

Traditionell werden auf Bali mehrere Sorten Reis angebaut, etwa der rote Beras barak, der weiße Klebreis Ketan und der kleinkörnige schwarze Ketan injin, aus dem mit Ingwer, Palmzucker und Kokosmilch der Black Rice Pudding zubereitet wird. Eine Delikatesse aus den Bergen ist die Trockensorte Padi gaga. Doch diese traditionellen Reissorten sind in den letzten Jahren immer mehr von der neuen Reissorte IR 36 verdrängt worden – einer Laborzüchtung, mit der die indonesische Regierung auf die Bevölkerungsexplosion reagiert hat. Die neue Sorte ist zwar ertragreicher, bedarf aber schärferer Düngemittel, lässt sich nicht lange lagern und kann geschmacklich nicht mit den traditionellen Sorten mithalten.

Zum Frühstück essen die Balinesen Jaja, süße Reiskuchen, die mit Palmsirup übergossen und mit Kokosraspeln bestreut werden. Mehr als 100 Varianten soll es geben; sehr beliebt ist das ovale, grüne, mit Blattsaft gefüllte Kelepon, außerdem das mit Kürbis oder Maniok gefüllte Sumping und das mit Agar-Agar (Seealgenstärke) versetzte, geleeartige Bulung. Eine komplette Mahlzeit besteht aus kleinen Salaten als Vorspeise, einer Suppe, dem Hauptgang und einem Dessert, wobei alle Gerichte gleichzeitig auf den Tisch kommen. Die Speisen werden meist schon frühmorgens zubereitet und nach Bedarf aus dem Speiseschrank genommen – die Balinesen sind geradezu zwanghafte Zwischendurch-Esser, weshalb man auch überall auf der Insel kleine Imbisse findet, die Reiskuchen, Nüsse, Nudeln, Suppen und Früchte anbieten. Traditionell isst man vor allem die Vorspeisen und den Hauptgang mit den Fingern der rechten Hand, die linke gilt als unrein. Die Suppen werden aus den Schalen geschlürft und süße Reispuddings mit dem Löffel gegessen.

Gekocht wird mit erntefrischen Zutaten und Kokosmilch, wodurch die traditionelle Küche auch eine gesunde Küche ist. Vielerlei Gewürze wie Kurkuma, Muskatnuss, Ingwer, Koriander und Chili geben nicht nur den Speisen einen sehr würzigen Geschmack, sie haben auch einen medizinischen Nutzen: Muskatnuss hilft bei Leber- und Verdauungsproblemen, Koriander bei nervösen Magenleiden, Chili wirkt entzündungshemmend. Fisch, Fleisch und Geflügel sind teuer und deshalb meist den Festtagen vorbehalten. Im stark hinduistisch geprägten Bali wird viel Schweinefleisch gegessen. Die balinesischen Hängebauchschweine sind eine eigene Rasse; aus ihnen wird das beliebte Guling celeng (gegrilltes Spanferkel) zubereitet.

Zum Essen gibt es meist Teh, einen Tee, der mit viel Zucker und niemals heiß getrunken wird. Die Holländer brachten um 1700 auch den Kaffee, der hier Kopi heißt, nach Indonesien. Die Balinesen zerstampfen ihn und brühen ihn nach türkischer Art mit heißem Wasser auf. Die beliebtesten lokalen Getränke sind Tuak (leicht alkoholischer Palmwein), Brem (Reiswein) und Bintang-Bier.

Base gede (Balinesische Würzpaste)

Für 1 Schraubglas à 200 ml:
5 Schalotten
5 Knoblauchzehen
5 cm frische Ingwerwurzel
3 rote Pfefferschoten
3 kleine rote Chilischoten
1 TL Koriandersamen
1 TL schwarze Pfefferkörner
1 EL brauner Zucker
2 EL Erdnussöl

- Schalotten, Knoblauch und Ingwer schälen und fein hacken. Pfeffer- und Chilischoten waschen, trockentupfen, längs halbieren und fein würfeln. Alles mit Koriandersamen, Pfefferkörnern und Zucker in einem Mixgerät oder mit dem Pürierstab fein pürieren.
- Erdnussöl in einer Pfanne erhitzen und das Püree darin etwa 5 Minuten anrösten.
- Paste in ein Schraubglas füllen, abkühlen lassen und erst dann verschließen. Im Kühlschrank aufbewahren und innerhalb einer Woche verbrauchen.
- Base gede kann zum Würzen von Curry- und Reisgerichten oder als Dip verwendet werden.

Ikan kacang (Fisch mit Erdnusssauce)

Für 4 Portionen:
4 Fischsteaks à 150 g
(Kabeljau, Pangasius oder Barsch)
Saft von 1 Limette
Salz, schwarzer Pfeffer
4 EL Erdnussöl
4 EL helle Sojasauce
2 EL Erdnussmus
150 ml Kokosmilch (Dose)
2 EL Tamarindensaft
1 EL gehacktes Koriandergrün

- Fischsteaks waschen, trockentupfen und mit Limettensaft beträufeln. Mit Salz und Pfeffer würzen. Erdnussöl in einem Wok erhitzen und Fischsteaks darin auf beiden Seiten braten, bis sie eine hellbraune Farbe angenommen haben.
- Etwas Bratöl abgießen und Sojasauce, Erdnussmus, Kokosmilch und Tamarindensaft dazugeben. Bei kleiner Hitze einige Minuten köcheln lassen. Kurz vor dem Servieren das Koriandergrün darübergeben. Den Fisch mit Reis servieren.

Be sampi mebase bali (Trockenes Rindfleischcurry)

Für 4 Portionen:
800 g mageres Rindfleisch (Oberschale, Hüfte)
2 Zwiebeln
4 Knoblauchzehen
4 cm frische Ingwerwurzel
10 cm frische Laoswurzel
½ TL gemahlener Zimt
4 Gewürznelken
1 EL gemahlener Koriander
1 TL Chilipulver
1 TL Kreuzkümmel
4 EL Erdnussöl
½ TL Salz
1 TL grob geschroteter schwarzer Pfeffer
4 Salamblätter
1 l Kokosmilch (Dose)
1 Schalotte
2 EL Pflanzenöl

- *Rindfleisch in mundgerechte Würfel schneiden. Zwiebeln, Knoblauch, Ingwer und Laoswurzel schälen und grob zerschneiden, dann mit den Gewürzen und 1 EL Erdnussöl im Küchenmixer pürieren.*
- *Fleischwürfel mit Würzpaste gründlich vermengen, abdecken und 1 Stunde ruhen lassen.*
- *Das restliche Erdnussöl im Wok erhitzen und Fleischwürfel darin von allen Seiten etwa 10 Minuten braten. Mit Salz und Pfeffer würzen. Salamblätter waschen und hinzufügen.*
- *Kokosmilch nach und nach zugießen, zwischendurch immer wieder warten, bis sie fast verdampft ist. Das Curry ist fertig, sobald das Fleisch gar ist und die Sauce angedickt. Mit gebratenen Schalotten garnieren. Dazu verschiedene Sambals und Reis servieren.*

BALKAN

Die Küche der Balkanhalbinsel umfasst im Wesentlichen die Kochkunst der Länder des ehemaligen Jugoslawiens sowie der Nachbarländer Albanien, Bulgarien, Makedonien und zum Teil auch die Küche Rumäniens. Vom 14. bis zum 19. Jahrhundert gehörte ein großer Teil der Region zum Osmanischen Reich, und in dieser Zeit entstand auch eine relativ homogene Küchenkultur, die je nach geographischer Lage von der → griechischen, → türkischen, → ungarischen, → italienischen oder → österreichischen Küche beeinflusst wurde.

Der Begriff Balkanküche ist heute meist ein Synonym für scharfe und deftige Gerichte, für viel Fleisch und Paprika, für Eintöpfe und fette Würste, für Schafskäse, Knoblauch und Zwiebeln, für Grillgerichte am Spieß, für Reis und süße Nachspeisen. Typische, grenzübergreifend beliebte Balkangerichte sind Köfte,

Börek, Baklava und Moussaka. Die Speisen sind geschmacklich oft sehr intensiv: Scharfes ist sehr scharf (scharfe Chili- und Paprikasorten), Saures sehr sauer (Gurken, Essig, Sauerkraut), Fettes sehr fett (Schmalz), Süßes sehr süß (Honig, Zucker), und reichlich Verwendung findet auch der ebenfalls sehr stark vorschmeckende Knoblauch.

An den Küsten der Halbinsel herrscht ein mediterranes Klima vor, im Landesinneren ist das Klima kontinental. Dementsprechend variiert auch die Speisekarte: In den Küstenregionen wird überwiegend mit Fisch gekocht, im Landesinneren und in den Bergregionen kommen vermehrt Fleisch- und Gemüsegerichte auf den Tisch. Die intensiv betriebene Landwirtschaft bringt vor allem Weizen, Mais, Reis, Sesam und Mohn sowie Hülsenfrüchte, Kohl, Tomaten, Auberginen, Zwiebeln, Paprika und Zucchini hervor. In der Viehzucht spielen Schafe, Ziegen und Geflügel, aber auch Schweine und Rinder eine Rolle.

Wenngleich die Balkanküche grenzübergreifend eine einfache, bäuerlich geprägte Küche ist, so lassen die einzelnen Landesküchen doch auch kulinarische Unterschiede erkennen. Die Länder des ehemaligen Jugoslawiens sind kulinarisch geprägt von Fleisch- und Grillgerichten: Ražniči (Fleischspießchen), Djuvec (Reisfleisch), Čevap (Spießbraten) und Čevapčiči (Hackfleischwürstchen), aber auch Eintöpfe wie Corba od pasulja (Bohnensuppe mit Schweinerippe und Debreziner), Sarma (Krautwickel mit Hackfleisch) und Podvarak (Geflügel mit Sauerkraut) sind grenzübergreifend bekannt und beliebt. Als appetitanregende Vorspeise sind griechisch-türkisch geprägte Meze oder italienische Antipasti verbreitet, zum Beispiel das serbische Aivar (Paprikamus).

Slowenien ist vor allem bekannt für seine unzähligen Sorten Štruklji (gefüllte Strudel), vielerlei dicke Suppen, Wein und Heilwässer. In den Küstenregionen ist der Einfluss der italienischen Küche spürbar, Njoki (kleine Klöße aus Kartoffelteig), Fuzi (Nudeln) und Zlikrofi (ravioliähnliche Teigtaschen) stehen hier auf dem Speiseplan; im Norden nahe der österreichischen Grenze dominieren Braten und Mehlspeisen wie Potica (gerollter Hefekuchen mit verschiedenen Füllungen). Der italienische Einfluss macht sich auch in Dalmatien, im Süden Kroatiens, bemerkbar. Die Küche ist reich an Oliven, Feigen und Mandeln und berühmt für ihren Pršut (luftgetrockneten Schinken); neben verschiedenen Kräuterschnäpsen stammt auch der weltbekannte Maraschino (Kirschlikör) hierher, dessen Produktion nach dem Zweiten Weltkrieg ins italienische Padua verlagert wurde. Die kroatische Küche ist ansonsten geprägt von Quark und Käse wie Tunje (Räucherkäse), und auch gefüllte Paprikaschoten (mit Fleisch, Reis oder Käse) stehen häufig auf dem Speiseplan.

Im griechisch beeinflussten Makedonien wird viel mit Käse gekocht, etwa Kefalitor, Mandur und Feta, die auch in Vorspeisen und Salaten Verwendung finden. In Serbien werden traditionell viele Lebensmittel eingekocht oder auf andere Weise haltbar gemacht, zum Beispiel Slatko (Beerengrütze) oder Slanina (geräucherter Speck). Typische Gerichte sind Pilâv (in Reis gekochtes Hühnerfleisch), Riblja corba (Fischsuppe) und Spanferkel. Das serbische Nationalgetränk, das traditionell zu Beginn und am Ende einer Mahlzeit getrunken wird, ist Sliwowitz (Pflaumenbranntwein).

Im orientalisch beeinflussten Bosnien liebt man dicken schwarzen Kaffee, ungesüßte Pitas (Strudel mit Kirschen, Kürbissen oder Äpfeln) und Baklava (Nussstrudel). Ein typisches Getränk im gebirgigen Montenegro ist Njeguski (aus Schafsmilch); die Gerichte werden hier häufig mit Maismehl, Kajmak (eine Art Rahm) und Hammelfleisch zubereitet.

Bulgarien ist als Joghurtland bekannt, Podkwassa (Joghurt) wurde hier erfunden. In der dem türkisch-griechischen Erbe verhafteten bulgarischen Küche ist das Joghurtgetränk Ayran sehr beliebt. Ein typisches Mittagessen beginnt mit Schopska (Salat aus Tomaten, Gurken, Paprika, Zwiebeln und Schafskäse). Beliebte Gerichte sind Piperki (gefüllte Weinblätter), Moussaka (Hackfleischauflauf), Kebapceta (geröstete Hackfleischwürstchen), Gjuvec (Fleisch- und Gemüseeintopf) und Telesko (Kalbfleisch mit Tomaten und Bohnen). Auch Suppen wie Tarator (Gurkensuppe), Peceno sireno (gerösteter Käse mit Paprika) oder Keftedes (Frikadellen) sind sehr verbreitet.

Typische Gerichte der rumänischen Küche, die nur zum Teil der Balkanküche zugerechnet wird, sind das an die italienische Polenta erinnernde Mamaliga (Maisbrei), Tocana (ein Fleischtopf, der an das ungarische Gulasch erinnert) sowie Ciorba (säuerliche Rindfleisch- oder Fischsuppe mit Gemüse). Gekocht wird viel mit Innereien, gewürzt wird mit reichlich Knoblauch. Weitere rumänische Spezialitäten sind Pastrama (Räucherfleisch), Mititei (Grillwürstchen) und Cascaval (traditioneller Ziegenkäse) ab.

Getrunken werden auf dem Balkan viele natürlich vorkommende Mineralwasser, Weine und Bier aus eigenem Anbau sowie der in fast allen Balkanländern beliebte Pflaumenschnaps.

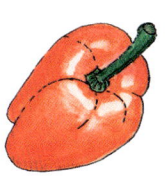 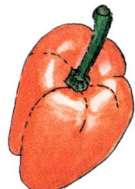 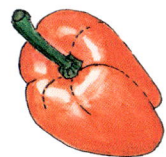

Čevapčiči (Hackfleischwürstchen)

Für 4 Portionen:
800 g Rinderhackfleisch
Salz, schwarzer Pfeffer
1 TL Rosenpaprika
2 EL Pflanzenöl
1 große Zwiebel
1 grüne Paprikaschote

- *Rinderhackfleisch mit Salz, Pfeffer und Rosenpaprika sowie 1 EL kaltem Wasser*

verkneten und etwa fingerlange Würstchen formen. Mit Pflanzenöl bepinseln, mit Folie abdecken und etwa 1 Stunde in den Kühlschrank stellen.

- *Zwiebel schälen und fein würfeln. Paprikaschote säubern und in Streifen schneiden.*
- *Würstchen im vorgeheizten Backofen bei 180 °C mit Grillstufe etwa 8 Minuten grillen. Zum Servieren mit Zwiebelwürfeln bestreuen und mit Paprikastreifen garnieren.*

Corba od pasulja (Serbische Bohnensuppe)

Für 4 Portionen:
250 g getrocknete weiße Bohnen
3 Zwiebeln
2 Knoblauchzehen
2 Karotten
500 g Kartoffeln
150 g Räucherwurst (Debreziner)
250 g geräucherte Schweinerippe
3 EL Pflanzenöl
1 EL edelsüßes Paprikapulver
Salz, schwarzer Pfeffer

- Bohnen 8 Stunden in Wasser einweichen. Zwiebeln schälen, eine in Viertel, die anderen in Streifen schneiden. Knoblauchzehen abziehen, Karotten in Scheibchen schneiden, Kartoffeln schälen und würfeln. Räucherwurst in Scheiben schneiden.

- Bohnen in kaltem Wasser mit Zwiebelvierteln und Knoblauch zum Kochen aufsetzen und 40 Minuten bei mittlerer Hitze garen.
- Parallel dazu die Schweinerippe in einen Topf geben, mit so viel Wasser aufgießen, bis alles bedeckt ist, und etwa 20 Minuten bei mittlerer Hitze garen.
- Zwiebelstreifen in Pflanzenöl glasig dünsten. Karotten und Kartoffeln hinzufügen. Mit Paprikapulver, Salz und Pfeffer würzen und mit 200 ml Wasser aufgießen. Bei kleiner Hitze etwa 20 Minuten garen, dann in den Bohnentopf rühren.
- Fleisch aus der Brühe nehmen, in mundgerechte Stücke schneiden und mit Räucherwurst in den Bohnentopf rühren. Kurz durchziehen lassen und dann servieren.

Ajvar (Serbische Paprikacreme)

Für 4 Portionen
600 g rote Paprikaschoten
200 g Auberginen
2 EL Olivenöl
6 Knoblauchzehen
1 mittlere Zwiebel
1 EL Weinessig
Salz, schwarzer Pfeffer
1 Prise Zucker

- Paprikaschoten und Auberginen längs halbieren, Paprika entkernen. Das Gemüse mit den Schnittflächen nach unten auf ein

Backblech legen, die Oberflächen mehrmals einstechen und im vorgeheizten Backofen bei 200 °C (Umluft 180 °C) etwa 20 Minuten backen, bis die Häute geplatzt und gebräunt sind.
- Kurz in kaltes Wasser tauchen, Häute abziehen und das Fruchtfleisch mit Olivenöl und dem abgezogenen, klein geschnittenen Knoblauch fein pürieren.
- Zwiebel schälen und fein würfeln, unter das Paprikamus mengen und mit Weinessig, Salz, Pfeffer und Zucker würzen. Schmeckt als Brotaufstrich oder zu gegrilltem Fleisch.

Riza crna gora (Reis nach Montenegro-Art)

Für 4 Portionen:
4 Scheiben Räucherspeck
2 Zwiebeln
2 Knoblauchzehen
2 Paprikaschoten
500 g Tomaten
200 g Langkornreis
Salz
3 EL Pflanzenöl
schwarzer Pfeffer

- *Räucherspeck in Streifen schneiden. Zwiebeln und Knoblauchzehen schälen und fein würfeln. Paprikaschoten säubern und in Würfel schneiden. Tomaten überbrühen, häuten, entkernen und in Achtel schneiden.*
- *Den Reis in Salzwasser gar kochen; abgießen und abtropfen lassen. Pflanzenöl erhitzen und den Speck darin braten. Zwiebeln und Knoblauch einstreuen und mitbraten.*
- *Paprikawürfel und Tomaten einige Minuten mitschwenken und zuletzt den Reis unterheben. Mit Salz und Pfeffer würzen.*
- *Dazu passt ein gemischter Salat oder Čevapčiči (s. Rezept Seite 43).*

BELGIEN

Die belgische Küche ist von → französischen und → niederländischen Einflüssen geprägt, so wie auch das Land in einen französischsprachigen Teil im Süden (Wallonien) und einen niederländischsprachigen Teil im Norden (Flandern) aufgeteilt ist. Somit gibt es keine gesamtbelgische Küche, sondern Spezialitäten aus den Regionen. Die 10,4 Millionen Belgier essen sowohl bäuerlich deftig als auch raffiniert. Bei den Flamen im Norden Belgiens zählen Waterzooi (Fischeintopf) und Aal zu den typischen Gerichten, die Wallonen im südlichen Belgien sind hingegen mehr der klassisch französischen Küche zugewandt, dem Ardenner Schinken, Pasteten, Wildgerichte und Würsten.

Weit über die Landesgrenzen hinaus ist Belgien für seine Schokolade berühmt. So ließ ein belgischer Botschafter in Deutschland einmal vernehmen: »… manchmal komme ich mir vor wie ein Pralinenbotschafter.« Belgien ist in der Tat ein Paradies für Leckermäuler. Die belgischen »Meeresfrüchte«, mit Nougat gefüllte Pralinen in Form von Muscheln, Seesternen und Meeresschnecken, erfreuen sich weltweiter Beliebtheit. Für die 1912 entwickelten gefüllten Schokoladenbissen wurden sogar spezielle Döschen namens Ballotin patentiert, die die empfindlichen Pralinen gegen äußere Beschädigungen schützen.

Typisch für die belgische Küche sind außerdem die allgegenwärtigen Pommes frites. Die rund 7000 Fritkots oder Frietkots (Pommesbuden), wie sie auf Französisch bzw. Niederländisch heißen, sind aus dem Stadtbild nicht wegzudenken. Ihre Betreiber, die Frituristen, sind in der Nationalen Vereinigung der Frituristen organisiert, und in Antwerpen dokumentiert das Frietkotmuseum die Geschichte der Kartoffelstäbchen, die – so heißt es – im 17. Jahrhundert in Wallonien erfunden wurden. Da die Fischer im Winter oft mit leeren Netzen von der Maas zurückkamen, frittierten die armen Leute eben Kartoffeln statt Fisch. Ihren weltweiten Siegeszug traten die Pommes frites mit der Heimkehr der US-Soldaten nach dem Ersten Weltkrieg an: In den USA etablierten sich die Kartoffelstäbchen als French fries. In Belgien sind Fritten nicht nur Fastfood, sie werden auch als salonfähige Beilage zu Muscheln oder Filet américain (eine Art Rinderhack mit Mayonnaise) serviert. Traditionell werden sie mit Mayonnaise verzehrt, schmecken aber auch mit einer Essigtunke und sind so obendrein besser verdaulich.

Ein drittes typisch belgisches Produkt ist das Bier. Da es anders als in Deutschland keine Brauvorschriften gibt, wird so ziemlich alles, was irgendwie gebraut werden kann, Bier genannt. Das Geuze zum Beispiel wird aus Kirschkernen gebraut; fruchtige Biere, zum Beispiel mit Himbeer-, Pfirsich- oder Kirscharoma, gibt es ebenfalls. Und der Hopfen wird schon mal durch Reis oder Mais ersetzt. Trotz allem nehmen die Belgier das Bierbrauen sehr ernst, und Kenner zählen die belgischen Biere zu den besten der Welt. Es gibt über 200 verschiedene Braumethoden und mehr als 1000 Sorten. Die bekanntesten sind Jupiler, Palm, Rodenbach, Westmalle Trapist, Corsendonk, Geuze Mort Subit, Chimay, Duvel und Orval.

Überbackener Chicorée

Für 4 Portionen:
175 g Reis
4 Stangen Chicorée
Salz
4 Scheiben gekochter Schinken
50 g Butter
2 EL Mehl
250 ml Milch
150 g frisch geriebener Käse (z. B. Gouda)
100 g saure Sahne
weißer Pfeffer
edelsüßes Paprikapulver

* *Reis nach Packungsanweisung garen. Chicorée waschen und in Salzwasser 5 bis 8 Mi-*
nuten kochen. Herausnehmen und in einem Sieb abtropfen lassen.
* *Reis auf dem Boden einer Auflaufform verteilen, Chicoréestangen in Schinken einwickeln und darauf legen.*
* *In einem Topf aus Butter und Mehl eine helle Schwitze rühren. Mit Milch aufgießen, aufkochen und unter ständigem Rühren einige Minuten köcheln lassen.*
* *Käse und saure Sahne unterrühren, mit Salz, Pfeffer und Paprika würzen und die weiße Sauce über den Chicorée gießen. Im vorgeheizten Backofen bei 200 °C (Umluft 180 °C) etwa 10 Minuten überbacken.*

Waterzooi (Fischeintopf)

Für 4 Portionen:
1 kg Fischfilets (Heil- oder Steinbutt,
Aal, Rotbarsch, Schellfisch, Knurrhahn)
Salz, schwarzer Pfeffer
etwas Zitronensaft
1 Zwiebel
250 g Knollensellerie
½ Petersilienwurzel
250 g Karotten
1 Lauchstange
100 g Champignons
100 g Butter
etwas abgeriebene Zitronenschale
100 g ausgelöste gekochte Muscheln
1 l Fischfond (Glas)
2 Eigelb
150 g Sahne
1 Msp. frisch geriebene Muskatnuss

- Fischfilets in mundgerechte Stücke schneiden und mit Salz, Pfeffer und Zitronensaft würzen.
- Zwiebel schälen und in feine Streifen schneiden. Knollensellerie, Petersilienwurzel, Karotten und Lauch putzen, waschen und ebenfalls in feine Streifen schneiden. Champignons putzen und in Scheiben schneiden.
- Gemüse und Pilze mit 50 g Butterflöckchen, Zitronenschale, Salz und Pfeffer auf dem Boden einer feuerfesten Form verteilen, mit gebutterter Alufolie abdecken und im vorgeheizten Backofen bei 180 °C (Umluft 160 °C) etwa 20 Minuten dünsten.
- Aus dem Ofen nehmen und Fischstücke und Muscheln auf dem Gemüse verteilen. Mit heißer Fischbrühe begießen, abdecken und für weitere 15 Minuten in den Ofen schieben.
- Aus der Form eine Kelle Brühe schöpfen, mit Eigelb und Sahne verquirlen, mit Muskat abschmecken und den Eintopf damit verfeinern. Nochmals kurz ziehen lassen und mit Stangenweißbrot servieren.

B

Das kleine Land Birma (offiziell auch Myanmar genannt) grenzt im Süden an den Indischen Ozean, im Osten und Norden an Thailand, Laos und China, im Westen an Bangladesh und Indien. Die rund 48 Millionen Birmaner sind größtenteils Buddhisten, ein kleinerer Teil Christen, Muslime oder indischen Religionen zugehörig. Die wechselvolle Geschichte ist unter anderem durch bis 1948 andauernde englische Kolonialherrschaft geprägt – Birma war ein Teil von Britisch-Indien, und noch heute fungiert Englisch neben der Amtssprache Birmanisch als Handelssprache in dem Vielvölkerstaat, der mehr als 135 ethnische Gruppen umfasst. Birma ist ein sehr armes Land, doch auf dem fruchtbaren Boden gedeiht reichlich Gemüse und Obst. Seen, Flüsse und das Meer liefern Fisch und Meeresfrüchte. An Fleisch kommen vor allem Huhn und Hammel auf den Tisch, Rind ist durch die kaum vorhandene Viehwirtschaft eher selten.

Die birmanische Küche ist zwar von den Nachbarländern beeinflusst, hat aber dennoch eine eigenständige Tradition. Sie ist vor allem gekennzeichnet durch die reichliche Verwendung von Reis und Curry. Reis ist Hauptbestandteil fast aller Mahlzeiten, und mit Curry werden die Gerichte mild bis scharf gewürzt, wobei die birmanische Küche generell weniger scharf ist als die ➔ thailändische. Der typisch birmanische Currygeschmack basiert auf hellem Sesamöl, und die Grundzutaten der Currys sind immer die gleichen: Zwiebel, Knoblauch, Ingwer, Chili und Kurkuma. Durch die verschiedenfarbigen Currymischungen (rot, grün, gelb oder braun), mit denen die Gerichte zubereitet werden, bietet

der gedeckte Tisch stets ein farbenfrohes Bild. Reis und Suppe kommen dampfend heiß auf den Tisch; die übrigen, vorwiegend aus Gemüse zubereiteten Gerichte werden schon vorher am Tisch angerichtet und zimmerwarm verspeist. Fleisch, Fisch, Eier und Garnelen dürfen nicht fehlen, werden aber eher in kleinen Portionen zubereitet. Zum Kochen wird vor allem der aus ➔ China übernommene Wok benutzt.

Das birmanische Gewürzspektrum ist um einiges kleiner als das der ➔ indischen Küche und besteht vor allem aus Kardamom, gemahlenen Nelken, Sesamöl, Sojasauce, Kurkuma, Zwiebeln, Koriander, Knoblauch, Ingwer, Tamarindensaft, Chilis sowie der allgegenwärtigen Blachan (auch Ngapi genannt), einer Paste aus getrockneten Garnelen.

Wenn ausnahmsweise einmal kein Reis serviert wird, dann treten an seine Stelle Kyazan (Fadennudeln aus Reismehl). Sie bilden den Hauptbestandteil von Suppen, die mit gehacktem Koriandergrün, gerösteten Kichererbsen, getrockneten, in Öl gebratenen Chilischoten, gebratenen Zwiebelflocken und gebackenen Knoblauchscheiben variiert werden. Das birmanische Nationalgericht Mohingha ist eine currygewürzte Fischsuppe mit Fadennudeln und Kokosmilch. Sie wird von Straßenverkäufern, die ihren Kochtopf mit Bambusstangen über den Schultern balancieren, überall angeboten. Süßes wird in Birma nicht zum Dessert verzehrt, sondern am liebsten zwischen den beiden Hauptmahlzeiten genascht. Beliebt sind vor allem in Palmzuckersirup eingekochte Früchte aus der Dose wie Durian und Mango sowie Gelees in leuchtenden Farben, die auf der Stärkebindung von Agar-

Agar basieren, eine feste Konsistenz haben und in Rauten geschnitten angeboten werden. Die birmanischen Süßspeisen bestehen in der Regel aus Kokosmilch und -flocken, Sesam und Palmzucker, vielfach kommt noch eine kräftige Prise Salz dazu, um einen pikanten Kontrast herzustellen. Moh loung ye baw zum Beispiel sind leicht gesüßte Teigkugeln aus Reismehl und Palmzucker, die in Kokosmilch gekocht werden.

Beim Essen sitzt man auf Matten um einen flachen Tisch, der mit den Gerichten, Tellern, Schalen und Porzellanlöffeln für die Suppe gedeckt wird. Traditionell isst man mit den Fingern, aber auch Löffel und Gabel werden immer mehr benutzt. Die Gerichte kommen alle gleichzeitig auf den Tisch und können nach Belieben kreuz und quer gegessen werden; zwischendurch schlürft man ab und an ein paar Löffel Suppe. Die Mahlzeit wird mit dem Waschen der Finger am Tisch abgeschlossen. Nach dem Essen knabbern die Burmesen pikante Snacks wie Gin thoke (Ingwer-Mix mit Knoblauch, Sesam und Zitronensaft) oder Ngapyaw kyaw (pikant gebackene Bananenchips). Dazu wird häufig Moh let saung, ein erfrischendes, geeistes Kokosmilchgetränk mit Sago, gereicht. Ansonsten trinkt man vor allem grünen Tee und Kaffee, und auch das heimische Mandalay-Bier erfreut sich großer Beliebtheit.

Sevian kheer (Kokossuppe mit Nudeln)

Für 4 Portionen:
etwa 10 Safranfäden
800 ml ungesüßte Kokosmilch
½ kleine rote Chilischote
5–7 Kardamomkörner
50 g Ghee (indisches Butterschmalz)
50 g Fadennudeln
250 ml Gemüsebrühe
100 g Sojabohnensprossen
1 EL Sojasauce
Pfeffer
1 TL gehacktes Koriandergrün
50 g geröstete Erdnüsse
50 g ungesüßte Kokosraspeln

- *Safranfäden in die Kokosmilch rühren. Chili fein würfeln und Kardamomkörner zerstoßen.*
- *Ghee im Wok erhitzen und die rohen, in Stücke gebrochenen Nudeln darin knusprig braten. Chili hinzufügen und mit Gemüsebrühe ablöschen. Kokosmilch zugießen und die Suppe etwa 10 Minuten köcheln lassen, bis die Nudeln gar sind.*
- *Sojabohnensprossen einlegen und mit Kardamom, Sojasauce und Pfeffer würzen. Koriander einrühren. Erdnüsse und Kokosraspeln in den Suppenschalen verteilen und mit der würzigen Suppe auffüllen.*

Set hnit myo hincho (Zwölf-Sorten-Suppe)

Für 4 Portionen:
20 g getrocknete Wolkenohrpilze
2 Zwiebeln
2 Knoblauchzehen
4 Frühlingszwiebeln
2 Stangen von 1 Staudensellerie
100 g Weißkohl
100 g Blumenkohl
100 g Brokkoli
100 g Sojabohnensprossen
100 g grüne Bohnen
200 g Schweine- oder Hähnchenfleisch
100 g Schweine- oder Hähnchenleber
3 EL Erdnussöl
2 EL Sojasauce
2 Eier
Salz, schwarzer Pfeffer
1 EL gehacktes Koriandergrün

- *Pilze 10 Minuten in heißem Wasser einweichen. Zwiebeln und Knoblauchzehen schälen und fein hacken. Frühlingszwiebeln und Selleriestangen putzen und in Streifen schneiden. Weißkohl waschen und grob hobeln. Blumenkohl und Brokkoli putzen und in Röschen teilen, die Stiele quer in Scheibchen schneiden. Sojabohnensprossen und Bohnen waschen, putzen und abtropfen lassen. Fleisch und Leber in Scheibchen schneiden.*
- *Erdnussöl im Wok erhitzen und Zwiebeln und Knoblauch darin andünsten. Fleisch und Leber hinzufügen und unter ständigem Rühren kräftig durchbraten. Pilze ausdrücken, hinzufügen und alles mit Sojasauce beträufeln.*
- *Nach und nach alle Gemüse einlegen und mit etwa 1 l Wasser aufgießen. Aufkochen und bei kleiner Hitze einige Minuten köcheln lassen.*
- *Eier mit etwas Brühe aus dem Wok verschlagen und unter Rühren in die Suppe geben. Mit Salz und Pfeffer würzen, Koriander einrühren und servieren.*

Amétha net aloo hin (Rindfleisch-Kartoffel-Curry)

Für 4 Portionen:
2 große Zwiebeln
4 Knoblauchzehen
3 cm frische Ingwerwurzel
800 g mageres Rindfleisch zum Kurzbraten
400 g Kartoffeln
3 EL helles Sesamöl
1 TL gemahlene Kurkuma
1 TL Chilipulver
½ TL gemahlener Kreuzkümmel
½ TL gemahlener Koriander
Salz

- *Zwiebeln, Knoblauchzehen und Ingwer schälen und fein würfeln. Rindfleisch in etwa 2 cm große Würfel schneiden. Kartoffeln schälen und in mundgerechte Stücke schneiden.*
- *Sesamöl im Wok erhitzen und Zwiebeln, Knoblauch und Ingwer darin andünsten. Kurkuma und Chilipulver einrühren, dann die Fleischstücke darin braten. Mit 500 ml Wasser aufgießen, aufkochen lassen und Kartoffelstücke einlegen. Mit Kreuzkümmel, Koriander und Salz würzen und etwa 20 Minuten köcheln lassen. Nochmals abschmecken und mit Reis servieren.*

 BÖHMEN

Die böhmische Küche ist eng verwandt mit der → österreichischen und der süddeutschen Küche, hat diese aber auch ihrerseits während der österreichisch-ungarischen Monarchie beeinflusst. Nach 1945 brachten außerdem vertriebene Sudetendeutsche aus Mähren und vor allem aus Böhmen ihre Kochkultur mit nach → Deutschland, vor allem nach Bayern, wo sich ein Großteil von ihnen niederließ und die bayerische Küche mit vielen mitgebrachten Rezepten bereicherte.

In der tschechischen Landschaft Böhmen, in der auch die tschechische Hauptstadt Prag liegt, wird eine überaus deftige, rustikale Küche gepflegt, die regionale Produkte verwendet. Das Angebot ist vielfältig und reicht von Pilzen, Gemüse, Beeren und Früchten bis hin zu Wild. Die Landwirtschaft liefert außerdem reichlich Getreide sowie Schweine- und Rindfleisch.

Hauptgerichte werden in Böhmen vor allem mit Schweinefleisch zubereitet. Als Beilagen kommen meistens böhmische Knödel oder Kartoffeln auf den Tisch. Gewürzt wird überwiegend mit Majoran, Kümmel, Liebstöckel und Piment – die auch die Verdauung der schweren Speisen unterstützen. Der typische böhmische Kartoffelsalat wird mit Essig und Öl zubereitet und lauwarm serviert – ein Rezept, das von der bayerischen Küche übernommen wurde, während die schwerere Variante mit Mayonnaise, gekochten Eiern, Gewürzgurken und Zwiebeln eher in der norddeutschen Küche zu Hause ist. Das böhmische Nationalgericht schlechthin, das aber auch in ganz → Tschechien gegessen wird, ist Vepřo-knedlo-zelo, Schweinebraten mit Knödeln und Sauerkraut. Die böhmischen Knedlíky (Knödel) werden aus Mehlteig und Brötchenwürfeln zubereitet. Der Teig wird zu einem länglichen Laib geformt, in ein Tuch eingeschlagen, gekocht und schließlich in Scheiben geschnitten serviert. Sehr verbreitet ist auch Svíčková na smetaně (Rinderbraten in Sahnesauce), ein Gericht, zu dem statt der obligatorischen Knödel auch mal Kartoffeln oder Reis serviert werden. Typisch böhmisch sind außerdem Olmützer Quargel (ein intensiv schmeckender Handkäse) und Smažený sýr (eine Art Käseschnitzel, das meist mit Preiselbeeren gegessen wird). Beliebte Snacks, die an Imbissständen verkauft, aber auch zu Hause zubereitet werden, sind Bramborák (gesalzene Kartoffelpuffer mit Knoblauch), Topinky (in Fett gebratene Brotscheiben mit Knoblauch) sowie Schinkenfleckerl (Nudelquadrate mit gekochtem Schinken) – ein Erbe der österreichischen Tradition.

Die böhmische Küche verfügt außerdem über eine große Vielfalt an süßen Gerichten, in denen die heimischen Pflaumen und Aprikosen zur Geltung kommen, etwa in Form von Pflaumen- oder Marillenknödeln. Žemlovka (ein Semmelauflauf mit Äpfeln, Zucker und Zimt) und Buchteln (süße Hefeteigklöße) werden mit warmer Vanillesauce übergossen serviert. Ebenfalls aus Hefeteig werden Kolatschen (runde, mit Quark gefüllte Hefeteigteilchen) und Lívance (Hefeteigküchlein) hergestellt. Palačinky (dünne Pfannkuchen) ist zwar eher eine ungarisch-österreichische Spezialität, wird aber auch in Böhmen gern gegessen, und zwar mit Aprikosen- oder Pflaumenmus (Povidla). Kaffee wird häufig als Turek, also auf türkische Art, zubereitet, indem das Kaffeepulver direkt aufgebrüht und nicht gefiltert wird. Zur rustikalen böhmischen Küche gehört natürlich auch Bier, zumal in Pilsen auch das herbe Pils erfunden wurde. Weltbekannte böhmische Biermarken sind Budweiser und Pilsner Urquell.

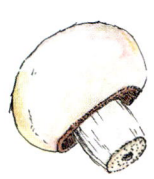

Svíčková na smetaně (Rinderbraten mit Sahnesauce)

Für 4 Portionen:
800 g magerer Rinderbraten, mit Speck gespickt
Salz
½ TL zerstoßene Pfefferkörner
¼ TL zerstoßene Pimentkörner
1 Bund Suppengrün (Karotte, Sellerie, Petersilienwurzel, Lauch)
1 Zwiebel
2 EL Pflanzenöl
2 Lorbeerblätter
1 kräftige Prise getrockneter Thymian
einige Spritzer weißer Essig
abgeriebene Schale von ½ unbehandelten Zitrone
1 EL Butter
1 TL Mehl
200 g Sahne
weißer Pfeffer
1 Prise Zucker

• Fleisch waschen, trockentupfen und mit Salz, Pfeffer und Piment einreiben. Suppengrün waschen, wenn nötig schälen und alles in kleine Stücke schneiden. Zwiebel schälen und in Streifen schneiden.

• Pflanzenöl in einem breiten Topf erhitzen und das Fleisch darin von allen Seiten anbraten. Suppengrün, Zwiebel, Lorbeerblätter, Thymian, Essig und Zitronenschale hinzufügen und einige Minuten weiterbraten.

• 500 ml Wasser zugießen. Nach dem ersten Aufkochen im geschlossenen Topf bei niedriger Hitze etwa 1 Stunde schmoren lassen. Während der Garzeit das Fleisch zwei- bis dreimal wenden und gegebenenfalls Wasser nachgießen.

• Das gegarte Fleisch aus der Schmorflüssigkeit nehmen, in Alufolie wickeln und ruhen lassen. Schmorflüssigkeit durch ein Haarsieb passieren.

• In einem Topf aus Butter und Mehl eine helle Schwitze rühren, mit der passierten Flüssigkeit aufgießen, aufkochen und kräftig durchrühren. Sahne zugießen, nochmals 2 Minuten durchkochen und mit Salz, Pfeffer, Essig und Zucker abschmecken.

• Das Fleisch in Scheiben schneiden, den entstandenen Bratensaft in die Sauce rühren und mit Knedlíky (s. Rezept Seite 54) servieren.

Knedlíky (Böhmische Knödel)

Für 4 Portionen:
150 g Brötchen vom Vortag
400 g Mehl
½ Päckchen Backpulver
1 Ei
Salz
250 ml Milch
1 TL flüssige Butter
außerdem: 1 Küchentuch, Küchengarn

- *Brötchen in kleine, gleichgroße Würfel schneiden. Mehl mit Backpulver versieben und nach und nach Ei, 1 kräftige Prise Salz sowie Milch unterkneten. Brotwürfel unter den Mehlteig mischen.*

- *Das Küchentuch mit Butter einpinseln. Einen großen Topf mit reichlich Wasser zum Kochen aufstellen. Den Knödelteig auf einer bemehlten Fläche zu einer in den Topf passenden Rolle formen. Diese Rolle mittig auf das Küchentuch legen, einschlagen, aufrollen und das Tuch an den Enden mit Küchengarn zubinden.*

- *Die Rolle in das kochende Wasser legen und bei mittlerer Hitze etwa 20 Minuten garen. Herausnehmen, kurz ruhen lassen, das Tuch aufschlagen, die Knödelrolle in Scheiben schneiden und zum Beispiel zu Rinderbraten mit Sahnesauce (s. Rezept Seite 53) servieren.*

BOLIVIEN

Der Binnenstaat Bolivien mit seinen knapp neun Millionen Einwohnern grenzt im Westen an Chile und Peru, im Norden und Osten an Brasilien und im Süden an Paraguay und Argentinien. Das kleine Land wird von zwei Ketten der Anden durchzogen, die eine Höhe von über 6500 Metern erreichen. Durch die enormen Höhenunterschiede herrscht im dünn besiedelten Tiefland ein schwülwarmes Klima vor, während sich das Hochland durch ein kühl-gemäßigtes Klima auszeichnet. Da in den verschiedenen Lagen unterschiedliche landwirtschaftliche Produkte gedeihen, lässt sich die bolivianische Küche in drei Regionen unterteilen: das Hochland, das Zentralgebirge und das Tiefland. Im rauen Hochland, etwa in

La Paz, der bolivianischen Hauptstadt, die auf 3600 Metern Höhe liegt, in Oruro oder Uyuni, zeichnet sich die Küche durch einen hohen Fleischanteil, viele Kohlenhydrate (etwa Kartoffeln) und scharfe Gewürze aus. In den tropischen Gebieten des Tieflands dagegen isst man mehr frische Früchte und Gemüse; das Essen ist trockener und weniger scharf gewürzt. Die Fleischgerichte werden hier häufig mit Kassave (Maniokknollen) serviert. Zu den typischen Gerichten Boliviens zählen Saltenas, Empanadas und Tucumanas, allesamt gefüllte Teigtaschen, die als Snacks an Straßenständen verkauft und meist gegen 11 und 17 Uhr gegessen werden – eine Einkommensquelle der ärmeren Bevölkerung.

Da die indigenen Einwohner einen hohen Anteil an der Bevölkerung bilden, wird auch noch nach zahlreichen überlieferten Rezepten gekocht. Ein traditionelles Gericht der Indios ist Lagua, eine Suppe auf der Basis von Weizenmehl, die je nach vorhandenen Zutaten mit Fleisch, Fisch oder Gemüse variiert wird. Eine Vorliebe für Suppen und Eintöpfe ist allen Regionen des Landes gemein, allerdings unterscheiden sie sich in Konsistenz und Geschmack stark voneinander. Weit verbreitet ist Sopa de mani (Erdnusssuppe), beliebt ist auch Jigote, ein sehr schmackhafter Eintopf mit Hackfleisch und Chili, der meist mit Kartoffeln und hartgekochten Eiern angerichtet wird.

Das bolivianische Grundnahrungsmittel Nummer eins ist die Kartoffel. Die zahlreichen Sorten, von klein bis groß, von weiß bis schwarz, kommen frisch oder getrocknet als Chuños in den Handel. Chuños werden durch eine Art Gefriertrocknung haltbar gemacht, die nur in großen Höhen möglich ist. Mit ihnen werden viele vegetarische Gerichte zubereitet. Auch die vielen Sorten Ají (Chilischoten) werden gern und meist in großen Mengen verwendet. Als Eiweiß- und Kohlen-

hydratlieferanten dienen außerdem Mais und Quinoa. Der Mais zeichnet sich durch auffällige Körner aus, die etwa so groß wie dicke Bohnenkerne sind. Quinoa, eine Pflanze aus der Familie der Gänsefußgewächse, liefert Körner, die reich an Mineralstoffen und Spurenelementen sind und zur Zubereitung von Suppen, Aufläufen und Brei verwendet werden. Da Quinoa im Gegensatz zu anderen Getreidearten auch auf über 3500 Meter Höhe gedeiht, ist es seit jeher ein wichtiges Nahrungsmittel in Bolivien, Ecuador und ➜ Peru.

Fischgerichte werden im meeresfernen Bolivien mit Süßwasserfischen aus Seen und Flüssen zubereitet. Beliebt ist auch Escabeche, eine Art Sülze, die aus Fisch, Fleisch und Gemüse hergestellt wird. Die Zusammensetzung richtet sich dabei nach dem saisonalen Angebot. Beliebte Getränke sind das meist von deutschen Einwanderern hergestellte Bier, aus Mais gebrannter Schnaps, Kaffee und Mate de coca (Tee aus Koka-Blättern) – als Mate werden in Bolivien auch Aufgussgetränke aus anderen Pflanzen als dem Mate-Strauch bezeichnet. Zum Frühstück wird meistens Apí getrunken, ein süßer Tee aus Maisgries, Zitrone, Gewürznelken und Zimt.

Locotos rellenos (Gefüllte Chilischoten)

Für 4 Portionen:
12 frische rote Chilischoten (etwa 8 cm lang)
150 g schnittfester Frischkäse (z. B. Manchego)
2 Eier
8 EL Pflanzenöl
Mehl zum Wenden
Salz, schwarzer Pfeffer

- Chilischoten waschen, Stielansätze groß-
  zügig mit einem Rundschnitt abschneiden
  und Samen und Trennwände heraus-
  kratzen. Käse in kleine Stifte schneiden und
  in die feuchten Chilischoten schieben.
- Eier mit ein paar Tropfen Wasser verquirlen. Die gefüllten Chilischoten in Mehl
  wenden, in das verquirlte Ei tauchen und
  in heißem Öl rundherum goldbraun braten.
  Herausnehmen und abtropfen lassen. Nach
  Geschmack salzen und pfeffern und sofort
  servieren.

Papas con ají (Kartoffeln mit Käse und Chili)

Für 4 Portionen:
1 kg Kartoffeln
500 ml Gemüsebrühe
150 g fester Frischkäse (Feta oder Manchego)
2 EL getrockneter, zerstoßener gelber Chili
5 EL gemahlene Haselnüsse oder Mandeln

- Kartoffeln waschen, schälen und in etwa
  2 cm große Würfel schneiden. Brühe aufkochen und Kartoffelwürfel darin fast gar
  kochen.
- Frischkäse in kleine Würfel schneiden.
  Die heißen Kartoffeln mit Käse und Chili
  vermengen. Mit Nüssen bestreuen und
  sofort servieren.

Quinoa al horno (Quinoa-Auflauf)

Für 4 Portionen:
300 g Quinoa (aus dem Reformhaus)
750 ml Gemüsebrühe
1 Lorbeerblatt
2 EL Butter
1 Zwiebel
2 Knoblauchzehen
1 frische rote Chilischote
100 g zarte Erbsen
Salz, schwarzer Pfeffer
100 g fester Frischkäse (z. B. Feta)
4 Eier

- *Quinoa kalt durchspülen, bis das Wasser klar bleibt. Mit Brühe und Lorbeerblatt aufkochen und bei mittlerer Hitze 15 Minuten köcheln lassen. Den Topf von der Kochstelle ziehen und Quinoa zugedeckt 5 Minuten ausquellen lassen.*

- *Eine feuerfeste Form mit der Hälfte der Butter einfetten. Zwiebel und Knoblauchzehen schälen und fein würfeln. Chilischote waschen, Stielansatz und Samen entfernen und das Fruchtfleisch in Streifen schneiden.*
- *Die restliche Butter erhitzen und Zwiebel- und Knoblauchwürfel darin andünsten. Quinoa, Erbsen und Chilistreifen einrühren. Mit Salz und Pfeffer würzen.*
- *Käse zerkleinern und Eier verrühren und leicht salzen und pfeffern. Quinoamischung in die Form füllen, mit Käse bestreuen und Eiermischung darübergießen. Den Auflauf im vorgeheizten Backofen bei 180 °C (Umluft 160 °C) etwa 20 Minuten backen.*

BRASILIEN

Das größte Land auf dem südamerikanischen Kontinent, mit mehr als 188 Millionen Einwohnern, erstreckt sich über trockene, tropische und subtropische Gegenden. Vom Bergland über das Amazonasgebiet bis zu der über 7000 Kilometer langen Atlantikküste bietet das portugiesischsprachige Brasilien in vielerlei Hinsicht ein Bild großer Vielfalt. Die Nachfahren der portugiesischen Kolonialherren haben sich mit den Nachkommen der aus Afrika verschleppten Sklaven, anderen europäischen Einwanderern und indigenen Volksgruppen vermischt, und diese bunte Völkermischung wiederum hat eine so einzigartige kulinarische Bandbreite hervorgebracht, dass sich die brasilianische Küche als solche – die im Gegensatz zu den Küchen der Nachbarländer auch → karibische Einflüsse aufweist – nur schwer definieren lässt, höchstens in ihren regionalen Ausprägungen.

In der Küche der Bahia etwa, des Bundeslandes mit der längsten Atlantikküste und dem höchsten Anteil an schwarzer Bevölkerung, ist der ➜ afrikanische Einfluss am stärksten spürbar. Die meisten Gerichte werden hier in Palmöl oder Kokosmilch gegart und mit Pfeffer und Koriandergrün gewürzt. Zu den Spezialitäten zählen Vatapá (eine Art Püree aus Krabben, Fisch, Kokosmilch, Brot und Gewürzen), Sarapatel (Innereien vom Schwein, die mit Tomaten, Paprikaschoten und Zwiebeln in einer Blutsauce gegart werden) und Carurú (Krabben und Okraschoten, die in einer scharfen Sauce mit rotem Pfeffer, Zwiebeln und Paprikaschoten geschmort werden). Im südlichsten Bundesland Rio Grande do Sul gehören das auf italienische Einwanderer zurückgehende Galeto al primo canto (mariniertes Fleisch vom jungen Huhn am Spieß) und Churrasco (gegrilltes Rindfleisch mit einer Sauce aus Tomaten und Zwiebeln) zu den typischen Gerichten. Letzteres ist aber auch im ganzen Land beliebt. Aus dem Amazonasgebiet kommen Pato no tucupi (Ente in aromatischer Wildkräutersauce) und Tacacá (eine Suppe auf Maniokbasis mit getrockneten Krabben und spinatähnlichen Jambú-Blättern). Im Nordosten werden viele Gerichte mit getrocknetem Salzfleisch und Bohnen zubereitet.

Wenn es ein brasilianisches Nationalgericht gibt, dann ist es die Feijoada, ein variantenreiches Gericht aus schwarzen Bohnen, Fleisch vom Rind oder Schwein (Suppenfleisch, Trockenfleisch, geräucherte Wurst, geräucherter Speck, Kasseler, Schweineohren und -füße), das mit Reis, geröstetem Maniokmehl, Couve mineira (einer Art Grünkohl) und Orangenscheiben serviert wird. Das aus der Sklavenzeit stammende Gericht wird traditionell samstags zum Mittagessen zubereitet. Eine weitere landestypische Spezialität ist Carne de sol,

mit Salz und Knoblauch mariniertes Fleisch, das traditionell zum Trocknen mindestens einen Tag in die Sonne gehängt wird. Im Norden Brasiliens ist es ein beliebter Snack. Ein Grundnahrungsmittel ist die Maniokknolle, die nicht nur zum Stärkemehl Tapioka verarbeitet, sondern auch geschält und gebraten anstelle von Brot oder als Suppenbeilage serviert wird. Fisch aus dem Amazonas und dem Atlantik wird auf jede erdenkliche Weise verwertet, und im Landesinneren wird viel Bacalhau (Stockfisch) zubereitet – ein Erbe der ➜ portugiesischen Kolonialherren.

Generell wird würzig, oft mit Ingwer, aber mild gekocht, mit Ausnahme einiger nördlicher Regionen, in denen kräftig gepfeffert wird. Zum Garen werden Palmöl, Kokosfruchtfleisch und Kokosmilch verwendet. In den verschiedenen Klimazonen Brasiliens gedeihen die aromatischsten Früchte: Kokosnüsse, Kakaobohnen, Erdnüsse, Bananen, Cashews, Maracujas, Ananas, Mangos und Papayas, aus denen Desserts, Säfte, Eis und Cocktails zubereitet werden.

Zu den beliebtesten Getränken zählen Fruchtsäfte und ihre Mischungen mit anderen Säften, Milch oder hochprozentigem Alkohol, etwa Cachaça, einem starken Schnaps aus Zuckerrohr. Der bekannteste Exportschlager ist wohl Caipirinha, ein Cocktail aus Limette, braunem Rohrzucker, Zuckerrohrschnaps und Eiswürfeln. Der Cafézinho (ein kleiner starker Kaffee), wird schwarz und mit viel Zucker getrunken; zum Frühstück hingegen gibt es häufig Café com leite (Kaffee mit Milch). Sehr beliebt sind außerdem brasilianisches Bier (Chopp wird es genannt, wenn es vom Fass kommt) und Zuckerrohrschnäpse unterschiedlicher Qualität.

Feijoada (Schwarze Bohnen mit Chorizo und Rindfleisch)

Für 6 bis 8 Portionen:
500 g schwarze Bohnen
300 g gepökelte Rinderzunge
300 g Rinderbrust
2,5 l Rinderbrühe
300 g Räucherspeck
300 g Reis
Salz
2 Zwiebeln
3 Fleischtomaten
½ Bund Petersilie
200 g Chorizo (scharfe Paprikawurst)
2 EL Pflanzenöl
schwarzer Pfeffer

- *Bohnen mindestens 8 Stunden in kaltem Wasser einweichen. Anschließend in ein Sieb gießen und mit frischem kalten Wasser abspülen.*
- *Bohnen in einen großen Topf geben, Zunge und Rinderbrust auflegen und Brühe zugießen. Aufkochen, die Hitze reduzieren und etwa 30 Minuten köcheln lassen. Speck zugeben und bei geringer Hitze zugedeckt weitere 60 Minuten köcheln lassen.*
- *Reis in kochendem Salzwasser garen. Zwiebeln schälen und fein würfeln. Tomaten waschen und in Achtel schneiden. Petersilie waschen, trockenschwenken, zupfen und fein hacken. Paprikawurst pellen und in Scheiben schneiden.*
- *Sobald das Fleisch und die Bohnen weich sind, Fleisch, Zunge und Speck herausnehmen, in dünne Scheiben schneiden und in Alufolie warm halten.*
- *Bohnen abgießen, Brühe dabei auffangen. In einem Topf das Pflanzenöl erhitzen und Zwiebelwürfel darin andünsten. Wurst kurz mitbraten und Bohnen hinzufügen. Mit etwas Brühe begießen, salzen und pfeffern.*
- *Fleisch-, Zungen- und Speckscheiben auf einer vorgewärmten Servierplatte anrichten und mit Tomatenachteln und Petersilie garnieren. Bohnen und Reis separat dazu reichen.*

Carne de sol (Getrocknete Rindfleischstreifen)

Für 4 Portionen:
10 Knoblauchzehen
400 g Entrecôte vom Rind
Salz
1 große Zwiebel
10 EL Pflanzenöl
grob geschroteter schwarzer Pfeffer
(in Brasilien Pimenta de cheiro)
100 g Maniokmehl

- Knoblauchzehen abziehen und durch eine Presse drücken. Fleisch in dünne Scheiben schneiden, auf beiden Seiten salzen und mit Knoblauch einreiben. Fest in Alufolie verpacken und für 24 Stunden in den Kühlschrank legen.
- Das marinierte Fleisch in Streifen schneiden. Zwiebel schälen und in dünne Ringe schneiden. In einer Pfanne das Pflanzenöl erhitzen und Zwiebelringe bei schwacher Hitze etwa 10 Minuten darin andünsten. Fleischstreifen hinzufügen, kräftig mit Pfeffer würzen und etwa 20 Minuten dünsten lassen.
- Maniokmehl darüberstreuen und alles unter Rühren weitere 5 Minuten braten. Mit einem gemischten Salat oder gegrillten Maiskolben servieren.

Pudim de leite (Milchpudding)

Für 4 Portionen:
100 g Zucker
3 Eier
200 ml gezuckerte Kondensmilch
200 ml Milch

- Den Backofen auf 200 °C (Umluft 180 °C) vorheizen. In einen Bräter so viel Wasser geben, dass vier feuerfeste Portionsförmchen zu ⅔ ihrer Höhe darin stehen können. Das Wasser aufkochen.
- Zucker in einer heißen Pfanne schmelzen und dabei leicht braun werden lassen. Den flüssigen Zucker in die Portionsförmchen gießen und durch Schwenken auf den Böden verteilen.
- Eier, Kondensmilch und Milch mit einem elektrischen Handrührgerät aufschlagen. Die Mischung in die Förmchen gießen.
- Die Förmchen in das kochende Wasser stellen und die Creme im heißen Backofen in etwa 2 Stunden zu Pudding garen.
- Förmchen aus dem Backofen nehmen und die Cremes vollständig erkalten lassen. Dann etwa 5 Stunden in den Kühlschrank stellen.
- Zum Servieren die Förmchen kurz in warmes Wasser tauchen, die Cremes auf Teller stürzen und mit Früchten der Saison garnieren.

CAJUNKÜCHE

Die Cajuns sind Nachfahren der französischen Siedler, die ursprünglich im Osten Kanadas, in der französischen Kolonie Akadien, lebten – durch eine nordamerikanische Verballhornung ihres eigentlichen Namens Akadier entstand die Bezeichnung Cajuns. 1755 wurden sie von den Briten vertrieben und ließen sich in Louisiana im Mississippidelta, im Süden der → USA, nieder; der dortige französische Gouverneur war zu jener Zeit um jeden Zuwanderer froh. Bis zum Beginn des 20. Jahrhunderts lebten die Cajuns fast ausschließlich unter sich, ohne große Berührung mit der amerikanischen Kultur.

Die → französischen Wurzeln der Cajunküche wurden im Laufe der Jahrhunderte von → spanischen, → karibischen, → kreolischen, → afrikanischen und → indianischen Einflüssen überlagert. Daher ähnelt sie heute der kreolischen Küche, ist aber weniger raffiniert, sondern eher deftig und ländlich geprägt. Typische Zutaten der Cajunküche sind Fisch und Meeresfrüchte aus dem Golf von Mexiko, zum Beispiel Catfish und Flusskrebse, Hummer, Austern und Garnelen; aber auch Froschschenkel und Alligator aus dem sumpfigen Mississippidelta stehen oft auf der Speisekarte. An Fleisch kommen vor allem Geflügel und Schwein auf den Tisch, seltener Rindfleisch. Zu den wichtigsten Gemüsesorten zählen Bohnen aller Art, Mais, Zwiebeln, Knoblauch, Tomaten, Okraschoten, Auberginen, Frühlingszwiebeln, Artischocken und Bataten (Süßkartoffeln). Paprika, Zwiebeln und Staudensellerie werden als Holy Trinity (Heilige Dreifaltigkeit) der Cajunküche bezeichnet: Gewürfelt und in Fett angeschmort

bilden sie die Grundlage für traditionelle Gerichte wie Gumbo (variantenreicher Eintopf mit Meeresfrüchten, eine Weiterentwicklung der französischen Bouillabaisse), Chicken Gumbo (mit Hühnerfleisch und Andouille-Wurst), Dirty Rice (Reis mit Geflügelleber) oder Jambalaya (Reistopf mit Geflügel oder Meeresfrüchten, ähnlich der spanischen Paella). Eine weitere Grundlage der Cajunküche ist die aus der französischen Küche stammende Roux, eine Mehlschwitze, die hier mit Schweineschmalz oder Pflanzenöl zubereitet und meist braun gerührt wird. Roux dient nicht nur als Bindemittel für Saucen und Suppen, sondern auch als Aromageber.

Gewürzt wird pikant bis scharf mit reichlich Cayennepfeffer, Tabascosauce, vielerlei Chilisaucen, Senfkörnern und Filépulver (gemahlene Sassafras-Blätter). Außerdem werden Kräuter wie Petersilie, Thymian, Oregano und Basilikum üppig verwendet. Das scharfe Anbraten von Zutaten ist ebenfalls charakteristisch für die Cajunküche; ein beliebtes Gericht ist zum Beispiel Blackened Redfish, scharf gewürzte Fischfilets, die bei hoher Hitze nahezu schwarz gebraten werden. Typisch sind außerdem dicke Suppen und Eintöpfe, die sehr lange gegart werden, zum Beispiel Bisque (dicke Cremesuppe mit Meeresfrüchten). In diesen Eintöpfen werden auch Chayote (ein Kürbisgewächs), Pekannüsse und Tasso (gewürzter Schweineschinken) verarbeitet, und dazu werden häufig Andouille (geräucherte Schweinewurst) oder Boudin (Blutwürste) serviert. Pekannüsse sind eine typische Zutat bei der Zubereitung von Süßspeisen.

Fried Oysters (Gebratene Austern)

Für 4 Portionen:
150 g Paniermehl
50 g Mehl
1 TL getrockneter Thymian
¼ TL Cayennepfeffer
½ TL schwarzer Pfeffer
¼ TL Salz
2 unbehandelte Zitronen
2 Eier
4 EL Milch
24 frisch ausgelöste Austern
100 g Butter

- Paniermehl, Mehl und Gewürze gründlich mischen. Zitronen in Viertel schneiden. Eier mit der Milch verquirlen.
- Austern trockentupfen und in der Panade wenden. Dann in die Eier-Milch-Mischung tauchen und noch einmal in der Panade wenden.
- In einer Pfanne die Butter schäumend erhitzen und die Austern darin von allen Seiten knusprig und goldbraun braten. Sofort servieren und dazu Zitronenviertel reichen.

Jambalaya mit Meeresfrüchten (Meeresfrüchtetopf nach Cajun-Art)

Für 4 Portionen:
1 Zwiebel
4 Knoblauchzehen
2 Stangen Staudensellerie
4 Frühlingszwiebeln
1 rote Paprikaschote
250 g Tomaten
je ½ Bund Petersilie und Thymian
3 EL Pflanzenöl
250 ml Tomatensaft
250 ml Fischfond (Fertigprodukt)
1 Lorbeerblatt
Salz, schwarzer Pfeffer
1 Prise Cayennepfeffer
500 g gemischte Meeresfrüchte

- Zwiebel und Knoblauchzehen schälen und fein würfeln. Staudensellerie in feine Würfel, Frühlingszwiebeln in dünne Ringe schneiden. Paprikaschote entkernen und würfeln. Tomaten überbrühen, häuten, entkernen und fein würfeln. Petersilie und Thymian waschen, Blättchen abzupfen und fein hacken.
- Pflanzenöl in einem breiten Topf erhitzen und Zwiebel, Knoblauch, Sellerie und Paprika unter Rühren darin andünsten. Tomaten zugeben und kurz mitschmoren.
- Mit Tomatensaft ablöschen und mit Fischfond aufgießen. Lorbeerblatt hinzufügen und alles aufkochen lassen. Die Hitze reduzieren und das Gemüse etwa 10 Minuten köcheln lassen. Mit Salz, Pfeffer und Cayennepfeffer kräftig würzen.
- Zuletzt die Kräuter und die Meeresfrüchte einlegen und nur noch einige Minuten ziehen lassen. Jambalaya auf dampfend heißem Reis servieren.

Chicken Gumbo (Hähnchenschmortopf)

Für 4 Portionen:
800 g Hähnchenbrustfilet
250 g Zwiebeln
2 Knoblauchzehen
2 Stangen Staudensellerie
2 Paprikaschoten
200 g Andouille-Wurst
(oder andere scharfe Salami)
50 g Mehl
¼ TL Cayennepfeffer
1 TL Salz
½ TL schwarzer Pfeffer
1 TL rosenscharfes Paprikapulver
3 EL Pflanzenöl
100 g Butterschmalz
2 EL Mehl
1,25 l Geflügelbrühe (Fertigprodukt)

- Hähnchenfleisch in mundgerechte Stücke schneiden. Zwiebeln und Knoblauchzehen schälen und fein würfeln. Staudensellerie waschen und kleinwürfeln. Paprikaschoten waschen, entkernen und kleinwürfeln. Wurst fein würfeln.
- Mehl mit den Gewürzen versieben und Fleischstücke darin wenden. In heißem Pflanzenöl von allen Seiten scharf anbraten; herausnehmen und auf einen Teller legen.
- Butterschmalz erhitzen, Mehl einsieben und zu einer braunen Schwitze (Roux) verrühren. Zwiebeln, Knoblauch, Sellerie und Paprika hinzufügen und weitere 5 Minuten unter Rühren braten.
- Unter ständigem Rühren mit einem Drittel der Geflügelbrühe aufgießen. Die gebratenen Fleischstücke und die gewürfelte Wurst einrühren und den Rest der Geflügelbrühe zugießen.
- Den Eintopf bei kleiner Hitze etwa 40 Minuten schmoren lassen. Mit Salz, Pfeffer und Paprikapulver abschmecken und mit Reis servieren.

 CHILE

Das langgestreckte Land im Südwesten Südamerikas hat eine Nord-Süd-Ausdehnung von über 4000 Kilometern, ist aber im Schnitt nur 180 Kilometer breit. Da die Atacamawüste im Norden und der stark zerklüftete Süden sehr dünn besiedelt sind, haben sich in Zentralchile recht einheitliche Essgewohnheiten entwickelt. Die nationale Küche der rund 16 Millionen Chilenen ist stark durch die europäischen Einwanderer geprägt; nur hier und da finden sich indianische Ursprünge.

Die lange Küste und der kalte Humboldtstrom bescheren dem Land eine Vielzahl an Fischen und Meeresfrüchten. Zu den Delikatessen zählen Congrio negro beziehungsweise Congrio dorado, auch Schlangenfisch oder Seeaal genannt – Pablo Neruda hat sogar eine »Ode an die Seeaalsuppe« geschrieben –, ebenso wie Merluza (Seehecht) und Corvina (Adlerfisch). Fisch und Meeresfrüchte werden gekocht, gebraten, geschmort oder zu einer Chupe, einer dicken Suppe, verarbeitet. In Suppen und Eintöpfen findet sich auch oft Cochayuyo, eine dicke braune, getrocknete Alge mit intensivem Geschmack. Centollas, große Seespinnen mit langen Beinen, oder Jaiba, eine Taschenkrebsart, werden vor allem zu feierlichen Anlässen serviert. Almejas (Teppich- oder Venusmuscheln), Cholgas (Miesmuscheln), Machas (eine Venusmuschelart) und Camarones (Garnelen) kommen häufig auf den Tisch, Picoroco (Seepocke) dagegen eher selten. Erizo, der jodreiche Seeigel, wird frisch oder als Konserve verwendet; mit Mayonnaise zum Beispiel wird er zu einer Paste verarbeitet, die dann mit frisch frittierten Kartoffelscheiben gedippt wird.

Eine exquisite Spezialität sind Locos, große Meeresschnecken, die man bei uns unter dem Namen Abalone kennt.

Fleisch wird in Chile meist gegrillt oder gebraten oder für Eintöpfe verwendet, etwa für Cazuela, eine Suppe mit vielerlei Gemüse, oder Charquicán, einen Eintopf mit hohem Fleischanteil. Als Hackfleisch wird es in einem der bekanntesten chilenischen Gerichte verwertet, dem Pastel de choclo, einem Auflauf aus Hackfleisch, Huhn, Mais, Rosinen und Oliven, der sich gut in großen Mengen zubereiten lässt. Auch weniger geläufige Teile vom Tier wie Därme von Milchkälbern oder Milchlämmern (Chunchule) oder Euter (Ubre) werden zum Kochen verwendet.

Wie in vielen anderen Ländern → Südamerikas ist auch in der chilenischen Küche Mais eine wichtige Zutat. Eine typische Spezialität sind Humitas, Päckchen aus Maisbrei, die mit Maisblättern umwickelt und dann gedämpft werden. Und auch Süßspeisen wie Semola con leche (karamellisierter Maiskuchen) werden mit Mais zubereitet. Daneben wird Palta (Avocado) häufig verwendet und stets frisch verzehrt, etwa als Brotaufstrich, im Salat oder zum Dippen in herzhafte Saucen. Der typische Geschmack vieler chilenischer Gerichte rührt von bestimmten Kräutern und Gewürzen her, etwa Cilantro (Koriandergrün), Comino (Kreuzkümmel) und Albahaca (südamerikanische Basilikumart). Zum Nachtisch werden frische Früchte wie Pepinos, Cherimoyas, Papayas und viele Melonensorten gereicht.

Zu besonderen Anlässen wird – gern am Strand – Curanto zubereitet. Dazu gräbt man ein tiefes Loch in den Sand, legt erhitzte Steine auf den Boden und deckt diese mit großen

Blättern ab. Anschließend schichtet man verschiedene Muschelarten, Garnelen, Schweinefleischstücke, Hähnchenteile, scharfe Würste und Kartoffeln ein, wobei die einzelnen Schichten mit Weißkohlblättern getrennt, mit Brühe und Wein begossen und mit Salz und Pfeffer gewürzt werden. Als obere Abdeckung dienen Bretter oder Steinplatten. Zum Curanto werden außerdem Empanadas (gefüllte Teigtaschen), gegrilltes Zicklein oder Rindfleisch gereicht, und zu trinken gibt es Chicha, eine Art Most aus Trauben oder Äpfeln. Sehr beliebt sind in Chile auch Sandwiches, die je nach Belag Churrazco (Rindfleisch), Lomito (Tomaten/Rindfleisch), Valdivianazo (gekochter Schinken), Completo (eine Art Hot Dog) oder Barros Luco (Rindfleisch/Käse) heißen.

Das chilenische Nationalgetränk ist Pisco sour, ein Aperitif, der aus Pisco (einem Tresterschnaps), Zitronensaft und Zucker gemischt wird. Zum Essen trinkt man chilenischen Wein, der in großen Mengen produziert wird. Und nach dem Essen gibt es oft einen Aguita, einen Kräutertee aus heimischen Pflanzen.

Ensalada de machas (Muschelsalat)

Für 4 Portionen:
1 kg küchenfertige Muscheln
Salz
2 große Zwiebeln
1 EL Zucker
4 Fleischtomaten
1 Bund Petersilie
½ Bund Koriandergrün
1 Romanasalat
3 EL Pflanzenöl
Saft von 2 Zitronen
schwarzer Pfeffer

- Muscheln in 1 l kochendes Salzwasser geben und zugedeckt etwa 10 Minuten garen lassen, bis sie sich geöffnet haben; geschlossene Muscheln aussortieren. Muscheln abgießen und aus den Schalen lösen.
- Zwiebeln schälen, halbieren, in hauchdünne Streifen schneiden und mit Zucker bestreuen. Tomaten überbrühen, häuten, entkernen und würfeln, Petersilie und Koriandergrün waschen, zupfen und hacken. Romanasalat in Streifen schneiden.
- In einer Schüssel Tomaten mit Pflanzenöl, Muscheln, Zitronensaft, Kräutern und Zwiebelstreifen locker vermengen. Mit Salz und Pfeffer würzen und auf einem Bett aus Romanastreifen anrichten. Nach Belieben mit Muschelschalen dekorieren.

Empanadas (Gefüllte Teigtaschen)

Für 4 Portionen:
1 Würfel frische Hefe (42 g)
1 Prise Zucker
500 g Mehl
Salz
2 EL Olivenöl
4 Eier
50 g Rosinen
2 EL Orangensaft
200 g schwarze Oliven
2 große Zwiebeln
3 Knoblauchzehen
2 EL Pflanzenöl
400 g Rinderhackfleisch
1 EL Tomatenmark
125 ml Fleischbrühe (Instant)
schwarzer Pfeffer
½ TL Chilipulver
1 TL gemahlener Kreuzkümmel
Mehl für die Arbeitsfläche
2 Eigelb
1 EL Sahne zum Bestreichen

- Hefe mit Zucker in 250 ml warmem Wasser auflösen und mit Mehl verkneten. Den Teig etwa 20 Minuten gehen lassen, dann Salz und Olivenöl unterkneten und nochmals 20 Minuten gehen lassen.

- In der Zwischenzeit die Eier in etwa 10 Minuten hartkochen, kalt abschrecken, pellen und achteln.

- Rosinen mit Orangensaft vermengen. Oliven entsteinen. Zwiebeln und Knoblauchzehen schälen, fein würfeln und in heißem Pflanzenöl glasig dünsten. Hackfleisch einrühren, krümelig braten und Rosinen unterrühren.

- Mit Tomatenmark durchrösten, mit Fleischbrühe aufgießen und mit Salz, Pfeffer, Chili und Kreuzkümmel würzen. So lange weiter köcheln lassen, bis die ganze Flüssigkeit verdampft ist.

- Den Teig auf einer bemehlten Arbeitsfläche gut durchkneten, dünn ausrollen und Kreise von etwa 15 cm Durchmesser ausstechen. Jeweils eine Hälfte der Teigkreise mit 1 EL Fleischmischung, 2 Oliven und einem Stück Ei belegen. Die andere Hälfte darüberklappen und den Rand mit den Fingern so eindrücken, dass ein wellenförmiges Muster entsteht.

- Eigelb mit der Sahne verquirlen, Empanadas damit bestreichen und auf ein mit Backpapier ausgelegtes Backblech legen. Im vorgeheizten Backofen bei 180 °C (Umluft 160 °C) etwa 20 Minuten goldgelb backen. Die Empanadas schmecken heiß, warm oder auch kalt.

Sémola con leche (Karamellisierter Maiskuchen)

Für 4 Portionen:
1 l Milch
5 EL Zucker
etwas abgeriebene Zitronenschale
1 Päckchen Vanillezucker
200 g Maisgrieß
3 Eier

- *Milch mit 2 EL Zucker, Zitronenschale und Vanillezucker aufkochen. Maisgrieß unter ständigem Rühren langsam einrieseln lassen und bei schwacher Hitze garen, bis ein fester Brei entsteht.*

- *Den restlichen Zucker in einer feuerfesten Form erhitzen und karamellisieren lassen. Form vom Herd nehmen und den Karamell durch Schwenkbewegungen auf dem Boden der Form verteilen.*
- *Eier trennen. Eiweiß steif schlagen. Eigelb cremig rühren und unter den Maisbrei rühren; zuletzt den Eischnee unterheben. Die Masse in die Form füllen und für 3 Stunden in den Kühlschrank stellen.*
- *Zum Servieren den Maiskuchen stürzen und in etwa 4 cm große Quadrate schneiden.*

 CHINA

Im Reich der Mitte, dem viertgrößten Land der Erde, leben heute rund 1,3 Milliarden Menschen. Unterschiedliche Ethnien und verschiedene Klimazonen sowie die damit einhergehende Produktvielfalt haben zur Entwicklung unterschiedlicher Kochstile geführt. Die chinesische Küche lässt sich aber im Wesentlichen in vier Hauptküchen unterteilen.

In Norden Chinas ist die Peking-Küche dominierend. Zu Kaiserzeiten wurde hier eine aufwendige Palastküche gepflegt, die exotische Zutaten wie Bärentatzen und Schwalbennester verwendete. Die moderne Peking-Küche ist sehr viel einfacher und arbeitet viel mit Gemüse und Weizen. Daraus werden gedämpftes Brot sowie vielerlei Nudelgerichte und Teigtaschen zubereitet, zum Beispiel Wantan, Frühlingsrollen und Pfannkuchen.

Fisch kommt kaum auf den Tisch, dafür aber allerhand Gerichte mit Schweinefleisch, Rind, Hammel und Geflügel. Der Klassiker schlechthin ist die Pekingente, die meist in darauf spezialisierten Restaurants gemäß einer aufwendigen traditionellen Zeremonie vorbereitet, gebraten und in Scheiben geschnitten serviert wird. Die Gerichte der Peking-Küche werden sparsam und mild gewürzt, mit Knoblauch, Sesamöl, Essig und Sojasauce.

Die Küche des Ostens, der an den Pazifischen Ozean grenzt und über viele Binnengewässer verfügt, ist als Shanghai-Küche bekannt. Diese sehr aromatische Küche arbeitet naturgemäß mit reichlich Fisch und Schalentieren, beliebt sind zum Beispiel Aale, Changyu (ein Plattfisch), Eichhörnchenfisch, Krebse und Krabben. Durch das günstige

Klima gedeiht hier auch viel Gemüse und Reis. Charakteristisch für die Shanghai-Küche ist außerdem ihre Vorliebe für die Geschmacksrichtung süß und die Verwendung von braunen Saucen. Um den ursprünglichen Geschmack der Zutaten zu erhalten, werden sie häufig nur kurz in Brühe gegart. Eine Spezialität aus dem Tontopf ist Fotiaoqiang, zu Deutsch »Buddha springt über die Mauer«, das mit verschiedenen Fisch- und Fleischsorten zubereitet wird. Dazu gibt es Xianlongbao, süßliche, gefüllte Teigtaschen, die gedämpft und in Essig gedippt werden, oder kleine Beilagen aus Tofu oder Hefeteig.

Die Kanton-Küche im fruchtbaren Süden Chinas bietet die wohl größte Produkt- und Speisenvielfalt und ist zudem die international bekannteste chinesische Küche. Traditionell kommen hier nicht nur die gängigen Fleischsorten, sondern auch Schlangen, Hunde, Katzen und einiges mehr auf den Tisch. Die Speisen werden hier stets knapp gegart – meist im Wok – und sparsam gewürzt. Bekannt ist die südchinesische Küche auch für die Dim Sums, gedämpfte Klößchen und Teigtaschen aus Reis- oder Weizenmehl, die auf vielerlei Arten zubereitet werden.

Die Szechuan-Küche im Westen Chinas zeichnet sich durch ihre herzhaften, stark gewürzten, sehr scharfen Speisen aus. Der Eigengeschmack der Zutaten wird zugunsten ausgeprägter Aromen vernachlässigt. Mit Vorliebe werden Chili, viel Knoblauch, Zwiebeln, Sternanis, Koriander und natürlich der hier beheimatete scharfe Szechuanpfeffer verwendet. Da das feuchtheiße Klima die Konservierung von Lebensmitteln erschwert, wird Gemüse häufig eingelegt. Fleisch- und Fischgerichte – die mit Abstand beliebteste Fleischart ist Schweinefleisch – werden in würziger Sauce geschmort oder knusprig geröstet. Das im ganzen Land verbreitete Huoguo (chinesisches Fondue, bei dem Fleisch, Fisch oder Gemüse in kochender Brühe gegart werden) stammt aus der westchinesischen Stadt Chongqing. Malaguo, die scharfe Variante des Huoguo, ist in der Szechuan-Küche sehr beliebt. Weitere typische Gerichte sind Jia chang yu si (scharf gewürzte Forelle), Gong bao ji ding (gebratenes Hühnerfleisch mit Chili), und Shui zhu niu rou (scharfer Rindfleischtopf).

Allgegenwärtiges Nahrungsmittel und grundlegender Bestandteil aller Mahlzeiten ist der Reis, der als Geschmacksharmonisierer gilt und auf alle erdenklichen Arten zubereitet wird: gekocht, gebraten, frittiert oder – zum Frühstück – als Reissuppe (Xifan). Ebenso präsent sind Nudeln – China gilt als Ursprungsland der Nudeln, erst Marco Polo soll sie nach Italien gebracht haben. Lange Nudeln symbolisieren in China ein langes Leben, außerdem gilt die Nudel als Glücksbringer und wird vorzugsweise an Geburtstagen serviert. Klassiker unter den Nudelgerichten sind Jiaozi (Nudelteigtaschen), die mit unterschiedlichen Füllungen versehen und gekocht, gebraten oder gedämpft werden.

Die wichtigsten Zutaten aller vier großen Küchen Chinas sind Austernsauce, Bambussprossen und -schößlinge, Chili, chinesische Pilze wie Reisstrohpilze, Morcheln und Mu-Err (Wolkenohrpilze) sowie das Fünf-Gewürze-Pulver, das sich aus Fenchel, Nelken, Sternanis, Zimt und Pfeffer zusammensetzt. Außerdem wird viel mit Ajinomoto (besser bekannt als Glutamat), Hoisin-Sauce (aus Sojabohnen), Lotuswurzeln, heller und dunkler Sojasauce, Lilienknospen, Tofu, Wasserkastanien und Ingwer gekocht.

Obwohl es keine einheitliche chinesische Küche gibt, so liegt den vier großen Küchen Chinas doch das gleiche Prinzip zugrunde.

Und das besteht darin, aus verschiedenen Zutaten, die hinsichtlich Farbe, Geschmack und Konsistenz oft in starkem Kontrast zueinander stehen, ein harmonisches Ganzes zu kreieren. Dieses Streben nach Harmonie, das auch Grundbestandteil der chinesischen Lebensphilosophie ist, geht auf die Lehren des Konfuzius und sein Prinzip der Gegensätze zurück, das weibliche Yin und das männliche Yang, unterschiedliche Elemente, die einander ergänzen, aber nicht bekämpfen. Übertragen auf die Küche bedeutet dies, dass auch Nahrungsmittel und Speisen in Yin und Yang eingeteilt und so miteinander kombiniert werden, dass stets für Ausgewogenheit gesorgt ist, Mildes und Scharfes, Kühles und Heißes, Vitamine und Ballaststoffe sich die Waage halten.

Welche Bedeutung dem Essen in China zukommt, lässt sich auch daran ablesen, das Chinesen eigentlich ständig und überall etwas essen. Zwischen den Hauptmahlzeiten gibt es Naschereien von den unzähligen Garküchen, Nudelshops und Einmann-Küchen: Baozi (gedämpfte Hefeteigklößchen), Shaomai (Reisteigklöße mit diversen Füllungen), Miantiao (dampfende Nudeln) oder Guotie, was wörtlich übersetzt »Pfannenkleber« bedeutet und gebratene Teigtaschen mit Fleisch- oder Gemüsefüllung bezeichnet. Ein beliebter Snack sind auch die sogenannten Tausendjährigen Eier. Dazu werden frische Enten- oder Hühnereier in einem Gemisch aus Asche, Salz, Kalk und Wasser eingelegt und rund drei Monate in Kellern gelagert. Das Eiweiß wird in dieser Zeit bernsteinfarben und nimmt eine gelatineähnliche Konsistenz an, das Eigelb verwandelt sich in einen grünlich-schwarzen Quark. Verzehrt werden diese Eier mit Sojasauce, Essig oder fein gehacktem Ingwer.

Eine weitere Gemeinsamkeit der verschiedenen chinesischen Küchen sind die Gar-methoden. Dabei kommt dem Wok, einer chinesischen Erfindung, eine bedeutende Rolle zu. Ursprünglich, vor etwa 3000 Jahren, bestand er aus Ton und wurde über das offene Feuer gehängt oder gestellt. Er dient vor allem zum Pfannenrühren (Chao), einer Kochtechnik, bei der alle Zutaten gleichmäßig klein geschnitten und im Wok mit einem Holzspatel schnell bewegt und gegart werden. Beim sogenannten Rotkochen (Hong shu) wird Fleisch in einem Fond aus Sojasauce und Reiswein gegart. Andere Zubereitungsarten sind das Braten in etwas mehr Öl (Jian), das Frittieren (Zah) und das Dämpfen (Zheng) im Wok oder in einem Bambusdampfkorb.

Mittag- und Abendessen bestehen in China nicht aus einer Menüfolge, sondern aus verschiedenen gleichwertigen Gerichten, die alle gleichzeitig serviert werden. Die einzelnen Speisen kommen jeweils in Schalen auf den Tisch, und nach alter Tradition gibt es so viele Gerichte, wie Personen am Mahl teilnehmen. Die Suppe wird ganz zum Schluss geschlürft, um – so sagt man – die restlichen Hohlräume im Magen zu füllen. Gegessen wird aus Schälchen mit Stäbchen (deren chinesischer Name übersetzt »verlängerte Finger« bedeutet) sowie mit einem Suppenlöffel aus Porzellan. Unter dem Tisch steht immer ein Spucknapf bereit, für kleine Knorpel, Knochensplitter und Schalen. Der Nachtisch spielt in China eine untergeordnete Rolle: Es gibt süßen Mandelbrei, süße Suppe mit Reisteigbällchen oder frische Früchte. Zum Essen trinkt man grünen (unfermentierten) Tee, das chinesische Nationalgetränk. Zu den verbreiteten alkoholischen Getränken zählen der berühmte chinesische Reiswein, likörartige Obstweine wie Litschi- oder Pflaumenwein, die als Dessertweine gereicht werden, und in jüngster Zeit wird auch immer mehr Bier getrunken.

San si chun juan (Frühlingsrollen aus Kanton)

Für 4 Portionen:
200 g Putenschnitzel
200 g Schweineschnitzel
100 g Sojabohnenkeimlinge (Glas)
1 TL Zucker
1 EL dunkle Sojasauce
1 EL Reiswein
schwarzer Pfeffer
20 bis 24 Stück Reisblätter
1 l Pflanzenöl zum Frittieren

Für den Dip:
3 cm frische Ingwerwurzel
2 Frühlingszwiebeln
Sojasauce nach Belieben

- Putenfleisch und Schweinefleisch klein-schneiden und fein hacken. Sojabohnen-keimlinge abtropfen lassen und etwas kleiner schneiden.
- Die vorbereiteten Zutaten mit Zucker, Sojasauce, Reiswein und schwarzem Pfeffer vermengen.

- Für den Dip den Ingwer schälen und fein hacken. Frühlingszwiebeln putzen und fein würfeln. Mit Sojasauce verrühren und in vier Portionsschalen füllen.
- Auf einer Arbeitsfläche ein feuchtes Kü-chentuch ausbreiten. Je ein Reispapierblatt in kaltes Wasser tauchen und auf das Küchentuch legen. Mit 2 Esslöffeln et-was Füllung mittig daraufgeben, länglich formen, die Seiten des Reispapiers ein-schlagen und aufrollen. Die Ränder dabei fest zukleben, eventuell mit etwas Wasser bepinseln.
- Pflanzenöl im Wok bis zum Sieden erhit-zen. Frühlingsrollen darin portionsweise schwimmend 3 bis 4 Minuten goldgelb frittieren.
- Frühlingsrollen auf Küchenpapier entfetten und mit dem Dip servieren.
- Für die vegetarische Variante das Fleisch durch 1 klein gehackte Stange Lauch, 2 gestiftelte Karotten und 1 gewürfelte Paprikaschote ersetzen.

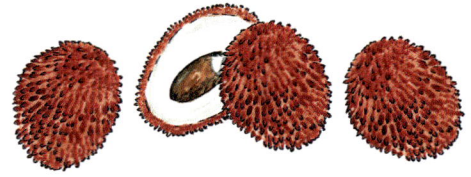

Dan dan mian (Acht Köstlichkeiten im Nudelnest aus Szechuan)

Für 4 Portionen:
8 getrocknete Mu-Err-Pilze
200 g feine Eiernudeln
8 geschälte Garnelen
2 EL Fischsauce
1 Prise Zucker
250 g Hühnerbrust
250 g Rumpsteak
2 Knoblauchzehen
3 Schalotten
250 g Austernpilze
2 cm frische Ingwerwurzel
250 g Zuckerschoten
1 frische rote Chilischote
4 Stängel Koriandergrün
8 EL Pflanzenöl
100 ml Geflügelbrühe
2 EL Austernsauce
2 EL helle Sojasauce
schwarzer Pfeffer aus der Mühle

- Mu-Err-Pilze in heißem Wasser einweichen. Eiernudeln in kochendem Wasser 1 Minute aufkochen, mit kaltem Wasser abschrecken und abtropfen lassen. Nudeln auf Küchenpapier in Form eines dicken Pfannenkuchens auslegen und trocknen lassen.
- Garnelen am Rücken längs einschneiden, waschen, entdarmen und mit Küchenpapier trockentupfen. 1 EL Fischsauce und Zucker verrühren und Garnelen darin marinieren.
- Hühnerbrust und Steak in dünne Streifen schneiden. Knoblauchzehen und Schalotten schälen und fein würfeln. Austernpilze putzen und längs halbieren. Ingwer schälen und in feinste Streifen schneiden.
- Zuckerschoten waschen und diagonal halbieren. Chilischote waschen, entkernen und in Streifen schneiden. Koriandergrün waschen, trockenschwenken, Blättchen abzupfen und grob hacken.
- Wok heiß werden lassen und 6 EL Pflanzenöl darin erhitzen. Nudeln darin in Form eines Nestes leicht knusprig backen. Aus dem Wok nehmen und warmstellen.
- Das restliche Pflanzenöl im Wok erhitzen und Fleischstreifen und Garnelen darin 2 Minuten schwenken. Herausnehmen und auf einen Teller geben.
- Knoblauch und Schalotten im Wok zwei Minuten braten. Mu-Err-Pilze fest ausdrücken und in Streifen schneiden. Zusammen mit den Austernpilzen im Wok braten.
- Geflügelbrühe, Ingwer, Zuckerschoten und die restliche Fisch-, Austern- und Sojasauce in den Wok rühren. Fleisch und Garnelen unterheben. Alles mit Pfeffer würzen.
- Nudelnest auf einem großen vorgewärmten Teller anrichten und mit dem Wokinhalt füllen. Mit Chili und Koriander garnieren.

Chop suey mit Schweinefleisch

Für 4 Portionen:
8 getrocknete Tongu-Pilze (chinesische Pilze)
500 g Schweinelende
4 EL helle Sojasauce
1 EL Zucker
Salz
250 g Bambusschößlinge (Dose)
250 g Champignons
1 Zwiebel
250 g Sojabohnensprossen
5 EL Pflanzenöl
4 EL chinesischer Reiswein
schwarzer Pfeffer
1 EL Maisstärke

- *Tongu-Pilze mit kochendem Wasser begießen und 10 Minuten quellen lassen. Schweinefleisch in dünne Streifen schneiden. Sojasauce mit Zucker und einer Prise Salz verrühren und die Hälfte davon mit dem Fleisch vermengen.*

- *Bambusschößlinge in Streifen schneiden. Champignons putzen und feinblättrig schneiden. Zwiebel schälen und fein würfeln. Sojabohnensprossen waschen und abtropfen lassen. Tongu-Pilze ausdrücken, harte Stiele entfernen und in Streifen schneiden.*
- *Wok heiß werden lassen und Pflanzenöl darin erhitzen. Unter ständigem Rühren Zwiebeln andünsten und Fleischstreifen mitbraten. Nach und nach Pilze, Bambus und Sojabohnensprossen dazugeben und mitbraten.*
- *Wokinhalt mit dem restlichen Sojasaucengemisch, Reiswein, Pfeffer und etwas Salz würzen. Maisstärke mit 2 EL Wasser verrühren und unterrühren.*

Deng chi (Buddhas Gemüse)

Für 4 Portionen:
4 getrocknete Mu-Err-Pilze
3 cm frische Ingwerwurzel
2 Knoblauchzehen
1 kleine rote Chilischote
2 Frühlingszwiebeln
150 g Karotten
150 g Blumenkohl
150 g Brokkoli
150 g Zuckerschoten
100 g Erbsen
100 g Sojabohnensprossen
100 g Champignons
3 EL Erdnussöl
1 TL brauner Zucker
Salz, schwarzer Pfeffer
2 EL Austernsauce
100 ml Gemüsebrühe
2 EL Reiswein
2 EL dunkle Sojasauce

- *Mu-Err-Pilze mit heißem Wasser begießen und etwa 15 Minuten quellen lassen.*
- *Ingwer und Knoblauch schälen und fein würfeln, Chilischote waschen, entkernen und fein hacken. Das Gemüse waschen. Frühlingszwiebeln in feine Ringe und Karotten in Streifen schneiden. Blumenkohl und Brokkoli in Röschen teilen, Zuckerschoten in kleine Stücke schneiden. Champignons vierteln.*
- *Erdnussöl im Wok erhitzen und nacheinander alle Zutaten pfannenrühren. Mu-Err-Pilze ausdrücken, klein schneiden und unterheben.*
- *Alles mit Zucker, Salz, Pfeffer und Austernsauce würzen und mit Gemüsebrühe ablöschen. Mit Reiswein und Sojasauce abschmecken und zu Reis oder Glasnudeln servieren.*

DÄNEMARK

Das Königreich Dänemark mit seinen knapp 5,5 Millionen Einwohnern ist auf drei Seiten vom Meer umgeben; die einzige Landgrenze besteht zu Deutschland. Das kleine Land verfügt über eine Küstenlinie von mehr als 7000 km, und ein Drittel der Fläche besteht aus Inseln, die nur zu einem kleinen Teil bewohnt sind. Mehr als die Hälfte der Landesfläche wird als Ackerland genutzt. Neben verschiedenen Getreidesorten werden hier Zuckerrüben, Futterpflanzen, Kartoffeln, Obst und Gemüse angebaut. Ein bedeutender Wirtschaftszweig ist auch die Milchwirtschaft: Über zwei Drittel der Molkereiprodukte werden weltweit exportiert, etwa die Käsesorten Danbo, Danablu, Havarti, Esrom, dänischer Camembert und dänischer Cheddar. Daneben spielt die Schweinezucht eine wichtige Rolle – Schinken und Speck sind die bekanntesten Erzeugnisse –, was sich natürlich auch in der Kochkultur niederschlägt. Zu den kulinarischen Spezialitäten zählen Schweinebraten mit Backpflaumen und brauner Sauce sowie Schweinerippchen mit Backpflaumen- oder Apfelfüllung.

Die traditionelle deftige dänische Küche aus vorindustrieller Zeit, die vor allem gesalzenen Fisch, geräuchertes Fleisch, Bier und Schwarzbrot verwendete, ist auch in der modernen Kochkultur noch erkennbar: Klipfisk (Stockfisch), der meist in weißer Sauce zubereitet wird, Ollebrod (Brotsuppe mit Zucker und Bier), Blodpolse (Blutwurst), Gule ærter (Erbsensuppe) und Æbleflaesk (Äpfel mit Schinkenspeck gebraten) sind nur einige der beliebten, traditionell orientierten Gerichte.

Die wichtigsten Mahlzeiten der Dänen sind das Frühstück und das Abendessen, das hier Middag heißt und gegen 18 oder 19 Uhr eingenommen wird. Zum Frühstück gibt es Wienerbrød (süßes Hefe- und Plundergebäck). Abends versammelt sich die Familie zu einer warmen Mahlzeit: zum Beispiel zu Hakkebof (Beefsteak) mit Kartoffelbrei, Kodboller (Fleischbällchen) mit Mischgemüse oder einem der unzähligen Fischgerichte. Von Scholle über Lachs, Hering, Dorsch und Forelle bis zu Austern und Hummer kommt vielerlei Meeresgetier auf den Tisch. Aus Rejer (kleinen Krabben) wird eine beliebte Suppe zubereitet.

Zum Mittagessen begnügen sich die Dänen mit einem schnellen Snack, in den meisten Fällen Smørrebrød, was übersetzt nichts weiter als Butterbrot bedeutet. Doch das ist pure Untertreibung, denn die phantasievollen Beläge reichen von Ei, Käse und Wurst über Salat, Gemüse und Thunfisch bis hin zu Lachs, Hering, Fischrogen und Leberpastete. Alternativ gibt es Pølser, Hotdogs mit roten Würsten, die gebraten oder gekocht werden.

Die Dänen sind außerdem leidenschaftliche Kaffeetrinker und Kuchenesser, und zum Kuchen gehört stets reichlich Sahne. Die Gebäck- und Kuchenauswahl in Kopenhagener Konditoreien ist enorm. Und wer nicht ins Café geht, backt zu Hause Pandekager (Eierkuchen) oder Waffeln. Ein weit verbreiteter Nachtisch ist Rødgrød med fløde (Rote Grütze mit Sahne). Zum Verdauen der oft kalorienhaltigen Gerichte gibt es den klassischen Aquavit, eine hochprozentige Spirituose auf Kümmelbasis, oder Kirschlikör. Beliebt und bekannt sind auch das dänische Bier (etwa Carlsberg und Tuborg) und Gløgg (Glühwein).

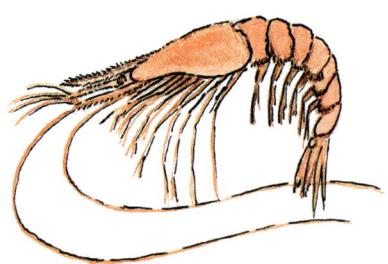

Rejesuppe (Dänische Krabbensuppe)

Für 4 Portionen:
150 g Fischfilet (Dorsch)
200 g gepulte Krabben (Rejer)
1 EL Zitronensaft
250 g Kartoffeln
1 Zwiebel
1 große Karotte
1 Stange Lauch
1 EL Butter
Salz, weißer Pfeffer
1 kräftige Prise Currypulver
125 ml trockener Weißwein
150 g saure Sahne
1 EL gehackte Petersilie

- Fisch in mundgerechte Stücke schneiden. Krabben und Fischfilet mit Zitronensaft beträufeln. Kartoffeln schälen und in kleine Würfel schneiden. Zwiebel schälen und fein hacken. Karotte stifteln und Lauch in Streifen schneiden.
- Butter in einem Topf erhitzen und Gemüse darin andünsten. Mit Salz, Pfeffer und Currypulver würzen und mit Weißwein und 500 ml Wasser begießen. Nach dem ersten Aufkochen etwa 15 Minuten garen lassen, bis die Kartoffeln weich sind.
- Fischstücke einlegen und weitere 5 Minuten ziehen lassen. Saure Sahne einrühren, mit Salz und Pfeffer abschmecken und zuletzt die Krabben unterrühren.
- Mit Petersilie bestreuen und mit knusprigen Toastecken zum Tunken servieren.

Braendende kaerlighed (Kartoffelbrei mit Speck und Zwiebeln)

Für 4 Portionen:
1 kg mehlig kochende Kartoffeln
Salz
200 ml Milch
weißer Pfeffer
1 Prise frisch geriebene Muskatnuss
200 g Schinkenspeck
150 g eingelegte Rote Bete

- Kartoffeln schälen und in Salzwasser gar kochen. Durch eine Presse drücken und mit der Milch verschlagen. Mit Salz, Pfeffer und Muskatnuss würzen.
- Schinkenspeck in kleine Würfel schneiden und knusprig ausbraten. Zwiebeln schälen, in feine Streifen schneiden und in Butter rösten. Rote Bete in Streifen schneiden.
- Kartoffelbrei auf einer Servierplatte anrichten und mit Schinkenwürfeln, Zwiebelstreifen und Rote-Bete-Streifen garnieren. Passt zu Fisch- und Fleischgerichten.

Plukfisk (Fischeintopf)

Für 4 Portionen:
800 g Fischfilet
(Scholle, Dorsch oder Kabeljau)
Saft von ½ Zitrone
Salz
1 Zwiebel
2 Lorbeerblätter
2 EL Butter
1 EL Mehl
250 ml Milch
100 g Sahne
Pfeffer
½ TL scharfer Senf
2 hartgekochte Eier
1 EL gehackte Petersilie

- Fischfilets in mundgerechte Stücke schneiden, mit Zitronensaft beträufeln, salzen, in einen Topf legen und so viel Wasser aufgießen, dass alles bedeckt ist. Bei mittlerer Hitze etwa 15 Minuten garen.
- Zwiebel schälen, in Streifen schneiden und mit Lorbeerblättern in den Fischsud geben.
- Aus Butter und Mehl eine helle Schwitze rühren, nach und nach mit Milch und Sahne aufgießen und klumpenfrei rühren.
- Mit Salz, Pfeffer und Senf würzen und Fischfilets mit etwa 100 ml Fischsud und den Zwiebelstreifen einrühren. Kurz ziehen lassen und nochmals abschmecken.
- Eier vierteln und den Fischeintopf damit garnieren. Mit Petersilie bestreuen und servieren.
- Der Fischeintopf lässt sich gut mit Kartoffelstückchen, Karottenscheiben und grünen Erbsen erweitern.

🇩🇪 DEUTSCHLAND

Die Bundesrepublik Deutschland mit ihren rund 82 Millionen Einwohnern ist von Regionalküchen geprägt und in grenznahen Gebieten kulinarisch von den Nachbarländern, insbesondere von → Frankreich, → Belgien und → Österreich, aber auch von → Polen, → Tschechien und den → Niederlanden, beeinflusst.

So ist etwa die raffinierte badische Küche, die Zwiebelkuchen zu ihren Spezialitäten zählt, stark von der elsässischen geprägt; die deftige, fleischlastige bayerische Küche dagegen ist → böhmischen Traditionen verbunden, aber auch der Küche Österreichs. Typisch bayerisch sind Schweinebraten mit Semmelknödeln, Dampfnudeln und Pichelsteiner (Eintopf mit Rind- und Schweinefleisch). In der schwäbischen Küche dominieren Eierteigwaren und Mehlspeisen, die in Brühe oder mit viel Sauce serviert werden. Spätzlegerichte und Maultaschen erfreuen sich hier großer Beliebtheit. Franken ist für seine bodenständige Wurstküche bekannt, etwa Saure Zipfel (in Essigsud eingelegte Würste) aus Nürnberg und Kartoffelklöße. Typisch für die rheinische Küche sind Sauerbraten, Bohnensuppe und Kartoffelpuffer. Die Pfälzer Küche wartet mit deftigen Spezialitäten wie Saumagen auf. Hessen ist bekannt für Frankfurter Kranz, Erbsensuppe mit Frankfurter Würstchen und Grüne Sauce. Typisch für Westfalen sind Pumpernickel, Wurstwaren, Pfefferpotthast (Schmorgericht mit Rindfleisch) und Welfencreme, ein Dessert in den Farben des Herrschergeschlechts. Die norddeutsche Küche hält viele Fischgerichte bereit, zum Beispiel Aalsuppe, aber auch Süßes wie Rote Grütze und Ungewöhnliches wie Labskaus. Die Berliner Küche zählt Eisbein und Erbspüree, Bouletten, Hackepeter und Bismarckhering zu ihren Spezialitäten; auch die aus Ostpreußen stammenden Königsberger Klopse sind hier sehr beliebt.

Wenngleich sich die deutsche Küche durch sehr unterschiedliche regionale Ausprägungen auszeichnet, so lassen sich doch einige Konstanten erkennen. Typisch für die traditionelle deutsche Küche sind reichhaltige, deftige Zubereitungen, etwa kräftige Suppen und Eintöpfe, schöne Braten, voluminöse, saftige Kuchen und reichhaltige, duftende Mehlspeisen. Zu den deutschen Grundnahrungsmitteln zählen vielerlei unterschiedliche Brot- und Brötchensorten sowie eine große Anzahl an Wurst- und Schinkenspezialitäten. Eine große Bedeutung kommt traditionell der Kartoffel zu, die nicht nur gekocht, sondern auch in Form von Püree, Klößen, Pommes frites oder Bratkartoffeln auf den Tisch kommt. Friedrich II. ordnete 1756 offiziell den Kartoffelanbau für ganz Preußen an und sorgte so maßgeblich für die Ausbreitung der Knolle. Beim Gemüse, das häufig in Aufläufen oder Eintöpfen zubereitet wird, ist traditionell vor allem Kohl beliebt. Häufig verwendet werden auch Milchprodukte wie Joghurt, Quark oder Käse. Fleisch wird meist gekocht oder geschmort, aber auch in roher Form, als Mett, verzehrt. Die beliebtesten Sorten sind Schweine- und Rindfleisch, aber auch Kalb und vor allem Geflügel werden oft zubereitet. Fisch wird vor allem im Norden Deutschlands gegessen, Hering und Forelle zählen zu den beliebtesten Sorten. Eine wichtige Rolle spielen auch die Saucen, die traditionell auf Basis einer Mehlschwitze zubereitet und häufig mit Sahne angereichert werden. Man isst sie reichlich zu Braten und anderen Gerichten und »wischt« sie mit Kartoffeln, Klößen oder Nudeln auf. Gewürzt wird moderat, mit Pfeffer, Petersilie, Majoran, Lorbeer, Wacholderbeeren, Thymian, Liebstöckel und Kümmel.

Anders als andere europäische Küchen zeichnet sich die deutsche nicht durch eine Abfolge mehrerer oft gleichwertiger Gänge aus, sondern durch ein dominierendes Hauptgericht mit Beilagen, das allenfalls um eine Suppe davor und einen Nachtisch ergänzt wird. Das deutsche Frühstück ist reichhaltig, und besteht aus Brot, Wurst, Käse, Marmelade, Honig, Joghurt und/oder Müsli. Ein deutsche Besonderheit sind außerdem die zahlreichen Kuchen und Torten, die am Nachmittag zu Kaffee oder Tee gegessen werden.

Multikulturelle Einflüsse durch Migranten sowie kulinarische Mitbringsel von Reisen in alle Welt haben in den vergangenen dreißig Jahren neben der rustikalen Hausmannskost eine moderne, leichtere deutsche Küche entstehen lassen, zu der Pasta, Pizza und Döner ebenso gehören wie asiatische und »verschlankte« deutsche Gerichte. Auch neu oder wiederentdeckte Gemüse wie Pastinaken, Schwarzwurzeln oder Topinambur finden vor allem bei den gesundheitsbewussten Deutschen in den Kochtopf. Und wer früher ein Kännchen Kaffee bestellte, ordert heute meist Espresso, Cappuccino oder Latte Macchiato. Bei den alkoholischen Getränken dominiert nach wie vor das Bier, doch auch Wein, vor allem aus heimischen Anbaugebieten, steht hoch im Kurs.

Rheinische Bohnensuppe

Für 4 Portionen:
1 Zwiebel
500 g Kartoffeln
800 g grüne Bohnen
2 EL Pflanzenöl
100 g Speckwürfel
3 Zweige frisches Bohnenkraut
1,5 l Fleischbrühe
Salz, schwarzer Pfeffer
100 g Kräuter-Crème-fraîche
3 Stängel Petersilie

- *Zwiebel schälen und fein würfeln. Kartoffeln schälen und in Würfel schneiden. Bohnen putzen.*
- *In einem Topf das Pflanzenöl erhitzen und Speckwürfel und Zwiebel darin glasig braten. Kartoffelwürfel, grüne Bohnen und Bohnenkraut einrühren.*
- *Mit Fleischbrühe aufgießen, aufkochen lassen und dann die Suppe bei mittlerer Hitze 30 bis 40 Minuten gar kochen. Mit Salz und Pfeffer würzen.*
- *Etwa ein Drittel der Suppe pürieren und mit Kräuter-Crème-fraîche verfeinern. Die beiden Bestandteile wieder zusammenführen, mit gehackter Petersilie garnieren und sofort servieren.*

Schwäbische Kässpätzle

Für 4 Portionen:
500 g Mehl
5 Eier
1 Prise Salz
250 ml Mineralwasser
Butter für die Form
150 g geriebener Käse (z. B. Emmentaler)
schwarzer Pfeffer
1 EL flüssige Butter
Zwiebelringe nach Belieben

- Mehl, Eier, Salz und Mineralwasser mit einem elektrischen Handrührgerät zu einem glatten Teig verschlagen. Den Teig portionsweise in einen Spätzlehobel füllen und in kochendes Salzwasser schaben.
- Spätzle einige Male aufkochen lassen, mit einem Schaumlöffel herausnehmen, kurz abtropfen lassen und in eine gebutterte Auflaufform geben.
- Jede Schicht Spätzle mit geriebenem Käse dick bestreuen und leicht mit Pfeffer würzen. Die letzte Schicht mit Käse abschließen und flüssige Butter und 2 EL Kochwasser darüberträufeln. Im vorgeheizten Backofen bei 200 °C (Umluft 180 °C) kurz überbacken, bis der Käse zerlaufen ist.
- Zum Servieren in Butter gebräunte Zwiebelringe darüberstreuen und dazu einen grünen Salat reichen.

Welfencreme aus Westfalen

Für 4 Portionen:
500 ml Milch
2 EL Zucker
1 Päckchen Vanillezucker
2 EL Speisestärke
4 Eier, getrennt
100 Zucker
250 ml trockener Weißwein
abgeriebene Schale von ¼ Zitrone
Saft von 1 Zitrone
1 EL Speisestärke

- Milch mit Zucker und Vanillezucker aufkochen. Ein wenig Milch abnehmen, die Speisestärke damit anrühren und unter Rühren in die Milch geben, um sie zu binden. Den Topf vom Herd nehmen.
- Eiweiß zu steifem Schnee schlagen, vorsichtig unter die Milchcreme ziehen und die Creme in vier Portionsgläser verteilen.
- Eigelb, Zucker, Weißwein, Zitronenschale und -saft sowie Speisestärke in einer hitzebeständigen Schüssel mit einem Schneebesen glattrühren.
- Die Schüssel in ein heißes Wasserbad stellen und die Masse so lange schlagen, bis ein luftiger Weinschaum entstanden ist. Den gelben Weinschaum über die weiße Creme verteilen und sofort servieren.

Zwiebelkuchen der Winzer

Für 4 Portionen:
500 g Mehl
1 Würfel frische Hefe (42 g)
1 Prise Zucker
250 ml lauwarme Milch
1 TL Salz
Butter für das Backblech
1 kg Zwiebeln
200 g Speckwürfel
250 g saure Sahne
2 Eier
1 TL Kümmel
¼ TL edelsüßes Paprikapulver
Salz, schwarzer Pfeffer

- Mehl in eine Schüssel sieben und eine Mulde formen. Hefe einbröckeln, mit Zucker und Milch vorsichtig verrühren und 20 Minuten gehen lassen. Salz zugeben, alles zu einem geschmeidigen Hefeteig verkneten und nochmals 30 Minuten gehen lassen.
- Den Teig kräftig durchkneten und auf einem gefetteten Backblech ausrollen; nochmals gehen lassen und mit einer Gabel mehrmals einstechen.
- Zwiebeln schälen und in feine Streifen schneiden. In einer Pfanne Speckwürfel auslassen und Zwiebelstreifen in dem Fett andünsten; abkühlen lassen.
- Saure Sahne und Eier verschlagen und mit Kümmel, Paprikapulver, Salz und Pfeffer würzen. Mit Zwiebeln und Speck vermischen und gleichmäßig auf dem Hefeteig verteilen. Im vorgeheizten Backofen bei 200 °C (Umluft 180 °C) etwa 40 Minuten backen. Dazu passt Federweißer.

DOMINIKANISCHE REPUBLIK

Die Dominikanische Republik nimmt den mittleren und östlichen Teil der zweitgrößten karibischen Insel Hispaniola ein; auf dem westlichen Teil liegt Haiti. Hispaniola gehört zu den Großen Antillen. Die waldreiche, bergige Landschaft mit fruchtbaren Tälern und Ebenen und das milde Klima im Landesinneren bringen vielfältiges Obst und Gemüse hervor. Die Kochkultur zeigt Einflüsse der Küchen ➜ Spaniens, ➜ Afrikas und indigener

Küchentraditionen, so wie auch die rund 9,5 Millionen überwiegend katholischen Einwohner (zu über 70 Prozent Mulatten) eine bunte Mischung aus Nachfahren spanischer Kolonialherren und afrikanischer Sklaven, europäischer Einwanderer und der Tainos, der dominikanischen Ureinwohner, bilden.

Die meisten dominikanischen Gerichte werden auf der Basis von Kochbananen, Maniok, Kartoffeln oder Reis zubereitet. Sie sind in der Regel einfach, herzhaft und sättigend und werden mit vorgefertigten Gewürzmischungen (Sazones), die vornehmlich aus Chili, Knoblauch, Muskat, Zimt, Pfeffer und Limette bestehen und auch in flüssiger Form erhältlich sind (Sazones liquidos), oder Sojasaucen gewürzt.

Aus Bacalao (Stockfisch) – einem Mitbringsel der spanischen Kolonialherren – wird ein sehr beliebter Fischeintopf zubereitet oder Bacalaitos, würzige Stockfischbeignets. Die vegetarische Variante dieser Beignets heißt Polouris und wird aus Mehl, Erbsenmehl und Safran hergestellt. Gern gegessen werden auch Tostones (frittierte Scheiben von Kochbananen oder Maniok), Pollo guisado (Hähnchenschmortopf) und Locrio, eine Variante der spanischen Paella. Ein Relikt aus der Sklavenküche ist Sancocho, ein sättigender Eintopf aus Fleisch, Süßkartoffeln, Yamswurzeln, Chilis und Maniok, der überall in der ➔ Karibik bekannt ist. An Festtagen gibt es einen Sancocho prieto, mit sieben Fleischsorten. Die Küche der Ureinwohner lebt in Gerichten wie Mondongo (einem Eintopf mit Innereien), Catibias (Teigtaschen aus Maniokmehl mit Fleischfüllung) und Casabe (Maniokbrot) weiter.

Die Dominikaner haben eine Vorliebe für Hühner- und Ziegenfleisch, was vor allem daran liegt, dass die Tiere bequem als »Haustiere« gehalten werden können und Rind- oder Schweinefleisch für viele einfach zu teuer ist. Chicarrones (frittierte Hähnchenstücke) gibt es an jeder Ecke zu kaufen. An den Küsten werden Camarones (kleine Hummer), Fliegende Fische, Brassen und alles, was der Tagesfang so bietet, gegrillt angeboten – auch sie sind vor allem für Touristen erschwinglich. Ein typisches Fischgericht ist auch Pescado con coco (Fisch in Kokossauce). Das Nationalgericht der Dominikanischen Republik heißt Bandera dominicana, besteht im Wesentlichen aus weißem Reis, roten Bohnen, Schweinefleisch, Maniok, Süßkartoffeln und Kochbananen und erinnert farblich – mit ein bisschen Phantasie – an die dominikanische Flagge. Zum Nachtisch wird meist frisches Obst gereicht, etwa saftige Mango, Papaya oder Ananas mit Chilisauce. Eine beliebte Süßspeise, die vor allem zu Ostern zubereitet wird, ist Habichuelas con dulce, ein süßer Brei aus Süßkartoffeln, Bohnen, Kokosnuss und Kondensmilch.

Typisch dominikanische Imbisse, die auch in Comedores (einfachen Restaurants) angeboten werden, sind Yaniqueques (Pfannkuchen), Pasteles en hoja (verschieden gefüllte Teigpastetchen), Empanadas (gefüllte Teigtaschen) und frittierte Maniokbällchen. Getrunken werden vor allem Kaffee, Wasser, Milch und Fruchtsäfte – und natürlich Rum. Die drei großen Marken Brugal, Bermúdesz und Barceló teilen sich hier den Markt. Der Rum wird pur oder im Cocktail als Cuba libre (Rum mit Cola) oder Piña colada (Rum mit Ananassaft und Kokosmilch) genossen. Aus Rum, Honig und Kräutern wird auch Mamajuana, ein beliebter süß-bitterer Likör, hergestellt.

Sancocho (Kreolischer Eintopf)

Für 4 Portionen:
2 Kochbananen
1 große Zwiebel
2 rote Chilischoten
500 g Süßkartoffeln
250 g Maniok
250 g mageres Rindfleisch
250 g fertig gegartes Kassler
5 EL Annato-Öl (Pflanzenöl mit Annato-Samen, alternativ Sonnenblumenöl)
1 l Brühe
2 Lorbeerblätter
Salz, schwarzer Pfeffer
frisch geriebene Muskatnuss
gemahlene Gewürznelken
1 Prise gemahlener Zimt

- Kochbananen mit der Schale in den auf 150 °C (Umluft 130 °C) vorgeheizten Backofen legen. Sobald sich die Schalen schwarz verfärben (das dauert etwa 15 Minuten) und aufplatzen, Bananen aus dem Ofen nehmen, schälen und in Scheiben schneiden.
- Zwiebel schälen und fein hacken, Chilischoten entkernen und fein würfeln. Süßkartoffeln und Maniok schälen und in feine Scheiben schneiden.
- Rind- und Schweinefleisch in Würfel schneiden und in der Hälfte des Annato-Öls von allen Seiten anbraten; herausnehmen.
- Das restliche Öl in den Topf geben und Bananen, Zwiebel und Chilischoten darin anbraten.
- Fleischwürfel wieder zugeben und alles mit Brühe aufgießen. Nach dem ersten Aufkochen bei mittlerer Hitze etwa 1 Stunde kochen lassen.
- Süßkartoffeln und Maniok untermengen, sehr gut würzen und nochmals 20 Minuten köcheln lassen. Den Eintopf im Topf servieren und dazu Maisbrei oder Brot reichen.

Camarones rellenos (Gefüllte Hummerkrabben)

Für 4 Portionen:
100 g Mehl
1 Ei, getrennt
125 ml helles Bier
Salz
100 g Weißbrot
1 kleine Zwiebel
Saft von ½ Limette
1 EL Anchovispaste
1 EL weiche Butter
schwarzer Pfeffer
12 geschälte Hummerkrabben
2 EL Mehl
Kokosfett zum Frittieren

- *Aus Mehl, Eigelb, Bier und Salz einen glatten Teig rühren. Eiweiß steif schlagen und unterheben.*
- *Weißbrot fein würfeln, Zwiebel schälen und fein hacken. Weißbrot, Zwiebel, Limettensaft, Anchovispaste, Butter und Pfeffer zu einer Füllung vermengen.*
- *Hummerkrabben am Rücken längs tief einschneiden, entdarmen und jeweils Füllung hineindrücken. Anschließend rundherum mit Mehl bestäuben, durch den Backteig ziehen und portionsweise in siedendem Kokosfett goldbraun und knusprig frittieren.*
- *Dazu passt ein gemischter Salat.*

E

ENGLAND

Die Küchenkultur in dem am dichtesten besiedelten Landesteil Großbritannien mit seinen rund 50 Millionen Einwohnern hat sich sehr eigenständig entwickelt und gilt als weitgehend frei von etwa französischen oder italienischen Einflüssen. Die traditionelle englische Küche arbeitet mit den Erzeugnissen der Landwirtschaft und der Viehzucht sowie mit den Erträgen des Fischfangs und zeichnet sich durch einfache Gerichte und einen gewissen Purismus aus, da sie darauf bedacht ist, den Grundgeschmack der Zutaten zu erhalten, also wenig Gewürze verwendet. Fische wie Lachs, Kabeljau oder Forelle werden gebraten, gekocht oder pochiert und mit Butter oder einer einfachen Sahnesauce serviert. Das beliebte Roastbeef, das außen knusprig und innen saftig und rosa sein muss, ist ein sparsam gewürzter Rinderbraten. Gemüsebeilagen wie Brokkoli, Blumenkohl, Erbsen, Möhren und Bohnen werden kurz sautiert oder pochiert und kommen meist ohne Gewürze oder Kräuter auf den Tisch.

Daneben gibt es aber auch eine raffinierte, würzige englische Küche, die in der Kolonialzeit entstand und später von den Einwanderern aus den ehemaligen Kolonien neu belebt wurde. Im 19. Jahrhundert zählten die englischen Köche zu den besten ihrer Zunft. In dieser Zeit kamen insbesondere aus den Kolonien in Indien und Südostasien vielerlei exotische Gewürze und Lebensmittel ins Land. Zwar wurde die einfache Inselküche nicht direkt damit vermischt, aber Verbindungen und

Annäherungen entstanden. Vom indischen Chutney etwa, einer dicken, süß-säuerlich-würzigen Sauce aus Chili, Ingwer, Zimt, verschiedenen Früchten und/oder Gemüse und Essig, wurden in England viele Varianten entwickelt. Die Worcestershiresauce, die aus Soja, Melasse, Chili, Ingwer, Knoblauch und Wein besteht, ist eine originär englische Erfindung. Die englische Upper Class hält an diesen kulinarischen Wurzeln aus dem 19. Jahrhundert bis heute fest, die traditionelle englische Küche existiert parallel aber unverändert weiter.

Weltberühmt ist das English Breakfast, ein reichhaltiges Frühstück zu dem neben Tee, Orangenmarmelade und Toast, auch Bacon and Eggs (gebratener Speck und Eier), Sausages (gebratene Würstchen), Baked Beans (Bohnen in Tomatensauce), Schmortomaten, Blackpudding (gebratene Grützwurst mit Blut), gebratener Kipper (geräucherte Heringe) oder Porridge (Haferflockenbrei) gereicht werden. Das Mittagessen (Lunch) fällt mager aus und besteht meist aus einem gemischten Salat, einem Sandwich, Pastries (herzhaft gefüllten Blätterteigtaschen) oder den überall erhältlichen Fish 'n' Chips, die traditionell mit Vinegar (Essig) beträufelt und in Zeitungspapier eingerollt werden – aus hygienischen Gründen wird heute eine einfache Papiertüte verwendet. Zum Five o'Clock Tea am Nachmittag werden traditionell zu Tee mit Milch Sandwiches mit Cucumber (Gurke) oder Salmon (Lachs) gereicht sowie Scones (weiche Brötchen) mit Clotted Cream (eine Art dicker Rahm) oder ungesüßter Schlagsahne und

Erdbeer- oder Himbeerkonfitüre. Am Abend versammelt sich die Familie zum Dinner oder Supper, das meist aus Fleisch, Kartoffeln und Gemüse (»meat and two veggies«) besteht. Kartoffeln werden als Beilage in unterschiedlicher Form zubereitet: als Roast Potatoes (Ofenkartoffeln), Jacket Potatoes (in der Schale gebackene Kartoffeln), French Fries (Pommes frites) oder Crisps (Chips). Mashed Potatoes (Kartoffelbrei) bilden die Grundlage für verschiedene Pies: Dabei wird Kartoffelbrei mit Rinderhack zu Cottage Pie, mit Lamm zu Shepherd's Pie und mit Fisch zu Fisherman's Pie geschichtet und überbacken. Ein eher ländliches Gericht ist der Lancashire Hot Pot, der mit Kartoffeln, Lamm und Zwiebeln im Ofen zubereitet wird. Typisch englisch ist auch die Minzsauce, die etwa zum Roastbeef oder Roasted Lamb serviert wird. Sehr beliebt sind außerdem Puddings: Der herzhafte Yorkshire-Pudding zum Beispiel wird traditionell im Ofen gebacken und als Beilage zu Fleischgerichten serviert; eine beliebte süße Variante mit kandierten Früchten und Rosinen ist der gehaltvolle Plum Pudding.

Bekannt ist England auch für seine Käsesorten wie Cheddar, Stilton oder Cheshire. In den letzten Jahrzehnten haben vor allem Migranten aus den ehemaligen Kolonien und mediterrane Einflüsse die neue englische Küche geprägt, sodass Chicken Tikka Masala und andere Currys, Pizza oder Lasagne heute die englische Speisekarte bereichern, ohne jedoch die traditionelle Küche verdrängt zu haben.

Sheperd's Pie (Hackfleischauflauf)

Für 4 Portionen:
750 g Kartoffeln
Salz
125 ml Milch
2 EL flüssige Butter
Salz, schwarzer Pfeffer
frisch geriebene Muskatnuss
250 g Lammhackfleisch
250 g gemischtes Rinder- und Schweinehackfleisch
2 EL Pflanzenöl
250 g Erbsen
125 ml Fleischbrühe
1 Prise getrocknete Minze

- Kartoffeln schälen, in Salzwasser garen, abgießen und mit einem Stampfer zerkleinern. Milch und die Hälfte der Butter unterrühren und mit Salz, Pfeffer und Muskat würzen.
- Hackfleisch in heißem Pflanzenöl unter Rühren krümelig braten. Erbsen hinzufügen, mit Fleischbrühe aufgießen und kurz einkochen lassen. Mit Salz, Pfeffer und Minze würzen.
- Hackfleischmischung in eine Auflaufform geben und Kartoffelbrei darüberstreichen. Mit der restlichen Butter beträufeln und im vorgeheizten Backofen bei 180 °C (Umluft 160 °C) etwa 20 Minuten überbacken.

Scones (Teegebäck)

Für 8 Portionen (etwa 30 Stück):
500 g Mehl
1 Päckchen Backpulver
1 Prise Salz
150 g weiche Butter
125 ml lauwarme Milch
Mehl für die Arbeitsfläche
Fett für das Backblech

- Mehl und Backpulver gut vermischen und mit Salz, Butter und Milch zu einem geschmeidigen Teig verkneten. Den Teig etwa 1 cm dick auf einer bemehlten Fläche ausrollen und 5 bis 6 cm breite Kreise ausstechen. Diese auf ein gefettetes Blech setzen und im vorgeheizten Backofen bei 200 °C (Umluft 180 °C) etwa 20 Minuten backen, bis die Scones eine hellgoldene Farbe angenommen haben.
- Kurz abkühlen lassen und zum Tee servieren. Zum Verzehr die Scones aufschneiden und mit Butter, Konfitüre und Crème double bestreichen.

Fish 'n' Chips (Frittierter Fisch mit ausgebackenen Kartoffelscheiben)

Für 4 Portionen:
800 g Fischfilet (Kabeljau)
Saft von ½ Zitrone
Salz, schwarzer Pfeffer
500 g Kartoffeln
2 Eier, getrennt
150 g Mehl
125 ml helles Bier (Ale)
1 l Pflanzenöl zum Frittieren
weißer Essig

- Fischfilet in mundgerechte Stücke schneiden, mit Zitronensaft beträufeln und mit Salz und Pfeffer würzen. Kartoffeln schälen und in hauchdünne Scheiben schneiden (das ist eher die gehobene Art, aber so sind die Chips schneller gar).
- Eigelb mit Mehl und Bier zu einem glatten Teig verrühren. Eiweiß zu steifem Schnee schlagen und unterheben.
- Fischfilets in den Teig tauchen und in siedendem Fett knusprig und goldbraun backen. Kartoffelscheibchen im selben Fett ausbacken. Aus Zeitungspapier Tüten falten und frittierte Fischfilets und Chips einfüllen. Mit Essig beträufeln.

 ETHNOFOOD

Unter dem Begriff Ethnofood werden alle Zutaten und Zubereitungsarten zusammengefasst, die nicht unserer eigenen Küchentradition entstammen, sondern aus fremden Küchenkulturen übernommen wurden. Man findet Ethnofood vor allem in Restaurants nationaler Minderheiten, die ihre Gäste mit dem Versprechen einer fremden Küchenkultur in ihrer ursprünglichen Form locken. Zu den Gästen zählen einerseits solche, die als Touristen die jeweiligen Ländern bereist haben und ihre Erinnerungen an kulinarische Gaumenfeuden auffrischen möchten, andererseits Migranten, die sich nach den kulinarischen Spezialitäten ihres Heimatlandes sehnen oder auch einfach Menschen, die neugierig auf fremde Zutaten und Gerichte sind. Hotel-Restaurants engagieren häufig ausländische Köche, um beispielsweise die Küche der → Malediven oder von Mauritius möglichst originalgetreu vorzustellen – eine ziemliche Herausforderung, nicht zuletzt, weil manche Zutaten außerhalb ihres Ursprungslandes kaum erhältlich sind. Die ursprüngliche Zubereitung von Gerichten wird allerdings ohnehin häufig an die Essgewohnheiten des adaptierenden Landes angepasst. Insbesondere Gerichte aus der südostasiatischen Küche werden weniger scharf gewürzt; und italienische Nudelgerichte werden häufig in Sahnesauce serviert, obwohl dies in Italien nicht üblich ist.

War das Angebot an Ethnofood bis vor einiger Zeit noch überschaubar – im Wesentlichen gab es das Chinarestaurant, »den Italiener« und »den Griechen« –, so kommt es seit einigen Jahren zu einer immer feineren Aufgliederung der Küchen, die zunehmend originalgetreuer nachgekocht werden. Die ➜ türkische, ➜ spanische, ➜ koreanische und ➜ arabische Küche haben sich schon etabliert; nun folgen kleinere wie die ➜ birmanische Küche, die Küchen von Nepal und ➜ Hawaii. Auch ➜ chilenische oder ➜ brasilianische Restaurants haben mittlerweile Konjunktur. In multiethnischen oder multikulturellen Gesellschaften wie den USA werden auch bestimmte Regionalküchen oder kulinarische Gewohnheiten bestimmter Gemeinschaften bisweilen als Ethno-Küchen bezeichnet, etwa die Küche der Amish People, einer Religionsgemeinschaft, die rund 250 000 Mitglieder zählt, oder die Esskultur der Cowboys.

Die Ethnoküche ist damit das Gegenteil der internationalen Küche, die die bekanntesten Gerichte verschiedener Länder wie Sushi, Pasta, Pizza, Curry & Co. in einem Restaurant anbietet, sowie der ➜ Fusionsküche, die verschiedene kulinarische Traditionen neu kombiniert.

Amish Alabaster (Gemüsepüree nach Art der Amish People)

Für 4 Portionen:
500 g weiße Rüben
500 g Kartoffeln
Salz
150 g Sahne
schwarzer Pfeffer
Butter für die Form
1 EL zerlassene Butter

- Rüben und Kartoffeln schälen, in gleichmäßige Stücke schneiden und in Salzwasser kochen. Abgießen, mit einem Kartoffelstampfer zu Brei verarbeiten und mit Sahne verrühren. Mit Salz und Pfeffer würzen.
- In eine gebutterte Auflaufform füllen, mit zerlassener Butter beträufeln und im vorgeheizten Backofen bei 180 °C (Umluft 160 C°) etwa 15 Minuten überbacken. Schmeckt als Beilage zu Grillhähnchen oder als Hauptgericht mit einem gemischten Salat.

Shot Beans (Bohnentopf nach Cowboy-Art)

Für 4 Portionen:
1 Zwiebel
150 g Schinkenspeck
500 g Kidneybohnen in Tomatensauce (Dose)
1 TL brauner Zucker
reichlich Chilipulver oder Tabasco
Salz

- Zwiebel schälen und fein würfeln. Schinkenspeck ebenfalls fein würfeln. Bohnen in einen Topf geben, Zwiebel, Speck und Zucker hinzufügen und mit Chilipulver und Salz kräftig würzen.
- Auf dem Herd oder über dem Lagerfeuer gar kochen. Dazu passt ein großes Steak.

Alu Tama (Nepalesische Kartoffel-Bambussprossen-Suppe)

Für 4 Portionen:
300 g Kartoffeln
3 EL Pflanzenöl
200 g gekochte Augenbohnen
1 l Fleischbrühe (oder Gemüsebrühe)
Salz
½ TL gemahlene Kurkuma
2 rote Zwiebeln
½ Knoblauchzehe
250 g Bambussprossen (Konserve)
2 Tomaten
½ TL geriebene frische Ingwerwurzel
1 getrocknete Chilischote

- Kartoffeln waschen, schälen und in 2 cm große Würfel schneiden. In einem breiten Topf 2 EL Öl erhitzen und Kartoffeln und Bohnen darin 5 Minuten unter Rühren anbraten. Brühe zugießen, mit Salz und Kurkuma würzen und 30 Minuten köcheln lassen, bis die Kartoffeln fast gar sind.
- Inzwischen die Zwiebeln schälen und hacken. Knoblauch durch die Presse drücken. Bambussprossen abgießen. Tomaten waschen und grob hacken. Chilischote fein hacken.
- In einer Pfanne 1 EL Öl erhitzen und Zwiebeln darin anbraten. Bambussprossen hineingeben, salzen und 2 bis 3 Minuten anbraten.
- Tomaten, Knoblauch, Ingwer und Chili hinzufügen und einige Minuten bei mittlerer Hitze braten; gelegentlich umrühren.
- Bambusmischung in die Kartoffelsuppe geben und etwa 10 Minuten köcheln lassen. Mit Fladenbrot servieren.

FASTFOOD

Das »schnelle Essen«, das zeitsparend im Vorbeigehen gekauft und verzehrt werden kann, wird gemeinhin mit dem US-amerikanischen Lebensstil assoziiert, doch seine eigentlichen Wurzeln liegen in Europa, insbesondere in Deutschland. Hier entstand schon im Zuge der Industrialisierung im 19. Jahrhundert eine Schnellküche, die die Fabrikarbeiter in ihren kurzen Pausen über Imbissbuden mit Brat- und Currywurst versorgte. Die Erfolgsgeschichte des Fastfoods in den USA ist untrennbar mit dem Namen McDonald's verbunden. Mit niedrigen Preisen, die durch eine standardisierte Zubereitung, eine kleine Speisekarte und den Verzicht auf Besteck und Geschirr ermöglicht wurden, lockte McDonald's seit den 1950er Jahren ein immer größer werdendes Publikum. Anfang der 1970er Jahre schwappte die Welle mit verschiedenen Ketten nach Europa über. Vor allem Kinder, Jugendliche und junge Erwachsene fühlten sich von dieser neuen Esskultur angesprochen. Heute sind neben amerikanischen Hamburgern und Hotdogs auch italienische Pizza, arabische Falafel, türkisches Döner, griechisches Gyros, mexikanische Tacos, belgische Pommes frites und asiatische Wokgerichte Teil der deutschen Fastfoodkultur.

An der rasanten Erfolgsgeschichte des Fastfoods lässt sich die radikale Veränderung unserer Lebensgewohnheiten ablesen. Die wachsende Mobilität und die zunehmend geforderte Effizienz haben an Bahnhöfen und Flughäfen, an Raststätten und in Einkaufszonen Fastfood-Angebote aller Art entstehen lassen, damit sich eilige Hungrige preiswert und zeitsparend ernähren können. Die schnelle, unkomplizierte Essensbeschaffung spielt eine wichtige Rolle: Für Autofahrer gibt es Drive-in-Schalter, und mit einem einfachen Telefonanruf kann man sich von diversen Bringdiensten versorgen lassen, ohne einen Schritt vor die Tür zu tun. Die Tischkultur ist in der Fastfoodküche zugunsten einer schnellen Sättigung in den Hintergrund getreten. Die Gerichte werden in Wegwerfgeschirr aus Plastik oder Alu angeboten. Die Produkte sind meist vorgefertigt, oft handelt es sich um Tiefkühlwaren, die in der Mikrowelle, auf dem Grill oder in der Friteuse innerhalb kürzester Zeit, allgemein in weniger als zehn Minuten, zubereitet werden können.

Kritiker sehen Fastfood meist als Junkfood (minderwertige Kost), denn die Speisen sind in der Regel sehr fett, sehr süß oder sehr salzig und damit aus ernährungsphysiologischer Sicht bedenklich, sofern man Fastfood regelmäßig zu sich nimmt und keinen Ausgleich durch Gemüse und Obst schafft. Zudem wird Fastfood meist von ebenso kalorienhaltigen Getränken begleitet, Softdrinks wie Cola oder zuckerhaltige Limonaden sowie Milchshakes sind in jedem Burger-Laden erhältlich. Als Gegenbewegung zum Boom des Fastfoods entstand Ende der 1980er Jahre die → Slow-Food-Bewegung. Und seit Ende der 1990er Jahre entwickelt sich neben der traditionellen Fastfoodgastronomie eine, die bewusst gesündere, weniger fetthaltige Schnellgerichte anbietet.

Cheeseburger

Für 4 Portionen:
600 g Rinderhackfleisch
4 Hamburgerbrötchen
2 EL Tomatenketchup
1 EL mittelscharfer Senf
4 Cheddar-Schmelzkäsescheiben
4 Tomatenscheiben
nach Belieben Zwiebelringe, Essiggurken-
scheibchen, Salatstreifen

- *Aus dem Rinderhackfleisch vier flache Fri-*
  kadellen formen. Diese auf ein Grillgitter
  legen und im vorgeheizten Backofen bei
  180 °C mit Grillstufe 6 bis 8 Minuten garen,
  dabei ein- bis zweimal wenden.

- *Brötchen aufschneiden, toasten oder im*
  Backofen rösten. Die unteren Hälften mit
  Tomatenketchup bestreichen, die oberen
  mit Senf. Je eine Käsescheibe auf eine Frika-
  delle legen und im ausgeschalteten Backofen
  leicht schmelzen lassen.
- *Frikadellen aus dem Ofen nehmen und*
  auf die unteren Brötchenhälften legen. Je
  eine Tomatenscheibe darauf geben und die
  oberen Hälften darauf drücken.
- *Nach Belieben den Belag der unteren*
  Hälften mit Zwiebelringen, Essiggurken-
  scheibchen und Salatstreifen variieren.

Grapefruit-Shake

Für 4 Portionen:
500 ml Milch
80 ml Grapefruitsaft
Zucker nach Geschmack
300 ml Nusseis

- *Milch, Grapefruitsaft, Zucker und Nusseis*
  in einen Mixer geben und kräftig verrühren.
- *Das Shake sofort in Gläser füllen und*
  servieren.

Schoko-Milchshake

Für 4 Portionen:
120 ml Schokosauce
(Fertigprodukt, z. B. Hershey)
350 ml Milch
450 ml Vanilleeis

- Schokosauce und Milch in einen Mixer geben und verrühren. Eiscreme zufügen und zügig mit dem Mixer verrühren.
- Das Shake sofort in Gläser füllen und servieren.

 # FINNLAND

Das wald- und seenreiche Finnland, das auf Finnisch Suomi heißt, ist mit seinen rund 5,3 Millionen Einwohnern ein dünn besiedeltes Land, zumal sich ein Großteil der Bevölkerung in der Hauptstadt Helsinki konzentriert. Ab dem 12. Jahrhundert gehörte Finnland rund 600 Jahre lang zum Schwedischen Reich, im Jahre 1809 geriet es unter russische Herrschaft. Diese Geschichte erklärt auch die kulinarischen Einflüsse: Die in Finnland beliebten Piroggen, Blinis und Kalakukko (Fisch im Brotteig) etwa haben ihren Ursprung in der russischen Traditionsküche. Auch Lappland hat den finnischen Speisezettel geprägt: Ein traditionelles Nationalgericht ist Poronkäristys (Rentiergeschnetzeltes), das mit Kartoffelpüree serviert wird.

Im Grunde ist die finnische Küche eine solide, bäuerliche, die mit den Erträgen der Landwirtschaft (vor allem Kartoffeln und Getreide) und des Fischfangs arbeitet. Der allgegenwärtige Lachs, aber auch Brasse, Große Maräne und Strömlinge (kleine Heringe) werden gegrillt, gebacken, gekocht oder geräuchert. Kainuulainen kalakeitto (eine Fischsuppe), Yrttijuustolla täytetty lohi (Ofenlachs mit Kräuterfüllung), Uunilahna (gebackene Brassen) und Lipeäkala (Stockfisch mit einer dicken Bechamelsauce) sind im ganzen Land sehr beliebt. Eine Spezialität ist Loimukala, was übersetzt so viel wie Glühfisch bedeutet, womit die Art der Zubereitung ziemlich genau beschrieben wird: Die aufgeklappte Maräne wird auf ein Brett genagelt und am offenen Feuer vorsichtig gegrillt. Dazu gehören Salzkartoffeln – so wie nahezu sämtliche Gerichte mit Kartoffeln serviert werden.

Die finnische Küche hält aber auch viele Fleischgerichte bereit. Sehr beliebt ist Schweinefleisch, meist in Form von Koteletts oder Hackfleisch, das zu Hackfleischsauce, zu Lihapullat (Hackbällchen) oder Kaalikääryleet (Kohlrouladen) verarbeitet wird. Im Karjalanpaisti, dem Karelischen Fleischtopf, werden Rind- und Schweinefleisch zu gleichen Teilen verwendet. Der traditionelle finnische Festtagstisch (Pitopöytä) ist ein Reigen klassischer Gerichte, angefangen beim saftigen Rinderbraten, geräuchertem Lamm- und Rentierfleisch über gebeizten Lachs und Fischsülze bis hin zu verschiedenen Würsten und Rosolli, einem Salat aus Rote Bete, Karotten, Äpfeln, Kartoffeln und Zwiebeln. Der Donnerstag ist in ganz Finnland als Erbsensuppentag bekannt. Zum Nachtisch gibt es Pfannkuchen vom Ofenblech oder Lettu (finnische Crêpes) mit Himbeer- oder Blaubeerkonfitüre – natürlich hausgemacht, denn in Finnlands Wäldern wachsen reichlich Beeren, etwa Preiselbeeren, Moltebeeren, Himbeeren und die seltenen schwarzen Krähenbeeren sowie gelber Sanddorn.

Zu den Grundnahrungsmitteln gehört auch Brot, das meist aus Roggenmehl hergestellt wird. Das Roggenfladenbrot Reikäleipä, wörtlich »Lochbrot«, hat tatsächlich ein Loch in der Mitte, denn früher wurden die Brote auf eine Stange gesteckt und zum Trocknen unter die Zimmerdecke gehängt. Finnisches Roggenknäcke, besser bekannt als Finn Crisp, ist weltweit verbreitet und wird meist mit finnischem Emmentaler oder Edamer verzehrt.

Die Finnen sind als Kaffeetrinker bekannt. Zum Kaffee wird reichlich Süßes wie Pulla (Hefegebäck), Torten, Ohukaiset (Pfannkuchen), Runebergin tortut (Runeberg-Muffins) oder Pikkupullat (finnische Striezel) serviert. Um das alles besser verdauen zu können, gibt es zum Abschluss einen original finnischen Wodka wie Koskenkorva oder Finlandia.

Lihapullat (Fleischklößchen mit Sahnesauce)

Für 4 Portionen:
1 Zwiebel
5 EL Pflanzenöl
500 g gemischtes Hackfleisch
100 g Paniermehl
300 g Sahne
100 ml kaltes Wasser
Salz, weißer Pfeffer
2 EL Butter
1 EL Weizenmehl
500 ml Fleischbrühe

• Zwiebel schälen, fein würfeln und in 1 EL Pflanzenöl glasig dünsten. Mit Hackfleisch, Paniermehl, 100 g Sahne und Wasser zu einem glatten Teig kneten. Mit Salz und Pfeffer würzen und aus dem Teig Klößchen formen. Diese in heißem Pflanzenöl von allen Seiten in etwa 8 Minuten knusprig und goldbraun braten.
• Für die Sauce Butter schäumend erhitzen, Mehl dazugeben und zu einer hellen Schwitze rühren. Mit Fleischbrühe aufgießen, aufkochen lassen und dann mit der restlichen Sahne verfeinern. Mit Salz und Pfeffer würzen.
• Fleischklößchen und Sauce separat servieren. Dazu gibt es traditionell Salzkartoffeln, geraspelte Karotten, Essiggurken und Preiselbeerkompott.

Sienimunakaskääryle (Pfannkuchenrolle mit Pilzfüllung)

Für 4 Portionen:
800 g gemischte Waldpilze
(z. B. Pfifferlinge, Maronen, Steinpilze)
2 Zwiebeln
3 EL Pflanzenöl
Salz, weißer Pfeffer
100 g Sahne
50 g Kräuter-Crème-fraîche
500 ml Milch
150 g Weizenmehl
6 Eier
100 g Emmentaler
1 TL Butterflöckchen

- Den Backofen auf 200 °C (Umluft 180 °C) vorheizen und ein tiefes Backblech mit Backpapier auskleiden, dabei die Ränder gut hochziehen.
- Pilze putzen und etwas kleiner schneiden. Zwiebeln schälen, fein würfeln und in heißem Pflanzenöl glasig dünsten. Pilze hinzufügen und so lange braten, bis der Pilzsaft verkocht ist. Mit Salz und Pfeffer würzen und Sahne und Kräuter-Crème-fraîche einrühren. Bei geringer Hitze warm halten.
- Mit einem elektrischen Handrührgerät Milch und Mehl glattrühren und Eier einzeln unterschlagen. Mit Salz und Pfeffer würzen und den Eierteig auf das Backblech gießen. Im vorgeheizten Backofen etwa 30 Minuten goldgelb backen.
- Noch warm auf ein großes Blatt Backpapier stürzen und das gebrauchte Papier dabei abziehen.
- Pilzpfanne darauf verteilen, Pfannkuchenteig aufrollen und mit der Kante nach unten in eine gefettete Auflaufform oder wieder auf das Backblech geben. Mit geriebenem Emmentaler bestreuen, mit Butterflöckchen belegen und kurz im Backofen überbacken.
- Alternativ können Sie auch einzelne Pfannkuchen in der Pfanne backen, diese füllen und aufrollen und in einer Auflaufform dicht nebeneinander setzen.

FRANKREICH

Die Franzosen sind als Nation von Gourmets bekannt. Bis heute wird gutes Essen von den rund 65 Millionen Einwohnern Frankreichs als wesentliches Merkmal nationaler Identität verstanden, und französische Köche wie Paul Bocuse oder Alain Ducasse genießen Weltruhm. Ihren historischen Ausgangspunkt nahm die französische Haute Cuisine im 16. Jahrhundert mit der Hochzeit von Katharina von Medici mit Heinrich II. von Frankreich. Die Italienerin und ihr Hofstaat brachten die gehobene italienische Koch- und Esskultur sowie allerlei neue Zutaten mit ins Land. Im Folgenden prägte die französische Küche den Kochstil des gesamten europäischen Adels. Im Unterschied zur → italienischen Küche, die bestrebt ist, die Qualität des Rohmaterials weitestgehend zu erhalten, und sich durch einfache Zubereitungen auszeichnet, ist die französische geprägt von aufwendiger Raffinesse in der Zubereitung und bei der Auswahl der Zutaten. Wenngleich die Haute Cuisine eine elitäre Küche ist, so wird sie seit der Französischen Revolution zumindest an Festtagen doch von allen sozialen Schichten zelebriert. Und selbst im Alltag wird Wert darauf gelegt, dass eine Mahlzeit aus mehreren Gängen besteht, also etwa Salat, Hauptgericht, Käse und/oder Obst als separate Gänge auf den Tisch kommen.

Frankreichs Küche kennt viele regionale Ausprägungen, doch durch den Zentralstaat gelangten schon früh regionale Lebensmittel und Zubereitungen über ihr Ursprungsgebiet hinaus und gingen in die Haute Cuisine mit ein. Die Normandie, in der Apfel- und Milchwirtschaft dominieren, rühmt sich ihrer Rohkäse wie Camembert, Livarot und Pont-l'Évêque und ihrer Apfelspezialitäten wie Cidre (Apfelwein) und Calvados (Apfelbrand). Die Bretagne ist bekannt für ihre Crêpes und lockt mit Austern und Hummer sowie mit Salzlämmern. Foie gras (Enten- und Gänsestopfleber) und vor allem Trüffel sind Spezialitäten aus dem Périgord im Südwesten Frankreichs. Typisch für das Languedoc ist Cassoulet, ein herzhafter Eintopf mit Fleisch, Speck und weißen Bohnen. In der Provence wird mit viel Knoblauch, gutem Olivenöl und den berühmten Kräutern der Provence (etwa Thymian, Rosmarin, Origano) gekocht. Aus dem hier angebauten Lavendel wird unter anderem Honig gewonnen. Ein beliebtes provenzalisches Gericht ist Ratatouille (ein Gemüsetopf), Marseille ist berühmt für seine Bouillabaisse (Fischeintopf), die mit Rouille (scharfe rote Knoblauchmayonnaise) serviert wird. Im Osten des Landes rühmt sich die Bourgogne ihrer Charolais-Rinder und

ihres Geflügel aus Bresse, Hühner, die sich in den Farben Frankreichs präsentieren: blaue Füße, weißes Federkleid und ein stark gezackter roter Kamm. Eintöpfe mit Rindfleisch wie Pot-au-feu oder mit Geflügel wie Poule au pot oder Coq au vin gehören hier zu den Klassikern. Das Elsass schließlich zeichnet sich durch eine deftige Küche aus, zu deren Spezialitäten Baeckeoffe (ein Schmorgericht aus Fleisch und Kartoffeln), Sauerkraut und Flammkuchen zählen.

Frankreich gilt außerdem als das Land des Käses und der Weine. Mehr als 400 Käsesorten sind über die Landesgrenzen hinaus bekannt, dazu kommen unzählige regionale Spezialitäten – was Charles de Gaule einmal zu dem Ausspruch veranlasste, dass »Frankreich ob seiner vielen Käsesorten sehr schwer regierbar sei«. Neben zahlreichen berühmten Weinen aus dem Bordeaux, dem Burgund und anderen Gegenden sind viele andere französische Alkoholspezialitäten weltberühmt: Cognac und Armagnac (Branntweine) aus dem Südwesten des Landes, Cointreau (Orangenlikör) aus Angers und Pastis (Anisschnaps), der als Aperitif über 20 Millionen Mal täglich in Frankreich ausgeschenkt wird. Aus dem Burgund kommt der Kir, der traditionell aus Aligoté (einem trockenen Weißwein) und Cassis (Johannisbeerlikör) zusammengemischt wird und seinen Namen dem früheren Domherrn und Bürgermeister von Dijon, Félix Kir, verdankt. Kir Royal hingegen wird mit Crémant (Sekt) statt Weißwein gemischt. Weltberühmt ist natürlich auch der Champagner, der sich nur so nennen darf, wenn er aus der Champagne stammt.

Zur gelungenen Zentralisierung der Regionalküchen hat vor allem eine frühe Kodifizierung nicht nur der Lebensmittel, sondern auch ihrer Zubereitungen und der Speisefolge beigetragen. Dies erfolgte durch die gastronomischen Urväter der französischen Küche, etwa Marie-Antoine Carême, der Anfang des 19. Jahrhunderts mehrere Bücher über die französische Küche veröffentlichte, Jean Anthelme Brillat-Savarin, der 1826 ein Werk über die Physiologie des Geschmacks schrieb, und George Auguste Escoffier, Verfasser eines Kochkunstführers von 1903. Durch diese Werke wurde schon früh eine landesweit verbindliche Kochkultur geschaffen, die dazu führte, dass traditionelle Gerichte wie Coq au vin oder Quiche lorraine nach streng festgelegten Rezepten zubereitet werden. Mit Beginn der 1970er Jahre versuchte die → Nouvelle Cuisine mit der aufwendigen, schweren Haute Cuisine aufzuräumen, und sie erreichte durchaus eine Modernisierung der Kochkultur. Dennoch zählen die Klassiker der Haute Cuisine bis heute zu den Lieblingen der Franzosen.

F

Écrevisses à la sauce verte (Flusskrebse mit Kräutersauce)

Für 4 Portionen:
1 Eigelb
Salz
1 TL Senf
125 ml Olivenöl
1–2 EL Zitronensaft
100 g frischer Spinat
50 g gemischte frische Kräuter
(Kerbel, Petersilie, Pimpinelle, Kresse)
16 gegarte Flusskrebse

• *Eigelb mit etwas Salz und dem Senf cremig rühren. Die Hälfte des Öls unter ständigem Rühren tropfenweise zufügen, bis die Masse dicklich wird. Abwechselnd das restliche Öl und den Zitronensaft unterschlagen.*

• *Spinatblätter unter fließendem Wasser kurz abspülen, mit dem Wiegemesser grob hacken und dann fein pürieren. Das Püree in ein sauberes Tuch geben, fest zusammendrücken und den austretenden Saft auffangen. Den Saft nach und nach unter die Mayonnaise rühren, sodass eine grüne Creme entsteht.*

• *Kräuter waschen, verlesen, trockentupfen und fein hacken. In die Sauce geben und mit Salz, Pfeffer und eventuell Zitronensaft abschmecken.*

• *Die Sauce mit den Flusskrebsen servieren und dazu Baguette reichen.*

Canard à l'orange (Ente mit Orangensauce)

Für 4 Portionen:
1 küchenfertige Ente (Barbarie)
von etwa 1,5 kg
Salz, schwarzer Pfeffer aus der Mühle
4 EL Pflanzenöl
2 unbehandelte Orangen
2 Würfelzucker
50 g Zucker
2 EL Weißweinessig
4 cl Orangenlikör (Cointreau)
1 TL Speisestärke
2 Lorbeerblätter

- Den Backofen auf 200 °C (Umluft 180 °C) vorheizen. Die Ente innen und außen unter fließendem kalten Wasser waschen und mit Küchenpapier trockentupfen. Innen und außen mit Salz und Pfeffer würzen.
- In einem Bräter das Pflanzenöl erhitzen und die Ente von allen Seiten darin anbraten. Dann den Bräter in den vorgeheizten Ofen schieben und die Ente etwa 1 Stunde garen. Zwischendurch mehrmals wenden und mit insgesamt 250 ml kochend heißem Wasser begießen.

- Orangen heiß waschen und mit Küchenpapier trockenreiben. Von einer Orange mit einem Zestenreißer feinste Streifen abziehen. Diese in kochendem Wasser kurz blanchieren und zum Abtropfen auf Küchenpapier legen. Die zweite Orange mit dem Würfelzucker abreiben. Beide Orangen auspressen und den Saft durch ein Haarsieb gießen.
- Die fertige Ente aus dem Bräter nehmen, in Alufolie wickeln und warmstellen. Den Bräter auf den Herd stellen, den Bratensatz mit 250 ml Wasser loskochen und anschließend durch ein Sieb geben.
- In einem Topf Würfelzucker und Zucker flüssig rühren und mit Essig ablöschen. Dann mit Orangensaft, Orangenlikör und dem passierten Bratenfond aufgießen. Speisestärke mit 2 EL Wasser glattrühren und die Sauce damit binden. Lorbeerblätter einlegen.
- Den ausgetretenen Bratensaft aus der Folie in den Bräter füllen, die Ente in Portionsstücke schneiden, in den Bräter legen und darin auch servieren.
- Dazu passen in Thymianbutter geschwenkte Salzkartoffeln oder weißes Landbrot und natürlich Rotwein.

Crème brûlée (Karamellisierte Vanillecreme)

Für 4 Portionen:
300 ml Milch
300 g Sahne
Mark von 1 Vanilleschote
90 g Zucker
5 ganz frische Eigelb
1 EL brauner Zucker

- *Den Backofen auf 180 °C (Umluft 160 °C) vorheizen. In einem Bräter Wasser zum Kochen aufsetzen. 4 hitzebeständige Portionsförmchen mit kaltem Wasser ausspülen.*
- *Milch, Sahne und Vanillemark in einem Topf auf 70 °C erwärmen. Zucker und Eigelb cremig rühren, die Vanillemilch unterrühren und alles durch ein feines Sieb in die Förmchen gießen.*

- *Die gefüllten Förmchen in das kochende Wasser stellen und den Bräter auf die mittlere Schiene in den Ofen schieben. Die Crème etwa 60 Minuten stocken lassen.*
- *Förmchen aus dem Wasserbad nehmen und mindestens 2 Stunden, am besten sogar über Nacht, in den Kühlschrank stellen.*
- *Zum Servieren die Oberfläche der Crème jeweils mit ½ Teelöffel braunem Zucker bestreuen und diesen entweder mit einem Bunsenbrenner oder unter dem Grill im vorgeheizten Backofen kurz karamellisieren.*
- *Crème brûlée sofort servieren und dazu nach Belieben französische Sandbutterkekse (z. B. Antan au Beurre) reichen.*

F

FUSIONSKÜCHE

In der Fusionsküche werden ganz unterschiedliche kulinarische und kulturelle Traditionen verschmolzen (fusioniert). Mit dem Beginn der 1980er Jahre entwickelte sich zunächst im pazifischen Raum eine moderne Crossoverküche, in der verschiedene Kochtraditionen, vor allem asiatische, mit europäischen, insbesondere ➜ italienischen, verschmolzen wurden. Die kulinarische Welle erreichte schnell Kalifornien und ➜ Australien, weshalb sie auch als Pacific-Rim-Küche, also Küche der pazifischen Anrainerstaaten, bezeichnet wird. Vor allem in der Spitzengastronomie wurde diese Welle, die intensive neue Gewürze, Pasten und Lebensmittel in die Küchen »spülte«, als Befreiung und Möglichkeit zur Weiterentwicklung verstanden und dankbar aufgegriffen. In der Folge hielt die Fusionsküche auch im Osten der USA, in Europa und in den Metropolen weltweit Einzug. Als Pioniere der Fusionsküche gelten der österreichische Koch Wolfgang Puck, der in den USA zahlreiche Restaurants besitzt, und der gebürtige Japaner Tetsuya Wakuda, der in Australien arbeitet.

Die Fusionsküche zeichnet sich dadurch aus, dass sie Garmethoden, Zubereitungsarten und Rohmaterialien, also Lebensmittel und

Gewürze, verschiedener Kulturräume, insbesondere der Hochküchen Europas und Asiens, verschmilzt. Oft sind die Gerichte mediterran inspiriert, zeigen aber immer multikulturelle, vor allem asiatische Einflüsse. Durch das Aufeinandertreffen sehr verschiedener Aromen entstehen neuartige Geschmackserlebnisse: So werden etwa gedämpfte chinesische Wan Tan aus dem Bambuskorb mit gebratener Scholle aus der Pfanne und koreanischem Kim Chi (eingelegter Kohl) kombiniert, Kartoffeln mit Curry, Grillkotelett mit Chutney, Karotte mit Pak Choi oder Couscous mit Kirschragout. Bodenständige Gerichte wie Schweinebraten werden mit Ananasglasur oder Sambals überzogen, italienische Pasta wird mit Ingwersauce und Zitronengras serviert.

Im Gegensatz zum → Ethnofood, das bestimmte Küchen möglichst authentisch abbilden will, löst sich die Fusionsküche von den einzelnen kulinarischen Traditionen wie der deutschen Hausmannskost oder der herkömmlichen italienischen oder südostasiatischen Küche und sucht die oft überraschende Kombination spezieller Speisen aus unterschiedlichen Ländern. Das Phänomen der Fusionsküche ist heute oft schon Normalität geworden: In vielen deutschen Haushalten sind asiatische Gewürze und Pasten, exotische Früchte und Lebensmittel fest integriert. Kurze Transportwege, internationaler Tourismus und die zunehmende Mobilität machen den kulinarischen Kulturaustausch auch für den Normalverbraucher möglich.

Wok Work Orange mit Meeresfrüchten

Für 4 Portionen:
1 küchenfertige Tintenfischtube
4 geschälte Garnelen
1 küchenfertiges Fischfilet vom Drachenkopf
(oder 250 g Seeteufel oder Lachs)
4 ausgelöste Jakobsmuscheln
Salz, schwarzer Pfeffer
1 Schalotte
1 unbehandelte Blutorange
1 EL Pflanzenöl
Saft von 3 Orangen
1 cl Limoncello (italienischer Zitronenlikör)
1 Prise Zucker
30 g kalte Butter

- *Tintenfischtube halbieren, Garnelen entdarmen, Fischfilet in Streifen schneiden und Muscheln waschen. Alles zusammen für 5 Sekunden in siedendes Salzwasser geben. Herausnehmen und abtropfen lassen.*
- *Schalotte schälen und fein hacken. Blutorange waschen, von einem Viertel der Schale feinste Streifen abziehen und das Fruchtfleisch in Filets schneiden.*
- *Pflanzenöl in den heißen Wok geben und Schalotte darin anbraten. Mit Orangensaft ablöschen und Flüssigkeit auf die Hälfte einkochen lassen. Meeresfrüchte und Orangenfilets unterheben und mit Limoncello, Zucker, Salz und Pfeffer würzen.*
- *Butter unterziehen und das Gericht auf Basmatireis mit Pistazien und Pinienkernen servieren.*

Topinamburpüree mit Feldsalat, Ananas und Granatapfelsauce

Für 4 Portionen:
800 g Topinamburknollen
400 g Kartoffeln
Meersalz
500 g Tomaten
½ Bund gemischte Kräuter
200 g süßes Ananasfruchtfleisch
150 g Feldsalat
1 Granatapfel
3 EL Olivenöl
grob geschroteter schwarzer Pfeffer
100 g Schafsmilchjoghurt

- *Topinambur und Kartoffeln schälen, in Würfel schneiden und in Salzwasser etwa 20 Minuten garen.*
- *Tomaten überbrühen, häuten, entkernen und in Streifen schneiden. Kräuter waschen, trockenschwenken, Blättchen abzupfen und fein hacken. Ananasfruchtfleisch klein- würfeln. Feldsalat gründlich putzen und waschen.*
- *Granatapfel vierteln, Kerne herausdrü- cken und Tropfsaft auffangen. Die Hälfte der Granatapfelkerne und des -safts mit Olivenöl verrühren, dann mit Ananas und Feldsalat vermengen. Mit Salz und Pfeffer würzen.*
- *Tomatenstreifen mit Kräutern und den restlichen Granatapfelkernen und -saft ver- mengen und mit Salz und Pfeffer würzen.*
- *Topinambur und Kartoffeln grob pürieren und dabei den Joghurt unterrühren. Mit Meersalz würzen.*
- *Das Püree jeweils mittig auf vier Tellern anrichten, Tomaten-Kräuter-Mischung dar- auf verteilen und rundherum mit Feldsalat garnieren.*

Grillhähnchensalat mit Asia-Marinade

Für 4 Portionen:
1 küchenfertiges Hähnchen von
etwa 1 kg
Salz, frisch gemahlener Pfeffer
2 Schalotten
2 Tomaten
1 Stange Staudensellerie
½ Bund Koriandergrün

Für die Marinade:
½ große rote Chilischote
2 kleine Thai-Chilis
2 Knoblauchzehen
½ Bund Koriandergrün
3 EL Thai-Fischsauce
½ TL Zucker
1 Prise Salz
5 EL frischer Limettensaft

Für die Garnitur:
8 Tomatenscheiben
8 Gurkenscheiben
8 Blätter Lollo Verde

- Hähnchen mit Salz und Pfeffer würzen. Auf ein Abtropfgitter setzen und im vorgeheizten Backofen bei 180 °C (Umluft 160 °C) etwa 40 Minuten knusprig braten. Anschließend herausnehmen und bei Zimmertemperatur 1 Stunde abkühlen lassen.
- Inzwischen die Schalotten schälen und in Streifen schneiden. Tomaten waschen, vierteln, entkernen und in dünne Streifen schneiden. Sellerie entfasern, waschen und quer in Scheibchen schneiden. Ein Bund Koriandergrün waschen, trockenschwenken, Blättchen von den Stielen zupfen, fein hacken und die Hälfte für die Marinade beiseite legen.
- Für die Marinade Chilischote und Thai-Chilis waschen, entkernen und fein würfeln. Knoblauchzehen abziehen und sehr fein hacken. Alle Zutaten für die Marinade mischen und so lange rühren, bis sich der Zucker aufgelöst hat.
- Das lauwarme Hähnchenfleisch mit zwei Gabeln von den Knochen lösen und grob zerpflücken. Mit Tomaten, Schalotten, Sellerie und der Marinade vermengen.
- Auf einer Servierplatte Salatblätter, Tomaten- und Gurkenscheiben kreisförmig anrichten. Hähnchensalat dekorativ in die Mitte geben und alles mit Koriandergrün bestreuen.

Das Klebereiweiß Gluten ist in den gängigen Getreidesorten Weizen, Roggen, Dinkel, Gerste und Hafer enthalten. Es ist von zentraler Bedeutung für die Backeigenschaften des jeweiligen Mehls, denn es sorgt dafür, dass der Teig geht, das gebildete Gas nicht entweichen kann und das fertige Gebäck seine Form behält. Gluten ist nicht nur in vielen herkömmlichen Lebensmitteln wir Brot, Kuchen, Pizza, Nudeln, Keksen oder Bier enthalten, sondern wird als Nebenprodukt der Stärkeproduktion außerdem als (preiswertes) Bindemittel verwendet, zum Beispiel in Medikamenten, Fruchtzubereitungen, Dragees und auch in Gewürzmischungen.

Bei Menschen, die unter der teilweise genetisch veranlagten Zöliakie (auch Sprue genannt) leiden, einer entzündlichen chronischen Darmkrankheit, löst Gluten allergische Reaktionen aus: Die Symptome sind Müdigkeit, Blähungen, Bauchschmerzen, Durchfall und ein allgemein schlechtes Befinden. Die einzig mögliche Therapie bei dieser bisher nicht heilbaren Krankheit ist der völlige Verzicht auf glutenhaltige Lebensmittel.

In der glutenfreie Küche werden deshalb die oben genannten Getreidearten durch glutenfreie Ersatzzutaten wie Hirse, Mais, Reis, Amarant, Tapioka, Buchweizen, Quinoa, Soja, Esskastanie oder Kochbanane ersetzt, die sich allesamt zum Backen von Brot und Kuchen verwenden lassen. Ohnehin glutenfrei sind Gemüse, Früchte, Fleisch, Fisch, Eier, Milchprodukte, Nüsse, Mandeln, Mohn und Sesam. Glutenempfindliche Menschen müssen allerdings genau darauf achten, dass in verarbeiteten Lebensmitteln oder Fertigprodukten keine glutenhaltigen Zutaten enthalten sind, was nicht immer gleich zu erkennen ist. Spezielle glutenfreie Nahrungsmittel gibt es in Reformhäusern und mittlerweile auch in gut sortierten Lebensmittelmärkten. Produkte, die als glutenfrei deklariert sind, müssen strengen Anforderungen genügen: Der Glutengehalt muss weniger als 10 mg/100 g Trockenmasse (100 ppm) betragen.

Glutenfreies Gewürzweißbrot

Für 1 Kastenform von 2 l Inhalt:
300 g Maisstärke
10 Messlöffel Tartex Biobin (Reformhaus)
1 Päckchen Backpulver
¼ TL Meersalz
1 EL Brotgewürz
1 Päckchen Trockenhefe
1 EL Traubenzucker
300 ml lauwarmes Wasser
Butter für die Form

- Maisstärke mit Tartex Biobin, Backpulver, Meersalz und Brotgewürz vermischen. Hefe mit dem Traubenzucker und 3 EL Wasser verrühren; etwa 10 Minuten ruhen lassen. Eine Kastenform mit Butter ausstreichen.
- Die vorbereiteten Zutaten vermischen und mit dem restlichen Wasser gründlich verrühren. Den Teig in die Form füllen und das Brot auf mittlerer Schiene im vorgeheizten Backofen bei 220 °C (Umluft 200 °C) 50 bis 55 Minuten backen.

Glutenfreies Haselnussbrot

Für 1 Kastenform von 2 l Inhalt:
2 EL Traubenzucker
(alternativ brauner Zucker)
½ Hefewürfel (etwa 20 g)
450 ml lauwarmes Wasser
250 g Kartoffelstärke
150 g gemahlene Haselnüsse (oder Mandeln)
12 Messlöffel Tartex Biobin (Reformhaus)
2 EL Sesamsamen
1 Päckchen Backpulver
1 Prise Salz
Butter für die Form

- Traubenzucker mit Hefe und 50 ml Wasser verrühren und etwa 10 Minuten ruhen lassen.
- Kartoffelstärke mit Haselnüssen, Tartex Biobin, Sesamsamen, Backpulver und Salz vermischen. Das restliche Wasser und den Hefe-Zucker dazugeben und alles gründlich verrühren. Eine Kastenform mit Butter ausstreichen.
- Eine Tasse Wasser auf das unterste Blech im Backofen stellen und das Brot auf mittlerer Schiene im vorgeheizten Backofen bei 220 °C (Umluft 200 °C) etwa 60 Minuten backen.

🇬🇷 GRIECHENLAND

Die Republik Griechenland mit ihren über elf Millionen Einwohnern grenzt an Albanien, Mazedonien, Bulgarien und an die Türkei und wird aus dem griechischen Festland sowie zahlreichen Inseln gebildet. Klima und Charakter des Landes sind mediterran; gleichwohl ist Griechenland ein Gebirgsland, denn knapp 80 Prozent der Landesfläche sind gebirgig. In den für die Agrarwirtschaft wichtigen Anbaugebieten Thessalien, Makedonien, Thrakien und Boötien werden vorwiegend Weizen, Soja, Wein, Oliven und Tabak angebaut. Auch Feigen, Orangen, Auberginen, Zucchini und Spargel werden reichlich geerntet. In kargeren Gegenden werden überwiegend Schafe und Ziegen gezüchtet, die für die Fleischproduktion und die Milchwirtschaft eine große Rolle spielen.

Die griechische Küche vereinigt sowohl mediterrane als auch orientalische Einflüsse in sich. Der mediterrane Charakter macht sich in der reichlichen Verwendung von Olivenöl, Knoblauch, Ziegen- und Schafskäse sowie frischem Gemüse bemerkbar; die orientalischen Einflüsse lassen sich insbesondere an den Süßspeisen, Baklava, Kuchen und Grießaufläufen, ablesen.

Die Grundlage der griechischen Küche bilden Knoblauch, Zwiebeln, Zitronen, Tomaten, Kräuter und natürlich Olivenöl, das Gold Griechenlands. Diese Zutaten werden mit Gemüse, Fisch und Fleisch kombiniert. Ebenfalls sehr wichtig ist Feta, ein Schafskäse, der für viele Gerichten verwendet oder dazu gereicht wird. Weitere beliebte Käsesorten sind Kefalotirí (Hartkäse aus Schafs- und Ziegenmilch), Kefalograviéra (Hartkäse aus Kuhmilch) und Kasséri (halbweicher Käse aus Schafsmilch).

Die meisten Gerichte werden lange und langsam geschmort und meist lauwarm serviert. Fleischgerichte werden vor allem mit Lamm- und Ziegenfleisch, aber auch mit Geflügel und Kaninchen, Rind und Schwein zubereitet. Lammfleisch mit Reisnudeln oder Artischocken, Stifádo (Kalbfleischragout), Schweinefleisch mit Zitronensauce, Zitronenhuhn oder Kaninchen in Rahmsauce sind im ganzen Land verbreitet. Auf den Inseln und in den Küstenregionen wird viel mit Fisch und Meeresfrüchten gekocht, etwa mit Dorade, Rotbarbe, Sardinen und Tintenfisch. Außerdem werden Gratins und Aufläufe mit Kartoffeln, Hackfleisch und Auberginen sehr geschätzt wie Pastítsio (Nudelauflauf) oder Moussaká (Auberginenauflauf). Mit dem hauchdünnen Filoteig werden vielerlei herzhafte und süße Pites (Pasteten) zubereitet, zum Beispiel Spanakópita (mit Spinatfüllung), Tirópita (mit Käsefüllung), Hortópita (mit Wildkräuterfüllung) und Kolokithópita (mit Zucchinifüllung) oder aber Galópita (mit süßer Milchcremefüllung). Sehr beliebt sind außerdem Biftéki (Beefsteaks mit Schafskäsefüllung), Smyrna-Würstchen und Souvláki (gegrillte Lammfleischspieße). Gyros hingegen ist im Ausland bekannter als in Griechenland.

Typisch für die griechische Küche sind außerdem die meist kalt servierten Meze (Vorspeisen): Dazu zählen Tsatsíki (Knoblauchjoghurt mit Gurke), Dolmádes (mit Reis gefüllte Weinblätter), Melítzanosaláta (Auberginenpaste), Taramosaláta (Fischrogenpaste), Horiátiki saláta (Bauernsalat), Saganáki (gebackener Schafskäse), Tiropitákia (mit Käse gefüllte Blätterteigdreiecke), Keftédes (Hackfleischbällchen) und Gigántes (dicke weiße Bohnen in Tomatensauce). Zu den Meze werden Oliven und viel griechisches Weißbrot gereicht.

Auf dem griechischen Speiseplan kommt dem Frühstück die geringste Bedeutung zu, viele Griechen begnügen sich mit einem Kaffee und einem Sesamkringel. Auch das Mittagessen fällt eher karg aus. Die Hauptmahlzeit wird am Abend eingenommen. Zum Essen gibt es Wasser oder griechischen Wein. Auch Ouzo ist als Aperitif, Digestif oder auch zum Essen sehr beliebt. Der Anisschnaps wird oft mit Eis oder Wasser verdünnt, was eine milchige Trübung hervorruft. In sogenannten Ouzerien werden Meze mit Ouzo serviert. Der bekannteste griechische Weinbrand ist Metaxa, dessen Qualität durch die Anzahl der Sterne auf der Flasche angezeigt wird. Eine Besonderheit ist Retsina, geharzter Wein, dessen terpentinartiger Geschmack dem Getränk Haltbarkeit und Würze verleiht. Der Kaffee wird in Griechenland in einem kleinen Topf aufgebrüht und mit Zucker zusammen aufgekocht. Er wird glikós (süß), métrio (mittelsüß) oder skéto (schwarz) serviert.

Souvláki (Fleischspieße)

Für 4 Portionen:
800 g Lammfleisch (Schulter oder Lammfilets)
½ Zwiebel
Saft von 1 Zitrone
5 EL Olivenöl
1 TL getrockneter Oregano
Salz, schwarzer Pfeffer

- *Lammfleisch in etwa ½ cm große Würfel schneiden und abgedeckt mindestens 1 Stunde in den Kühlschrank stellen.*

- *Zwiebel schälen und fein würfeln. Fleisch und Zwiebel mit Zitronensaft, Olivenöl und Oregano mischen und mit Salz, und Pfeffer würzen.*
- *Lammfleischwürfel auf lange Metallspieße stecken und unter mehrmaligem Wenden auf dem Holzkohlenfeuer, in der Pfanne oder im Ofen grillen.*
- *Souvláki mit Bauernsalat (aus Salatgurke, Tomaten, Paprika, Zwiebeln und Oliven) und Schafskäse servieren.*

Taramosaláta (Fischrogenpaste)

Für 4 Portionen:
150 g Fischrogen der Meeräsche
(oder von Dorsch oder Lachs)
5 Scheiben Weißbrot (1–2 Tage alt)
10 EL Olivenöl
Saft von 1 Zitrone
1 TL gewürfelte Zwiebeln

- Fischrogen mit einer Gabel zerdrücken und mit 4 EL kaltem Wasser verrühren.
- Weißbrot entrinden und reiben. Unter die Rogencreme nach und nach Weißbrot, Olivenöl, Zitronensaft und Zwiebeln rühren.
- Mit viel frischem Fladenbrot servieren.

Melítsanosaláta (Auberginenpaste)

Für 4 Portionen:
1 große Aubergine (etwa 750 g)
4 Knoblauchzehen
1 kleine Zwiebel
Saft von 1 Zitrone
125 ml Olivenöl
Salz, schwarzer Pfeffer
4 schöne Salatblätter
1 Handvoll schwarze Oliven

- Aubergine waschen, mit einer Gabel mehrmals einstechen und im vorgeheizten Backofen bei 200 °C (Umluft 180 °C) so lange garen (etwa 20 Minuten), bis die Haut dunkel wird und Blasen wirft. Herausnehmen, die Schale abziehen und das Fruchtfleisch kleinwürfeln.
- Knoblauchzehen abziehen und durchpressen. Zwiebel schälen und klein hacken.
- Auberginenfleisch im Küchenmixer mit Zitronensaft pürieren. Nach und nach Olivenöl zugießen. Dann Knoblauch, Zwiebel, Salz und Pfeffer zugeben und gut mit der Auberginenpaste verrühren.
- Auberginenpaste auf Salatblättern anrichten, mit Oliven garnieren und mit frischem Fladenbrot servieren.

Tsatsiki (Gurken-Joghurt-Sauce)

Für 4 Portionen:
1 Salatgurke
3 Knoblauchzehen
500 g Naturjoghurt
1 EL Olivenöl
2 EL gehackte Petersilie
Salz, schwarzer Pfeffer

- Salatgurke schälen, längs halbieren, entkernen und das Fruchtfleisch fein raspeln. Etwas salzen und eine Weile stehen lassen.

- Knoblauchzehen durch eine Presse in den Naturjoghurt drücken und Olivenöl und Petersilie unterrühren.
- Gurkenraspeln gut ausdrücken, Saft abgießen und die Gurke unter die Joghurtmischung heben. Mit Salz und Pfeffer würzen und mit frischem Fladenbrot servieren.

Loukoumades (Frittierte Hefeteigbällchen)

Für 4 Portionen:
250 g Mehl
½ Hefewürfel (etwa 20 g)
1 Prise Zucker
1 Ei
1 kräftige Prise Salz
5 EL lauwarme Milch
neutrales Pflanzenöl zum Frittieren
Puderzucker und Zimt zum Bestäuben
Honig nach Belieben

- Mehl in eine Schüssel sieben und eine Mulde formen. Die Hefe einbröckeln, mit Zucker und 5 EL lauwarmem Wasser vorsichtig verrühren und 20 Minuten gehen lassen.

- Ei, Salz und Milch sowie 50 ml lauwarmes Wasser in die Mehlmischung geben und alles zu einem geschmeidigen Teig verarbeiten. Nochmals 30 Minuten gehen lassen.
- Teig noch einmal gut durchkneten, mit einem Teelöffel kleine Portionen abstechen und diese in heißem Öl schwimmend goldgelb backen. Auf Küchenpapier entfetten.
- Noch warm mit Honig begießen und mit Zimt bestreuen (statt Honig können Sie auch Puderzucker verwenden) und lauwarm zum Kaffee servieren.

GUADELOUPE

Das karibische Archipel Guadeloupe gehört zu den Kleinen Antillen. Die Hauptinsel, wegen ihrer charakteristischen Form auch Schmetterlingsinsel genannt, unterteilt sich in einen linken und einen rechten Flügel (Grande-Terre und Basse-Terre). Mit Martinique zusammen bildet Guadeloupe die Französischen Antillen, beides sind französische Überseedépartements. Französisch ist hier Amtssprache, Kreolisch Umgangssprache. Landschaftlich unterscheiden sich die beiden Flügel Guadeloupes erheblich: Basse-Terre ist eine bergige Vulkaninsel mit üppiger Vegetation; hier werden zwischen Edelhölzern, Farnen, Bergpalmen, Lianen und wilden Orchideen immer wieder bislang völlig unbekannte Pflanzen entdeckt. Grande-Terre dagegen ist eine flache Kalkinsel, auf der in großem Maßstab Zuckerrohr angebaut wird.

Die knapp 500 000 Einwohner sind zu 90 Prozent Schwarze oder Mulatten, größtenteils Nachfahren afrikanischer Sklaven und der indigenen Karaiben. Neben den französischen und zeitweise englischen Kolonialherren kamen im 19. Jahrhundert auch die sogenannten Koolies nach Guadeloupe, Arbeiter, die nach dem Ende der Sklaverei aus Indien und China ins Land geholt wurden, um beim Zuckerrohranbau zu helfen.

Die Küche Guadeloupes spiegelt diese wechselhafte Geschichte wider. Sie ist vor allem kreolisch-französisch geprägt, weist aber auch asiatische Einflüsse auf. Die üppige Landwirtschaft liefert reichlich Bananen, dazu Reis, Ananas, Bohnen, Mais, Kokosnüsse, Süßkartoffeln und vieles mehr. Gekocht wird außerdem mit viel frischem Fisch und Krustentieren sowie mit Huhn. Die Gerichte werden meist mit Chili, Knoblauch, Ingwer, Zimt, Muskatnuss und Gewürznelken gewürzt. Typisch kreolische Spezialitäten sind zum Beispiel Cabri (Ziegenragout), Hähnchen in Kokossauce, Accras (frittierte Fischkrapfen), Feroce (Stockfisch mit Avocado, Maniok und Chili) und Sauce Chien, eine scharfe Grillsauce. Beim »Fest der Köchinnen«, das alljährlich im August in Pointe-à-Pitre stattfindet, bieten die Frauen ihre besten Gerichte zum Probieren feil, dazu gehören auch Mechoui (gebratenes Lamm vom Spieß) und Pâté en pot (ein Eintopf mit viel Gemüse, Fleisch und Innereien vom Schaf).

Der asiatische Einfluss hat Guadeloupe auch zahlreiche Chutneys und Relishes beschert, die aus Früchten und Tamarinde, Limettensaft, Knoblauch, Piment, Ingwer und Chili hergestellt werden. Ein beliebtes würziges Schmorgericht asiatischen Ursprungs ist Colombo. Die zahlreichen frischen Früchte, wie Guaven, Papaya, Mango und Maracuja, werden auch in der Küche reichlich eingesetzt: Sie werden in Eintöpfen verwertet, zu Fischgerichten gebraten oder einfach pur zum Nachtisch serviert, mit entsprechenden Relishes oder scharfen Saucen zum Dippen.

Aus dem Zuckerrohr wird auf Guadeloupe Rum gebrannt. 30 Prozent der Rumproduktion bleiben auf der Insel, der größere Teil wird nach Frankreich exportiert. Rumgetränke werden wie in der gesamten → Karibik überall angeboten, wenngleich man auf den französischen Antillen natürlich auch französische Weine trinkt.

Colombo de porc (Schmortopf mit Gemüse und Schweinefleisch)

Für 4 Portionen:
1 kleine rote Chilischote
1 Zwiebel
4 Knoblauchzehen
4 Gewürznelken
½ TL Aniskörner
½ TL Korianderkörner
800 g Schweinefleisch
4 Frühlingszwiebeln
1 grüne Mango
1 Zucchino
1 Prise gemahlener Zimt
Salz, schwarzer Pfeffer
4 EL Pflanzenöl
500 ml Fleischbrühe
Saft von ½ Limette

- Chilischote waschen, entkernen und fein hacken. Zwiebel und Knoblauchzehen schälen und fein würfeln. Gewürznelken, Aniskörner und Korianderkörner im Mörser zerstoßen. Schweinefleisch in 1 cm große Würfel schneiden. Frühlingszwiebeln putzen und in Streifen schneiden, Mango schälen, entkernen und in Würfel schneiden. Zucchino waschen und in Streifen schneiden.
- Chili, Zwiebel, Knoblauch, Nelken, Anis, Koriander und Zimt mit dem Schweinefleisch vermengen. Mit Salz und Pfeffer würzen, abdecken und etwa 30 Minuten ziehen lassen.
- Das marinierte Schweinefleisch in heißem Pflanzenöl von allen Seiten kräftig anbraten; herausnehmen und auf einen Teller legen.
- Das übrige Gemüse und die Mangowürfel in den Bratensatz geben und einige Minuten durchbraten. Fleischwürfel wieder hinzufügen und mit Brühe aufgießen. Bei mittlerer Hitze etwa 40 Minuten schmoren lassen.
- Kurz vor dem Servieren mit Limettensaft beträufeln. Dazu passen hauchdünne, frittierte Süßkartoffelscheibchen.

Gratin de bananes jaunes (Bananengratin)

Für 4 Portionen:
4 große Bananen
1 Zwiebel
2 Knoblauchzehen
50 g Butter
Salz, schwarzer Pfeffer
2 gehäufte EL Mehl
750 ml Milch
100 g geriebener Käse (z. B. Emmentaler)
frisch geriebene Muskatnuss
gemahlener Zimt

- Bananen schälen und in dünne Scheiben schneiden. Zwiebel und Knoblauch schälen und fein hacken.
- Butter in einem Topf erhitzen und Zwiebel und Knoblauch darin goldgelb anbraten. Mit Salz und Pfeffer würzen. Mehl darüberstreuen und sofort gut verrühren.

- Topf vom Herd nehmen und nach und nach die Milch unterrühren. Dann unter ständigem Rühren aufkochen lassen; es entsteht eine dickflüssige Sauce. Vom Herd nehmen und die Hälfte des Käses unterrühren.
- Den Boden einer Auflaufform mit etwas Sauce ausstreichen, darauf eine Schicht Bananenscheiben verteilen; abwechselnd Sauce und Bananen einschichten und mit einer Schicht Sauce abschließen. Den restlichen Käse darüber verteilen.
- Im vorgeheizten Backofen bei 180 °C (Umluft 160 °C) etwa 15 Minuten überbacken, dann mit etwas geriebener Muskatnuss und Zimt bestreuen und sofort servieren. Das Bananengratin passt wunderbar zu Fleisch oder Fisch.

🇬🇧 HAWAII

Der 50. Bundesstaat der → USA liegt etwa 4000 km vom amerikanischen Festland entfernt im Pazifischen Ozean. Der Aloha-Staat, wie Hawaii auch genannt wird, besteht aus 137 Inseln, die wie zu einer Perlenkette aufgereiht nebeneinander liegen. Aufgrund seiner Geschichte und der geographischen Lage ist Hawaii dem polynesischen Kulturraum zugehörig, doch bilden die polynesischen Ureinwohner heute nur noch einen geringen Anteil an der Bevölkerung. Rund 40 Prozent der 1,3 Millionen Einwohner sind asiatischer, etwa 25 Prozent europäischer Herkunft, ein kleiner Teil sind Afroamerikaner. Die meisten Menschen leben auf den acht größten Inseln, etwa auf der Hauptinsel Hawaii, auf Maui, Kauai oder Oahu, an deren Südküste die Hauptstadt Honolulu liegt. Die offiziellen Sprachen des Bundesstaats sind Hawaiisch und Englisch.

Im gleichbleibend milden Klima werden vor allem Ananas, Kokosnüsse und Zuckerrohr, aber auch Bananen, Papaya, Reis, Guaven, Kaffee, Tabak und Nüsse, vor allem Macadamianüsse, sowie Blumen und Baumwolle angebaut. In der hawaiischen Fischindustrie spielt Thunfisch eine wichtige Rolle. Die Speisekarte der Inselgruppe ist vor allem von Gerichten mit Fisch und Meeresfrüchten geprägt: Opah (Mondfisch), Opakapaka (Rosa Snapper), Shutome und Ebi (Schwertfische), Nairagi (Gestreifter Marlin) und Mahimahi (Delphinfisch) sind nur einige der Arten, die hier auf den Tisch kommen.

Die hawaiische Küche ist polynesisch-asiatisch geprägt, weist aber auch amerikanische und internationale Einflüsse auf. Aus der polynesischen Kultur hat sich auch das Essen mit Stäbchen erhalten, Besteck wird seltener benutzt. Das Hauptnahrungsmittel der hawaiischen Ureinwohner ist Poi, ein Brei aus der Knolle der Taro-Pflanze (Wasserbrotwurzel), der meist mit Fisch gegessen wird. Poi wird auch als Beilage beim traditionellen Luau gereicht, einem Grillfest, bei dem ein Schwein (Kalua) in Bananenblätter gewickelt und in einem Imu (mit heißem Lavastein gefüllter Erdofen) als Kalua Pig gegart wird. Das allgegenwärtige Lomi Lomi ist nicht nur eine traditionelle hawaiische Massage (übersetzt heißt es kneten, reiben, drücken), sondern auch Bestandteil im Namen eines beliebten Salates, dem Lomi Lomi Salmon, der mit geräuchertem Lachs zubereitet wird. Weitere traditionelle Gerichte sind Huli Huli Chicken (Grillhähnchen mit einer Sauce aus braunem Zucker, Sojasauce und Ingwer), Poke (rohe Fischstreifen mit Algen, Chili und Kukui-Nüssen), Kulolo (Pudding aus Taroknollen, braunem Zucker und Kokosmilch) sowie Bananenbrot. Unter den Süßspeisen erfreut sich Haupia (Kokospudding) großer Beliebtheit, aber auch variantenreiche asiatische Reiskuchen, die hier Butter Mochi heißen und aus Reismehl, Zucker, Butter, Eiern und Kokosmilch zubereitet werden; bisweilen wird ihnen auch Yamspaste, Kakaopulver oder Bohnenpaste zugesetzt.

Der asiatische Einfluss spiegelt sich in den verbreiteten koreanischen Nudelsuppen, chinesischen Dim Sum und japanischen Sushi wider. Daneben kommen auch international populäre Gerichte wie italienische Pasta, mexikanische Tacos und Steaks nach amerikanischer Art auf den Tisch. Außerdem wird auf Hawaii die Pacific-Rim-Küche praktiziert, eine → Fusionsküche, in der die unterschiedlichen Kochtraditionen der Pazifikanrainerstaaten, also asiatische und westlich geprägte Esskultur verschmolzen werden.

Die zahlreichen exotischen Früchte werden frisch gegessen und zu alkoholischen oder alkoholfreien Fruchtpunschen verarbeitet. Auch Bier wird gern getrunken – auf Hawaii gibt es viele kleine Brauereien –, außerdem Kaffee aus eigenem Anbau.

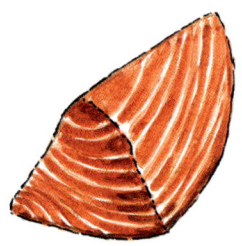

Lomi Lomi Salmon (Gemüsesalat mit Räucherlachs)

Für 4 Portionen:
800 g reife Tomaten
5 Frühlingszwiebeln
400 g geräucherter Lachs
1 Prise Zucker
1 Prise Salz
schwarzer Pfeffer

- *Tomaten überbrühen, häuten, entkernen und fein würfeln. Frühlingszwiebeln putzen und fein hacken, ebenso den Lachs fein hacken.*
- *Die vorbereiteten Zutaten locker vermengen und mit Zucker, Salz und Pfeffer würzen. Mit Folie abdecken und etwa 4 Stunden im Kühlschrank durchziehen lassen.*
- *Nach Belieben auf grünen Salatblättern anrichten und Reis dazu reichen.*

Opae and Hala Kahiki Salad (Ananas-Shrimps-Salat)

Für 4 Portionen:
250 g reifes, süßes Ananasfruchtfleisch
150 g Wasserkastanien (Dose)
1 Kopfsalatherz
4 EL Sesamsamen zum Garnieren
250 g geschälte, gegarte Shrimps
100 ml Ananassaft
3 EL Pflanzenöl
3 EL Sesamöl (Würzöl)
1 EL Apfelessig
1 TL Zucker
Salz, schwarzer Pfeffer

- *Ananas in kleine Stücke schneiden. Wasserkastanien in Scheibchen schneiden. Kopfsalat entblättern, waschen, putzen und trocknen. Sesamsamen in der Pfanne ohne Fett rösten, bis sie duften.*
- *Ananas mit Shrimps und Wasserkastanien vermengen und auf Salatblättern anrichten. Aus den übrigen Zutaten eine Marinade rühren und über die Salatportionen träufeln. Mit Sesamsamen garnieren und sofort servieren.*

Huli Huli Chicken (Mariniertes Grillhähnchen)

Für 4 Portionen:
1 küchenfertiges Hähnchen von 1 kg
Salz, schwarzer Pfeffer
2 Knoblauchzehen
½ TL gemahlener Ingwer
80 g passierte Tomaten
3 EL Reiswein (oder Sherry)
3 EL Sojasauce
3 EL brauner Zucker

- Hähnchen in vier Portionsteile schneiden und mit Salz und Pfeffer würzen. Knoblauchzehen abziehen und durch eine Presse drücken.
- Aus Knoblauch, Ingwer, passierten Tomaten, Reiswein, Sojasauce und braunem Zucker eine Sauce rühren und die Hähnchenteile darin einlegen. Mit Folie abdecken und mindestens 2 Stunden im Kühlschrank marinieren.
- Im vorgeheizten Backofen mit Grillstufe bei 180 °C unter mehrmaligem Wenden etwa 30 Minuten grillen. Dazu passt Reis.

Haupia (Kokospudding)

Für 4 Portionen:
2 EL Stärkemehl
2 EL brauner Zucker
1 Prise Salz
500 ml Kokosmilch (aus der Dose)
500 g reifes, süßes Ananasfruchtfleisch

- Stärkemehl mit Zucker und Salz vermischen und mit etwa 170 ml Kokosmilch glattrühren.
- Die restliche Kokosmilch aufkochen lassen und die angerührte Kokosmilch unter heftigem Schlagen einrühren.
- Sobald die Masse merklich andickt, den Topf vom Herd nehmen und die Masse in eine flache Schüssel oder Form füllen. Mit Folie abdecken und mindestens 6 Stunden kühlen lassen.
- Ananas in mundgerechte Stücke schneiden. Den Pudding in Portionstücke schneiden oder mit einem Löffel ausstechen und mit Ananasstücken servieren.

INDIANISCHE KÜCHE

Die Bezeichnung Indianer (spanisch: Indios) für die Ureinwohner Amerikas geht auf ein Missverständnis von Christoph Kolumbus zurück, der meinte, er habe Indien entdeckt, als er 1492 Amerika erreichte. Die Indianer wurden im Laufe der Jahrhunderte durch die ins Land strömenden europäischen Siedler nach und nach verdrängt und durch erbitterte Siedlerkriege, eingeschleppte Krankheiten oder Versklavung sogar weitgehend ausgerottet. Heute gibt es in den USA rund 560 verschiedene Indianerstämme, die hier politisch korrekt Native Americans oder American Indians heißen, in Kanada leben rund 630 Indianerstämme (hier First Nations genannt) – weitestgehend in ärmlichen Verhältnissen in Reservationen oder Städten.

Im Grunde bezeichnet die indianische Küche die ursprüngliche Küche Nordamerikas vor der Besiedlung durch die Europäer. Die nordamerikanischen Ureinwohner bereiteten mit einfachsten Mitteln all das zu, was Land und Wasser zu bieten hatten. Das wohl wichtigste Küchengerät war der Mörser oder ein großer flacher Stein, auf dem mit einem kleineren Stein Samen, Körner und Nüsse zerrieben wurden. Auch Fleisch von Wildtieren, zum Beispiel vom Bison, wurde mit Stößeln bearbeitet, als Vorbereitung zur Herstellung von Trockenfleisch. Gekocht wurde über dem Feuer, gebraten auf heißen Steinen. Überschüssige Erträge aus üppigen Ernten wurden für die Winterzeit getrocknet und gedörrt.

Naturgemäß war die traditionelle indianische Küche je nach Region und den landschaftlichen Gegebenheiten sehr verschieden; außerdem unterschied sich die Küche der nomadisierenden Indianerstämme, die überwiegend Fleisch oder Fisch zu ihren Grundnahrungsmitteln zählten, von der der sesshaften Indianer, die Ackerbau betrieben und sich deshalb eher pflanzlich ernährten. Ein traditionelles Gericht des ursprünglich in Minnesota angesiedelten sesshaften Cheyenne-Stamms ist Indian Pudding, ein gebackener Maispudding, der mit Beeren gegessen wird.

Spanier, Engländer, Franzosen und Portugiesen, die ab dem 16. Jahrhundert Amerika besiedelten, machten hier auch in kulinarischer Hinsicht weitreichende Entdeckungen: Kartoffeln, Mais, Tomaten, Bohnen, Kürbis, Wildreis und Sirup von Ahornbäumen sowie Paprika, Zucchini und Tabak sind ursprünglich amerikanische Kulturpflanzen – die heute aus der europäischen Küche nicht mehr wegzudenken sind. Die Indianer ihrerseits übernahmen von den Europäern unter anderem den Weizen und die Zucht von Schafen, Rindern und Schweinen. Die neuen Zutaten integrierten sie in ihre eigene Küche, indem sie sie beim Braten nach Gutdünken und je nach saisonalem Angebot mit Chili, Fiddleheads (Farnkraut), Wildkräutern, Samen und Nüssen würzten. Die Pueblo-Indianer etwa, die im Süden der USA an der Grenze zu Mexiko angesiedelt sind, verbanden den Schweinebraten mit einer ➔ mexikanisch inspirierten Sauce aus Tomaten und Schokolade zum Pueblo Pork Roast. Die Ureinwohner Ostkanadas machten sich im 18. und 19. Jahrhundert ein Rezept aus den schottischen Highlands zu eigen: Bannock, ein flacher kompakter Fladen, der aus Mehl, Backpulver, Pflanzenöl und Wasser hergestellt und über dem Feuer in einer Pfanne gebraten wird, wurde hier ein beliebtes Gericht, das in unzähligen Varianten mit Samen, Nüssen, Ahornsirup, Kräutern und Gewürzen zubereitet wird.

Die Einflüsse der indianischen Küche auf die Küche der → USA sind bis heute deutlich erkennbar. Viele typisch amerikanische Gerichte sind indianischen Ursprungs, angefangen bei Chili con Carne über Cornbread (Maisbrot) und Fried Green Tomatoes (frittierte grüne Tomaten) bis hin zu gefülltem Truthahn, dem klassischen Thanksgiving-Gericht. Durch die Veränderung des Lebensumfelds der Indianer wurde die ursprüngliche Form vieler Gerichte zum Teil stark verändert. Der klassische indianische Energiespender Pemmican zum Beispiel wurde ursprünglich aus Schmalz und feingestampftem Trockenfleisch zubereitet; die moderne Variante wird ähnlich einem Müsliriegel aus Rosinen, Datteln, Nüssen und Honig hergestellt.

Pueblo Pork Roast (Schweinebraten nach Art der Pueblo-Indianer)

Für 4 Portionen:
1 große Zwiebel
3 Knoblauchzehen
5 Wacholderbeeren
5 Korianderkörner
1 getrocknete Chilischote
2 Lorbeerblätter
50 g Zartbitterschokolade
5 EL Pflanzenöl
½ TL Salz
250 g passierte Tomaten (Konserve)
4 EL weißer Essig
4 EL Honig (oder Ahornsirup)
1 kg Schweinehalsgrat am Stück

- *Zwiebel und Knoblauchzehen schälen und fein würfeln, Wacholderbeeren, Korianderkörner, Chilischote und Lorbeerblätter im Mörser zerstoßen. Schokolade raspeln.*
- *Pflanzenöl in einer Pfanne erhitzen und Zwiebeln und Knoblauch darin andünsten. Gewürze, Tomaten, Essig und Honig einrühren. Nach einigen Minuten die Schokolade hinzufügen.*
- *Das Fleischstück mit der sämigen Sauce rundherum bestreichen, in einen Bräter legen und im vorgeheizten Backofen bei 180 °C (Umluft 160 °C) unter mehrmaligem Wenden etwa 1½ Stunden braten.*
- *Dazu passt ein Salat aus Wildkräutern, der mit Ahornsirup, Essig, Salz und Pfeffer angemacht wird.*

Indian Pudding (Maispudding der Cheyenne-Indianer)

Für 4 Portionen:
900 ml Milch
200 g Maismehl
100 g Ahornsirup
100 g Honig oder Rübenkraut
2 Eier
2 EL zerlassene Butter
Salz
frisch geriebene Muskatnuss
Butter für die Form
1 TL brauner Zucker
250 g Beeren (z. B. Cranberries, Johannisbeeren, Erdbeeren, Himbeeren)

- 800 ml Milch in einem Topf erhitzen, das Maismehl einstreuen, gründlich verrühren und bei ausgeschaltetem Herd etwa 20 Minuten ausquellen lassen. Leicht abgekühlt mit Ahornsirup, Honig, Eiern, Butter und 100 ml kalter Milch vermischen und mit Salz und Muskatnuss würzen.
- Die Masse in eine gefettete Auflaufform füllen, glattstreichen und mit braunem Zucker bestreuen. Im vorgeheizten Backofen bei 160 °C (Umluft 140 °C) etwa 60 Minuten backen.
- In der Form auskühlen lassen. Zum Servieren den Pudding mit frischen Beeren garnieren.

🇮🇳 INDIEN

Das südasiatische Land grenzt im Norden an den Himalaya und wird im Süden vom Indischen Ozean umschlossen. Nachbarstaaten sind Tibet, Pakistan, Nepal, Bhutan, → Birma und Bangladesch. Im dicht besiedelten Indien leben mehr als eine Milliarde Menschen, die unterschiedlichen Ethnien und Religionen angehören. Amtssprachen sind Hindu und Englisch, daneben gibt es 21 weitere anerkannte Regionalsprachen. Die klimatischen, kulturellen, religiösen und ethnischen Unterschiede sowie das Kastenwesen haben zur Ausbildung verschiedener Kochtraditionen geführt. Die Hindus etwa, die mit mehr als 80 Prozent die größte Religionsgemeinschaft bilden, essen kein Rindfleisch (strenggläubige Hindus verzichten sogar gänzlich auf Fleisch sowie auf Fisch und Eier), der muslimischen Bevölkerung ist der Verzehr von Schweinefleisch verboten, und die Buddhisten ernähren sich vegetarisch.

Den gemeinsamen Nenner der abwechslungsreichen indischen Küchen bildet die Vielfalt der Gewürze, mit der im ganzen Land gekocht wird – Indien ist weltweit führend im Anbau von Gewürzen. Die unzähligen Masalas (Gewürzmischungen), die aus gerösteten gemahlenen Gewürzen bestehen, sorgen nicht nur für raffinierte Geschmackserlebnisse, sondern dienen gleichzeitig dem Haltbarmachen von Speisen sowie dem Wohlbefinden und somit der Gesundheit. Ein typisches Gewürz ist Asafoetida, das aus dem Harz von Fenchel-stängeln gewonnen wird und geschmacklich zwischen Zwiebel und Knoblauch anzusiedeln ist. Es wird gern für die Zubereitung vegetarischer Gerichte verwendet. Die bekanntesten Gewürzmischungen sind Currys; sie bestehen aus mindestens drei und oft sehr viel mehr Gewürzen. Curry bezeichnet aber auch jene Schmorgerichte, die mit der gleichnamigen Gewürzmischung zubereitet werden. Das können je nach Kombination der Gewürze und Zutaten sehr unterschiedliche Gerichte sein. Zwei weitere Konstanten, die die indische Küche prägen, sind die am → Ayurveda orientierte Ernährung und der → Vegetarismus, der in Indien auf eine 2000 Jahre alte Tradition zurückblicken kann.

Grundnahrungsmittel der indischen Küche sind Reis und Weizen. Reis wird als Langkornreis vor allem in Südindien angebaut und ist zentraler Bestandteil jeder Mahlzeit. Daneben gibt es verschiedene Roti (Brote), zum Beispiel Chapati (ungesäuertes Brot), Naan (Hefebrot) und Puri (frittiertes Fladenbrot), die hauptsächlich im Norden, wo viel Weizen angebaut wird, das Essen begleiten. Die wichtigsten Eiweißlieferanten in der indischen Küche sind Hülsenfrüchte wie Kichererbsen, Linsen und Bohnen, aber auch Paneer, ein hausgemachter Weichkäse, der in der vegetarischen Küche viel verwendet wird. Die meisten indischen Gerichte werden mit Ghee (geklärter Butter) zubereitet, das den Speisen einen nussigen Geschmack verleiht. Weitere wichtige Zutaten sind Besan (Kichererbsenmehl), aus dem der Teig für Pakoras (frittiertes Gemüse im Teigmantel) hergestellt wird, und Jaggery, ein brauner, unraffinierter Zucker aus Zuckerrohr oder Palmensaft, der zum Backen, Würzen und für die Zubereitung von Süßspeisen verwendet wird.

Indien lässt sich grob in vier kulinarische Hauptregionen unterteilen. Die nordindische Küche ist relativ homogen und weist orientalische Einflüsse auf, was ihrer historischen Bedeutung als Durchgangsland für verschiedene Eroberer geschuldet ist. Da in den gebirgigen Regionen wenig Gemüse angebaut werden kann, wird hier viel mit Fleisch und Hülsenfrüchten gekocht. Die Speisen zeichnen sich durch eine zurückhaltende Schärfe aus, und vor allem in Kashmir werden sie oft mit Kardamom, Zimt, Nüssen und Trockenobst zubereitet. Eine Spezialität sind die im Tandoor (einem Lehmofen) gegarten Fleischgerichte. Der Westen Indiens zeichnet sich durch pikante, nicht zu scharfe Currygerichte aus, die häufig mit Mangopulver gewürzt werden. Im fruchtbaren Osten des Landes steht viel Fisch auf dem Speiseplan. Zum Würzen der Gerichte wird hier traditionell Panch phora verwendet, eine Fünf-Gewürze-Mischung, die aus Kreuzkümmel, Fenchelsamen, Bockshornklee, schwarzer Senfsaat und Schwarzkümmel besteht. Auch die Süßspeisen, die vielfach mit Nüssen zubereitet werden, spielen hier eine wichtige Rolle. Die sehr aromatische südindische Küche ist überwiegend vegetarisch und gilt als die ursprünglichste, da sie kaum fremden Einflüssen ausgesetzt war. Typische Zutaten sind Kokosmilch und Tamarindensaft sowie rote und grüne Chilis, mit denen die Speisen scharf gewürzt werden. Zum Essen werden außerdem oft Chutneys gereicht.

Indische Mahlzeiten bestehen stets aus vielen verschiedenen Speisen, die alle gleichzeitig in kleinen Schüsseln auf den Tisch kommen. Traditionell werden sie auf einem Thali, einem runden Tablett, das in Südindien durch ein Bananenblatt ersetzt werden kann, serviert. Die Speisen werden dabei so zusammengestellt, dass sie farblich und geschmacklich harmonieren. Zu einer typisch indischen Mahlzeit gehört ein Fleisch- oder Fischcurry, das mit Gerichten aus Gemüse oder Hülsenfrüchten kombiniert wird und zu dem Reis oder Fladenbrot, Joghurtsaucen, Chutneys und Pickles gereicht werden. Den Abschluss bilden frisches Obst, eine Süßspeise wie Gulab Jamun (frittierte Teigbällchen in aromatisiertem Zuckersirup) oder Kulfi (indische Eiscreme). Dazu werden Tee oder Kaffee gereicht, die oft mit Kardamom gewürzt werden.

Zu den Mahlzeiten wird stets Eiswasser serviert. Daneben gibt es süße Getränke wie Sharbat (ein kaltes Getränk mit Rosensirup) oder Falooda (Rosenmilchgetränk) und das über die Landesgrenzen hinaus bekannte Lassi, ein Getränk aus Eiswasser und Joghurt, das süß oder salzig schmecken kann. Die süße Variante wird mit Zucker und Safran, Fruchtsaft oder pürierten Früchten hergestellt, die salzige mit Salz und Gewürzen. Lassi wird gern zu scharfen Speisen getrunken, da es die Schärfe mildert und die Verdaulichkeit erhöht.

Mulligatawny (Hühnersuppe mit Reis und Curry)

Für 4 Portionen:
1 küchenfertiges Suppenhuhn
Salz
1 Bund Suppengrün (Lauch, Karotte, Sellerie)
2 Zwiebeln
4 Knoblauchzehen
2 EL Ghee
1 TL Currypulver
je ½ TL gemahlener Kreuzkümmel, Koriandersamen, Ingwer, Chili, Muskatblüte
2 Gewürznelken
100 g Langkornreis

* *Huhn waschen, in einen Topf legen und mit so viel kaltem Wasser begießen, dass alles bedeckt ist. Salzen und zum Kochen aufstellen. Suppengrün säubern, kleinwürfeln*

und nach dem ersten Aufkochen in den Topf streuen. Huhn bei mittlerer Hitze etwa 1 Stunde kochen.
* *Huhn aus dem Topf nehmen, häuten, Fleisch von den Knochen lösen und in kleine Stücke schneiden.*
* *Zwiebeln und Knoblauchzehen schälen und fein würfeln. Ghee in einem Topf erhitzen und Zwiebel und Knoblauch darin andünsten. Gewürze einstreuen und dabei ständig rühren.*
* *Hühnersuppe durch ein Haarsieb zu den Gewürzen gießen, aufkochen lassen und dann den Reis einstreuen. Weitere 20 Minuten köcheln lassen.*
* *Hühnerfleisch hinzufügen, Suppe nochmals abschmecken und servieren.*

Naan (Gesäuertes Brot)

Für 4 Brote:
500 g Mehl
1 Päckchen Trockenhefe
1 EL Zucker
4 EL zimmerwarmer Naturjoghurt
4 EL zerlassenes Ghee (geklärte Butter)
1 TL Salz
Mehl für die Arbeitsfläche
1 TL zerlassenes Ghee zum Backen
1 EL Mohnsamen oder Schwarzkümmelsamen

- Mehl in eine Schüssel sieben und eine
  Mulde formen. Trockenhefe und Zucker
  einstreuen, 50 ml lauwarmes Wasser darübergeben, vorsichtig verrühren und mit
  Mehl vom Rand bestäuben. Die Schüssel
  mit einem Tuch abdecken und den Vorteig
  an einem warmen Ort etwa 20 Minuten
  gehen lassen.
- Joghurt, Ghee, knapp 125 ml lauwarmes
  Wasser und Salz dazugeben und alles zu

einem geschmeidigen Teig verkneten. Mit
Mehl bestäuben und abgedeckt 1 Stunde
gehen lassen.
- Den Hefeteig nochmals kräftig durchkneten,
  dann in vier Portionen teilen, diese zu
  Kugeln formen, abdecken und wiederum
  1 Stunde an einem warmen Ort gehen
  lassen.
- Jede Teigkugel nochmals durchkneten und
  zu einer handbreiten und -langen Platte
  auseinanderziehen. Die Ränder sollten
  dicker als die Mitte und leicht nach oben
  gezogen sein.
- Die Oberflächen mit flüssigem Ghee bestreichen und mit Mohn- oder Schwarzkümmelsamen breitflächig bestreuen. Im vorgeheizten Backofen bei 220 °C (Umluft 200 °C)
  etwa 10 Minuten goldgelb backen. Die Brote
  sollen leicht aufgebläht aussehen.
- Am besten lauwarm zu Fisch-, Fleisch- oder
  Gemüsegerichten servieren.

Korma pilau (Lammfleisch in Joghurt)

Für 4 Portionen:
½ Bund Koriandergrün
4 kleine rote Chilischoten
3 Zwiebeln
4 Knoblauchzehen
3 cm frische Ingwerwurzel
100 g geschälte Mandeln
je 1 TL Salz, gemahlener Kreuzkümmel,
Kardamom, Koriander
je ½ TL gemahlene Nelken, Zimt
1 kg Lammfleisch ohne Knochen
2 EL Ghee
1 Döschen gemahlener Safran (2 g)
50 g Naturjoghurt

- Chilischoten säubern und entkernen.
  2 Zwiebeln, die Knoblauchzehen und den
  Ingwer schälen und grob zerschneiden.
- Chili, Zwiebeln, Knoblauch und Ingwer mit
  den Mandeln, den Gewürzen und 125 ml
  lauwarmem Wasser fein pürieren.

- Lammfleisch in etwa 2 cm große Würfel
  schneiden. Die dritte Zwiebel schälen,
  halbieren und in feine Streifen schneiden.
- In einem breiten Topf das Ghee erhitzen,
  Zwiebel darin andünsten, das Gewürzmus
  hinzufügen und alles unter Rühren einkochen lassen.
- Lammfleischstücke in den Topf geben und
  gut mit den Gewürzen vermischen. Safran
  in 125 ml lauwarmem Wasser auflösen und
  über das Lammfleisch gießen. Den Topf mit
  einem Deckel verschließen und das Fleisch
  bei mittlerer Hitze etwa 30 Minuten garen
  lassen.
- Joghurt unterrühren und weitere 50 Minuten schmoren lassen. Koriandergrün
  waschen, trockenschwenken, die Blättchen
  abzupfen, fein hacken und kurz vor dem
  Servieren unterrühren. Dazu passt Reis.

I

Sambhara (Blumenkohlpfanne)

Für 4 Portionen:
je 1 rote, grüne und gelbe Paprikaschote
1 kleine rote Chilischote
1 großer Blumenkohl
4 EL Pflanzenöl (oder Ghee)
1 TL schwarze Senfkörner
1 TL Kümmel
Salz, weißer Pfeffer
1 kräftige Prise Asafoetida
(aus dem Asialaden)
1 EL frischer Zitronensaft

- Paprikaschoten waschen, entkernen und in 1 cm große Stücke schneiden. Chilischote putzen, entkernen und fein würfeln. Den Blumenkohl in Röschen zerteilen und den Strunk quer in Scheiben schneiden.
- Pflanzenöl in einer großen Pfanne mit hohem Rand oder in einem Wok erhitzen. Senfkörner und Kümmel 2 Minuten darin braten und dabei schwenken.
- Paprikastücke und Chili dazugeben und einige Minuten braten. Blumenkohl hinzufügen, mit Salz, Pfeffer und Asafoetida würzen und in knapp 10 Minuten bissfest garen. Bei Bedarf etwas Wasser dazugeben.
- Auf Reis servieren und mit Zitronensaft beträufeln.

Dal (Würziges Linsengericht)

Für 4 Portionen:
4 Kardamomkapseln
1 kleine rote Chilischote
2 Zwiebeln
4 cm frische Ingwerwurzel
2 EL Ghee (oder Pflanzenöl)
1 knapper TL gemahlene Kurkuma
250 g gelbe oder rote Linsen
1 EL gemahlener Kreuzkümmel
1 EL gemahlener Koriander
1 kräftige Prise Salz

- Kardamomkapseln aufknacken und die Körner herausholen. Chilischote putzen und fein würfeln. Zwiebeln und Ingwer schälen und fein würfeln.
- Ghee in einem breiten Topf (oder Wok) erhitzen und die Kardamomkörner darin unter Schwenken braten, bis sie knacken. Kurkuma, Chili, Zwiebeln und Ingwer hinzufügen und einige Minuten schwenken.
- Kreuzkümmel und Koriander dazugeben, Linsen einrühren und gut mit den Gewürzen vermengen. Mit so viel heißem Wasser aufgießen, bis alles bedeckt ist.
- Den Linsentopf bei mittlerer Hitze etwa 20 Minuten köcheln lassen, bis eine dickliche Konsistenz erreicht ist. Zwischendurch Wasser nachgießen.
- Den Topf vom Herd nehmen, Dal mit Salz würzen und mit Reis oder indischem Brot servieren.

INDONESIEN

Der indonesische Archipel ist der größte Inselstaat der Welt. Er wird aus mehr als 13 000 Inseln gebildet; Sulawesi, Sumatra, West-Papua, Kalimantan sowie Java mit der Haupt- und Millionenstadt Jakarta gehören zu den größten. Der vorwiegend muslimisch geprägte Vielvölkerstaat, in dem neben der Amtssprache Indonesisch über 250 regionale Sprachen und Dialekte gesprochen werden, zählt rund 238 Millionen Einwohner. Kulinarisch wurde Indonesien vor allem von seinen Nachbarn → Indien und → China beeinflusst, aber auch die Kolonialherren, zunächst die Portugiesen, dann die Holländer, haben ihre Spuren auf der Speisekarte hinterlassen. Das kulinarische Erbe der Niederländer spiegelt sich noch heute in vielerlei süßen Kuchen und Torten wider.

Reis bildet die Grundlange jeder Mahlzeit in Indonesien, und dort, wo der Reisanbau aus klimatischen Gründen nicht möglich ist, wird ersatzweise Maniok oder Yams verwendet. Dazu werden Gerichte mit Fisch, Geflügel oder Fleisch serviert, außerdem ein oder mehrere Gemüsegerichte. Fisch und Meeresfrüchte kommen in ganz Indonesien auf den Tisch. Schweinefleisch wird fast nur im hinduistisch geprägten → Bali gegessen, Hühnerfleisch dagegen ist in ganz Indonesien beliebt – Ayam goreng (gebratenes Hähnchen) und Soto Ayam (Hühnersuppe mit regional verschiedenen Einlagen) zählen zu den Nationalgerichten. Sehr verbreitet sind auch Nasi goreng (gebratener Reis mit vielen Zutaten), Mie goreng (gebratene Nudeln mit allerlei Zutaten) und Saté (gebratene Fleisch- oder Fischspießchen mit Erdnusssauce). Ein beliebtes Gemüse ist Kangkung (Wasserspinat), der in unterschiedlichsten Gerichten Verwendung findet.

Die indonesische Küche ist eine frische, aromareiche Küche, in der sich milde, feinwürzige Kokosmilchsaucen mit scharfen Sambals (Würzpasten) abwechseln. Die große Gewürzpalette reicht von Chili, gemahlenem Koriander, Kurkuma, Kreuzkümmel, Lombok (spanischer Pfeffer), Curryblättern und Zitronengras über Kokosflocken, Kokosmilch, Palmzucker, Kemiri-Nüsse (auch Lichtnüsse genannt) und Erdnüsse bis hin zu Trassie (Paste aus getrockneten Garnelen), Kecap Asin (salzige Sojasauce), Kecap Manis (süße Sojasauce), getrockneter Tamarinde, Erdnussöl und Sesamöl. Das wichtigste Küchengerät ist deshalb auch der Mörser, in dem die Gewürze zerstoßen und zu vielfältigen Sambals verarbeitet werden.

Mit Kokosmilch werden zum Beispiel Opor ayam (Huhn in Kokosmilch) und Sayur lodeh (Gemüse in Kokosmilch) zubereitet; ein scharfes Gericht ist Abon daging (kross gebackenes, mit Chili gewürztes Rindfleisch), und im Gado-Gado wird Erdnusssauce mit Tofusalat kombiniert. All diese würzigen Gerichte werden auch an den zahlreichen Warungs (Imbissständen) verkauft.

Ein weiteres, weit über die Landesgrenzen hinaus bekanntes Nationalgericht ist die von den Holländern so benannte »indonesische Reistafel«. Dabei werden gleichzeitig oder in schneller Folge bis zu vierzig verschiedene Gerichte mit gegrilltem oder geschmortem Fisch, Geflügel, Fleisch und Gemüse aufgetragen, die jeweils Kombinationen aus knusprig und weich, heiß und kalt, würzig und mild, süß und sauer darstellen. Dazu gibt es selbstverständlich Reis, außerdem Sambals und Knabbereien wie Kroepoek (Krabbenchips), Kokosraspeln und Erdnüsse. Den Abschluss bildet eine Suppe. Und zum Dessert werden typisch ostasiatische Früchte wie Mangostan, Rambutan, Mango und Durian serviert, aber auch Pisang goreng (gebratene Bananen), Bubuh injin (schwarzer Reispudding) oder Kolak (ein Dessert aus Kokosmilch, Palmzucker und Banane). Nach indonesischer Art wird mit den Fingern der rechten Hand gegessen (kleine Schalen mit Wasser zum Fingerwaschen stehen bereit), die Suppe wird aus der Schale getrunken oder – falls mit Einlage – mit einem Löffel gegessen. Zum Essen wird meist Tee serviert. Beliebte Getränke sind außerdem frisch gepresste Säfte von Ananas, Jackfrucht und Mango.

Sambalan (Würzpaste)

Für 2 Schraubgläser à 250 ml:
20 große getrocknete Chilis (Tabia)
2 große Zwiebeln
10 Knoblauchzehen
1 EL Trassie (Garnelenpaste)
150 ml Erdnussöl
250 ml Tamarindensaft
1 EL Salz
3 EL Palmzucker (Gula jawa)

• Chilis in eine Schüssel legen, mit kochend heißem Wasser übergießen und etwa 15 Minuten einweichen lassen. In der Zwischenzeit Zwiebeln und Knoblauchzehen schälen und grob zerschneiden.
• Chilis abgießen, trockentupfen und mit Zwiebeln, Knoblauch, Trassie und der Hälfte des Erdnussöls fein pürieren.

• Das restliche Erdnussöl im Wok erhitzen und die Paste darin unter ständigem Rühren mit einem Holzspatel braun braten; das dauert etwa 20 Minuten. Nach etwa 10 Minuten Tamarindensaft unterrühren und mit Salz und Palmzucker würzen.
• Die weiche Paste im Wok vollständig erkalten lassen und anschließend in zwei Schraubgläser füllen. Luftdicht verschließen und in den Kühlschrank stellen.
• Sambalan dient zum Würzen und Nachwürzen indonesischer Gerichten. Falls ein Gericht zu scharf ist, hilft die Zugabe von Kokosmilch oder -raspeln oder Zucker.

Gulai manis kangkung (Wasserspinat in süßer Sauce)

Für 4 Portionen:
600 g Wasserspinat (oder Mangold, Spinat)
2 Schalotten
2 Knoblauchzehen
4 cm frische Ingwerwurzel
1 frische Vogelaugenchili
4 EL Erdnussöl
1 EL Trassie (Garnelenpaste)
2 EL Palmzucker
1 TL Laospulver
1 TL Salz
500 ml Kokosmilch (Dose)

- Wasserspinat oder anderes Blattgemüse putzen, waschen und in Streifen schneiden. Schalotten, Knoblauchzehen und Ingwer schälen und fein würfeln. Die Chili putzen, entkernen und fein hacken.
- Erdnussöl im Wok erhitzen und Garnelenpaste darin unter Rühren 1 Minute braten. Schalotten, Knoblauch, Ingwer und Chili hinzufügen und kurz rühren.
- Blattgemüse dazugeben, einige Male durchschwenken und dabei mit Palmzucker, Laospulver und Salz würzen. Zuletzt Kokosmilch dazugießen und das Gemüse bei milder Hitze in etwa 15 Minuten garen. Dazu Reis oder Nudeln servieren.

Bubuh injin (Schwarzer Reispudding)

Für 4 Portionen:
250 g Palmzucker
1 Pandanusblatt
250 g schwarzer Klebreis
1 Prise Salz
250 ml Kokosmilch (Dose)

- Palmzucker mit 150 ml Wasser aufkochen. Die Hitze reduzieren und unter gelegentlichem Rühren 5 bis 8 Minuten köcheln lassen. Dann den Topf vom Herd nehmen und den Sirup auf Zimmertemperatur abkühlen lassen.

- Klebreis unter fließend kaltem Wasser so lange waschen, bis das Wasser klar bleibt. Reis mit 750 ml Wasser und 1 Prise Salz zum Kochen aufstellen und knapp 40 Minuten garen.
- Sobald der Reis gar und alles Kochwasser aufgesogen ist, den Palmzuckersirup unterrühren.
- Reismischung in Portionsschalen oder in eine große Servierschale füllen und nach Belieben auf Zimmertemperatur abkühlen oder gut durchkühlen lassen.
- Kokosmilch separat dazu reichen und nach Belieben über die individuellen Portionen geben.

Die Grüne Insel, wie Irland wegen seiner vielen Weiden und Wiesen auch genannt wird, besteht aus der Republik Irland mit rund 4,2 Millionen Einwohnern und der Provinz Nordirland, die zum Vereinigten Königreich gehört und mit rund 1,7 Millionen Einwohnern dichter besiedelt ist als die übrige Fläche. Die Viehzucht stellt einen bedeutenden Wirtschaftsfaktor dar. Gezüchtet werden vor allem Schafe, Schweine und Rinder. Milchprodukte wie Butter, Käsesorten wie Cheddar, Red Cheddar und Dubliner, aber auch regionale Schafskäsesorten sind über die Grenzen hinaus bekannt. Auf den Feldern werden hauptsächlich Hafer, Weizen, Gerste, Kartoffeln und Rüben angebaut.

Die traditionelle irische Küche ist rustikal und deftig, denn lange Zeit ging es vor allem darum, satt zu werden. Mehrere Hungersnöte suchten die Insel im Laufe der Jahrhunderte heim; während der größten von 1845 bis 1851 wanderten rund 2 Millionen Iren nach Nordamerika, Australien und Großbritannien aus. Fleisch galt bis ins 20. Jahrhundert als Luxus und war der Oberschicht vorbehalten. Noch Anfang des 20. Jahrhunderts schrieb der irische Schriftsteller James Joyce in seinem Buch *Ulysses* von einer »trostlosen Küche«. Heute könnte er sich von der modernen irischen Küche eines Besseren belehren lassen: Irland ist mittlerweile auch unter Feinschmeckern bekannt für seine Gerichte mit Wildlachs aus irischen Flüssen, Meeresfisch (vor allem Schellfisch) und Meeresfrüchten (Dublin ist berühmt für seinen Hummer), zartem Salzlamm von den Weiden am Atlantik und saftigem Rindfleisch aus artgerechter Freilandhaltung.

Grundzutaten der traditionellen irischen Küche sind Kartoffeln und Kohl, die in zahlreichen nahrhaften Schmorgerichten und Eintöpfen verwertet werden. Colcannon etwa, das zu gleichen Teilen aus Kartoffeln und Kohl zubereitet wird, war früher ein Hauptgericht, wird heute aber meist als Beilage zu Fleisch serviert. Der bekannteste Eintopf ist wohl Irish Stew, aber auch Black Pudding (aus Blutwurst), Porridge (Hafergrütze) und Sloke (ein Brei aus schwarzen Algen – Palmaria palmata aus dem Atlantik) zählen zu den traditionellen Spezialitäten.

In den Pubs, die für das gesellschaftliche Leben in Irland eine große Rolle spielen, werden Bangers and Mash (Bratwürste mit Kartoffelbrei), Fish 'n' Chips, Sandwiches, Burger und Hot Dogs angeboten. Die Auswahl an alkoholischen Getränken dazu ist groß. Es gibt Stout (dunkles Bier) – die bekannteste Marke ist wohl Guinness; die Brauerei wurde 1756 in Dublin von Arthur Guinness gegründet –, außerdem Ale (obergäriges Bier), etwa Kilkenny, und Lager (untergäriges Bier). Eine höherprozentige Spezialität ist der irische Whiskey, der verglichen mit dem rauchigen schottischen mild ist, da die Gerste in der Regel nicht mit dem offenen Feuer in Berührung kommt und der Whiskey außerdem dreifach gebrannt wird. Ebenfalls sehr beliebt ist Cider, ein moussierender Apfelwein. Und das wohl populärste alkoholfreie Getränk ist schwarzer Tee, der wie in → England mit Milch getrunken wird.

Colcannon (Kartoffel und Kohl)

Für 4 Portionen:
750 g Kartoffeln
Salz
2 Frühlingszwiebeln
750 g Weißkohl
2 EL Butter
schwarzer Pfeffer
100 g geräucherte Speckwürfel
1 EL gehackte Petersilie

- Die Kartoffeln schälen und in Salzwasser gar kochen. Unterdessen die Frühlingszwiebeln in Röllchen schneiden und den Weißkohl in Streifen hobeln. Weißkohl in Salzwasser etwa 5 Minuten kochen, abgießen und abtropfen lassen.
- 1 EL Butter erhitzen und die Frühlingszwiebeln darin mit den Weißkohlstreifen einige Minuten andünsten. Mit Salz und Pfeffer würzen.
- Die Kartoffeln abgießen und mit der restlichen Butter zerstampfen.
- Weißkohl mit Kartoffeln in eine Form schichten, mit kross gebratenen Speckwürfeln und Petersilie bestreuen und als Beilage zu Fleisch- oder Wurstgerichten servieren.

Irish Stew (Irischer Eintopf)

Für 4 Portionen:
500 g Weißkohl
500 g Kartoffeln
250 g Karotten
2 Zwiebeln
500 g Lammfleisch
Salz
100 g geräucherte Speckscheiben
schwarzer Pfeffer
Kümmel
1 EL gehackte Petersilie

- Weißkohl entblättern, waschen und in Streifen hobeln. Kartoffeln schälen und in Scheiben schneiden. Karotten putzen und in Scheiben schneiden. Zwiebeln schälen und in Streifen schneiden.
- Das Lammfleisch in 1 cm große Würfel schneiden, in 1 l Salzwasser aufsetzen, aufkochen und etwa 10 Minuten köcheln lassen. Abgießen, dabei das Kochwasser auffangen und 500 ml davon durch ein Sieb passieren.
- Einen breiten Topf mit Speckscheiben auslegen. Fleischwürfel abwechselnd mit dem Gemüse einschichten und dabei jede Schicht mit Salz, Pfeffer und Kümmel würzen.
- Die passierte Brühe darübergießen und einmal aufkochen lassen. Dann die Hitze reduzieren, den Topf mit einem Deckel verschließen und den Eintopf 1 Stunde garen.
- Mit Salz und Pfeffer abschmecken und mit Petersilie bestreut servieren.

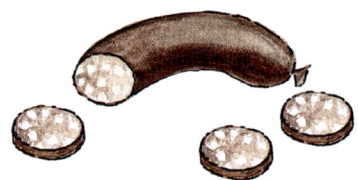

Gammon (Schinkensteaks mit eingekochten Äpfeln)

Für 4 Portionen:
1 Zwiebel
500 g Äpfel
2 EL Butter
1 EL Zucker
Salz, schwarzer Pfeffer
2 Gewürznelken
100 ml Fleisch- oder Gemüsebrühe
50 g Sahne
4 Scheiben gekochter Schinken
(à 150 bis 200 g)
Whiskey nach Belieben
1 EL gehackte Petersilie

- *Zwiebel schälen und fein hacken. Äpfel schälen, Gehäuse entfernen, Fruchtfleisch kleinwürfeln und in der Hälfte der Butter mit Zucker einige Minuten dünsten. Mit Salz und Pfeffer würzen, Gewürznelken beigeben und mit Brühe und Sahne aufgießen. Bei kleiner Hitze einkochen lassen.*
- *In der restlichen Butter die Zwiebelwürfel anbraten, Schinkensteaks einlegen und auf beiden Seiten kräftig braten.*
- *Die Steaks auf Teller verteilen, den Zwiebel-Bratensatz mit Whiskey ablöschen und über die Steaks geben. Die eingekochten Äpfel ebenfalls darüber verteilen und mit Petersilie bestreuen. Dazu passt Colcannon (s. Rezept Seite 125).*

ISRAEL

Das kleine Land Israel ist ein Schmelztiegel verschiedenster Kulturen aus Ost und West. Der Staat wurde 1948 gegründet; er liegt am Mittelmeer und grenzt an Ägypten, Jordanien, Syrien und den Libanon sowie an die palästinensischen Autonomiegebiete. Mehr als 75 Prozent der rund 7,4 Millionen Einwohner sind jüdischen Glaubens, etwa 20 Prozent sind Moslems, rund zwei Prozent gehören dem christlichen Glauben an. Amtssprachen sind Hebräisch und Arabisch.

In der israelischen Küstenebene, wo ein subtropisches Klima vorherrscht, werden reichlich Zitrusfrüchte und Wein angebaut. Die Landwirtschaft bringt aber auch vielerlei anderes Obst und Gemüse hervor, etwa Kiwis, Mangos und Passionsfrüchte, aber auch Datteln, Sharon-Früchte, Feigen und Granatäpfel sowie Avocados, Auberginen und Tomaten.

So jung wie der israelische Staat ist auch die israelische Küche, die noch keine nennenswerte Eigenständigkeit entwickelt hat. Jüdische Einwanderer aus aller Welt haben ihre Essgewohnheiten mit hierher gebracht und eine moderne multikulturelle Küche entstehen lassen. Diese lässt sich grob in zwei Richtungen unterteilen: Die aschkenanische Küche ist die Küche der aus Ost- und Mitteleuropa zugewanderten Juden, die vor allem ➜ russische, ➜ polnische, ➜ ungarische, ➜ deutsche und ➜ niederländische Einflüsse aufweist. Typische Gerichte sind Piroggen, Gefilte Fisch, Borschtsch und Gulasch. Die sephardische Küche dagegen ist die Küche der Einwanderer aus Südeuropa und dem Nahen Osten, etwa ➜ Spanien, ➜ Griechenland, ➜ Italien, der ➜ Türkei, ➜ Marokko und dem Jemen. Im israelischen Alltag dominiert die sephardische Küche, also mediterran und arabisch beeinflusste Speisen, die mit vielerlei Gewürzen zubereitet werden. Daneben wird von orthodoxen Juden die traditionelle ➜ jüdische Küche gepflegt.

Ein beliebter Imbiss, der an zahlreichen Straßenständen angeboten wird, ist Falafel (Pita-Brot mit Kichererbsenbällchen); verbreitet sind ebenfalls Borekas (gefüllte Filoteigtaschen mit Spinat- oder Käse). Jüdische wie arabische Mahlzeiten beginnen meist mit einer Auswahl würziger Mezze (Vorspeisen) wie Tabouleh (Salat aus geschrotetem Weizen, Gemüse und Kräutern), gefüllte Weinblätter, Gurken-Fenchel-Salat, Tahina (Sesampaste zum Dippen) und marokkanische Filoteigröllchen (verschieden gefüllt und frittiert). Die beliebten Auberginen werden variantenreich, zum Beispiel als Salat, in Tahina oder gebraten, angeboten. Gehackte Leber auf getoastetem Challa (Brot), Zhoug (Chilipaste mit Petersilie und Koriander), Humus (Kichererbsendip mit Knoblauch und Tahina) und Harissa (Chili-Würzpaste) sind ebenfalls verbreitet. Eine wichtige Rolle spielen Milch und Milchprodukte: Frischkäse, Joghurt und Quark werden häufig verwendet, zum Beispiel für gegrillte Paprikaschoten mit Joghurt, Käse-Plinsen und kalte Gurken-Joghurt-Suppe sowie für Labaneh-Käsebällchen und Sambusak (mit Käse gefüllte Hörnchen). Zu beinahe allen Speisen wird stets knusprigfrisches Pita-Brot gereicht, das als eine Art essbarer Löffel dient.

In der israelischen Küche ist immer wieder das Verschmelzen ➜ arabischer und jüdischer Traditionen zu beobachten: Aus dem jüdischen Verbot des Kochens am Sabbat (Samstag) und der arabischen Tradition der Schmorgerichte etwa hat sich eine Vorliebe für Eintöpfe entwickelt, die bereits am Freitagabend in den Ofen geschoben und bei Niedrigtemperatur die ganze Nacht gegart werden. Cholent, ein Schmorgericht aus Fleisch und Kartoffeln, ist eine Spezialität der osteuropäischen Juden. Die würzigen Lamm- und Huhn-Tagines sind typisch für die marokkanischen Juden. Fester Bestandteil der jemenitisch-jüdischen Küche ist Kubbaneh, schmackhafte Dampfnudeln mit Haminados (Eier, die stundenlang mit Gewürzen und Zwiebeln gekocht werden) und Hilbeh (Relish mit Bockshornkleesamen).

Zum Essen wird meist Wasser getrunken, beliebt sind auch Bier, zum Beispiel israelisches Maccabee und Goldstar, und Weine aus eigenem Anbau. Nach der Mahlzeit gibt es türkischen Kaffee: dick, stark, süß, vermischt mit Korianderkörnern – ein Erbe der Beduinen. Arak (Anisschnaps) und Liköre wie Hard Nut und Sabra (Schokolade-Orangen-Likör) kommen eher an Festtagen auf den Tisch.

Pita-Brot (Fladenbrot)

Für 12 dünne Fladen:
500 g Mehl
1 EL Trockenhefe
2 EL Honig
300 ml lauwarmes Wasser
1 EL Salz

- Mehl in eine Schüssel sieben und eine Mulde formen. Trockenhefe einstreuen und mit Honig und etwas Wasser vorsichtig verrühren. Die Schüssel abdecken und den Vorteig etwa 20 Minuten gehen lassen.
- Das restliche Wasser und Salz zugeben und alles zu einem geschmeidigen Teig verkneten. Diesen abdecken und nochmals 1 Stunde gehen lassen.
- Aus dem Teig auf einer bemehlten Fläche 12 Fladen formen und im vorgeheizten Backofen bei 220 °C (Umluft 200 °C) 10 bis 15 Minuten backen.

Jaffa-Hähnchen (Schmorhähnchen mit Orangen)

Für 4 Portionen:
1 küchenfertiges Hähnchen von 1,2 kg
passierter frisch gepresster Saft von 2 Orangen
passierter frisch gepresster Saft von 1 Zitrone
abgeriebene Schale von ½ unbehandelten Orange und ½ unbehandelten Zitrone
2 Knoblauchzehen
1 TL mittelscharfer Senf
1 EL Honig
Salz, schwarzer Pfeffer
1 TL getrockneter Thymian
je ¼ TL rosenscharfes und edelsüßes Paprikapulver
Butter für die Form
200 g grüne Oliven mit Paprikafüllung

- Hähnchen in vier Teile schneiden. Orangen- und Zitronensaft mit Schale vermischen, über die Hähnchenteile gießen, abdecken und etwa 2 Stunden im Kühlschrank durchziehen lassen.
- Knoblauchzehen abziehen und durch eine Presse drücken. Hähnchenteile aus dem Saft nehmen und mit Gewürzen und Honig einreiben.
- In eine gefettete Auflaufform legen und im vorgeheizten Backofen bei 200 °C (Umluft 180 °C) etwa 40 Minuten garen.
- Zitrussaft mit 100 ml Wasser vermischen und Hähnchenteile während des Garens zwei- bis dreimal damit begießen; dabei die Hähnchenteile wenden.
- Zum Servieren die Hähnchenteile auf vier Teller verteilen, mit Bratensud beträufeln und mit Oliven belegen. Dazu passt Reis mit Rosinen oder einfach Pita-Brot.

 # ITALIEN

In dem stiefelförmigen Land mit seinen 20 Regionen und rund 60 Millionen Einwohnern steht die Wiege der europäischen Kochkunst. Die italienische Küche gilt nicht nur weltweit als eine der besten, sondern ist auch eine der populärsten überhaupt, denn Pizza und Pasta haben in den vergangenen Jahrzehnten die Speisekarten rund um den Erdball erobert und sich dort so etabliert, dass ihre italienischen Wurzeln fast in Vergessenheit geraten sind.

Schon im alten Rom pflegte man kulinarisches Raffinement und ließ sich von der griechischen und der kleinasiatischen Küche inspirieren. Im 9. Jahrhundert brachten die einfallenden Araber Spinat, Mandeln und Reis nach Sizilien. Die Normannen führten im frühen Mittelalter in Norditalien Schmorgerichte und Stockfisch ein. So entwickelte sich in Italien nach und nach eine vielseitige Küche, die vor allem auf die Qualität der Zutaten Wert legt und einfache Zubereitungen schätzt, die den Eigengeschmack der Produkte hervorheben.

Die italienische Küche leistete außerdem einen bedeutenden Beitrag zur Entstehung der → französischen Küche. Durch die Hochzeit von Katharina von Medici mit dem späteren französischen König Heinrich II. im Jahre 1533 hielt die verfeinerte Koch- und Esskultur italienischer Höfe in Frankreich Einzug. Die Italiener führten nicht nur die Gabel ein, sie brachten auch die Technik des Wasserbads mit, das nach seiner Erfinderin, der italienischen Alchimistin Maria de Cleofa, in Italien »bagnomaria« heißt und in Frankreich als »bain marie« bekannt wurde. Und es war ein Sizilianer, der 1686 in Paris das erste Café eröffnete.

Heute wird zwar in ganz Italien Pizza und Pasta gern gegessen, aber die italienische Küche gliedert sich dennoch in deutlich voneinander unterschiedene, historisch gewachsene Regionalküchen. Im Norden lässt die Südtiroler Küche mit ihrer Vorliebe für Speck und Speckknödel eine deutliche Verwandtschaft mit der → österreichischen erkennen. Aber auch variantenreiche Gerichte mit Polenta (fest gekochtem Maisgrieß) prägen die Küche des Alto Adige, wie die Region in Italien heißt. Polenta ist auch in den benachbarten Regionen Venetien und Friaul verbreitet und wird dort mit Pilzen, Trüffeln oder Montasiokäse zubereitet. Zudem zählen Risi e bisi (Reis mit Erbsen) und Fegato alla veneziana (Kalbsleber in Sauce) hier zu den typischen Gerichten. Im Nordwesten sind in den Küchen des Piemont und des Aosta-Tals französische Einflüsse spürbar. Typische Gerichte sind Paniscia novarese (Reis mit Bohnen, Speck und Zwiebeln), Bagna cauda (ein warmer Dip aus Knoblauch, Sardellen und Olivenöl, in den man frisches Gemüse taucht), Grissini (Brotstangen) und Zabaglione (Weinschaum mit Marsala). Der hier hergestellte Fontina-Käse wird für Fonduta (Käsefondue) verwendet. Ligurien ist die Heimat von Pesto (Kräuterpaste), Minestrone (Gemüsesuppe), Farinata (Kichererbsenfladen) und Burrida (Stockfischeintopf). Viele Pasta-Manufakturen sind hier angesiedelt, die eine enorme Auswahl an Nudelteigkreationen bieten – insgesamt bringt es Italien auf über 2000 verschiedene Sorten. Aus der Lombardei stammen Zuppa pavese (Suppe mit Eiern und Käse), Risotto alla milanese (ein Reis-Safran-Gericht) und Panettone (Hefekuchen, der traditionell zu

Weihnachten verzehrt wird). Das Costoletta alla milanese (ein paniertes Kalbsschnitzel) soll Vorbild für das Wiener Schnitzel gewesen sein. Die Emilia-Romagna wird auch »la grassa« (die Fette) genannt, weil in der Küche viel tierisches Fett verwendet wird. Mascarpone, Mortadella, Parmaschinken und Parmesan kommen von hier, typische Gerichte sind Zampone (gefüllter Schweinsfuß), Tortellini und Lasagne.

Weiter im Süden wird die Küche mediterraner. Olivenöl verdrängt Butter, und statt Schweinefleisch werden eher Rind und Wild gegessen. In der Toskana sind Bohnengerichte und Schmortöpfe beliebt. Aus Rom und Latium stammen Saltimbocca alla romana (Kalbsschnitzel mit Schinken und Salbei) und Gnocchi (Kartoffelklößchen). Nicht nur die Einflüsse verschiedener Eroberer, auch das wärmere Klima haben hier eine würzigere, schärfer gewürzte Küche als in Norditalien entstehen lassen. In Neapel, in der Region Kampanien, wurde die Pizza erfunden. Die klassische Variante wird noch heute zu Ehren der italienschen Königin Margherita in den Nationalfarben Italiens mit Tomaten, Basilikum und Mozzarella belegt. In Apulien, der Kornkammer Italiens, trifft man auf die wohl ungewöhnlichsten Nudelnamen: Neben den typischen Orrechiette gibt es Laganelle, Chianchiarele, Fenescecche und Mignuicchie, die außerhalb Apuliens oft völlig unbekannt sind. Am häufigsten wird Pasta auf Sizilien gegessen, mittags mit »sugo« (Sauce), abends in »brodo« (in Suppe). Ein berühmter sizilianischer Nachtisch ist Cassata (eine Art Torte aus Ricotta und kandierten Früchten). Auf

Sardinien wird bis heute eine traditionelle Hirtenküche gepflegt, deren Hauptzutaten Fleisch, Brot, Milch und Käse sind. Spezialitäten sind Carta di musica (hauchdünnes Fladenbrot) und Cassola alla sardengnola (eine dicke Fischsuppe).

Traditionell wird in Italien »in famiglia« gegessen, und je größer die Familie, desto besser. Am Wochenende findet die Hauptmahlzeit eher mittags statt, während der Woche eher am Abend. Die klassische Mahlzeit besteht aus Antipasti (Vorspeisen), Primo piatto (erster Hauptgang) mit Pasta oder Risotto, Secondo piatto (zweiter Hauptgang) mit Fisch oder Fleisch und Dolce (Süßspeisen) wie Gelato (Eiscreme), Tiramisu (geschichtete Löffelbiskuits mit Mascarponecreme) oder frisches Obst. Vor oder nach den Dolce wird außerdem Käse, etwa Gorgonzola, Grana Padano, Taleggio, Marzolino, Pecorino, Provolone oder Caciocavallo, gereicht.

Zum Essen wird regionaler Wein getrunken, etwa Chianti, Barolo, Barbaresco, Nobile di Montepulciano oder Orvieto. Außerdem spielt natürlich Kaffee eine wichtige Rolle. Wem der Caffè (Espresso) zu stark ist, der trinkt Cappuccino oder Caffè latte. Ebenfalls sehr beliebt sind Aperitifs oder Digestifs wie Aperol (Bitteraperitif aus Orangenessenz und Kräutern), Campari (Bitteraperitiv aus 86 Kräutern), Cynar (Kräuterlikör auf Artischockenbasis), Ramazzotti (Kräuterlikör), Fernet Branca (Bitterlikör) mit Soda aufgespritzt, Grappa (Tresterbrand), Limoncello (Zitronenlikör) oder – ganz klassisch – Martini aus Pessione bei Turin.

Pinzimonio (Gemüserohkost)

Für 4 Portionen:
1 Zucchino
je 1 rote und gelbe Paprikaschote
2 Fleischtomaten
1 Fenchelknolle
1 Radicchio
Olivenöl, Balsamicoessig, Salz- und
Pfeffermühle auf den Esstisch stellen

- Gemüse waschen und so zurechtschneiden, dass es gut getunkt werden kann. Alles auf einer Servierplatte anrichten.
- Vier Schüsselchen bereitstellen, in dem jeder Olivenöl, Aceto balsamico, Salz und Pfeffer mischen kann. Das Gemüse hineintunken und dazu Ciabatta, schwarze und grüne Oliven, eingelegte Artischockenherzen und getrocknete Tomaten essen.

Tagliatelle con moscardini (Bandnudeln mit Babytintenfischen)

Für 4 Portionen:
1 Zwiebel
2 Knoblauchzehen
3 Fleischtomaten
¼ Bund Basilikum
3 EL Olivenöl
300 ml trockener Weißwein
500 g küchenfertige Tintenfischchen
Salz, schwarzer Pfeffer
500 g Tagliatelle

- Zwiebeln und Knoblauch schälen und fein würfeln. Tomaten waschen und in Würfel schneiden. Basilikum waschen, Blättchen abzupfen und in Streifen schneiden.

- In einer breiten Pfanne das Olivenöl erhitzen und Zwiebeln und Knoblauch darin andünsten. Tomaten einrühren und kurz schmoren lassen.
- Mit Weißwein begießen und Tintenfische einlegen. Mit Salz und Pfeffer würzen und etwa 40 Minuten schmoren lassen. Zuletzt Basilikum unterziehen und nochmals abschmecken.
- Kurz vor Fertigstellung der Sauce die Tagliatelle bissfest garen und in einem Sieb abtropfen lassen. Sofort auf vier Teller verteilen, mit den Tintenfischchen überziehen und servieren.

Bruschetta (Geröstetes Weißbrot mit Tomaten)

Für 4 Portionen:
8 Scheiben italienisches Weißbrot
etwas Olivenöl zum Rösten
2 Knoblauchzehen
300 g Tomaten
1 kleine Handvoll Basilikumblättchen
4 EL Olivenöl
Salz, schwarzer Pfeffer

- Die Weißbrotscheiben in wenig Olivenöl in der Pfanne rösten. Knoblauchzehen abziehen und durch die Presse drücken. Tomaten überbrühen, häuten, entkernen und in kleine Würfel schneiden. Basilikumblättchen in Streifen schneiden.
- Tomaten, Knoblauch, Olivenöl und Basilikum vermengen. Mit Salz und Pfeffer würzen und löffelweise die Brotscheiben damit belegen.

Pesche ripiene (Gefüllte Pfirsiche)

Für 4 Portionen:
4 reife Pfirsiche
100 g Amaretti (Mandelmakronen)
100 ml Marsala
2 EL Zucker
1 TL Zitronensaft
1 Eigelb
2 EL weiche Butter
Butter für die Form
Puderzucker zum Bestäuben

- Pfirsiche blanchieren, schälen, halbieren und entkernen.
- Amaretti in einer Schüssel zerbröseln und mit 3 EL Marsala beträufeln. Mit Zucker, Zitronensaft, Eigelb und Butter vermischen.
- Die Mischung in die Pfirsichhälften füllen und diese in eine gebutterte Auflaufform geben. Rundherum mit dem restlichen Marsala beträufeln.
- Im vorgeheizten Backofen bei 200 °C (Umluft 180 °C) 15 bis 20 Minuten überbacken. Zum Servieren mit Puderzucker bestäuben.

Vitello tonnato (Kalbfleisch mit Thunfischsauce)

Für 4 Portionen:
1 Bund Suppengrün
2 unbehandelte Zitronen
700 g Kalbfleisch (Nuss)
2 Lorbeerblätter
700 ml Weißwein
Salz
3 eingelegte Sardellenfilets
50 g Kapern
150 g Thunfisch (Konserve, abgetropft)
3 Eigelb
Saft von ½ Zitrone
200 ml Olivenöl
schwarzer Pfeffer
2 EL Kapern zum Garnieren

- *Am Vortag das Suppengrün putzen und kleinwürfeln. Eine Zitrone in Scheiben schneiden. Kalbfleisch zusammen mit Suppengrün, Zitronenscheiben und Lorbeerblättern in einen Topf geben und mit Weißwein begießen. So viel Wasser zugießen, dass alles bedeckt ist und für einen Tag abgedeckt in den Kühlschrank stellen.*
- *Kalbfleisch in dem Sud mit 1 TL Salz aufkochen, Hitze reduzieren und etwa 1 Stunde gar ziehen lassen. Dann abkühlen lassen.*
- *Sardellenfilets klein schneiden, Kapern mit der Gabel zerdrücken und beides mit Thunfisch, Eigelb und etwas Zitronensaft pürieren.*
- *Olivenöl teelöffelweise unterschlagen und etwa 5 EL Kalbsbrühe unterrühren. Mit Zitronensaft, Salz und Pfeffer abschmecken.*
- *Die andere Zitrone in Scheiben schneiden. Das Fleisch in sehr dünne Scheiben schneiden und auf vier Tellern breitflächig anrichten. Mit der Sauce überziehen und mit Kapern und Zitronenscheiben garnieren. Dazu passt Bruschetta (s. Rezept Seite 132).*

J

JAMAIKA

Auf der drittgrößten karibischen Insel leben rund 2,8 Millionen Jamaikaner. Die Einwohner stammen zu über 90 Prozent von afrikanischen Sklaven ab, die im 17. und 18. Jahrhundert auf die Insel gebracht wurden. Nachdem Jamaika 150 Jahre lang unter spanischer Herrschaft gestanden hatte, wurde es 1655 britische Kolonie und erst 1962 unabhängig. Im gleichmäßig warmen Klima gedeihen Bananen, Kaffee, Zitrusfrüchte und Zuckerrohr, aber auch Kokosnüsse, Getreide, Ingwer, Süßkartoffeln, Yams, Bohnen und Erbsen.

Die jamaikanische Küche gilt unter den → karibischen Küchen als die eigenständigste. Es ist eine bunte, afro-kreolische Küche, die europäische Einflüsse aufweist, aber auch asiatisch angehaucht ist, was sich zum Beispiel in der Verwendung von Curry bemerkbar macht. Sie ist sehr würzig und zum Teil extrem scharf – nicht umsonst ist eine sehr scharfe Würzsauce unter dem Namen Jamaica

Hell Fire bekannt. Gekocht wird mit vielerlei Gemüse und Früchten sowie mit viel Fisch und Meeresfrüchten, aber auch mit Fleisch, vorwiegend Huhn, Ziege oder Schwein. Die zahllosen Fische aus dem karibischen Meer wie Thunfisch, Marlin, Fliegender Fisch, Meeräsche, Pompano, Zackenbarsch, Red Snapper, Barrakuda oder Meeresfrüchte wie Krebse, Conch (Meerwasserschnecke), Languste, Hummer und Garnelen werden meistens mariniert und gegrillt. Dazu gibt es milde bis feurige Salsas (Saucen).

Ein beliebtes, über die Landesgrenzen hinaus bekanntes Gewürz ist der Jamaika-Pfeffer, Piment von der immergrünen Pfeffermyrthe. Auch die roten, dreieckigen Annatto-Samen werden zum Würzen verwendet. Sie sind außerdem Bestandteil der Gewürzmischung Sofrito, die aus Annatto-Samen, Oregano, Knoblauch, grünen Pfefferschoten, Koriander, Zwiebeln und roten oder grünen Chilis besteht (für rotes oder grünes Sofrito). Sofrito bildet auch die Gewürzgrundlage für das gleichnamige Reisgericht.

International bekannt ist Jamaika für seine Jerk-Gerichte. Jerk bezeichnet eine Zubereitungsart, bei der Lebensmittel mariniert und anschließend getrocknet oder gegrillt werden. Die gleichnamigen Würzsaucen, die dafür verwendet werden, bestehen aus einer Fülle verschiedener Gewürze sowie Limettensaft und Zucker oder Melasse. Sogenannte Jerk Men (Grillmeister) bereiten Fisch, Meeresfrüchte, Fleisch und Geflügel mit zart machenden Beizen, Marinaden und Würzmischungen vor, um sie dann vorzugsweise über einem Feuer aus duftendem Pimentbaum- oder Guavenholz zu grillen. Die Insel ist übersät mit Hütten und Gruben, in denen Jerk-Gerichte gegrillt werden.

Typische Spezialitäten, in denen sich zum Teil auch Spuren der ➜ spanischen Küche wiederfinden, sind außerdem Ackee and Saltfish (ein rote, auberginenähliche Frucht, die mit Stockfisch zubereitet wird), Escovitch (marinierter Fisch), gegrillter Red Snapper, gebackener Hummer und Pepper Pot (ein feuriger Eintopf, der mit vielerlei Zutaten variiert wird). Populär sind zudem Patties (mit Hackfleisch gefüllte Blätterteigpastetchen), Stamp and go (Stockfischbeignets), Green Plantain Chips (frittierte Bananenchips) und Johnny Cake (Fladen aus Maismehl, die gern zum Frühstück gegessen werden).

Die Sonneninsel, wie Jamaika auch genannt wird, steht ➜ Kuba in der Rumproduktion in nichts nach. Der hier produzierte Rum (zum Beispiel der dunkle Myers, bernsteingelber Lemon Hart oder goldfarbener Appleton Estate) zeichnet sich durch einen sehr kräftigen, würzigen Geschmack aus. Purer Jamaika-Rum wird deshalb meist gemischt mit anderem Alkohol oder Fruchtsäften getrunken, zum Beispiel als Cuba libre.

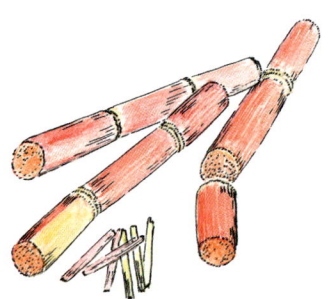

Escovitch (Mariniertes Fischfilet)

Für 4 Portionen:
800 g Fischfilets (z. B. Rotbarsch)
Saft von 1 Limette
Salz, schwarzer Pfeffer
2 große Zwiebeln
2 Karotten
2 grüne Paprikaschoten
1 kleine grüne Chilischote
6 EL Olivenöl
1 TL brauner Zucker
je 1 kräftige Prise Chilipulver und gemahlener Kardamom
1 TL zerstoßene schwarze Pfefferkörner
2 Lorbeerblätter
4 EL Weißweinessig

- Fischfilets waschen und trockentupfen. Mit Limettensaft beträufeln und mit Salz und Pfeffer würzen. Zwiebeln schälen und in Streifen schneiden. Karotten schälen und ebenfalls in Streifen schneiden. Paprikaschoten und Chilischote entkernen und fein würfeln.
- 3 EL Olivenöl in einer Pfanne erhitzen und Fischfilets darin auf beiden Seiten 8 bis 10 Minuten braten. Herausnehmen und auf einen Teller legen.
- Das restliche Olivenöl in die Pfanne geben und Zwiebeln, Karotten, Paprika und Chili darin einige Minuten braten. Mit Zucker, Chilipulver, Kardamom und Pfefferkörnern würzen. Lorbeerblätter einlegen und mit Weißweinessig beträufeln.
- Die Hälfte der Gemüsemischung in einer Auflaufform verteilen. Fischfilets darauflegen und mit der restlichen Gemüsemischung bedecken. Die Form mit Alufolie abdecken und mindestens 2 Stunden im Kühlschrank durchziehen lassen. Mit Weißbrot servieren.

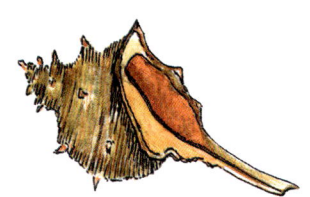

Rum Punch

Für 1 Cocktailglas:
5 cl dunkler Rum
1 TL brauner Rohrzucker
Saft von 1 Orange
4–6 Eiswürfel

- Alle Zutaten in einem Shaker kräftig schütteln, in ein Cocktailglas gießen und mit Strohhalm servieren.

Jerk Chicken (Mariniertes gegrilltes Hähnchenfleisch)

Für 4 Portionen:
4 Frühlingszwiebeln
2 kleine rote Chilis
2 Knoblauchzehen
3 cm frische Ingwerwurzel
je ½ TL getrockneter Thymian und Oregano
je 1 kräftige Prise Zimtpulver und gemahlene Nelken
¼ TL Paprikapulver
¼ TL Pimentpulver
¼ TL grob geschroteter Pfeffer
Saft von 2 Limetten
2 EL helle Sojasauce
1 kg Hähnchenfleisch

- *Frühlingszwiebeln waschen und fein würfeln. Chilis putzen, entkernen und fein hacken. Knoblauchzehen und Ingwer schälen und fein hacken.*
- *Die vorbereiteten Zutaten mit den Gewürzen, Limettensaft und Sojasauce zu einer Marinade verrühren.*
- *Das Fleisch in Streifen schneiden, mit der Marinade mischen und mindestens 8 Stunden im Kühlschrank marinieren. Anschließend auf (Holz)Spieße stecken und grillen.*
- *Dazu passt ein gemischter Salat.*

J

JAPAN

Das Land der aufgehenden Sonne (so die deutsche Bedeutung des japanischen Landesnamens Nihon) ist eine Inselkette, die aufgereiht vor den Ostküsten Russlands, Koreas und Chinas im Pazifik liegt. Das Land wird von einem Gebirge durchzogen, das über 73 Prozent der Landesfläche einnimmt, und da vor allem das Flachland besiedelt ist, leben die mehr als 127 Millionen Einwohner auf sehr engem Raum. Das Klima ist durch die große Nord-Süd-Ausdehnung regional unterschiedlich geprägt und reicht von subtropisch mit regelmäßigen Taifunen im Süden bis hin zu kalt-gemäßigt im Norden.

Die japanische Küche ist weitgehend eigenständig und mit anderen asiatischen Küchen schwer vergleichbar. Ihr Wesen liegt in der puristischen Einfachheit und Natürlichkeit. Die Frische und Qualität der Zutaten, die äußerst schonende Zubereitung und das Bewahren des natürlichen Geschmacks sind von großer Bedeutung. Traditionell wird Essen in Japan auch mit einem philosophischen Anspruch verknüpft, dem Streben nach Einklang des Menschen mit der Natur. Kunstvolle Schneidetechniken, besonderes Porzellan, eine ausgeklügelte optische Präsentation und ausgewogene Textur der Speisen im Menüaufbau untermauern dies – ganz gleich, ob die Mahlzeit im Shokudo (Familienrestaurant), Izakaya (Kneipe), in Sushi-Bars, an Tempura-Theken oder in einem festlichen Rahmen stattfindet. Die Speisen werden in der Regel in Wasser oder Wasserdampf gegart oder wie

Sushi und Sashimi roh verzehrt – diese fettarme, schonende Zubereitung wird auch als Grund für die hohe Lebenserwartung der Japaner angesehen.

Fester Bestandteil jeder japanischen Mahlzeit ist eine Suppe auf der Grundlage von Dashi (fettfreie, klare Brühe). Schon zum Frühstück wird sie getrunken; bei mehrgängigen Menüs werden sogar mehrere Suppen gereicht, die letzte zum Abschluss der Mahlzeit, um – so heißt es – eventuelle Hohlräume im Magen zu füllen. Serviert werden die Suppen dabei in einer Schale mit Deckel, bestimmte Suppen in Lackschalen. Feste Häppchen fischt man mit Stäbchen heraus, die Brühe trinkt man aus der Schale. Andere Speisen werden in kleinen, sorgfältig dekorierten Schälchen dargereicht, wobei jeder seine eigenen Schälchen bekommt. Gegessen wird grundsätzlich mit hölzernen Essstäbchen, nur für Chawan mushi, eine würzige Eierspeise, wird ein Löffel verwendet. Lautes Schlürfen ist insbesondere beim Verspeisen von Nudelsuppen üblich. Zu den Mahlzeiten wird Grüner Tee oder Sake (trockener Reiswein) getrunken, bei heißem Wetter Mugicha (geeister Tee) und im Winter heißer Sake.

Das wichtigste Nahrungsmittel, das bei keiner Mahlzeit fehlen darf, ist Gohan (Reis). Kurz- oder Mittelkornreis wird mit Gemüse, Fisch oder Fleisch als Hauptbestandteil einer Mahlzeit gereicht. Für Picknicks werden Musubi (verschieden belegte oder gefüllte Reiskugeln) zubereitet, zum Lunch oder Abendessen gibt es Sushi (Reisröllchen mit rohem Fisch oder Gemüse).

Weitere Grundbestandteile der japanischen Küche sind Tofu, sowohl Men-Tofu (fester Tofu) als auch Kinu-Tofu (weicher Tofu), außerdem Dashi (Instantsuppe aus Bonito-Flocken und Seetang) und Katsuobushi (Würzmittel aus getrocknetem Bonito, einem dem Thunfisch ähnlichen Fisch). Eine wichtige Zutat ist auch Kaiso (Seetang), der meist in getrockneter Form verwendet wird: Die beliebteste Sorte ist Kombu; das papierartige Nori wird zum Einwickeln von Reis verwendet, mit Wakame (frisch oder getrocknet) wird häufig Miso-Suppe zubereitet, und Hijiki (getrocknete lange Blätter) wird mit Tofu und Sojabohnen gegessen. Fester Bestandteil der japanischen Kochkultur ist zudem Shoyu (Sojasauce), die als Universalwürze und Dip dient. Koikuchi Shoyu ist dunkel und hat einen leicht fruchtigen Geschmack, Usukuchi Shoyu ist heller und salziger. Gewürzt wird zudem mit Mirin (süßem Reiswein), Sesamöl, Sansho (japanischem Pfeffer) und Wasabi (japanischem Meerrettich). Miso, eine Paste aus fermentierten Sojabohnen, dient der Zubereitung von dicken Suppen, üblicherweise auf der Grundlage von Dashi.

Zu den japanischen Nationalgerichten gehört Tempura (in Teig frittiertes Gemüse oder Fisch) ebenso wie Shabu Shabu oder Sukiyaki – bei beiden Gerichten werden die Zutaten, vor allem Fleisch und Gemüse, am Tisch in Brühe gegart. Bisweilen wird der Reis durch Nudeln ersetzt, die mit Dipsaucen oder in Brühen gegessen werden: Udon (weiße Weizennudeln), Soba (braune Buchweizennudeln) oder Ramen (chinesische Weizennudeln). Fisch spielt in der japanischen Küche eine herausragende Rolle, beliebt ist vor allem Maguro (roter, hellbrauner oder rosafarbener Thunfisch), der gern als Sashimi (rohe ungewürzte Fischhäppchen) mit Sojasauce und Daikon (geraspeltem Rettich) serviert wird. Gern gegessen werden außerdem Lachs und einheimische Fische, Austern und Hummer sowie Ika (Tintenfisch), der, speziell zum Takovaki-Festival, zu einer Kugel überbacken und mit Teriyaki-Sauce verzehrt wird. Eine außerordentlich teure und nicht ungefährliche Delikatesse ist Fugu, auch Kugelfisch genannt. Der Fisch enthält das lebensgefährliche Gift Tetrodoxin, das zum Erstickungstod führen kann. Deshalb darf Fugu nur in ausgewiesenen Fugu-Restaurants von speziell dafür ausgebildeten Köchen filetiert und zubereitet werden.

Fleischgerichte werden vor allem mit Huhn und Rind zubereitet – das teuerste Rindfleisch der Welt stammt vom Wagyu-Rind aus dem Umkreis der Stadt Kobe. Die Tiere werden täglich mit Bier und Sake (Reiswein) eingerieben, wodurch die schöne Fleischfaserung entsteht. Sukiyaki (Rindfleisch mit Gemüse) und Teppan yaki (Rindfleisch mit Meeresfrüchten) sind allgegenwärtig. Aber auch Schweinefleisch wird zunehmend beliebter: Tonkatsu (Schweinekotelett) wird im Ganzen gebraten, in Streifen geschnitten und dann wieder zusammengesetzt.

Maki Sushi mit Avocado und Sesam

Für 4 Portionen (24 Stück):
50 g Sesamsamen
2 Fleischtomaten
1 reife Avocado
Saft von ½ Zitrone
2 Noriblätter (getrockneter Seetang)
1 TL Wasabipulver (japanischer scharfer Meerrettich)
150 g gekochter Sushi-Reis
(s. Rezept Seite 139)

- *Sesamsamen in einer beschichteten heißen Pfanne unter Schwenken rösten, bis sie duften. Herausnehmen und auf einen Teller geben. Fleischtomaten überbrühen, häuten, entkernen und in kleinste Würfel schneiden. Avocado schälen, halbieren, den Kern entfernen und das Fruchtfleisch in gleichmäßige Stäbe schneiden; mit Zitronensaft beträufeln.*
- *Noriblätter einzeln in einer beschichteten heißen Pfanne auf einer Seite so lange rösten, bis sie duften. Jedes Blatt in zwei*

Hälften schneiden. Wasabi-Pulver mit 2 TL kaltem Wasser zu einer cremigen Paste verrühren; kurz quellen lassen.
- *Je eine Noriblatthälfte mit der glänzenden Seite nach oben auf eine Bambus-Rollmatte legen. Die Blätter hauchdünn mit der Wasabi-Paste bestreichen.*
- *Reis mit angefeuchteten Händen etwa ½ cm hoch darauf verstreichen; dabei an der Vorderkante einen Rand frei lassen.*
- *Sesamsamen auf der Längsachse verteilen, mit Tomatenwürfeln bestreuen und mit Avocadostäben belegen.*
- *Die Matte an der vorderen Seite leicht anheben und mit gleichmäßigem Druck fest aufrollen.*
- *Die gefüllte Rolle mit einem angefeuchteten, sehr scharfen Messer quer halbieren und jede Hälfte wiederum in drei gleichmäßige Stücke schneiden.*
- *Sushi-Röllchen mit den Schnittflächen nach oben anrichten. Dazu Sojasauce und eingelegten Ingwer servieren.*

Maki Sushi mit Lachs

Sushi genauso vorbereiten wie im Rezept (links) beschrieben. Mit 200 g frischem, in hauchdünne Scheibchen geschnittenem Lachsfilet füllen, leicht mit Zitronen- oder Limettensaft beträufeln und mit gehacktem Koriander oder Dill bestreuen.

Maki Sushi mit Surimi und Zucchini

Etwa 200 g Surimi (Krebsfleischimitat) in Stäben längs in dünne Streifen und nochmals quer schneiden. 150 g Zucchini ebenfalls in ähnliche Stäbchen schneiden. Nach Belieben ½ Stängel Zitronengras sehr fein hacken und über die Füllung streuen. Alternativ gehackte Brunnenkresse verwenden.

Maki Sushi mit Frischkäse und Räucherlachs

200 g Räucherlachs in feinste Streifen schneiden und den Reis damit belegen. Den Frischkäse gut durchrühren und darüberstreichen. Nach Belieben mit frisch gehackter Petersilie bestreuen.

Maki Sushi mit gebratenem Fischfilet

200 g Fischfilets (Seelachs, Rotbarbe, Scholle) mit 1 EL Zitronensaft und 1 TL heller Sojasauce, Salz und Pfeffer würzen. In 1 EL heißem Pflanzenöl auf beiden Seiten einige Minuten braten. Herausnehmen, kurz abkühlen lassen und in dünne Streifen schneiden. Auf dem Reis verteilen und mit 2 fein gewürfelten Frühlingszwiebeln bestreuen.

Sushi-Reis (Grundrezept)

Für 4 Portionen (24 Maki Sushi):
150 g japanischer Sushi-Rundkornreis
1 EL Reisessig
1 EL Zucker
½ TL Salz

- *Rundkornreis in einem Haarsieb unter fließend kaltem Wasser abspülen und gründlich abtropfen lassen.*
- *Mit 250 ml kaltem Wasser aufsetzen und, 2 Minuten kochen lassen. Dann die Hitze auf ein Minimum reduzieren und den Reis im geschlossenen Topf etwa 10 Minuten quellen lassen.*
- *Den Topf vom Herd nehmen, Deckel abnehmen und stattdessen ein Küchentuch darüberlegen, sodass der Reis abkühlen kann.*
- *Reisessig, Zucker und Salz unter Rühren kurz aufkochen und dann abkühlen lassen.*
- *Den gegarten Reis in eine Schüssel füllen und mit der Reis-Zucker-Salz-Mischung locker vermengen. Den Reis erst verwenden, wenn er vollständig abgekühlt ist.*

Mangrovenkrabbe mit Kaffirlimettenblättern

Für 4 Portionen:
20 Kaffirlimettenblätter
4 Knoblauchzehen
2 Eier (Größe L)
2 EL Tempura-Mehl
1 gekochte Mangrovenkrabbe von etwa 1 kg
(vom Fischhändler in große Stücke trennen
und die Schale der Scheren anschlagen lassen;
alternativ Hummer, Riesengarnelen oder
Königskrabbe)
6 EL Pflanzenöl
3 EL Reiswein (Mirin)
3 EL Sojasauce (Shoyu)
1 EL Sansho oder schwarze, grob zerstoßene
Pfefferkörner
1 TL grobes Meersalz

- *Die Limettenblätter waschen und mit Küchenpapier trockentupfen. Die Knoblauchzehen abziehen und mit der flachen Seite der Messerklinge zerdrücken. Die Eier mit dem Tempura-Mehl verschlagen. Die Krabbenteile von den Schalen befreien und in mundgerechte Stücke schneiden.*
- *Das Krabbenfleisch durch den Teig ziehen und auf einen Teller legen. Wok heiß werden lassen und das Pflanzenöl darin erhitzen. Die Krabbenstücke kurz im Wok schwenken. Knoblauch und Limettenblätter hinzufügen und unter ständigem Schwenken 3 Minuten garen.*
- *Mit Reiswein und Sojasauce würzen. Zum Servieren mit Pfeffer und Meersalz bestreuen. Dazu passt gebratener Reis.*

 ## JÜDISCHE KÜCHE

Die jüdische Küche ist im Wesentlichen von strengen Speisevorschriften geprägt, dazu von den Küchen all der Länder, in denen die Juden während ihres jahrtausendelangen Exils gelebt haben. Praktiziert wird die jüdische Küche heute von orthodoxen und konservativen Juden sowohl in der europäischen wie in der amerikanischen und der nordafrikanischen Diaspora und natürlich in → Israel. Sie vereint unter anderem → russische, → deutsche, → portugiesische und → spanische Elemente und hat ihrerseits Gerichte hervorgebracht, die von nichtjüdischen Küchen übernommen wurden.

Im Zentrum der jüdischen Kochkunst steht das Kashrut, die jüdischen Speisegesetze, die in der Thora festgeschrieben sind. Sie bestimmen, was wann wie zubereitet und gegessen werden darf und somit koscher (von hebräisch kaser, »einwandfrei«) ist. Speisen, die den Vorschriften nicht entsprechen, werden als »trefe« (unrein) bezeichnet. Im Unterschied zu den islamischen Speisevorschriften sind die jüdischen sehr detailliert und legen sogar fest, welche Kücheneinrichtung und Küchenutensilien mit den Speisen in Berührung kommen dürfen. Möglicherweise haben sie ursprünglich hygienische und ernährungsphysiologische Hintergründe.

Das Kaschrut unterteilt die koscheren Lebensmittel in drei Kategorien: chalawi (milchig), besari (fleischig) und parve (neutral), letzteres bezeichnet Lebensmittel, die den anderen beiden Kategorien nicht zugeordnet werden können, also etwa Gemüse. Als Grundregel gilt, dass Milchiges nicht mit Fleischigem vermischt werden darf. »Du darfst das Böcklein nicht in der Milch seiner Mutter kochen« – dieses Verbot erscheint dreimal in der Thora und ist eine der wichtigsten Regeln überhaupt. Deshalb sind in einem streng jüdischen Haushalt alle Töpfe und Kochutensilien, manchmal sogar Kühlschränke und Herde doppelt vorhanden: einmal für Fleisch-, einmal für Milchprodukte.

Wie den Muslimen, so ist auch den Juden der Verzehr von Schweinefleisch verboten. Nur das Fleisch von wiederkäuenden Paarhufern, also von Rindern, Schafen und Ziegen, sowie von Geflügel darf gegessen werden, nicht aber das von Schweinen, Pferden oder Kamelen. Schlachttiere müssen außerdem geschächtet werden: Bei dieser rituellen Schlachtung werden die unbetäubten Tiere durch einen glatten Schnitt durch die Halsunterseite getötet und ausgeblutet. Fische sind nur dann koscher, wenn sie über Schuppen und Flossen verfügen; Meeresfrüchte und Krebstiere sind trefe. Zubereitete Gerichte, etwa Fertiggerichte oder auch Wein, sind nur dann koscher, wenn sie von gläubigen Juden hergestellt wurden oder ihre Produktion von einem Rabbiner überwacht wurde. Aus den Produkten normaler Lebensmittelhersteller, insbesondere bei Lebensmittelzusätzen, die tierische Produkte wie Gelatine enthalten, geht nicht immer klar hervor, ob tierisches und pflanzliches Fett klar getrennt wurden. Deshalb kaufen orthodoxe Juden weltweit vor allem in jüdischen Geschäften ein, in denen koschere Nahrungsmittel mit einem Stempel, dem Kaschrut-Zeichen, gekennzeichnet sind. Ausgewiesene koschere Restaurants beachten ebenfalls streng die Speisevorschriften.

Zu den bekanntesten Gerichten der jüdischen Küche gehören Challa (Zopfbrot), Matze (ungesäuertes Brot), Farfel (nudelähnliche Teigröllchen), Latkes (Kartoffelpuffer) und Pastrami (Aufschnitt aus Rindfleisch) sowie der aus der jüdischen Küche Russlands und Polens stammende Gefilte Fisch (Fischpastete in Frikadellenform), der am Sabbat gern als Vorspeise gegessen wird. Der Bagel (ein kleines rundes Hefegebäck mit einem Loch in der Mitte) ist in den USA auch außerhalb jüdischer Gemeinschaften sehr beliebt geworden.

Latkes (Kartoffelpuffer mit Apfelmus)

Für 4 Portionen:
800 g Kartoffeln
1 EL Mehl
2 Eier
Salz, schwarzer Pfeffer
1 Prise frisch geriebene Muskatnuss
500 g Äpfel
100 ml Pflanzenöl
100 g Zucker
1 Zimtstange
2 Gewürznelken
2 Stück Sternanis
300 g Schmand

- Kartoffeln schälen und fein reiben. Mit Mehl und Eiern verkneten und mit Salz, Pfeffer und Muskatnuss würzen. Äpfel schälen und in Spalten schneiden.
- Pflanzenöl portionsweise in einer Pfanne erhitzen, und nacheinander 12 kleine, flache Kartoffelpuffer darin braten; die fertigen Kartoffelpuffer im vorgeheizten Backofen bei 50 °C warm halten.
- Apfelspalten in etwa 250 ml Wasser mit Zucker, Zimt, Nelken und Anis etwa 15 Minuten dünsten. Latkes mit Apfelmus und Schmand servieren.

J

Gefilte Fisch (Fischklöße)

Für 4 Portionen:
100 g Zwiebeln
2 Knoblauchzehen
½ Bund Suppengrün
1 küchenfertiger Karpfen (mit Kopf) von etwa 1 kg
150 g entrindetes Weißbrot
1 Ei
Salz, schwarzer Pfeffer

- Zwiebeln und Knoblauchzehen schälen und fein hacken. Suppengrün putzen und grob schneiden. Dem Fisch die Haut abziehen.
- Fischfleisch entgräten und mit Weißbrot, Ei, Zwiebeln und Knoblauch zu einem Teig verkneten. Mit Salz und Pfeffer würzen.

- Aus dem Teig mit feuchten Händen kleine Klöße formen, diese abdecken und in den Kühlschrank stellen.
- Gräten, Fischhaut und Fischkopf mit Suppengrün und Salz in etwa 1 l kaltem Wasser zum Kochen aufstellen. Nach dem ersten Aufkochen etwa 20 Minuten ziehen lassen. Die Brühe durch ein Sieb in einen Topf passieren.
- Fischklöße einlegen und bei mittlerer Hitze etwa 20 Minuten gar ziehen lassen. Fischklöße im Sud auf Zimmertemperatur abkühlen lassen, dann zum Gelieren für etwa 4 Stunden in den Kühlschrank stellen.
- Gefilte Fisch mit Rote Bete, gekochten Karotten und Meerrettichsauce servieren.

KAMBODSCHA

Das Königreich Kambodscha liegt am Golf von Thailand und grenzt an Thailand, Laos und Vietnam. Von der Bevölkerung her ist es das homogenste Land Asiens, denn etwa 90 Prozent der mehr als 13 Millionen Einwohner sind Khmer. Das Landschaftsbild ist durch eine Zentralebene geprägt, die zum Teil von Gebirgen umgeben ist; durch den Osten des Landes fließt der Mekong, einer der größten Flüsse der Welt. Auf die Unabhängigkeit Kambodschas von Frankreich 1953 folgten jahrelange Bürgerkriege und die Diktatur der Roten Khmer, die viel Armut ins Land brachten. So ist der größte Reichtum der kambodschanischen Alltagsküche zugleich das Hauptgrundnahrungsmittel: Reis. Er kommt dreimal am Tag als Hauptmahlzeit auf den Tisch: Morgens wird er mit Salz gekocht, mittags und abends ohne Salz. Dazu gibt es kleine Portionen Gemüse, Fisch oder Fleisch, am liebsten süß-sauer gewürzt. Bei sehr großer Hitze wird der gekochte Reis bisweilen auch pur gegessen, da dies dem Wohlbefinden dient.

In der kambodschanischen Küche spiegeln sich → chinesische, → vietnamesische, → thailändische und → malaiische Einflüsse wider, aber auch die französischen Kolonialherren haben hier Spuren hinterlassen: Kambodscha ist das Land mit dem höchsten Pro-Kopf-Verbrauch an Brot in Zentralasien.

Gewürzt wird in der Regel nicht allzu scharf mit Chili, Knoblauch, Koriander, Kreuzkümmel, Laospulver, gemahlenem Fenchel und Kurkuma. Allgegenwärtig ist Nuoc mam, eine Fischsauce, die für nahezu jedes Gericht verwendet wird. Aber auch Kokossahne, Erdnüsse, getrocknete Pilze, Sesamsamen, Sojasauce, Prahok (Paste aus getrockneten Shrimps) und Wasserkastanien kommen häufig zum Einsatz. Die Speisen werden überwiegend im Wok zubereitet, manches auch auf dem Grill. Bei einer Mahlzeit werden alle Gerichte (darunter auch stets eine Suppe) gleichzeitig serviert und mit Gabel, Löffel und Essstäbchen gegessen.

Fleischgerichte werden vor allem mit Rind- oder Büffelfleisch, Schwein, Huhn oder Ente zubereitet, beliebt sind aber auch Taube und Paddy birds, winzige Vögel, die mit Netzen in den Reisfeldern gefangen werden. An den Küsten und im Mekong wird reichlich Fisch gefangen. Ein sehr beliebtes Gericht ist Trei aing, auf Holzkohle gegrillter ganzer Fisch, der mit Sojabohnensprossen, Gurke und Kräutern garniert und mit einer scharfen Sauce aus Knoblauch, Chili, Zitronensaft, Fischsauce und Essig serviert wird. Auch Koy pa (Salat mit rohem Fisch und grünen Bohnen) wird gern gegessen. Sehr verbreitet ist auch Khao poun, eine mit Kokosmilch verfeinerte Suppe mit dünnen Reisnudeln und Fleischbällchen. Eine Spezialität sind frittierte Käfer aller Art, Taranteln und Ameisen, aber auch Schlangen, Eidechsen und Schildkröten werden als Delikatessen geschätzt.

Das populärste Getränk ist stark gezuckerter chinesischer Tee; daneben wird warmes Wasser gern getrunken, denn es ist bekömmlich für den Magen und gerade bei großer Hitze gesünder als kaltes Wasser. Darüber hinaus sind einheimisches Bier, Fruchtsaftgetränke mit Kokosmilch oder Zuckerrohr sowie Sojamilch beliebt.

Khao poun (Hühnersuppe mit Glasnudeln)

Für 4 Portionen:
100 g Glasnudeln (Fadennudeln aus Mungobohnenmehl)
Salz
50 g Räucherschinken
50 g Wasserkastanien
2 Frühlingszwiebeln
1 l Hühnerbrühe
150 g Schweinehackfleisch
1 EL Maisstärke
1 EL helle Sojasauce
100 ml Kokosmilch
1 EL fein gehacktes Koriandergrün

- Nudeln etwa 10 Minuten in kaltem Wasser einweichen; anschließend in kochendem Salzwasser 10 Minuten garen. Abgießen und abtropfen lassen. Den Räucherschinken fein würfeln und Wasserkastanien und Frühlingszwiebeln fein hacken.
- Hühnerbrühe aufkochen und dann bei mittlerer Hitze leicht sieden lassen.
- Schweinehackfleisch, Räucherschinken und Wasserkastanien mit Maisstärke und Sojasauce verkneten. Mit befeuchteten Händen Bällchen aus der Masse formen und diese in die Hühnerbrühe einlegen; etwa 10 Minuten ziehen lassen.
- Kokosmilch einrühren und die Nudeln nur noch zum Erwärmen in die Suppe geben. Auf vier Schalen verteilen und mit Frühlingszwiebeln und Koriandergrün garnieren.

Koy pa (Salat mit rohem Fisch)

Für 4 Portionen:
600 g weißes Fischfilet ohne Haut (Kabeljau, Seelachs)
Saft von 2 Zitronen
150 g grüne Bohnen
3 Frühlingszwiebeln
3 Knoblauchzehen
1 kleine rote Chilischote
2 EL Fischsauce (Nuoc mam)
1 Kopfsalat

- Fischfilet entgräten und sehr fein hacken. Mit Zitronensaft vermischen, mit Folie luftdicht verschließen und 3 Stunden im Kühlschrank durchziehen lassen.
- Bohnen waschen, eventuell entfädeln und quer in dünne Scheibchen schneiden. Frühlingszwiebeln putzen und in hauchdünne Ringe schneiden. Knoblauchzehen abziehen und fein reiben. Chilischote putzen und in dünne Ringe schneiden.
- Alle Zutaten in einer Schüssel locker vermengen. Salat entblättern, waschen und trocknen. Die Blätter auf einem Teller anrichten und mit dem Fischsalat servieren.
- Zum Essen mit einem Salatblatt etwas Fischsalat mittig aufgreifen, das Blatt zusammenfalten und so verzehren. Dazu passt Reis.

Bay poun (Reis-Fleisch-Terrine)

Für 4 Portionen:
150 g roher Schweinespeck ohne
Schwarte
200 g mageres Schweinefleisch
200 g Hähnchenbrust
5 Knoblauchzehen
5 Frühlingszwiebeln
800 g heißer gekochter Reis
2–3 EL Fischsauce (Nuoc cham)
schwarzer Pfeffer
1 bis 2 EL Erdnussöl
außerdem: Pergamentpapier

- *Schweinespeck, Schweinefleisch und Hähnchenbrust sehr kleinwürfeln. Knoblauchzehen abziehen und fein würfeln, Frühlingszwiebeln putzen, waschen und fein würfeln.*
- *In einem Wok oder einer breiten beschichteten Pfanne den Schweinespeck auslassen und goldbraun und kross braten.*
- *Schweine- und Hähnchenfleisch, Knoblauch und Frühlingszwiebeln hinzufügen und alles unter Rühren 5 bis 8 Minuten kräftig durchbraten. Den Reis untermischen und alles mit Fischsauce und Pfeffer kräftig würzen.*
- *Eine Kastenform (von 2 l Inhalt) mit geöltem Pergamentpapier auslegen und den Wokinhalt hineinfüllen. Fest zusammen drücken, mit geöltem Pergamentpapier abdecken und möglichst ein Gewicht zum Beschweren auflegen.*
- *Bei Zimmertemperatur etwa 1 Stunde stehen lassen, dann gestürzt servieren. Dazu passen Gurkenscheibchen, Fischsauce und Bohnensprossen.*

K

🇨🇦 KANADA

Der nordamerikanische Staat grenzt im Osten an den Atlantik, im Westen an den Pazifik und im Norden an das Arktische Meer. Die einzige Landgrenze besteht im Süden und im Nordwesten zu den USA. Nachdem britische und französische Kolonialherren ab dem 16. Jahrhundert ins Land kamen, gründeten die vier britischen Kolonien 1867 die Kanadische Konföderation; 1931 erhielt das Land die gesetzgeberische Unabhängigkeit. Staatsoberhaupt der konstitutionellen Monarchie Kanada ist die englische Königin Elisabeth II., die durch einen Generalgouverneur vertreten wird. Die rund 32 Millionen Einwohner des flächenmäßig zweitgrößten Landes der Welt leben vorwiegend in den Städten, ein Großteil des Landes sind riesige Naturgebiete mit Seen, Bergen und Wäldern. Während im Norden Kanadas ein polares Klima vorherrscht, findet man im Süden eine gemäßigtes und an der Westküste ein maritimes Klima vor.

Kanada ist ein Schmelztiegel verschiedener Kulturen aus mehreren Weltteilen. Ein Großteil der Einwohner sind Nachfahren der britischen oder französischen Kolonisatoren – Amtssprachen sind Englisch und Französisch. Aber auch Einwanderer von der anderen Seite des Pazifiks, vorwiegend Chinesen und Japaner, haben sich in Kanada niedergelassen. Und im Norden des Landes leben noch Nachfahren der kanadischen Ureinwohner, der Inuit und anderer indianischer Stämme.

Die kanadische Küche ist geprägt vom kulinarischen Erbe der verschiedenen Völker, jedoch haben sich diese Einflüsse weniger vermischt als beispielweise in der → US-amerikanischen oder der → australischen Küche. In der westlichen Provinz British Columbia sowie in Nova Scotia und Newfoundland im Osten ist die Küche britisch geprägt, in der französischsprachigen Provinz Quebec im Osten dominieren → französische Einflüsse. In den Prärieprovinzen entlang der kanadisch-amerikanischen Grenze ist die Küche stark von der US-amerikanischen Küche des mittleren Westens beeinflusst, und die Küche der nördlichen Provinzen Yukon, Northwest Territories und Nunavut ist von den Traditionen der → indianischen Ureinwohner geprägt.

»Von Meer zu Meer« lautet die Devise, die das kanadische Wappen schmückt, und auch in der kanadischen Küche spielt das Meer eine wichtige Rolle. Der kanadische Hummer, der vor allem an der Ostküste gegessen wird, gilt als bester weltweit; (Wild)Lachs und Schellfisch kommen überwiegend an der Westküste auf den Tisch, außerdem viele weitere Meeresfrüchte und Fischarten, etwa Austern, Kabeljau und arktische Forelle. Die Küche ist zudem reich an Wildfleisch aus den weiten Wäldern: Elchsteak, Bärenschinken und Biberschwanz sind nur einige der zahlreichen Spezialitäten. Im Süden des Landes wird auf großen Rinderfarmen bestes Rindfleisch erzeugt, daneben werden in ganz Kanada Bisons gezüchtet – Bisonhöcker gilt als Delikatesse. Aus den Wäldern kommen außerdem vielerlei Beeren wie Cranberrys und Heidelbeeren sowie Pilze. Das wohl bekannteste typisch kanadische Lebensmittel ist der aus dem Saft des Ahornbaums gewonnene Ahornsirup – das Verfahren, bei dem der Stamm des Baumes angebohrt wird, ohne dass der Baum Schaden nimmt, wurde von den Indianervölkern erfunden. Ahornsirup wird in Kanada zum Frühstück mit Pancakes gegessen und für die Zubereitung von zahlreichen süßen, aber auch herzhaften Gerichten benutzt.

Zur kanadischen Hausmannskost zählen große Steaks, Hecht und (Lachs)Forellen aus den Flüssen, Hummer und Muscheln aus dem Meer, Pancakes mit Ahornsirup, Kuchen oder Muffins mit Heidelbeeren, regionaler Käse und dicke Erbsensuppe mit Speck. In Quebec sind Tourtiere (Fleischpastete) oder Poutine (Pommes frites mit Käse und dicker Tomatensauce) sehr verbreitet. Als Beilagen werden meist Wildreis, weiße Bohnen oder Baked Potatoes (Ofenkartoffeln) gegessen. Die Küche der Rancher in den weitläufigen Prärien in der Provinz Alberta ist berühmt für das Alberta Steak, ein Rindersteak, das meist mit gegrillten Maiskolben und Tomaten serviert wird. Eine weitere Rindfleischspezialität ist chinesischen Ursprungs und typisch für die Gegend von Calgary: Ginger beef (frittierte Rindfleischstreifen in dicker dunkler und süßer Ingwersauce). Traditionelle Süßspeisen sind der neufundländische, in einem Stoffbeutel gebackene Kuchen Figgy Duff (aus Mehl, Butter, Zucker und Rosinen), der aus British Columbia stammende Nanaimo Bars (dunkler Biskuit, Vanillecreme und Schokoladenguss, ähnlich den Donauwellen) sowie Flapper Pie (Kuchen mit Vanillecreme und Baiser).

Da die kanadischen Winter lang und kalt sind, werden viele Lebensmittel konserviert: Fisch und Fleisch werden getrocknet, gepökelt oder geräuchert, Obst und Beeren zu Marmeladen, Gelees oder Kompott eingekocht, Gemüse sauer eingelegt.

Zum Frühstück treffen sich die Kanadier gern im Coffeeshop, der mittägliche Lunch fällt eher sparsam aus und wird in der Regel aushäusig eingenommen, am Abend versammelt sich die Familie zum gemeinsamen Dinner. Dabei kommen neben traditionellen kanadischen Gerichten auch internationalisierte Gerichte von Burger bis Pasta auf den Tisch.

Zu den beliebten Getränken zählt zunächst einmal das kanadische Bier, das auf eine lange Tradition zurückblickt; die wichtigsten Biermarken sind Labatt, Molson, Sleeman, Kokanee und Moosehead. Aber auch die kanadischen Weine erfreuen sich großer Beliebtheit. Und nicht zuletzt wird in Kanada auch Whisky produziert, der hier am liebsten »on the rocks« (auf Eis) getrunken wird.

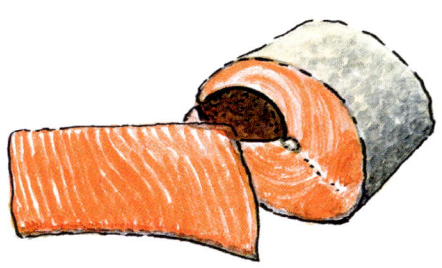

Grilled Salmon with Cashew Rice (Gegrillter Lachs mit Cashew-Reis)

Für 4 Portionen:
250 g Wildreis
Salz
100 g ungesalzene Cashewnüsse
4 dickere Scheiben Lachs à etwa 180 g
Saft von 1 Zitrone
Meersalz
grob geschroteter schwarzer Pfeffer
1 EL Olivenöl
1 EL Butter
1 EL gehackter Dill

- Den Wildreis in siedendem Salzwasser etwa 30 Minuten garen. In der Zwischenzeit die Cashews in einer heißen Pfanne ohne Fett unter Schwenken so lange rösten, bis sie duften; dann auf einen Teller geben.
- Die Lachsscheiben mit Zitronensaft beträufeln und mit Salz und Pfeffer würzen. Auf ein mit Alufolie ausgelegtes Backblech legen und im vorgeheizten Backofen auf mittlerer Schiene bei 180 °C mit Grillstufe etwa 20 Minuten grillen, dabei ein- bis zweimal wenden und mit Olivenöl bepinseln.
- Den Wildreis abgießen, abtropfen lassen und in heiß schäumender Butter anschwenken. Mit Salz und Pfeffer würzen, Dill und Cashews unterziehen und zum Lachs servieren. Dazu schmeckt Romanasalat mit Öl-Essig-Vinaigrette.

K

Poutine (Kartoffelstäbchen mit Tomaten-Kräuter-Sauce)

Für 4 Portionen:
1 kg Kartoffeln
1 l Pflanzenöl zum Frittieren
Salz, schwarzer Pfeffer
Paprikapulver
200 g geriebener Käse (Cheddar, Edamer, Gouda)
250 g gewürfelte Tomaten im Saft (Konserve)
1 EL gehackte Kräuter (Petersilie, Basilikum)

- Kartoffeln schälen und in gleichmäßige Stifte zu Pommes frites (French Fries) schneiden.
- Portionsweise in siedendem Pflanzenöl schwimmend knusprig und goldgelb ausbacken. In einem Sieb abtropfen lassen.
- Kartoffelstäbchen in einer Servierform abwechselnd mit geriebenem Käse einschichten.
- Tomaten mit Kräutern verrühren, mit Salz, Pfeffer und Paprikapulver würzen, in einem Topf erhitzen und den Kartoffel-Käse-Berg damit überziehen. Dazu passt ein gemischter Salat.

Pancakes with Maple Syrup (Pfannkuchen mit Ahornsirup)

Für 4 Portionen:
150 g Weizenmehl (oder Buchweizenmehl oder halb und halb)
1 TL Backpulver
1 Prise Salz
2 Eier
125 ml Milch
1–2 EL Butter
Ahornsirup

- *Mehl, Backpulver und Salz in einer Schüssel gut vermischen. Eier und Milch hinzufügen und mit einem elektrischen Handrührgerät zu einem glatten, dickflüssigen Teig verrühren. Etwa 10 Minuten ruhen lassen.*
- *In einer kleinen beschichteten Pfanne die Butter portionsweise erhitzen und jeweils 1 EL Teig in die Pfanne geben. Anbacken lassen, dann wenden und fertig backen.*
- *Die fertigen Pancakes im Backofen bei 50 °C warm halten. Zum Servieren die Pancakes mit Ahornsirup beträufeln.*

K

 ## KARIBISCHE KÜCHE

Die einzigartige kulinarische Vielfalt der Großen und Kleinen Antillen im karibischen Meer wird unter dem Begriff karibische Küche zusammengefasst. Mit der Entdeckung der Westindischen Inseln durch Christoph Kolumbus Ende des 15. Jahrhunderts wurde der Grundstein für die multikulturelle Küche gelegt, die sich in den folgenden Jahrhunderten hier entwickelte. Einflüsse der Kolonialherren aus England, Frankreich, Spanien und den Niederlanden sowie afrikanischer Sklaven brachten im Zusammenspiel mit lokalen Zutaten eine raffinierte Crossoverküche hervor, die in den wesentlichen Elementen mit der → kreolischen Küche identisch ist. In jüngerer Zeit sind auch asiatische Einflüsse hinzugekommen, wohingegen die der indianischen Ureinwohner kaum noch zu spüren sind.

Die Grundzutaten der karibischen Küche sind Fisch und Meeresfrüchte, Geflügel und Schwein, seltener Rind, sowie vielerlei Obst und Gemüse, das in der milden Klimazone zwischen Florida und Venezuela reichlich gedeiht. Maniok, Knoblauch, Tomaten, Mais, Süßkartoffeln und Bohnen sowie Kokosnüsse, Papayas, Mangos, Bananen, Ananas und Guaven wachsen hier ebenso wie Piment, Nelken, Zimt, Vanille, Ingwer, Muskatnuss, Chili und vieles mehr. Die Gewürze spielen eine sehr wichtige Rolle in der karibischen Küche, die sich durch raffinierte Geschmackrichtungen auszeichnet. Die Gerichte können mild, aber auch feurig-scharf gewürzt sein, daneben sind auch vielfältige Würzsaucen und Marinaden verbreitet.

Die karibischen Inseln, zu denen unter anderem die → ABC-Inseln, die → Dominikanische Republik, → Guadeloupe, → Jamaika, → Kuba und → Martinique zählen, haben, je nachdem welcher Kolonialmacht sie unter-

stellt waren und welche Produkte dort gedeihen, eigene Spezialitäten entwickelt. Im Laufe der Zeit verbreiteten sich die Gerichte aber auch von einer Insel zur anderen, oft sind sie nur unter verschiedenen Namen bekannt: Die beliebten Stockfischbeignets etwa heißen auf Guadeloupe Accras, auf Jamaika dagegen Stamp and go.

Wichtig für den ganzen karibischen Raum ist der Zuckerrohranbau. Aus Zuckerrohr wird vor allem Rum hergestellt, das wohl populärste karibische Getränk, das pur oder in verschiedenen Cocktails getrunken wird.

Piña Colada

Für 1 Glas:
5 cl weißer Rum
5 cl Ananassaft
1 cl Zitronensaft
10 cl Kokossahne
4–6 Eiswürfel
1 frische Ananasscheibe

- *Die Zutaten in einen Shaker geben und so lange kräftig schütteln, bis das Eis grob zerschlagen ist.*
- *In ein Cocktailglas füllen, mit einer Ananasscheibe dekorieren und servieren.*

Klassischer Daiquiri

Für 1 Glas:
5 cl weißer Rum
2 cl Zuckersirup
2 cl Zitronensaft
4–6 Eiswürfel

- *Die Zutaten in einen Shaker geben und so lange kräftig schütteln, bis das Eis grob zerschlagen ist.*
- *In ein Cocktailglas füllen und servieren.*

Batido Virgin

Für 1 Glas:
1 vollreife Mango
1 kleine Banane
1 EL Zucker
Saft von 1 Orange
100 ml eiskalte Milch

- Mango und Banane schälen und klein schneiden. Zusammen mit Zucker, Orangensaft und Milch im Küchenmixer kräftig mixen.
- In ein Longdrinkglas füllen und servieren. Statt der Milch kann auch eiskaltes Wasser verwendet werden.

Ti-malice (Zwiebel-Limetten-Sauce)

Für 4 Portionen:
3 große Zwiebeln
Saft von 4 Limetten
Salz
2 kleine rote Chilischoten
6 Knoblauchzehen
50 g Butter

- Zwiebeln schälen und in hauchdünne Streifen schneiden. In einer Schüssel mit Limettensaft und einer kräftigen Prise Salz vermischen. Mit Folie abdecken und 1 Stunde in den Kühlschrank stellen.

- Chilischoten putzen, entkernen und fein hacken. Knoblauchzehen abziehen und fein würfeln. Beides in heiß schäumender Butter andünsten.
- Zwiebelmischung in einem Sieb abtropfen lassen (den Saft dabei auffangen) und hinzufügen. Unter häufigem Rühren etwa 15 Minuten dünsten.
- Den Pfanneninhalt mit dem aufgefangenen Zwiebelsaft aufgießen, 1 Minute durchrühren und die Pfanne vom Herd nehmen.
- Die Sauce in ein Serviergefäß füllen, abdecken und 15 Minuten kühl stellen. Zu Fleisch oder Fisch servieren.

K

🇰🇪 KENIA

Die ostafrikanische Republik grenzt im Norden an den Sudan und Äthiopien, im Osten an Somalia, im Süden an den Indischen Ozean und im Westen an Tansania und Uganda. Die mehr als 37 Millionen Einwohner gehören über 52 offiziellen Volksgruppen an, dabei dominieren Bantustämme, zu denen etwa die Kikuyu und die Luhya zählen, ferner gibt es Nilotenstämme, denen die Luos und Kalenjin angehören, sowie Massai. Ein kleinerer Teil der Einwohner ist asiatischer oder europäischer Abstammung. Amtssprachen in der ehemaligen britischen Kolonie, die 1963 die Unabhängigkeit erlangte, sind Englisch und Kiswahili. Über die Hälfte der Kenianer leben von der Landwirtschaft, die auf rund 20 Prozent der Landesfläche betrieben wird. Angebaut werden vorwiegend Gerste, Weizen, Mais, Bohnen, Bananen, Reis, Kartoffeln, Süßkartoffeln, Kochbananen, Ananas und Zuckerrohr. Auf zahlreichen Plantagen werden zudem Tee und Kaffee kultiviert – zwei wichtige kenianische Exportgüter. Im kargeren Hochland wird vor allem Rinder-, Schaf-, Ziegen- und Kamelzucht betrieben.

Die traditionelle kenianische Küche ist eine bodenständige, deftige Küche mit vorwiegend sehr sättigenden Gerichten. Der florierende Tourismus und Einwanderer aus Asien haben außerdem internationale Gerichte ins Land gebracht. Gegessen wird traditionell mit den Fingern der rechten Hand, in touristischen Gebieten und in den Städten werden aber zunehmend Messer und Gabel benutzt.

Kenianische Nationalspeise ist wie in ➔ Südafrika und anderen ➔ afrikanischen Ländern auch ein fester Brei (Ugali), der aus Maismehl zubereitet wird. Er wird mit den Fingern ge-formt, in Sauce getaucht oder mit Gemüse, Fleisch oder Fisch gegessen. Vielfach wird Ugali mit dem wild wachsenden, vitaminreichen, Blattgemüse Sukuma wiki gegessen, das in Kenia sehr verbreitet ist. Fleisch ist in vielen Gegenden ein seltenes Gut und gehört daher nicht zur Alltagsküche. Meist kommt es als Nyama choma (gegrilltes Rind- oder Ziegenfleisch) auf den Tisch, oft in Begleitung von Kachumbari (Salat aus Tomaten, Zwiebeln, Paprika, Petersilie und Avocado). Ein Großteil der kenianischen Küche ist vegetarisch geprägt. Das Gemüse wird häufig gestampft oder in Eintöpfen zubereitet. Zwei beliebte Gerichte sind Irio (Gemüsebrei aus Kartoffeln, Erbsen und Mais) und Githeri (Eintopf aus Mais und Bohnen), die häufig mit regionalem saisonalen Gemüse variiert werden. Am Viktoriasee und in der Küstenregion werden auch Gerichte mit Fisch und Meeresfrüchten zubereitet, zum Beispiel Samaki wa Kukaanga (gebratener, scharf gewürzter Fisch). Eine beliebte Beilage in den meeresnahen Regionen, wo auch Kokospalmen wachsen, ist Wali wa nazi (gekochter Reis mit Kokosmilch). Gewürzt wird vor allem mit saisonalen Wildkräutern, aber auch mit Chili, und das nicht zu knapp.

Viele Volksstämme haben ihre eigenen althergebrachten Gerichte. Zu den Kikuyu-Gerichten zählen das dem Irio ähnliche Mukimo (ein Brei aus gestampften Bohnen, Mais, Kochbananen oder Kartoffeln) und Mchuze wa malenge (Kürbissuppe mit Rindfleisch); vom Stamm der Luhya ist Ingoho (ein Hähnchentopf) bekannt, und ein typisches Getränk der Kalejins ist Mursik (hergestellt aus vergorener Milch und Asche). In den Städten ist die kenianische Alltagküche auch von den kulinarischen Mitbringseln der asiatischen Einwanderer geprägt. An zahlreichen Hoteli (Imbissständen) werden Samosas (gefüllte Teigtaschen) und Chapatis (Fladenbrot) angeboten.

Getrunken wird häufig Chai (Tee), der traditionell zur Hälfte mit Milch aufgegossen und stark gesüßt wird; Kaffee ist eher in touristisch geprägten Gegenden verbreitet. Da-

neben erfreuen sich einheimische Biere wie Tusker und White Cap einiger Beliebtheit. Das traditionelle Uki-Bier wird aus Honig gebraut, Pombe ist ein alkoholisches Getränk aus Mais, Hirse und/oder Bananen. Typisch ist ebenfalls Kenya Cane (Zuckerrohrschnaps), der Kaffeelikör Kenya Gold und – in den Küstenregionen – Palmwein.

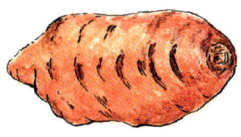

Beefstew sukuma wiki (Rindfleisch mit Blattgemüse)

Für 4 Portionen:
400 g Rindersteaks
400 g Tomaten
400 g Sukuma wiki (oder frischer Spinat oder Sauerampfer)
1 große Zwiebel
½ kleine rote Chilischote
3 EL Erdnussöl
Meersalz
grob geschroteter schwarzer Pfeffer

- *Rindfleisch in Würfel schneiden. Tomaten überbrühen, häuten, entkernen und kleinwürfeln. Blattgemüse waschen. Zwiebel*

schälen und fein würfeln. Chilischote putzen und ebenfalls fein würfeln.
- *Erdnussöl erhitzen und Zwiebel und Chili darin andünsten. Fleischwürfel hinzufügen und von allen Seiten kräftig braten.*
- *Tomatenwürfel hinzufügen, alles kurz schwenken und dann das Blattgemüse einlegen. Mit Salz und Pfeffer würzen und mit etwa 125 ml Wasser aufgießen. Bei mittlerer Hitze etwa 25 Minuten schmoren lassen.*
- *Mit Ugali (s. Rezept Seite 257, Mealie Pap ist die südafrikanische Bezeichnung für Ugali) servieren.*

Onion Fish with Peanut Sauce (Zwiebelfisch mit Erdnusssauce)

Für 4 Portionen:
2 große Zwiebeln
4 Fischfilets à 180 g (z. B. Viktoriabarsch)
Meersalz, schwarzer Pfeffer
1 TL Currypulver
8 EL Pflanzenöl
5 EL Erdnussbutter
¼ TL Chilipulver

- *Fischfilets mit Salz, Pfeffer und Currypulver gut würzen und in heißem Öl auf beiden Seiten kross braten; herausnehmen, auf einen Teller legen und warmhalten.*

- *Zwiebeln schälen, in feine Streifen schneiden und in den Bratensatz geben. Unter Rühren etwa 10 Minuten braten; anschließend über die Fischfilets verteilen.*
- *Erdnussbutter mit etwa 250 ml Wasser in derselben Pfanne aufkochen, mit Salz, Pfeffer und Chilipulver würzen und über das Fischgericht geben.*
- *Mit Ugali (s. Rezept Seite 257, Mealie Pap ist die südafrikanische Bezeichnung für Ugali), Reis oder gebratenen Süßkartoffeln servieren.*

K

Wali wa nazi (Kokosmilchreis)

Für 4 Portionen:
4 EL Erdnussöl
250 g Duftreis
Salz
etwas Chilipulver
400 g Kokosmilch (Dose)

- *Erdnussöl in einem breiten Topf erhitzen und Duftreis darin unter Rühren einige Mi-*

nuten rösten. Mit Salz und Chilipulver würzen und mit etwa 125 ml Wasser ablöschen.
- *Nach und nach mit Kokosmilch begießen, regelmäßig umrühren und den Reis bei mittlerer Hitze in etwa 15 Minuten fertig garen.*
- *Nach Belieben mit Gemüse variieren und als Beilage zu Fischgerichten servieren oder pur genießen.*

KNEIPPSCHE KÜCHE

Gesunde, fettarme Ernährung, Gerichte, die mit frischen, saisonalen Produkten aus biologischem Anbau zubereitet werden – das ist der Kern der Kneippschen Küche. Der katholische Geistliche und Naturheilkundler Sebastian Kneipp (1821–1897) hat in mehreren Schriften eine naturnahe, gesunde Lebensweise propagiert. Seine Naturheiltherapie fußt im Wesentlichen auf fünf Säulen: einer gesunden Ernährung, der Heilkraft des Wassers, Vitalität durch Bewegung, der Heilwirkung von Kräutern sowie der Harmonie von Körper und Geist. »Was hülfe es dem Menschen, wenn er die ganze Welt gewönne und nähme doch Schaden an seiner Seele?«, zitiert Kneipp aus dem Matthäusevangelium. Die Ordnung in der Seele hat Kneipp denn auch zu seinem zentralen Therapieziel erklärt. Mittlerweile gilt es auch als wissenschaftlich erwiesen, dass eine gesunde Ernährung den ganzen Organismus positiv beeinflusst und Zivilisationskrankheiten wie Stress, innerer Unruhe, temporären Depressionen, Diabetes, Herz- und Kreislaufstörungen sowie Bluthochdruck auf diese Weise entgegenwirkt.

Sebastian Kneipp war ein Vorreiter auf dem Gebiet der gesunden Ernährung. Dass seine Lehre noch heute viel Anklang findet, zeigt sich an mehr als 660 Kneippvereinen mit rund 160 000 Mitgliedern sowie zahlreichen Kneippkurorten. Kneipps Ernährungsrichtlinien, die insgesamt ein gesundes, abwechslungsreiches Essen empfehlen, sind in etwa vergleichbar mit dem heutigen Konzept der → Vollwertküche. Fettarme, ballaststoffreiche Kost und ein richtiges Maß für Mengen werden dabei ebenso empfohlen wie das Trinken von mindestens 1,5 Litern Wasser pro Tag. Frisches Gemüse, möglichst viel Obst, fettarmes Fleisch, Vollkornprodukte und ein- bis zweimal pro Woche frischer Fisch sollten auf dem Speiseplan stehen. Außerdem sollte wenig Salz verwendet werden, dafür reichlich frische Kräuter und Gewürze, damit diese ihr Aroma und ihre Heilkraft voll entfalten können. Der an Knoblauch erinnernde Bärlauch etwa ist als Reinigungsmittel für Magen und Darm bekannt; er wirkt auch bei fortgeschrittener Arterienverkalkung, erhöhtem Blutdruck und Leberleiden. Kirschen liefern leicht verwertbaren Zucker und sind somit ein gesunder, schneller Energiespender; aufgrund ihres hohen Vitamin-C- und Vitamin-A-Gehalts gelten sie außerdem als »Schönmacher«.

Sesamkräcker

Für 1 Backblech:
150 g mittelfeine Haferflocken
150 g Weizenschrot (Type 1700)
1 TL Olivenöl
1 TL Vollmeersalz
100 g Sesamsamen

- Haferflocken und Weizenschrot mit 400 ml Wasser gründlich verrühren. Die Schüssel mit einem Tuch abdecken und den Brei bei Zimmertemperatur 1 Stunde quellen lassen.
- Ein Backblech mit Olivenöl ausstreichen. Vollmeersalz und Sesamsamen unter den Teig mischen und die Masse auf dem Backblech dünn verstreichen.
- Auf mittlerer Schiene im vorgeheizten Backofen bei 180 °C (Umluft 160 °C) etwa 60 Minuten backen, bis das Brot knusprig und goldbraun ist. Nach 15 Minuten Backzeit das Blech aus dem Ofen nehmen und die Teigfläche mit einem scharfen Messer in etwa 3 x 7 cm große Streifen schneiden.
- Nach Ende der Backzeit das Blech aus dem Backofen nehmen und die Kräcker auf dem Blech noch etwa 20 Minuten abkühlen lassen. Anschließend entlang der vorgeschnittenen Stellen in Stücke brechen und mit Bärlauchpesto (s. Rezept Seite 157) servieren.

Maronenspaghetti mit Kirschmus

Für 4 Portionen:
300 g geschälte Maronen
800 ml Milch
1 Vanilleschote
500 g süße Kirschen
2 EL Honig
1 TL ungesüßtes Kakaopulver
etwa 20 Melisseblättchen

- Maronen etwas zerkleinern und in der Milch etwa 20 Minuten kochen. Dabei die aufgeschlitzte Vanilleschote zum Aromatisieren einlegen.
- In der Zwischenzeit die Kirschen waschen und entsteinen. Honig dazugeben und mit einem Mixstab zermusen.
- Sobald die Milch fast eingekocht ist, Vanilleschote entfernen und Topfinhalt mit einem Mixstab pürieren.
- Die Creme etwa 20 Minuten abkühlen lassen und anschließend das Kakaopulver einrühren. Die Melisseblättchen waschen, trockentupfen und in Streifen schneiden.
- Maronenmasse in ein Spätzlesieb geben und durch das Sieb jeweils in die Mitte von vier Tellern drücken, sodass es wie Spaghetti anmutet. Alternativ mit zwei kalt abgespülten Esslöffeln kleine Nocken formen.
- Kirschmus mit einem Löffel rundherum verteilen und alles mit Melissestreifen garnieren.

Bärlauchpesto

Für 4 Portionen:
2 Bund frischer Bärlauch
6 EL Olivenöl
100 g frisch geriebener Parmesan
Meersalz
grob geschroteter schwarzer Pfeffer
evtl. 2 EL feingehackte Nüsse
(alternativ Pistazien, Mandeln, Pinienkerne)

- *Bärlauch waschen, trockenschwenken und fein schneiden. Mit Olivenöl und Parmesan vermengen und mit Salz und Pfeffer würzen. Nach Belieben feingehackte Nüsse unterrühren.*
- *Bärlauchpesto passt zu Pasta oder Sesamkräckern (s. Rezept Seite 156).*

 # KOREA

Bis Anfang des 20. Jahrhunderts war Korea ein großes Land auf der koreanischen Halbinsel in Ostasien, mit einer Grenze zu China und Russland im Norden und von Japan im Osten nur durch das Japanische Meer getrennt. 1910 wurde Korea von Japan annektiert und nach dem Zweiten Weltkrieg von den russischen und US-amerikanischen Besatzern in zwei Staaten geteilt: Im Norden der Halbinsel entstand die Demokratische Volksrepublik Korea (Nordkorea), im Süden die Republik Korea (Südkorea). Während die rund 23 Millionen Einwohner im sozialistischen Nordkorea in Armut leben und oft Hunger leiden, ist Südkorea mit seinen 48,5 Millionen Einwohnern ein modernes, relativ wohlhabendes Land.

Die koreanische Küche – über die heutige Küche Nordkoreas lässt sich wenig sagen, da durch die Nachrichtensperre nur wenig über das alltägliche Leben nach außen dringt, aber die Staaten haben natürlich eine gemeinsame Küchentradition – ist zwar beeinflusst von der → chinesischen und der → japanischen Küche, weist aber dennoch eine große Eigenständigkeit auf. Sie ist zum Beispiel schärfer und würziger als die chinesische (mit Ausnahme der Szechuan-Küche). Verwendet werden vor allem sieben Grundgewürze: Knoblauch, Ingwer, schwarzer Pfeffer, Frühlingszwiebeln, Sojasauce, Sesamöl und geröstete Sesamsamen. Die Gewürze werden im Mörser zerstoßen und zum Würzen der Gerichte oder zur Herstellung von Marinaden benutzt. Wichtige Zutaten sind außerdem Erdnussöl, Bambussprossen, Chilipulver, Chilisauce, Dhwen jang (Bohnensauce), getrocknete Pilze und Shrimps, Reiswein, weißer Essig und Tofu.

Allgegenwärtiges Küchenutensil ist der Wok, aber auch schwere Bratpfannen und der traditionelle Sin sul lo (Feuertopf) werden viel genutzt. Der Feuertopf hat in der Mitte einen Kamin, der mit glühenden Kohlen gefüllt wird; in der Vertiefung um den Kamin herum werden Zutaten wie Rindfleisch, Fischfilet, Gemüse (Frühlingszwiebeln, Sojabohnensprossen, Karotten), aber auch Kalbsleber und Omelettstreifen in Brühe gegart. Am Ende des Mahls wird die kräftige Brühe in Schalen gefüllt und getrunken. Im Alltag werden die Speisen meist gekocht, gedämpft, pfannengerührt, ausgebacken oder gebraten. Festtagsgerichte wie Bulgalbi (Spareribs vom Rind) oder Bulgogi (marinierte Rindfleischspieße) werden über Holzkohlenglut gegrillt und mit einer würzigen Sauce zum Tunken des Fleisches, etwa Yanggnyum, serviert.

Grundnahrungsmittel und zentraler Bestandteil jeder Mahlzeit ist in Korea der Reis, nahezu immer begleitet vom Nationalgericht Kimchi: eingelegte Kohlstreifen, die mit Chili, Ingwer, Knoblauch, Fischsauce und Zucker gewürzt werden. Kimchi ist – insbesondere im Winter – ein wichtiger Vitamin-C-Lieferant und wird in zahlreichen Varianten von mild bis scharf zubereitet. Während die traditionelle koreanische Alltagsküche lange Zeit eher vegetarisch geprägt war und die Gemüsegerichte mit Tofu, Fisch und Eiern ergänzt wurden, hat mit dem wachsenden Wohlstand in Südkorea auch der Fleischkonsum zugenommen. Rind, Schwein und Geflügel ge-

hören in der Alltagsküche mittlerweile dazu. Fisch und Meeresfrüchte kommen nach wie vor häufig auf den Tisch. Eine Spezialität ist das sehr scharf gewürzte Haemultang (Meeresfrüchte-Eintopf). Auch Seetang wird gern gegessen; Kim (getrockneter Laver-Tang) zum Beispiel wird mit Sesamöl und Salz über dem Feuer geröstet und als Würzzutat zu Reis serviert. Typisch koreanische Spezialitäten sind ferner Bibimbap (Reis mit verschiedenen Gemüsearten) und Guchulpan, eine Platte mit neun Zutaten, die in kleine Pfannkuchen gerollt und in Sojasauce gedippt werden. Desserts sind in der koreanischen Küche nicht üblich, zum Abschluss einer Mahlzeit wird höchstens frisches Obst wie Orangen, Grapefruits, Kirschen, Pflaumen, Äpfel oder koreanische Birnen gereicht.

Getrunken werden in Korea vor allem Wasser und grüner Tee. Ein typisches Getränk ist auch Yuja-Tee: Er wird mit heißem Wasser und einem marmeladeähnlichen Sirup zubereitet, der aus Honig, Zucker und der Rinde der Yuja-Frucht (einer Zitrusfrucht) hergestellt wird. Schnaps und andere alkoholische Getränke werden vorwiegend auf der Basis von Reis, Süßkartoffeln und Getreide produziert.

Es gibt in Korea keine festgelegte Speisefolge, alle Speisen kommen gleichzeitig auf den Tisch. Man isst mit Stäbchen und Löffeln aus Schalen. Die koreanische Tischetikette ist sehr streng: Schlürfen und Schmatzen – wie in China üblich – ist verpönt; die Schale mit dem Essen darf nicht zum Mund gehoben werden, und wenn ältere Personen an der Mahlzeit teilnehmen, muss die Gesellschaft warten, bis die älteren mit dem Essen beginnen.

Yanggnyum (Bulgogi-Würzsauce)

Für 4 Portionen:
1 Knoblauchzehe
1 EL Frühlingszwiebeln
2 EL helle Sojasauce
2 EL dunkle Sojasauce
1 TL Chilisauce
1 TL Zucker
1 EL Bohnenpaste
3 EL kaltes Wasser
3 EL Reiswein
1 EL zerstoßene geröstete Sesamkörner
Salz nach Geschmack

- Knoblauchzehe abziehen und durch eine Presse drücken. Frühlingszwiebeln putzen, waschen und fein hacken. Alle Zutaten gut verrühren und auf vier Saucenschälchen verteilen.
- Pro Person etwa 150 g hauchdünn geschnittene Rindfleischscheibchen (Entrecôte, Filet oder Rumpsteak) servieren. Die Rindfleischscheibchen grillen und in die Sauce tunken. Dazu passt Kimchi, selbstgemacht oder aus dem Asialaden.

Eingelegter Chinakohl nach Kimchi-Art

Für 4 Portionen:
1 Chinakohl
Salz
Cayennepfeffer
5 Frühlingszwiebeln
5 Knoblauchzehen
3 cm frische Ingwerwurzel
3 kleine rote Chilischoten
2 EL helle Sojasauce
500 ml kalte Dashi-Brühe (Asialaden)

- Kohlblätter einzeln abnehmen, waschen und gut abtrocknen. Jedes Blatt auf beiden Seiten mit Salz und einem Hauch Cayennepfeffer würzen.
- Blätter fest übereinander legen, in eine Steingutform geben, mit Folie abdecken und für 2 Tage in den Kühlschrank stellen.

- Frühlingszwiebeln waschen, putzen und fein hacken. Knoblauchzehen und Ingwer schälen und fein würfeln. Chilischoten putzen und fein würfeln.
- Die marinierten Kohlblätter unter fließend kaltem Wasser gründlich waschen und trockenreiben. Die Blätter quer in feine Streifen schneiden und mit Frühlingszwiebeln, Knoblauch, Chili und Ingwer abwechselnd in eine Steingutform schichten.
- Mit Sojasauce und Dashi-Brühe begießen. Luftdicht mit Folie abschließen und etwa 4 Tage an einem kühlen Ort durchziehen lassen.
- Das fertige Kimchi als Würze auf heißen Reis geben und/oder zu Bulgogi servieren.

Kong namul (Würzsalat mit Sojabohnensprossen)

Für 4 Portionen:
800 g frische Sojabohnensprossen
(oder eingelegt im Glas)
1 Knoblauchzehe
2 Frühlingszwiebeln
1 EL Sesamsamen
2 EL helle Sojasauce
2 EL dunkle Sojasauce
2 EL Erdnussöl
1 EL Honig
1 kräftige Prise Chilipulver

- Sojabohnensprossen in kochendem Wasser blanchieren. Knoblauchzehe abziehen und fein würfeln. Frühlingszwiebeln putzen, waschen und fein hacken.
- Sesamsamen in einer Pfanne ohne Fett rösten, bis sie duften, etwas abkühlen lassen und im Mörser zerstoßen.
- In einer Schale alle Zutaten locker vermengen, mit Folie abdecken und 1 Stunde im Kühlschrank durchziehen lassen.
- Schmeckt gut auf Reis, zu Bulgogi oder gegrilltem Fisch.

Oyi jikai (Pfannengerührtes Rindfleisch mit Gurke)

Für 4 Portionen:
400 g Rindfleisch (Entrecôte)
1 große Salatgurke
2 EL Sesamsamen
¼ TL Chilipulver
½ TL Salz
1 TL Zucker
2 EL helle Sojasauce
1 EL Sesamsauce (aus dem Asialaden)
2 EL Erdnussöl

- Rindfleisch in hauchdünne Scheibchen schneiden. Gurke schälen, der Länge nach halbieren, entkernen und in Scheibchen schneiden. Sesamsamen in einer Pfanne ohne Fett rösten, bis sie duften, etwas abkühlen lassen und im Mörser zerstoßen.
- Chilipulver, Salz, Zucker, Soja- und Sesamsauce mit dem Rindfleisch vermengen, mit Folie abdecken und 1 Stunde im Kühlschrank durchziehen lassen. Dann in heißem Erdnussöl von allen Seiten kräftig anbraten (pfannenrühren).
- Gurkenscheibchen hinzufügen, alles 3 bis 4 Minuten schwenken und Sesamsamen unterrühren. Auf gekochtem Reis servieren. Dazu verschiedene Kimchi-Sorten und Chilisaucen reichen.

KRÄUTERKÜCHE

In früheren Zeiten wurden Kräuter vor allem wegen ihrer heilenden und lindernden Wirkung geschätzt und in Klostergärten kultiviert. Die Benediktinerin Hildegard von Bingen zum Beispiel verfasste im 12. Jahrhundert naturkundliche Werke, in denen sie die Heilkraft von Pflanzen beschrieb. Gerade in den Klöstern erkannte man aber auch schon früh, dass die aromareichen Kräuter nicht nur Heilkräfte besaßen, sondern auch dem Genuss dienten: Viele Kräuter wurden deshalb sowohl für Salben und Kräutertees als auch zum Kochen benutzt; auch Kräuterliköre haben in vielen Klöstern eine lange Tradition. Im 19. Jahrhundert befasste sich der katholische Geistliche und Naturheilkundler Sebastian Kneipp mit der gesundheitsfördernden Wirkung von Kräutern, die auch Teil der → Kneippschen Küchenphilosophie bildet.

Unter den etwa 15 000 essbaren Wildpflanzen in Europa haben sich wenige einfach zu kultivierende Sorten im alltäglichen Gebrauch durchgesetzt: Zum festen Sortiment zählen Petersilie, Dill, Schnittlauch, Basilikum, Estragon, Oregano, Kresse, Kerbel und Majoran, aber auch Thymian, Rosmarin, Salbei und Minze sowie Sauerampfer, Borretsch und Pimpinelle sind beliebt.

Die aromareichen Pflanzen werden frisch oder getrocknet, eingelegt oder gefriergetrocknet verwendet und einzeln oder als Kräutermischungen angeboten. Frische Kräuter entfalten ihren Geschmack am intensivsten, aber auch getrocknete oder gefriergetrocknete Kräuter haben eine spezielle Würzkraft. Die Aromen werden beim Schneiden oder Hacken freigesetzt und gehen beim Kochen auf die anderen Zutaten über. Während manche Kräuter nur bei längerem Garen ihr Aroma entfalten, dürfen andere erst kurz vor Ende des Garprozesses hinzugefügt werden, damit sie ihren Geschmack und ihre Konsistenz nicht verlieren.

Besonders in der modernen Küche werden für nahezu alle Zubereitungen frische Kräuter verwendet, da sie auch der Bekömmlichkeit und einer guten Verdauung dienen. Zu den bekanntesten Kräutergerichten im deutschsprachigen Raum zählt die Frankfurter Grüne Sauce, die mit sieben verschiedenen Kräutern zubereitet wird. In der gehobenen Küche gibt es zunehmend mehr »Kräuterköche«, die auch weniger bekannte Wildkräuter wieder entdecken und damit neue Geschmackserlebnisse ermöglichen.

K

Kohlrabi-Schnitzel mit Wildkräuter-Joghurt

Für 4 Portionen:
1 Bund gemischte Wildkräuter
(z. B. Pimpinelle, Spitzwegerich,
Schafgarbe, Bärlauch)
1 Zitrone
2–3 Kohlrabis (etwa 600 g)
2 EL Zitronensaft
Meersalz, schwarzer Pfeffer
Vollkornmehl zum Wenden
3 Eier
150 g Semmelbrösel aus Vollkornbrötchen
2 EL frisch geriebener Parmesan
150 g fettarmer Naturjoghurt
8 EL Olivenöl
1 Kopfsalatherz

- Kräuter waschen, trockenschwenken, die Blättchen abzupfen und fein hacken. Zitrone schälen, auch die weiße Haut vorsichtig entfernen, aus dem Fruchtfleisch Filets herausschneiden und diese in kleine Stückchen schneiden.
- Kohlrabiknollen schälen und in dünne Scheiben schneiden. Mit Zitronensaft beträufeln und mit Salz und Pfeffer würzen.
- In Mehl wenden und durch die verquirlten Eier ziehen. Semmelbrösel mit Parmesan versieben und die Kohlrabischnitzel darin panieren.
- Joghurt mit Kräutern verrühren, mit Pfeffer würzen und Zitronenstückchen unterziehen.
- Die panierten Kohlrabischnitzel in Olivenöl auf beiden Seiten knusprig braten; herausnehmen und auf Küchenpapier entfetten.
- Kopfsalatherz entblättern, waschen und trockenschwenken. Blätter breitflächig auf vier Tellern verteilen und Kohlrabischnitzel darauf anrichten. Die Sauce löffelweise darübergeben oder separat dazu reichen.

Petersilien-Minze-Dip

Für 4 Portionen:
1 Bund Minze
1 Bund glatte Petersilie
100 ml Olivenöl
Saft von 1 Zitrone
Meersalz
grob geschroteter schwarzer Pfeffer
frisches Brot (Fladenbrot, Ciabatta oder Bauernbrot)

- Minze und Petersilie waschen, trockenschwenken und Blättchen abzupfen. Minze in feine Streifen schneiden, Petersilie fein hacken.
- Mit Olivenöl und Zitronensaft verrühren und mit Salz und Pfeffer würzen. Den Dip mit frischem Brot servieren.

Grüne Sauce (nach Frankfurter Art)

Für 4 Portionen:
2 Eier
1 gemischter Bund Kräuter (Schnittlauch, Kerbel, Sauerampfer, Petersilie, Brunnenkresse, Borretsch und Pimpinelle)
1 Zwiebel
1 TL mittelscharfer Senf
50 g Mayonnaise
100 g Schmand
50 g Naturjoghurt oder 5 EL Milch
Salz, schwarzer Pfeffer
etwas frischer Zitronensaft

- *Eier hart kochen und fein hacken. Kräuter waschen, trockenschwenken, Blättchen abzupfen und fein hacken. Zwiebel schälen und fein würfeln.*
- *Senf, Mayonnaise, Schmand und Joghurt zu einer cremigen Sauce verrühren, Eier und Kräuter unterziehen und mit Salz, Pfeffer und etwas Zitronensaft würzen.*
- *Grüne Sauce zu Pellkartoffen, Rindfleisch oder einfach als Dip mit Brot servieren.*

K

 # KREOLISCHE KÜCHE

Der Name dieser Küche rührt ursprünglich vom spanischen »criollo« her, was schlicht »im Lande Geborener« bedeutet. Gemeint sind die Nachfahren indianischer Ureinwohner, europäischer Kolonialherren und afrikanischer Sklaven, die in den größtenteils tropischen Gegenden der Neuen Welt, vornehmlich in der Karibik, aber auch im Süden der USA, geboren wurden. Unterschiedliche Kochtraditionen und Lebensmittel aus verschiedenen Erdteilen wurden so zusammengeführt, und aus dieser Verschmelzung entstand die raffinierte, würzige, bisweilen scharfe kreolische Küche, die in den wesentlichen Elementen mit der → karibischen Küche identisch ist.

Gekocht wird in der kreolischen Küche vor allem mit Fisch und Meeresfrüchten, aber auch verschiedenen Fleisch- und Geflügelsorten, außerdem mit Reis, Chili, Tomaten, tropischen Knollen und Früchten sowie Gewürzen wie Muskatnuss, Ingwer, Nelken, Piment und Zimt. Originär karibische Zutaten wie Maniok, Mais, Ananas, Knoblauch, Chilis, Papaya, Süßkartoffeln, Bananen und Kokosnüsse werden dabei mit den aus Afrika eingeführten Okraschoten, Calalou (Taropflanze), Kichererbsen und Augenbohnen kombiniert.

Zuckerrohr, Zwiebeln und Kohl steuerten die Spanier bei, Worcestershiresauce und Blutwurst die Briten; die Franzosen brachten den Schnittlauch und bestimmte raffinierte Garmethoden mit auf die Inseln.

Im Laufe der Jahrhunderte und letztlich durch den boomenden Tourismus hat sich eine moderne kreolische Küche entwickelt, die zu einem internationalen Exportschlager wurde. Kochen mit Rum, Ananas, Vanille und Banane wird als kreolisch-karibische Garnitur bezeichnet, und insbesondere in Frankreich sind Gerichte nach kreolischer Zubereitungsart (à la créole) populär; auch die Bezeichnungen »à l'antillaise« (nach Art der Antillen) und »des îles« (nach Art der Inseln) sind üblich. Die kreolische Küche ist nicht zu verwechseln mit der → Cajun-Küche, die in den amerikanischen Südstaaten vorherrscht und zwar von der kreolischen beeinflusst wurde, aber eine herzhafte, ländliche Küche ist.

K

Kreolischer Salat mit Ingwerdressing

Für 4 Portionen:
4 Frühlingszwiebeln
250 g Tomaten
2 Mangos
2 Karambolen (Sternfrucht)

Für das Dressing:
etwa 4 cm frische Ingwerwurzel
½ Bund Koriandergrün
50 ml Olivenöl
50 ml Apfelessig
1 EL Limettensaft
1 EL Dijonsenf
1 TL brauner Zucker
Salz, schwarzer Pfeffer
1 Prise Cayennepfeffer
1–2 EL Kokosraspeln

- Frühlingszwiebeln putzen, waschen und in feine Streifen schneiden. Tomaten überbrühen, häuten, entkernen und in Streifen schneiden. Mangos schälen und das Fruchtfleisch würfeln. Karambolen waschen und in dünne Scheiben schneiden. Die vorbereiteten Zutaten in einer Schüssel locker vermengen.
- Ingwer schälen und in kleine Stücke schneiden. Koriandergrün waschen, trockenschwenken und die Blättchen abzupfen. Ingwer, Koriander, Olivenöl, Apfelessig, Limettensaft, Dijonsenf und braunen Zucker in einen Küchenmixer geben und kräftig durchmixen.
- Die Sauce mit Salz, Pfeffer und Cayennepfeffer würzen und unter die Salatzutaten heben. Salat auf vier Teller verteilen und mit Kokosraspeln bestreuen.

Shrimps à la créole (Garnelen mit Tamarindensaft)

Für 4 Portionen:
1 Zwiebel
2 Knoblauchzehen
1 grüne Paprikaschote
8 geschälte große Garnelen
Saft von 1 Limette
1 EL Butter
2 EL Tomatenmark
4 EL Sherry
2 Lorbeerblätter
100 ml Tamarindensaft
(Asia- oder Naturkostladen)
1 kräftige Prise gemahlener Piment
Salz, schwarzer Pfeffer
3 EL Chilisauce

- Zwiebel und Knoblauchzehen schälen und fein würfeln. Paprikaschote putzen, waschen und in Würfel schneiden.
- Garnelen mit Limettensaft beträufeln. Butter in einer größeren Pfanne erhitzen und Zwiebel, Knoblauch und Paprika darin andünsten.
- Tomatenmark zugeben, kurz rösten, mit Sherry ablöschen und die Lorbeerblätter einlegen. Tamarindensaft einrühren und einige Minuten einkochen lassen.
- Mit Piment, Salz, Pfeffer und Chilisauce würzen, die Garnelen einlegen und 3 bis 5 Minuten darin ziehen lassen (nicht länger, sonst werden sie zäh). Dazu Reis servieren.

K

 # KUBA

Die sozialistische Republik Kuba ist die größte karibische Insel. Sie gehört zu den Großen Antillen und grenzt im Süden an das Karibische Meer, im Norden an den Atlantischen Ozean und im Nordwesten an den Golf von Mexiko. Kuba zählt rund 11,2 Millionen Einwohner, überwiegend Nachfahren der spanischen Kolonialherren, die bis Ende des 19. Jahrhunderts über die Insel herrschten – 1902 erlangte Kuba seine Unabhängigkeit –, zu einem kleineren Teil auch Nachkommen afrikanischer Sklaven. Das subtropische Klima und die fruchtbaren Böden bieten zwar gute Voraussetzungen für die Landwirtschaft, doch wird etwa die Hälfte des Fläche nicht genutzt, und Kuba muss einen Großteil seines Lebensmittelbedarfs importieren. Angebaut werden vor allem Tabak- und Zuckerrohr.

Die kubanische Küche ist von → spanischen und → afrikanischen Einflüssen geprägt. Im Ostteil der Insel, wo traditionell mehr Einwanderer von anderen karibischen Inseln, vor allem von Haiti, und Nachfahren afrikanischer Sklaven leben, ist die Küche eher → kreolisch ausgerichtet. Die Küche Westkubas und der Hauptstadt Havanna hingegen ist stärker → spanisch orientiert.

Die wichtigsten Lebensmittel in der kubanischen Küche sind Bohnen und Reis. Arroz y frijoles (Reis und Bohnen) ist denn auch das kubanische Nationalgericht, das im Westen etwas anders zubereitet wird als im Osten. Frijoles negros (schwarze Bohnen) werden aber auch für Eintöpfe und Suppen verwendet oder im eigenen Sud püriert und auf gerösteten Brotscheiben gegessen. Weitere typische Zutaten sind Maniok (stärkehaltige Knollen, die wie Kartoffeln verwendet werden) und Mais, der vorzugsweise bei Feststagsessen zum Einsatz kommt. Als Beilage gibt es häufig Süßkartoffeln, frittiert, püriert oder einfach gekocht. Beim Gemüse spielen Quimbombó (Okraschote), Aji cachucha (kleine Gemüsepaprika), Tomaten, Kohl, Avocados und Blattsalate eine wichtige Rolle, aber auch Plátanos (Kochbananen) in allen Zubereitungsformen und Naranjas agrias (Bitterorangen) werden gern verwendet.

Zum Würzen dienen Knoblauch, Limetten, viel Chili, frischer Koriander, Lorbeerblätter und gemahlener Kreuzkümmel, und vielfach werden die Gerichte mit braunem Zucker abgeschmeckt. Eine typische Würzsauce ist Sofrito, die aus Zwiebeln, Knoblauch, Lorbeerblättern, grünem Paprika und Oregano hergestellt wird. Fleisch wird gern mit Mojo oder Mojito (Würzsauce aus Öl, Knoblauch, Zwiebeln, Bitterorangen und Limettensaft) angeboten. In der westkubanischen Küche wird häufig mit Alcaparrado gekocht, einer Mischung aus Oliven, Rosinen und Kapern, die den Gerichten einen süß-sauren Geschmack verleiht.

Ein sehr verbreitetes Gericht ist Ropa vieja, ein scharfer Rindfleischeintopf mit Zimt und Kapern, der seinen Ursprung auf den Kanarischen Inseln hat. Typische Spezialitäten sind außerdem Picadillo (ein Rindfleischeintopf mit Alcaparrado), Foo-foo (Bällchen aus pürierten Gemüsebananen), Croquetas (panierte und frittierte Fleischkroketten mit Bechamelsauce) und Tamal en Cazuela (Maisbrei mit Schweinefleisch). In den Küstengebieten kommen auch Fisch und Meeresfrüchte auf den Tisch; in der Alltagsküche der Kubaner spielen sie jedoch aufgrund der hohen Preise kaum eine Rolle. Während der Woche gibt es deshalb meist einfache, vorwiegend vegetarische Mahlzeiten, die mit wenig Fleisch oder Soja als Fleischersatz angereichert werden. Zu einem Essen gehören immer auch Frituras (frittierte Maniok- oder Kochbananenscheiben).

Desserts sind in der kubanischen Küche sehr beliebt. Ob Raspadura (kristallisierte Zuckerrohrmelasse), Dulce de coco (Kokosmark mit Zucker gekocht), Casquitos de guayaba (Guavenfruchtfleisch mit Zucker gekocht), Tocino del cielo (Pudding mit Eigelb) oder Flan (Karamelcreme) – die Süßspeisen zeichnen sich oft durch eine extreme Süße aus und werden bisweilen mit Rum verfeinert. Zum Abschluss einer Mahlzeit wird außerdem frisches Obst wie Mangos, Guaven, Passionsfrüchte, Cherimoya und Mamey sapote gereicht.

Zum Essen wird stets abgekochtes, gut gekühltes Wasser getrunken. Beliebte nichtalkoholische Getränke sind außerdem Batidos (Milchshakes) und Guarapo (Zuckerrohrsaft mit Limettensaft und Eis). Das alkoholische Volksgetränk Nummer eins ist das einheimische Bier (Cristal oder Bucanero), an zweiter Stelle folgt der Rum, der in zahlreichen Destillerien aus dem reichlich vorhandenen Zuckerrohr hergestellt wird.

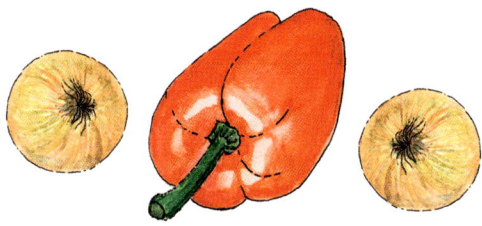

Sopa de frijoles negros (Schwarze-Bohnen-Suppe)

Für 4 Portionen:
300 g schwarze Bohnen
500 ml Gemüsebrühe
2 rote Paprikaschoten
2 Zwiebeln
2 Knoblauchzehen
4 EL Pflanzenöl
½ Bund gemischte Kräuter
(Koriander, Petersilie, Majoran)
1 Prise Chilipulver
½ TL gemahlener Kreuzkümmel
etwas gemahlene Gewürznelke
etwas abgeriebene Schale von
1 unbehandelten Orange
Salz, schwarzer Pfeffer

- *Bohnen über Nacht einweichen. Am nächsten Tag die Bohnen mit Gemüsebrühe und 500 ml Wasser in einen Topf geben, aufkochen lassen und bei mittlerer Hitze in etwa 40 Minuten weich kochen.*
- *In der Zwischenzeit die Paprikaschoten entkernen und kleinwürfeln. Zwiebeln und Knoblauchzehen schälen und fein würfeln. Kräuter waschen, trockenschwenken, die Blättchen abzupfen und fein hacken.*
- *Zwiebeln in heißem Pflanzenöl glasig dünsten. Paprikawürfel hinzufügen, einige Minuten weiter dünsten und dann unter die Bohnen mischen.*
- *Kräuter, Knoblauch, Chilipulver, Kreuzkümmel, Gewürznelke und Orangenschale unterrühren und die Mischung mit einem Pürierstab grob mixen, sodass noch ganze Bohnen vorhanden sind. Mit Salz und Pfeffer würzen und servieren.*

Ropa vieja (Rindfleischeintopf)

Für 4 Portionen:
600 g mageres Rindfleisch
Salz
2 große Zwiebeln
2 Gewürznelken
2 Lorbeerblätter
½ TL schwarze Pfefferkörner
5 Knoblauchzehen
2 grüne Paprikaschoten
2 frische Chilischoten
1 große Karotte
500 g geschälte Tomaten mit Saft (Dose)
5 EL Pflanzenöl
je 1 kräftige Prise gemahlener Zimt und Gewürznelken
frisch zerstoßener schwarzer Pfeffer
50 g eingelegte Kapern

- Rindfleisch in einen Topf legen und mit kaltem Wasser aufgießen, bis alles bedeckt ist; mit Salz würzen.
- Eine Zwiebel halbieren und beide Hälften jeweils mit einer Gewürznelke und einem Lorbeerblatt spicken. Pfefferkörner und die gespickten Zwiebelhälften zum Rindfleisch in den Topf geben. Einmal aufkochen lassen, dann im geschlossenen Topf bei geringer Hitze etwa 1 Stunde garen.
- Die zweite Zwiebel und Knoblauchzehen schälen und fein würfeln. Paprikaschoten waschen, halbieren, entkernen und in 1 Zentimeter große Würfel schneiden. Chilischoten putzen, entkernen und kleinwürfeln. Karotte schälen und kleinwürfeln. Tomaten zerkleinern und zurück in den Saft legen.
- Rindfleisch aus dem Topf nehmen und auf einem Holzbrett kurz ruhen lassen. Die Brühe durch ein Sieb passieren und Rindfleisch in mundgerechte Würfel schneiden.
- Pflanzenöl in einem Topf erhitzen und Zwiebel und Knoblauch darin glasig dünsten. Karotte, Chili und Paprika einstreuen und etwa 5 Minuten unter stetem Rühren braten.
- Mit einem Viertel der passierten Brühe aufgießen, die Fleischwürfel einrühren und mit Zimt, Gewürznelken, Salz und Pfeffer kräftig würzen.
- Kapern mit der Gabel zerdrücken und kurz vor dem Servieren unterrühren. Den Eintopf nach Belieben mit Okraschoten und Stangensellerie anreichern und mit etwas Rum aromatisieren.

LAOS

Der einzige Binnenstaat Südostasiens grenzt im Westen an Birma und Thailand, im Süden an Kambodscha, im Osten an Vietnam und im Norden an China. Das langgezogene Land ist sehr dünn besiedelt, und da mehr als 80 Prozent der über sechs Millionen Laoten in der Landwirtschaft arbeiten, leben die meisten Menschen in ländlichen Gebieten. In den fruchtbaren Schwemmebenen des Mekong, der durch Laos fließt, wird vor allem Reis angebaut (Laos muss keinen zusätzlichen Reis importieren), aber auch Kartoffeln, Mais, Mungo- und Sojabohnen, Yams, Erdnüsse, Zucker, Kaffee und Tee. Die meisten Laoten sind Selbstversorger und ziehen im eigenen Garten Gemüse und Gewürze, von Ingwer, Minze und Zitronengras über Zwiebeln, Knoblauch, Tamarinde und zahlreiche Chilisorten bis hin zu Tomaten, laotischen Auberginen und Bananenstauden. In vielen Gärten werden außerdem Hühner, Enten sowie Puten und sogar Schweine gehalten, die bei Bedarf geschlachtet werden. Die Männer gehen regelmäßig auf die Jagd, um zusätzlich Wildbret zu bekommen.

In Laos sind mehr als 3000 Sorten Reis bekannt, wobei überwiegend Klebreissorten angebaut werden, denn Klebreis ist das laotische Hauptgrundnahrungsmittel, das bei allen Mahlzeiten auf den Tisch kommt. Für das Frühstück wird Klebreis rund 8 Stunden eingeweicht, dann gedämpft und mit Kokosnuss, Mango oder Padek (in Salzlake eingelegte Fischstücke) verzehrt. Mittags gibt es zum Klebreis verschiedene Gemüse, außerdem Suppe und natürlich Chilipaste. Je nach Verfügbarkeit wird auch getrocknetes Fleisch, gebratenes Huhn, Schwein, Rind oder Fisch aus dem Mekong stückchenweise zur großen Portion Klebreis hinzugefügt. Sonntags wird das traditionelle Laap zubereitet, eine Art Salat aus scharf gewürztem Schweine- oder Hühnerhackfleisch mit Gemüse, Kräutern und Gewürzen. Weitere Spezialitäten sind Ping sin (gegrilltes Rindfleisch), Khao poon nam phik (Reisnudeln in scharfer Sauce) und Kang som pa (Fischsuppe).

Die Gerichte schmecken stets anders, da die Gewürzkombinationen immer wieder variiert werden, je nachdem, was der Garten hergibt. Im Unterschied etwa zur → kambodschanischen Küche gibt es in der laotischen Küche keine süß-sauren Gerichte. Das wohl beliebteste Gewürz ist Chili, aber auch Galgantwurzel wird oft verwendet, ebenso Koriander, Thaibasilikum, Minze, Dill, Knoblauch, Ingwer und Nuoc nam (Fischsauce).

Die wichtigsten Küchenutensilien sind der Mörser, ein scharfes Küchenbeil und ein Hackbrett. Außerdem verfügt jeder Haushalt über einen Wok und verschieden große Bambuskörbchen, in denen Speisen gedämpft werden. Gekocht wird stets mit frischen Zutaten vom Markt oder aus dem eigenen Garten; Kühlschränke sind kaum vorhanden.

Traditionell sitzt man während der Mahlzeiten auf dem Boden rund um ein Rattantablett, auf dem alle Gerichte gleichzeitig serviert werden. Man isst mit den Fingern – deshalb wird das Essen in Laos meist lauwarm serviert – und nimmt dabei mit dem Klebreis die anderen Speisen auf. Zum Dessert werden frische Papayas, Bananen oder Mangos gereicht. Zu den Mahlzeiten wird meist Wasser getrunken, verbreitet ist auch Zitronengrastee. Der Kaffee wird traditionell im Glas mit etwas

Kondensmilch und einem Schuss grünem Tee serviert. Alkoholische Getränken werden in der Regel nach dem Essen angeboten: Beerlau, ein laotisches Bier, ist sehr beliebt, ferner Lao hai und Lao lao, Spirituosen, die beide aus Reis hergestellt werden. Lao hai ähnelt dem japanischen Sake, wird aus Tonkrügen ausgeschenkt und mit Strohhalmen getrunken. Lao lao ähnelt geschmacklich dem Whisky.

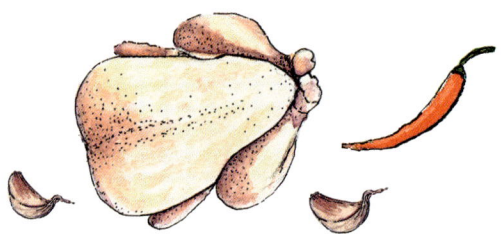

Kai lao (Kokoshuhn mit Schweinefleischfüllung)

Für 4 Portionen:
4 Knoblauchzehen
2 Zwiebeln
1 kleine rote Chili
1 küchenfertiges Hähnchen
1 TL Salz
3 EL Rapsöl
250 g Schweinehackfleisch
schwarzer Pfeffer
1 EL fein gehacktes Koriandergrün
100 g roher Klebreis (oder Langkorn)
800 ml Kokosmilch (Dose)
2 EL Fischsauce (Nuoc nam)

· *Knoblauchzehen abziehen und durch eine Presse drücken. Zwiebeln schälen und fein würfeln. Chilischote putzen und fein würfeln.*
· *Hähnchen mit Knoblauch und der Hälfte des Salzes innen und außen kräftig einreiben.*

· *In einem größeren Wok das Rapsöl erhitzen und Zwiebelwürfel und Schweinehackfleisch darin unter Rühren krümelig braten. Dabei mit dem restlichen Salz, Pfeffer und Chili würzen.*
· *Koriandergrün und Klebreis einstreuen, 2 bis 3 Minuten weiter braten und dann mit 400 ml Kokosmilch aufgießen. Bei milder Hitze 10 bis 15 Minuten einkochen lassen, bis die ganze Flüssigkeit aufgesogen ist.*
· *Den Wokinhalt abkühlen lassen und das Hähnchen damit füllen. Hähnchen in den Wok setzen, mit der restlichen Kokosmilch und so viel Wasser aufgießen, bis alles bedeckt ist.*
· *Mit Fischsauce würzen, den Wok mit einem Deckel verschließen und das gefüllte Hähnchen bei mittlerer Hitze etwa 40 Minuten garen. Mit Klebreis servieren.*

Kang som pa (Fischsuppe)

Für 4 Portionen:
1 kg küchenfertiger Süßwasserfisch
(Zander, Hecht, Forelle)
2 Stängel Zitronengras
2 große Tomaten
5 Frühlingszwiebeln
½ TL Salz
2 EL Fischsauce
Saft von ½ Limette
1 EL frisch gehacktes Koriandergrün

- *Den Fisch quer in 2 bis 3 cm dicke Scheiben schneiden. Zitronengras mit dem Messerrücken anquetschen. Tomaten waschen, putzen und in Viertel schneiden, Frühlingszwiebeln putzen und in Ringe schneiden.*
- *Etwa 1 l Wasser mit Zitronengras und Salz aufkochen. Fischscheiben, Fischsauce und Tomatenvierteln hinzufügen und bei geringer Hitze 15 Minuten sanft garen lassen.*
- *Frühlingszwiebeln, Limettensaft und Koriandergrün einrühren, die Suppe in vier Schalen füllen und servieren.*

L

LIBANON

Die libanesische Republik in Vorderasien grenzt im Norden und Osten an Syrien, im Süden an Israel und im Westen ans Mittelmeer. Die rund vier Millionen Einwohner leben vorwiegend in den Städten und gehören verschiedenen muslimischen (etwa Sunniten und Schiiten) und christlichen (etwa Maroniten) Glaubensrichtungen an. Amtssprache ist Arabisch, daneben werden zahlreiche andere Sprachen und Dialekte, etwa Armenisch und Kurdisch, gesprochen; auch Französisch ist als Verkehrs- und Elitesprache verbreitet, was auf die französische Besatzung von 1920 bis 1946 zurückgeht.

So unterschiedlich wie die Religionen und Kulturen, so vielfältig sind auch die – vorwiegend mediterranen – Einflüsse, die sich in der libanesischen Küche widerspiegeln. Der → französische Einfluss zeigt sich vor allem in der Verwendung von Sahne, Wein und Essig; Rindfleischgerichte und allgemein Fleischtöpfe lassen sich der armenischen Tradition zuordnen; die Gewürzmischung Sumach und die Verwendung von Granatäpfelkernen sind der syrischen Küche entlehnt; in der Vorliebe für Pasta spiegelt sich der → italienische Einfluss, und natürlich hat auch die libanesische Küche wie der ganze arabische Raum eine

Vorliebe für Saucen aus Kräutern, Olivenöl und Zitronensaft.

Landwirtschaft wird im Libanon vor allem in der fruchtbaren Bekaa-Ebene betrieben, wo überwiegend Wein, Getreide und vielerlei Obst und Gemüse angebaut werden. In der Küstenebene gedeihen vor allem Zitrusfrüchte, Melonen und Bananen. In kargeren, gebirgigen Gegenden weiden Schafe und Ziegen, die als Milch- und Fleischlieferanten dienen.

Die vorwiegend vegetarisch geprägten libanesischen Gerichte sind in der Regel intensiv gewürzt. Zu den Grundnahrungsmitteln zählen Weizen (insbesondere als Bulgur), Reis, Linsen, Kichererbsen, viel frisches Gemüse, Nüsse, Obst und Joghurt. Libanesen lieben Nüsse und Samen: Pistazien, Pinienkerne, Mandeln, Cashews und Walnüsse werden zum Kochen verwendet und zwischen den Mahlzeiten geknabbert. Viele Speisen werden mit gerösteten Sesamsamen garniert. Gemüse wird gebraten und in Olivenöl eingelegt, zu den populärsten Arten zählen Bamya (Okraschoten), Kusa (Zucchini), Ful achdar (enthülste dicke Bohnen) und Bazinjan (gestreifte Mini-Auberginen).

Das libanesische Nationalgericht ist Kibbeh, kleine Kroketten aus Bulgur und fein gehacktem Lammfleisch, gewürzt mit Minze, Zwiebeln und Pinienkernen, die in heißem Fett ausgebacken werden. Inbegriff der libanesischen Esskultur sind außerdem die als Mazza oder Mezze bezeichneten Vorspeisen, kalte und warme Zubereitungen, die in Schälchen und mit viel Fladenbrot gleichzeitig oder in schneller Abfolge serviert werden. Dazu gehören Hummus (Kichererbsencreme), Falafel (frittierte Kichererbsenbällchen), Mutabbal (Auberginenpaste mit Sesam), Tabouleh (Bulgursalat mit Petersilie), Ful (braune Bohnen), Schanklisch (in Öl eingelegter Käse), schwarze und grüne Oliven sowie Warak ennab (gefüllte Weinblätter). Ein libanesisches Mittagessen besteht meist aus mehreren Mazza – wenn es sehr heiß ist, wird auch gern kalte Melonensuppe gegessen. Zur Hauptmahlzeit, die am Abend im Familienkreis stattfindet, werden ebenfalls Mazza gereicht, ergänzt um gegrillten Fisch oder gegrilltes Fleisch (vor allem Huhn und Lamm). Dazu gibt es Bulgur (grob zerkleinerter Hartweizen). Zu den beliebten Gerichten zählen Burghul bi d'feeneh (Bulgur mit Fleisch und Kichererbsen), Kibbe nayye (Rinder- oder Lammhack mit Bulgur, Zwiebeln und Minze), Bastarma (getrocknetes Rindfleisch mit einer Würzschicht), Kubba bi schamija (frittierte Lammhackbällchen), Kebab (Hackfleischspieße) und als Beilagen Salata malfuf (Kohlsalat) und Schawarma (mit Fleisch gefülltes Brot). Mughrabija (kleine Grießkugeln) werden getrocknet und zum Andicken von Hühnersuppe verwendet.

Als Dessert werden in der Regel frische Datteln, Baklawa (mit duftendem Sirup getränktes Blätterteiggebäck mit Nüssen und Honig) oder Mandelcremepudding gereicht. Zum Frühstück gibt es meist Chubz (arabisches Brot) und Labna (Joghurtkäse), dazu frisches Obst, Honig, frische Datteln, Nüsse und Oliven, aber auch Trockenfrüchte wie Tinh (Feigen) oder Tamr (Datteln).

Das beliebteste Getränk im Libanon ist Kaffee, der stark, schwarz und sehr süß, häufig mit Kardamom gewürzt, den ganzen Tag über getrunken wird. Daneben wird viel heimisches Bier getrunken, etwa Almaza und Laziza; und Arak, der traditionelle Anisschnaps, ist ebenfalls sehr populär.

Warak ennab (Gefüllte Weinblätter)

Für 30 Stück:
200 g Weinblätter
(werden fertig abgepackt angeboten)
5 EL Olivenöl
50 g Pinienkerne
2 mittelgroße Zwiebeln
50 g roher Langkornreis
½ Bund frische Minze
Salz, schwarzer Pfeffer
½ TL gemahlener Zimt
2 EL Korinthen
Saft von 2 Zitronen

- *Weinblätter kurz in kochendes Wasser geben, mit einem Schaumlöffel herausnehmen, mit kaltem Wasser abschrecken und dann einzeln auf einer Arbeitsplatte zum Trocknen auslegen.*
- *1 EL Olivenöl in einer Pfanne erhitzen und Pinienkerne darin unter Schwenken rösten; herausnehmen und auf einen Teller geben.*
- *Zwiebeln schälen und fein würfeln. 2 EL Olivenöl in einem kleinen Topf erhitzen und Zwiebelwürfel darin glasig dünsten. Reis hinzufügen und unter Rühren andünsten, mit knapp 200 ml Wasser begießen und aufkochen lassen. Etwa 5 Minuten kochen lassen, dann die Hitze verringern und den Reis in 20 Minuten fertig garen, bis die Flüssigkeit aufgesogen ist.*
- *Minze waschen, trockenschwenken, Blättchen abzupfen und fein hacken. Reis mit Salz, Pfeffer und Zimt würzen; Korinthen und Minze untermischen.*
- *Je 1 EL Reismischung längs mittig auf ein Blatt geben, oben und unten einschlagen und von der Seite her aufrollen. So lange fortfahren, bis alles aufgebraucht ist.*
- *Das restliche Olivenöl in einen breiten Topf träufeln, die Weinblätterrollen mit den Schnittkanten nach unten einlegen. Mit Zitronensaft beträufeln und mit so viel heißem Wasser begießen, dass alles gerade bedeckt ist.*
- *Mit einem umgedrehten Teller beschweren, den Topf mit einem Deckel verschließen und die gefüllten Weinblätter bei starker Hitze etwa 5 Minuten garen.*
- *Den Topf vom Herd nehmen und die Weinblätter in der Flüssigkeit vollständig abkühlen lassen. Mit einem Schaumlöffel aus dem Topf nehmen, abtropfen lassen und auf einer Platte anrichten. Zum Servieren mit Zitronenspalten garnieren.*

L

Hummus (Kichererbsenpüree)

Für 4 Portionen:
4 Knoblauchzehen
½ Bund glatte Petersilie
500 g eingelegte Kichererbsen (Dose)
2 EL Olivenöl
Saft von 1 Zitrone
Salz, schwarzer Pfeffer
1 kräftige Prise Cayennepfeffer
1 kräftige Prise Chilipulver

- Knoblauchzehen abziehen und durch eine Presse drücken. Petersilie waschen, trockenschwenken, Blättchen abzupfen und fein hacken.

- Die abgetropften Kichererbsen mit Knoblauch, Olivenöl, Zitronensaft, Petersilie und Gewürzen fein pürieren. Eventuell einige Löffel kaltes Wasser beimischen, damit die Paste nicht zu kompakt wird.
- Hummus in eine Servierschüssel füllen und dazu Chubz oder Weißbrot reichen. Nach libanesischer Art wird auch gebratenes Lammhackfleisch über das Hummus gestreut und mit gemahlenem Zimt überstäubt.

Schurba schaman (Zweifarbige Melonensuppe)

Für 4 Portionen:
1 große Cantaloupe-Melone
Saft von 1 Zitrone
1 EL Zucker
1 große Honigmelone
Saft von 1 Limette
1 EL Honig
¼ Bund frische Minzeblätter
200 g Vollmilchjoghurt
gemahlener Zimt

- Cantaloupe-Melone aufschneiden, entkernen, das Fruchtfleisch von der Schale lösen und klein schneiden. Mit Zitronensaft und Zucker fein pürieren und etwa 1 Stunde kaltstellen.

- Honigmelone aufschneiden, entkernen, das Fruchtfleisch von der Schale lösen und klein schneiden. Mit Limettensaft und Honig fein pürieren und 1 Stunde kaltstellen. Minze waschen, trockenschwenken, Blättchen abzupfen und in Streifen schneiden.
- Beide Melonensuppen gleichzeitig von zwei Seiten in vier tiefe Teller füllen, sodass ein zweifarbiges Bild entsteht.
- Joghurt gut verrühren und löffelweise in die Mitte der Teller geben. Mit Zimt bestäuben, mit Minzestreifen garnieren und servieren.

MAKROBIOTISCHE KÜCHE

Die asiatisch geprägte Makrobiotik (von griechisch makrós »groß, lang« und bios »Leben«) ist eine Lebensweise, deren Ziel darin besteht, eine Balance der beiden entgegengesetzten Kräfte Yin (weibliches, ausdehnendes Prinzip) und Yang (männliches, zusammenziehendes Prinzip) zu schaffen und so ein langes Leben in geistiger und körperlicher Gesundheit zu führen. Begründet wurde die Makrobiotik von dem japanischen Philosophen George Ohsawa (1892–1966), der sich auf Theorien und medizinische Erkenntnisse des japanischen Arztes Sagen Ishizuka (1850–1910) stützte. Weiterentwickelt wurde die Theorie von dem japanischstämmigen Ernährungswissenschaftler Mishio Kushi (* 1926).

In der Makrobiotik spielt die Ernährung eine zentrale Rolle. Dabei werden nicht die Nährstoffgehalte berücksichtigt, sondern das ausgewogene Verhältnis von Yin und Yang in der Nahrung. Die Lebensmittel werden den jeweiligen Kräften nach bestimmten Kriterien, zum Beispiel Wassergehalt, Form, Farbe, Struktur und Standort einer Pflanze, zugeordnet. In der ursprünglichen, heute kaum mehr praktizierten Makrobiotik nach Ohsawa bildet Getreide die Grundlage der makrobiotischen Ernährung, da es als einziges Lebensmittel ein ausgewogenes Kräfteverhältnis aufweist. Angestrebt wird sogar eine Ernährung, die ausschließlich aus Getreide besteht. Mineralstoffe soll der Körper über Meersalz beziehen, die Flüssigkeitszufuhr sollte möglichst beschränkt werden. Diese Ernährungsweise ist aus ernährungsphysiologischer Sicht nicht empfehlenswert, da sie zu einem gesundheitsgefährdenden Mangel an Vitaminen, Eiweißen und Mineralstoffen führen kann.

In der modernisierten makrobiotischen Küche nach Kushi (auch Kushi-Diät genannt) wird überwiegend pflanzliche Kost empfohlen. Die tägliche Ernährung sollte mindestens 50 Prozent Vollgetreide (Gerste, Dinkel, Weizen, Roggen, Hafer, Hirse, Buchweizen, Reis) enthalten, außerdem Miso (milchsauer vergorene Paste aus Sojabohnen, Kochsalz und meist auch Getreide), Algen und Sojaprodukte – zum täglichen Verzehr einer Misosuppe wird geraten. Daneben sollte täglich frisches saisonales Gemüse aus biologischem Anbau (gekocht, gebraten oder gedünstet, teilweise auch roh) auf den Tisch kommen, des weiteren Hülsenfrüchte (etwa Kichererbsen, Azukibohnen, weiße Bohnen) als Lieferanten für pflanzliches Eiweiß sowie Trockenobst, Nüsse, Samen, in geringeren Mengen auch frisches Obst und gelegentlich magerer Fisch. Bei den Getränken wird zu Bancha-Tee, Kräutertees, frischen natürlichen Fruchtsäften, Sojaprodukten und Wasser ohne Kohlensäure geraten.

Stark verarbeitete, nährstoffarme Produkte wie Zucker und Weißmehl werden abgelehnt, desgleichen Konserven, Tiefkühlprodukte, Softgetränke und Alkohol. Auch Milch, Käse, Eier und Fleisch gelten als nicht empfehlenswert, weshalb die moderne makrobiotische Küche als größtenteils ➜ vegan beschrieben werden kann. Aus ernährungswissenschaftlicher Sicht gilt die makrobiotische Ernährung nach Kushi als für Erwachsene durchführbar, für Kinder allerdings als nicht geeignet, da sie zu einseitig und energiearm ist.

M

Makro-Couscous

Für 4 Portionen:
400 g Couscous (aus dem Reformhaus)
1 TL Meersalz
50 g getrocknete Aprikosen
50 g Pinienkerne
2 EL Olivenöl
1 EL flüssiges Gomasio (asiatisches Sesamsalz)
1 EL fein gehacktes Koriandergrün

• Couscous in einer breiten Pfanne unter
  Schwenken rösten. Etwa 400 ml Wasser
  mit Meersalz aufkochen und den gerösteten

Couscous einrühren. Den Topf vom Herd
nehmen, mit einem Deckel verschließen und
Couscous 30 Minuten ausquellen lassen.
• Aprikosen in Streifen schneiden. Pinienkerne in einer beschichteten Pfanne ohne
  Fett rösten, bis sie duften.
• Olivenöl, Aprikosenstreifen, Pinienkerne
  und Gomasio unter den Couscous rühren,
  auf vier Schalen verteilen und mit Koriandergrün bestreuen.

M

Misosuppe mit Tofu und Spinat

Für 4 Portionen:
1 Handvoll junge Spinatblätter
200 g Tofu
4 EL Dashi (Granulat, Asialaden)
4 EL dunkle Misopaste (Asialaden)
1 EL brauner Zucker
100 g frische Sojabohnensprossen

• Spinat putzen und waschen. Tofu in kleine
  Würfel schneiden.
• Dashi, Miso und den braunen Zucker gut
  vermischen und in 1 l kochendes Wasser
  rühren. Die Hitze reduzieren und die Suppe bei geringer Hitze weitere 5 Minuten
  köcheln lassen.
• Spinatblätter, Tofuwürfel und Sojabohnensprossen einrühren, einige Minuten ziehen
  lassen und auf vier Schalen verteilen.

🇲🇾 MALAYSIA

Der südostasiatische Staat besteht aus zwei Teilen: Der Westteil liegt auf der malaiischen Halbinsel und grenzt im Norden an Thailand, der Ostteil liegt auf der Halbinsel Borneo, ist durch das Südchinesische Meer vom Westteil getrennt und grenzt an Indonesien und Brunei. Über die Hälfte des Landes ist von Regenwald bedeckt; an den Küsten Westmalaysias gibt es Mangrovenwälder und Sumpfgebiete, die in fruchtbare Ebenen übergehen, auf denen Landwirtschaft betrieben wird. Entlang der Küsten Ostmalaysias erstrecken sich riesige Plantagen. Wichtige landwirtschaftliche Exportgüter sind neben Pfeffer (Malaysia ist das »Land, wo der Pfeffer wächst«) vor allem Reis, Kokosnüsse und Kakao. Die rund 27 Millionen Einwohner bilden ein buntes Bevölkerungsgemisch aus Malaien (rund 65 Prozent), Chinesen, Indern und zahlreichen ethnischen Minderheiten.

Ebenso kunterbunt ist die malaysische Küche. Typisch → malaysische Gerichte und solche → indischen Ursprungs sind meistens scharf gewürzt, die → chinesisch beeinflussten Speisen etwas milder. Reis und Nudeln sind die Grundnahrungsmittel, daneben wird auch Brot, ähnlich dem indischen Naan und Roti, gern gegessen. Fisch und Meeresfrüchte kommen reichlich auf den Tisch, beim Fleisch werden Rind und Geflügel bevorzugt, denn Malaysia ist überwiegend muslimisch geprägt, weshalb in vielen Haushalten Schweinefleisch tabu ist. Beim chinesischen Bevölkerungsteil ist es dafür umso beliebter. Die Hindus wiederum essen kein Rindfleisch. Frisches Gemüse und Früchte aus eigenem Anbau oder vom Markt kommen in Malaysia häufig und in vielerlei Zubereitungen auf den Tisch. Gewürzt wird mit Zimt, Koriander, Kreuzkümmel, Laos-Pulver und Kurkuma; Chili, Limettenblätter, Kokosnuss und Zitronengras sind Bestandteil vieler Speisen. Die wichtigsten Küchenutensilien sind der Mörser zum Zerstoßen der Gewürze (traditionell sogar ein Mahlstein) sowie der Wok.

Typische Gerichte der malaysischen Küche sind Satay (gegrillte Fleischspieße mit Erdnusssauce) mit Ketupat (gepresste Reiskuchen, die in einer Tasche aus Kokospalmblättern gekocht werden), Gado gado (gebratener Tofu mit Gemüse), Laksa (eine variantenreiche, würzige Nudelsuppe auf der Basis von Kokosmilch und Chili), Roti chanai (gebratenes Brot mit Currys), Bak kut teh (Schweinerippchen in Brühe), Mie goreng (gebratene Nudeln mit vielerlei Zutaten), Nasi goreng (gebratener Reis mit vielerlei Zutaten), Kari laksa kerang (eine würzige Nudelsuppe mit Herzmuscheln), Lok bak (Tofu mit Schweine- und Hühnerfleisch), Sotong (Tintenfisch in scharfer roter Sauce) mit Kangkung (Wasserspinat, der überall auf den Inseln wächst) sowie Nasi lemak (Kokosreis mit gerösteten Erdnüssen). Beliebt sind auch die von den Indern eingeführten Birianis (würzige Reisgerichte) und Kormas (milde Currysaucen). Zum Essen wird meist Sambal belacan, eine Universalwürzsauce aus Krabbenpaste, Chili und Knoblauch, gereicht.

Die malaysischen Desserts sind sehr üppig und werden auf der Basis von Sago, Mungobohnen, Bohnenmehl oder Klebreis zubereitet und mit Palmzucker und Kokosnuss gesüßt. Beliebte Süßspeisen sind Ais kacang (eine Art Eis aus gekochten roten Bohnen, Kokosmilch, gezuckerten Maiskörnern, Palmzucker und

M

-samen) und Lengchee kang (frische Pandanusblätter mit Zuckersirup und Lotusnüssen,
verkocht mit verschiedenen Früchten).

Gekocht und gegessen wird in Malaysia
eigentlich immer und überall. Zahlreiche
mobile Garküchen säumen die Straßen, jeder
Anbieter hat sich auf ein bestimmtes Gericht
spezialisiert, und die Rezepte werden meist als

Familiengeheimnis weitergegeben. Am liebsten essen die Malaysier die Speisen von einem
Bananenblatt, auf dem alles angerichtet wird.
Getrunken werden vor allem Tee und Kaffee;
alkoholische Getränke sind, wie in anderen
muslimisch dominierten Ländern auch, bei
großen Teilen der Bevölkerung tabu.

Sayur masak lemak (Gemüsecurry)

Für 4 Portionen:
2 kleine rote Chilischoten
2 Knoblauchzehen
1 große Zwiebel
200 g Kartoffeln
500 g Weiß- oder Chinakohl
400 ml Kokosmilch (Dose)
1 TL Shrimp-Paste (Belacan)
½ TL gemahlene Kurkuma
etwas Limettensaft

· *Chilischoten putzen und fein würfeln. Zwie-*
  bel und Knoblauchzehen schälen und in
  Streifen schneiden. Kartoffeln schälen und

in 2 cm große Stücke schneiden. Kohl ent-
blättern, waschen und in Streifen schneiden.
· *Kokosmilch erhitzen und Chili, Knoblauch,*
  Zwiebel und Kartoffelstückchen bei mittlerer
  Hitze 5 Minuten darin ziehen lassen.
· *Weißkohl einrühren, alles mit Shrimp-Paste*
  und Kurkuma würzen und weitere 5 bis
  8 Minuten köcheln lassen.
· *Sobald die Kartoffeln gar sind und das Ge-*
  richt eine sämige Konsistenz angenommen
  hat, Limettensaft einrühren, das Curry
  auf vier Portionsschalen verteilen und mit
  frittiertem Fladenbrot (s. Rezept Seite 179)
  servieren.

Roti prata (Frittiertes Fladenbrot)

Für 4 Portionen:
500 g Mehl
1 EL Zucker
250 ml lauwarmes Wasser
1 TL Salz
2 EL Kokosmilch
2 Eier
1 l Pflanzenöl zum Frittieren

- Mehl, Zucker und Wasser gut verrühren und 20 Minuten ruhen lassen. Salz und Kokosmilch zugeben und zu einem geschmeidigen Teig verkneten.

- Aus dem Teig 12 kleine Kugeln formen, diese mit Pflanzenöl bestreichen, mit einem Tuch abdecken und 30 Minuten ruhen lassen.
- Eier verquirlen. Je eine Teigkugel zu einem kleinen, dünnen Fladen ausrollen, mit etwas Ei bestreichen, Fladen einmal zusammenfalten und in siedendem Pflanzenöl portionsweise goldgelb frittieren.
- Die Brote lauwarm zu einem Currygericht (s. Rezept Seite 178) servieren.

MALEDIVEN

Die Republik Malediven liegt südwestlich der Südspitze Indiens im Indischen Ozean. Der Inselstaat besteht aus 20 Atollen mit insgesamt 1087 Inseln, die sich in Nord-Süd-Richtung über rund 800 km erstrecken. Die knapp 340 000 Malediver bewohnen 220 Inseln, die sogenannten Local Islands; weitere 87 Inseln werden touristisch genutzt, die restlichen sind unbewohnt. Amtssprache ist Dhivehi, daneben ist Englisch verbreitete Zweitsprache. Der Islam ist verordnete Staatsreligion, nahezu 100 Prozent der Einwohner sind sunnitische Muslime. Trotz des florierenden Tourismus zählen die Malediven zu den ärmsten Ländern der Welt. Auf den trockenen, salzhaltigen Inselböden kann nur wenig Landwirtschaft betrieben werden, Hirse, Maniok, Süßkartoffeln und Kokosnüsse zählen zu den wenigen selbst erzeugten Produkten. Ein so wichtiges Grundnahrungsmittel wie Reis hingegen muss aus Indien importiert werden. Da die Lebenshaltungskosten durch viele Importe sehr hoch sind, können sich immer mehr Malediver ein Leben im eigenen Land nicht mehr leisten und wandern deshalb nach Indien aus.

In der traditionellen maledivischen Küche (die nicht zu vergleichen ist mit der internationalen Küche auf den touristisch genutzten Inseln) haben die Kolonialherren aus Portugal, Dänemark und England keine sichtbaren Spuren hinterlassen. Gerichte mit Fisch und Meeresfrüchten spielen naturgemäß eine wichtige Rolle: Vor allem Thunfisch, aber auch verschiedene Seebrassen, Barracuda, Makrele, Red Snapper, Delphin, Fliegenfisch

M

und alles, was der Tagesfang bereithält, werden gegrillt oder als Currygericht zubereitet. Doch nicht allein die Fischgerichte prägen die maledivische Küche, auch Fleischgerichte mit Lamm, Rind und Geflügel (etwa Huhn, Ente, Taube) sowie Wildhasen werden gern gegessen. Den Verzehr von Schweinefleisch verbietet der Islam. Typische Früchte und Gemüse, die die authentische maledivische Küche auszeichnen, aber nur teilweise auf den Inseln gedeihen, sind Aleebukhaari (wilde Pflaumen), Mango, Papaya, Bananen, Guaven, Kokosnuss, Brotfrucht, Bodu kekuri (eine Art Kürbis), Kirschpaprika, Dhan'digan'du atha (Zuckeräpfel), Yamswurzeln, Süßkartoffeln und Tarowurzeln. Gewürzt wird mit Pfeffer, Chili, Meersalz, Rihaakuru (Fischextrakt), Kokos-

palmenessig, Rosen- und Jasminwasser, Muskatnuss, Kurkuma, Koriander, Gewürznelken, Kardamom, Ingwer, Tamarinde, Minze, Betelblättern, wildem Basilikum, Rampe leaf (einheimische süße Blätterart), Kreuzkümmel, Fenchelsamen und Zimt.

Die Küche der einzelnen Atolle ist durchaus variantenreich, je nach Verfügbarkeit der Lebensmittel. Zu den typischen Gerichten zählen Masbaiy (Fischcurry mit Kokosmilch), Garudiya (Fischsuppe mit Reis), Riha (Fischtopf) und Roschi (Pfannenbrot, das als Beilage serviert wird). Auch Kurumahu hithi (Kokos-Fisch-Suppe) und Geri riha (Rindfleisch-Curry) sind beliebt. Typische Getränke sind frische Kokosmilch, Wasser und der allgegenwärtige Tee.

Kurumahu hithi (Kokos-Fisch-Suppe)

M

Für 4 Portionen:
1 mittelgroße Zwiebel
4 Knoblauchzehen
5 cm frische Ingwerwurzel
500 g Fischfilet (Seelachs, Rotbarsch)
2 EL Basilikumblätter
500 ml Fischbrühe (Fertigprodukt)
400 ml Kokosmilch (Dose)
¼ TL Kreuzkümmelsamen
¼ TL Schwarzkümmelsamen
¼ TL gemahlene Kurkuma
4 Curryblätter (Asialaden)
Saft von 1 Limette
Meersalz, schwarzer Pfeffer

- *Zwiebel, Knoblauchzehen und Ingwer schälen und fein würfeln. Fischfilet in mundgerechte Stücke schneiden. Basilikum waschen, trockenschwenken und Blättchen in Streifen schneiden.*
- *Fischbrühe mit Kokosmilch, Kreuzkümmel, Schwarzkümmel und Kurkuma aufkochen lassen. Die Hitze reduzieren, Zwiebel, Knoblauch, Ingwer und Curryblätter einrühren und 10 Minuten köcheln lassen.*
- *Fischstücke mit Limettensaft beträufeln und mit Salz und Pfeffer würzen. In der Suppe 5 bis 8 Minuten ziehen lassen. Zum Servieren mit Basilikumstreifen garnieren.*

Geri riha (Rindfleisch-Curry)

Für 4 Portionen:
2 große Zwiebeln
8 Knoblauchzehen
1 Cherry Pepper
800 g mageres Rindfleisch (Entrecôte)
zum Kurzbraten
4 EL Kokosöl
8 Curryblätter (Asialaden)
1 EL Currypulver
Meersalz, schwarzer Pfeffer
400 ml Kokosmilch (Dose)

• *Zwiebeln schälen und in hauchdünne Strei-*
  fen schneiden. Knoblauchzehen abziehen
  und fein würfeln. Cherry Pepper putzen
  und in feinste Streifen schneiden. Rind-
  fleisch in dünne Streifen schneiden.
• *Kokosöl in einem breiten Topf erhitzen und*
  Zwiebeln, Knoblauch, Cherry Pepper und
  Curryblätter darin so lange braten, bis die
  Zwiebeln goldbraun sind.
• *Fleischstreifen mit Currypulver, Meersalz*
  und Pfeffer würzen und mit in den Topf
  geben. Etwa 15 Minuten braten, dabei
  immer wieder mit Kokosmilch begießen
  und diese einkochen lassen. Dazu passen
  frittierte Süßkartoffelscheiben.

M

MALLORCA

Die größte Insel der Balearen mit rund 3600 Quadratkilometern und mehr als 800 000 Einwohnern musste sich in ihrer wechselhaften Geschichte mit Piraten, Handelsherren und Eroberern auseinandersetzen, die deutliche Spuren auf dem Speisezettel hinterlassen haben. So brachten beispielsweise die Römer Getreide und Oliven auf die Insel, die Phönizier den Wein, die Araber Auberginen, Mandeln, Aprikosen, Feigen und Pfirsiche und die Spanier schließlich die Produkte aus der Neuen Welt.

Obwohl Mallorca zu Spanien gehört, hat die Mittelmeerinsel eine ganz eigene Seele, die sie auch verteidigt. Die mallorquinische Küche, auf die auch George Sand in ihrem Buch *Ein Winter auf Mallorca* eingeht, ist eine Regionalküche der ➜ spanischen, aber durchweg mediterran geprägt und zum Teil sehr deftig. Zu den Grundzutaten zählen Tomate, Paprika, Aubergine, Zucchini, Knoblauch, Fisch und natürlich Olivenöl. In ihrer ursprünglichen Form wird sie vor allem in den Fincas und Bodegas im Hinterland, abseits der touristischen Küstengebiete, gepflegt. Zum Aperitif wird meist Palo (ein dunkler Kräuter- und Gewürzlikör) serviert. Auf rustikalem Geschirr gibt es dazu Oliven und Mandeln, frische Artischocken, Pa amb oli (Brot mit Öl) oder Matanza (schneeweißes Schweineschmalz), außerdem mallorquinischen Käse, Granatapfelkerne, Pistazien und Sobrassada (luftgetrocknete Paprika-Mettwurst). Die Hauptgerichte werden oft mit Schweinefleisch zubereitet, aber frischer Fisch und Meeresfrüchte, von Tintenfisch und Langus-

te bis Meerbarbe und Rochen, wird ebenfalls reichlich gegessen.

Die mallorquinische Küche ist auch für ihre Süßspeisen, die oft mit Mandeln zubereitet werden, bekannt. Neben Turróncs (nougatähnlichen Pralinen) sind vor allem Gató (Mandelkuchen) und Mazapán (Marzipan) beliebt. Zum Essen gibt es mallorquinischen Wein, die Weißweine werden vor allem aus den Rebsorten Malvasia und Premsal Blanc gewonnen, die Rotweine aus Mantonegro-, Fogoneu- und Callettrauben. Zum Digestif trinkt man Hierbas (einen Kräuterlikör auf Anisbasis), Café solo (Espresso) oder Cortado (Espresso mit etwas Milch). Sehr beliebt ist auch Xocolata calenta (heiße Schokolade).

M

Figues et mazapán (Feigen und Marzipan)

Für 4 Portionen:
100 g Zucker
40 geschälte Mandeln
150 g fein gemahlene Mandeln
100 g Puderzucker
1 TL geriebene Zitronenschale
2 EL Wasser
8 frische Feigen
100 ml Madeira
Zitronenmelisseblättchen zum Servieren

- *Zucker in einer Pfanne schmelzen und zu braunem Karamel rühren. Die ganzen*

Mandeln einrühren und die Masse auf eine Marmorplatte gießen; abkühlen lassen.
- *Gemahlene Mandeln mit Puderzucker, Zitronenschale und Wasser verkneten; eventuell etwas Wasser hinzufügen.*
- *Aus dem »Marzipanteig« 8 Schlangen formen und diese zu Schnecken aufrollen. Die Schnecken auf einem Servierteller anrichten und mit den Karamellmandeln belegen.*
- *Feigen waschen, vierteln und zwischen die Marzipanstücke geben. Feigen mit Madeira beträufeln und alles mit Zitronenmelisseblättchen garnieren.*

Ensalada de tonyina (Thunfischsalat)

Für 4 Portionen:
4 Scheiben küchenfertiger Thunfisch
(à etwa 100 g)
Saft von ½ Zitrone
Salz, schwarzer Pfeffer
4 Eier
4 Kopfsalatherzen
2 rote Zwiebeln
100 g schwarze Oliven
50 g Kapern
3 EL Olivenöl
Salz- und Pfeffermühle, Olivenöl, Sherryessig
zum Servieren

- Thunfischscheiben mit Zitronensaft beträufeln und mit Salz und Pfeffer würzen. Eier in etwa 10 Minuten hart kochen.

- Kopfsalatherzen entblättern, waschen, trockenschwenken und auf vier Tellern breitflächig anrichten.
- Zwiebeln schälen, halbieren und in feinste Streifen schneiden. Die gekochten Eier mit kaltem Wasser abschrecken, pellen, durch einen Eierschneider drücken und je ein Ei in Scheiben auf einem Salatherz anrichten. Mit Zwiebelstreifen, Oliven und Kapern belegen.
- In einer größeren Pfanne das Olivenöl erhitzen und die Thunfischscheiben darin in 6 bis 8 Minuten braten. Je eine Fischscheibe auf einem Salatteller anrichten.
- Die Salatteller servieren und individuell mit Salz, Pfeffer, Olivenöl und Sherryessig würzen. Dazu ofenfrisches Weißbrot reichen.

Pa amb oli (Geröstetes Brot mit Olivenöl)

Für 4 Portionen:
8 dicke Scheiben dunkles Bauernbrot
Salz
8 EL Olivenöl
4 aromatische Tomaten
nach Belieben luftgetrockneter Schinken,
Käse oder Wurst

- Brotscheiben rösten, mit Salz bestreuen und mit Olivenöl beträufeln.
- Tomaten waschen, in Hälften schneiden und jeweils eine Brotscheibe mit einer Tomatenhälfte kräftig einreiben.
- Brot nach Belieben pur servieren oder mit Schinken, Käse oder Wurst belegen.

Escaldums de pollastre (Huhn mit Mandeln)

Für 4 Portionen:
2 Hähnchen (jeweils etwa 1 kg)
Salz, gemahlener Pfeffer
edelsüßes und rosenscharfes Paprikapulver
2 Knoblauchzehen
2 aromatische Tomaten
2 EL Butterschmalz
100 g Mehl
einige Safranfäden
1 Msp. gemahlener Zimt
1 TL getrocknete Kräuter (Salbei, Thymian)
300 ml trockener Weißwein
500 ml Fleischbrühe
50 g gemahlene Mandeln
50 g Mandelblättchen
200 g Sahne

- Hähnchen jeweils in vier Teile schneiden, gründlich waschen und mit Küchenpapier trockentupfen. Mit Salz, Pfeffer und den beiden Paprikasorten würzen. Knoblauch schälen und in Scheibchen schneiden. Tomaten waschen und vierteln.
- In einem breiten Topf 1 EL Butterschmalz erhitzen. Hähnchenteile in Mehl wenden und im heißen Fett von allen Seiten knusprig braten. Anschließend herausnehmen und auf einen Teller legen.
- Das restliche Butterschmalz in den Bratensatz geben und Knoblauch und Tomaten darin andünsten. Safran, Zimt und Kräuter einrühren und alles mit Salz und Pfeffer würzen.
- Den Topfinhalt mit Weißwein ablöschen und mit Fleischbrühe aufgießen. Hähnchenteile mit dem ausgetretenen Bratensaft hinzufügen und alles aufkochen lassen. Hähnchenteile bei mittlerer Temperatur im geschlossenen Topf etwa 45 Minuten garen.
- In der Zwischenzeit in einer heißen, ungefetteten Pfanne die gemahlenen Mandeln und Mandelblättchen rösten, bis sie duften; auf einen Teller geben.
- Die fertig gegarten Hähnchenteile aus dem Topf nehmen. Die Sauce durch ein Sieb passieren und mit Sahne aufkochen. Die gerösteten Mandeln unterrühren und Hähnchenteile wieder einlegen. Dazu passen Bratkartoffeln.

MAROKKO

Das Königreich Marokko liegt im Nordwesten Afrikas, grenzt im Westen an den Atlantischen Ozean, im Osten an Algerien und ist im Norden durch die Straße von Gibraltar vom spanischen Festland getrennt. Die Südgrenze Marokkos ist international umstritten. Marokko ist Teil des Maghreb – das arabische Wort bedeutet »Westen« und meint die muslimischen Länder westlich von Ägypten, insbesondere Marokko, Algerien und Tunesien. Von den rund 32 Millionen Marokkanern sind 80 Prozent Berber, die aber zu einem großen Teil arabisiert sind, 20 Prozent sind arabischer Herkunft. Die Amtssprache ist Arabisch, daneben werden aber mehrere Berbersprachen sowie Französisch (die Sprache der ehemaligen Kolonialherren) als Handels- und Bildungssprache gesprochen. In den Küstengebieten im Norden und Westen des Landes herrscht ein mediterranes Klima vor; der Süden und Südosten sind saharisch-kontinental beeinflusst. Die Klimascheide bildet das stellenweise mehr als 4000 Meter hohe Atlasgebirge. Auf den landwirtschaftlich nutzbaren Flächen im Westen und Nordwesten werden vor allem Weizen, Gerste, Mais, Reis, Hirse, Zuckerrüben, Hülsenfrüchte, Datteln, Mandeln, Erdnüsse, Oliven, Sonnenblumen, Orangen, Zitronen, Kartoffeln, Artischocken, Aprikosen, Erdbeeren und Wein angebaut. Aus den Kernen des Arganbaums, der nur in Marokko vorkommt, wird das sehr aromatische Arganöl gewonnen, das die Berber seit Jahrhunderten zum Kochen und zu kosmetischen Zwecken verwenden. Im kargeren Osten und in den Gebirgen werden vor allem Schafe, Ziegen, Rinder, Geflügel, Esel und Pferde gezüchtet.

Die aromatische, orientalische, sehr würzige marokkanische Küche hat das kulinarische Erbe verschiedener Völker miteinander verschmolzen und gehört heute zu den interessantesten der Welt. Die Mauren brachten aus Andalusien Zitrusfrüchte, Kräuter, Mandeln und Olivenöl mit, die arabischen Beduinen führten Getreide, Brot, Datteln und Milch ein, die Araber eine Fülle von Gewürzen. Aber auch Einflüsse der → afrikanischen, der → jüdischen und der → französischen Küche haben die marokkanische Küche geprägt.

Das marokkanische Nationalgericht berberischen Ursprungs ist Tajine (ein Schmorgericht mit Lamm- oder Rindfleisch, Fisch oder Gemüse), das im gleichnamigen Tontopf mit kegelförmigem Deckel langsam gegart wird, traditionell über dem Holzfeuer. Die variantenreiche Tajine wird mit vielerlei Gewürzen, Salzzitronen und häufig mit Trockenfrüchten zubereitet. Ebenso populär ist Couscous (Hartweizengrieß), der mit einer Garnitur aus Gemüse, Trockenobst, Fleisch oder Fisch sowie Harissa (einer scharfen Gewürzpaste mit Chili) serviert wird. Es gibt auch eine süße Variante mit Zucker und Zimt. Traditionell wird der Couscous mit den Fingern der rechten Hand zu Bällchen geformt und getunkt, oder Gemüse- oder Fleischstücke werden in den Couscous gedrückt. An Feiertagen wird Méchoui (Hammel- oder Lammspießbraten) zubereitet. Dabei wird das Tier von innen mit Salz und einer Mischung aus Zwiebeln, Pfeffer, Minze, Thymian und Rosmarin gewürzt, zugenäht und von außen mit geschmolzener Butter eingestrichen. Sehr verbreitet ist auch Harira (eine Suppe aus Getreide und/oder Hülsenfrüchten), die während des Ramadan als erste Mahlzeit des Tages kurz nach Sonnenuntergang gegessen wird. Die dickflüssige Suppe kann mit oder ohne Fleisch zubereitet werden. Zum Essen wird Fladenbrot gereicht, das traditionell mit einem speziellen Sauerteigansatz gebacken wird. Rghaif und Beghrir (kleine süße Hefepfannkuchen) werden gern zum Frühstück, aber auch zum Dessert serviert. Die noch warmen Pfannkuchen werden mit Honig und zerlassener Butter bestrichen. Sehr beliebt ist auch Pastilla (süß oder herzhaft gefüllte Pastete), die bei keinem traditionellen Festtagsessen fehlen darf. Das marokkanische Gebäck ist in der Regel sehr süß und wird auf der Basis von Mandeln, Erdnüssen, Datteln und Honig hergestellt.

Die Würzgrundlage der marokkanischen Küche bilden Kreuzkümmel, Safran, Cayennepfeffer, edelsüßer Paprika und Zimt. Hinzu kommen Anis, Ingwer, Kardamom, Pfeffer in allen Schärfegraden, Salz, Wermutkraut, Koriander und große Mengen Petersilie. Daneben werden die Würzmischungen Ras el Hanout (bis zu 35 Gewürze) oder Chermoula (aus Zwiebel, Knoblauch, Petersilie und Koriander, verfeinert mit Safran, Cayennepfeffer und edelsüßem Paprikapulver) für die Zubereitung von Gerichten mit Geflügel, Wild oder Gemüse verwendet. Typische Zutaten sind außerdem eingelegte, süß-scharfe rote Paprikaschoten, Salzzitronen, Khlii (luftgetrocknetes Fleisch), klein geschnittenes, geschmortes Gemüse in Olivenöl, reichlich bestreut mit frisch gehackter Petersilie, sowie Joghurt, der mit Artischocken oder Oliven in

Salzlake eingedickt wird. Zum Aromatisieren der Speisen wird zudem gern Smen (geklärte und gewürzte Butter) benutzt.

Zum Essen wird vor allem gekühltes Wasser getrunken, einheimische Marken wie Sidi Harazam oder Oulmes sind sehr verbreitet. Außerdem wird zu jeder Tageszeit Thé à la menthe (Tee aus chinesischem Grüntee, viel frischer Minze und reichlich Zucker) gereicht. Alkohol ist in dem muslimisch geprägten Land wenig verbreitet, stattdessen gibt es Mandelmilch und frisch gepressten Orangen-, Trauben- oder Granatapfelsaft, der mit Orangenblütenwasser oder Rosenwasser aromatisiert wird.

M

Karotten mit Chermoula

Für 4 Portionen:
800 g Karotten
1 Bund Koriandergrün
1 Bund glatte Petersilie
1 große Zwiebel
5 Knoblauchzehen
1 TL Ras el Hanout
1 EL edelsüßes Paprikapulver
1 TL rosenscharfes Paprikapulver
1 TL gemahlener Kreuzkümmel
1 kräftige Prise Salz
Saft von 1 Zitrone
5 EL Olivenöl

- *Karotten schälen und in dünne Scheiben schneiden. Koriandergrün und Petersilie waschen, trockenschwenken, Blättchen abzupfen und fein hacken. Zwiebel und Knoblauchzehen schälen und fein würfeln.*
- *Koriandergrün, Petersilie, Zwiebel, Knoblauch, Gewürze, Zitronensaft und Olivenöl gut miteinander verrühren und in einer ofenfesten Auflaufform gut mit den Karotten vermengen. Bei Zimmertemperatur etwa 30 Minuten durchziehen lassen.*
- *Im vorgeheizten Backofen bei 180 °C (Umluft 160 °C) etwa 30 Minuten garen. Warm oder kalt mit Fladenbrot servieren.*

Tajine (Lammschmortopf)

Für 4 Portionen:
1 kg mageres Lammfleisch (Schulter)
2 große Zwiebeln
3 EL Olivenöl
½ TL Salz
½ TL schwarzer Pfeffer
1 Döschen gemahlener Safran (1 g)
1 TL gemahlener Zimt
½ TL gemahlener Ingwer
250 g Trockenpflaumen (Backpflaumen)
Saft und Schale von 1 unbehandelten Zitrone
3 EL weiches Smen (oder geklärte Butter)
50 g Zucker
2 EL Minzeblättchen, in Streifen geschnitten
Pinienkerne oder Mandeln nach Belieben

- Lammfleisch in etwa 2 cm große Würfel schneiden. Zwiebeln schälen und fein würfeln.
- Fleischwürfel, Zwiebeln, Olivenöl, Salz, Pfeffer, Safran, Zimt und Ingwer gründlich miteinander vermengen. Mit Folie abdecken und für 2 Stunden zum Marinieren in den Kühlschrank stellen.

- Trockenpflaumen mit Zitronensaft und heißem Wasser begießen und etwa 20 Minuten quellen lassen.
- Smen mit der Fleischmischung in einen breiten Schmortopf geben und mit so viel heißem Wasser begießen, dass alles bedeckt ist.
- Einmal aufkochen lassen, dann den Topf mit einem Deckel verschließen, die Hitze reduzieren und den Topfinhalt bei mittlerer Hitze etwa 50 Minuten schmoren lassen.
- Die aufgeweichten Pflaumen mit der Einweichflüssigkeit, Zitronenschale und Zucker aufkochen (eventuell etwas Wasser zugießen) und bei geringer Hitze 15 Minuten köcheln lassen.
- Die gegarten Fleischwürfel aus dem Topf nehmen und auf einer Servierplatte anrichten. Schmorflüssigkeit bei starker Hitze 5 Minuten einkochen lassen und das Fleisch damit überziehen.
- Rundherum mit Backpflaumen garnieren und mit Minzestreifen bestreuen. Nach Belieben mit gerösteten Pinienkernen oder Mandeln bestreuen.

M

Harira (Marokkanische Ramadansuppe)

Für 4 Portionen:
½ Bund Suppengrün (Karotte, Knollensellerie, Lauch)
200 g Kartoffeln
200 g Rindfleisch (das Fleisch kann auch weggelassen werden)
1 Zwiebel
2 Knoblauchzehen
3 EL Olivenöl
1 l Fleischbrühe (oder Gemüsebrühe)
150 g rote Linsen
150 g Kichererbsen (Dose)
2 Fleischtomaten
½ Bund Petersilie
50 g Reis
1 TL Harissa (arabische Würzpaste)
Saft von ½ Zitrone
½ TL gemahlener Kreuzkümmel
½ TL gemahlener Koriander
Salz, schwarzer Pfeffer
Fladenbrot

- *Suppengrün und Kartoffeln putzen, Sellerie und Kartoffeln schälen und alles kleinwürfeln. Rindfleisch in mundgerechte Würfel schneiden. Zwiebel und Knoblauchzehen schälen und fein hacken. Petersilie waschen, trockenschwenken, Blättchen abzupfen und fein hacken.*
- *Fleischwürfel in heißem Olivenöl einige Minuten braten. Suppengrün und Kartoffeln hinzugeben und mit Fleischbrühe aufgießen. Nach dem Aufkochen Linsen und Kichererbsen einrühren, die Hitze reduzieren und den Eintopf etwa 1 Stunde köcheln lassen.*
- *Tomaten überbrühen, häuten, entkernen und in kleine Würfel schneiden. Mit Petersilie, Reis, Harissa und Zitronensaft in den Eintopf rühren und weitere 20 Minuten garen lassen.*
- *Kurz vor dem Servieren mit Kreuzkümmel, Koriander, Salz und Pfeffer würzen. Mit Fladenbrot zum Eintunken servieren.*

M

 ## MEDITERRANE KÜCHE

Die mediterrane Küche (von lateinisch medius »in der Mitte befindlich« und terra »Land«) beschreibt im Wesentlichen die Kochkunst der Anrainerländer des Mittelmeers. Hauptsächlich sind damit die → italienische, → spanische, → portugiesische und → griechische Küche, zum Teil die → französische, → türkische und die → Balkanküche sowie in geringerem Maße die nordafrikanische, → ägyptische und → libanesische Küche gemeint. Der Begriff, der paradoxerweise in den USA geprägt wurde, ist seit den 1970er Jahren geläufig. Amerikanische Ernährungswissenschaftler hatten, ausgehend von der Feststellung, dass im mediterranen Raum die Zahl der Herz-Kreislauf-Erkrankungen deutlich geringer ist, bestimmte Lebensmittel wie Olivenöl, Pasta, Fisch und Gemüse als gesundheitsfördernd beschrieben – ihre Forschungsergebnisse dienten als Grundlage für

Diätmethoden wie die Kretadiät und die mediterrane Diät. In der Tat ist die mediterrane Küche eine frische, vitaminreiche und relativ kalorienarme Küche, was sicher zu einer gesunden Lebensweise beiträgt.

Obwohl sich die genannten Küchen in ihrer nationalen Ausprägung deutlich voneinander unterscheiden, verwenden sie doch weitgehend die gleichen Produkte: Obst und Gemüse, das im milden Klima des Mittelmeerraums besonders gut gedeiht, sowie reichlich Fisch und Meeresfrüchte. Typisch für die mediterrane Küche ist frisches Gemüse wie Tomaten, Auberginen, Paprika, Zucchini, Artischocken, Zwiebeln und Knoblauch, Obst wie Melonen, Feigen, Aprikosen und Nektarinen, außerdem reichlich frische Kräuter, Chili und natürlich Oliven. Eine wichtige Rolle spielen auch Schaf- und Ziegenkäse sowie der regelmäßige Verzehr von Fisch; Fleisch kommt seltener auf den Tisch. Die vielleicht wichtigste Zutat ist Olivenöl, das für die Zubereitung herzhafter wie süßer Gerichte verwendet und dem eine gesundheitsfördernde Wirkung zugeschrieben wird. Nicht nur Salate, kalte Vorspeisen, Fisch- und Fleischgerichte, sondern auch Kuchen und Gebäck werden mit dem »Gold des Mittelmeers« zubereitet; es wird außerdem zum Aromatisieren von Suppen und Eintöpfen bei Tisch verwendet, und gegrillter Fisch wird zuweilen ausschließlich mit Olivenöl, Salz und Pfeffer zubereitet. Pasta und Reis, seltener Brot kommen als Kohlehydratlieferanten auf den Tisch, im nordafrikanischen Raum tritt Couscous an ihre Stelle. Und das mediterrane Getränk schlechthin, wenigstens in den nördlichen Mittelmeeranrainerstaaten, ist Rotwein, der stets zum Essen dazugehört.

M

Tagliatelle mit Artischocken-Zitronen-Sauce

Für 4 Portionen:
500 g Tagliatelle
Meersalz
1 Bund Basilikum
400 g eingelegte Artischockenherzen
(Glas)
Saft von 1 Zitrone
100 ml Olivenöl
50 g frisch geriebener Parmesan
Kräutersalz
frisch geschroteter schwarzer Pfeffer

- *Tagliatelle in reichlich kochendem Salzwasser bissfest garen. Basilikum waschen, trockenschwenken, Blättchen abzupfen und in Streifen schneiden.*
- *Artischockenherzen kurz abtropfen lassen, in Achtel schneiden und mit Basilikumstreifen, Zitronensaft, Olivenöl und Parmesan locker vermengen.*
- *Nudeln in ein Sieb abgießen und noch tropfnass mit der Artischockensauce in einer Schüssel locker vermengen. Mit Kräutersalz und Pfeffer würzen und sofort servieren.*

Gefüllter Tintenfisch mit Ratatouille

Für 4 Portionen:
1 küchenfertige Tintenfischtube (etwa 300 g)
Saft von ½ Zitrone
schwarzer Pfeffer
2 Scheiben entrindetes Weißbrot vom Vortag
50 g Kräuter-Crème-fraîche
10 schwarze Oliven
5 süße blaue Weintrauben
1 Ei
Salz
6 EL Olivenöl
1 mittelgroße Aubergine
1 kleiner Zucchino
1 kleine Zwiebel
4 Knoblauchzehen
je 1 rote und grüne Paprikaschote
4 Fleischtomaten
100 ml trockener Rotwein
250 ml Tomatensaft
250 ml Gemüsebrühe
1 EL gemischte gehackte Kräuter
(Rosmarin, Thymian, Oregano)
1 Hölzchen zum Verschließen

- Tintenfischtube innen und außen unter fließend kaltem Wasser gründlich waschen, mit Küchenpapier trockentupfen, mit Zitronensaft beträufeln und pfeffern.
- Weißbrot fein reiben und mit Crème fraîche verrühren. Oliven entsteinen, Weintrauben entkernen und beides fein hacken. Weißbrot, Oliven und Trauben mit Ei, 1 Prise Salz, Pfeffer und 1 EL Olivenöl verrühren.
- Die Mischung in die Tintenfischtube füllen und diese mit einem Hölzchen verschließen. Mit Folie abdecken und bis zum Gebrauch in den Kühlschrank stellen.

- Aubergine waschen, in 1 cm große Würfel schneiden und 10 Minuten in kaltes Salzwasser legen. Dann abgießen und mit Küchenpapier trockentupfen. Zucchino waschen, Stielansätze entfernen und Zucchino in dünne Scheiben schneiden.
- Zwiebel und Knoblauchzehen schälen und fein würfeln. Paprikaschoten waschen, vierteln, Kerne und Trennwände entfernen und Schoten in 1 cm große Stücke schneiden. Tomaten überbrühen, häuten, entkernen und achteln.
- In einer ofenfesten, hohen Pfanne 2 EL Olivenöl erhitzen und die gefüllte Tintenfischtube darin von allen Seiten 2 Minuten anbraten; herausnehmen und auf einen Teller legen.
- Das restliche Olivenöl in die Pfanne geben und Zwiebel und Knoblauch darin andünsten. Nach und nach das vorbereitete Gemüse einstreuen, einige Minuten andünsten und mit Salz und Pfeffer würzen. Mit Rotwein ablöschen und mit Tomatensaft und Gemüsebrühe aufgießen. Aufkochen lassen und dann vom Herd nehmen.
- Tintenfisch in das Gemüse legen und löffelweise mit Flüssigkeit überziehen. Die Pfanne mit einem Deckel oder Alufolie verschließen und das Gericht 20 Minuten im vorgeheizten Backofen bei 180 °C (Umluft 160 °C) garen.
- Die Pfanne aus dem Ofen nehmen und 5 bis 8 Minuten mit geschlossenem Deckel stehen lassen. Dann den Tintenfisch herausheben und quer in Scheiben schneiden. Kräuter in das Gemüse rühren und die Mischung auf vier Teller verteilen. Tintenfischscheiben darauf anrichten und sofort servieren.

M

MEXIKO

Der größte Teil Mexikos gehört geographisch zu Nordamerika, nur der äußerste Süden, ab dem Isthmus von Tehuantepec, zählt zu Mittelamerika. Die Amtssprache des über 100 Millionen Einwohner zählenden Landes ist zwar Spanisch, doch seit 2003 sind außerdem 62 indigene Sprachen als Nationalsprachen anerkannt. So vielfältig wie die Landessprachen ist auch die mexikanische Küche, die regional sehr unterschiedlich und von verschiedenen indigenen und aztekischen Traditionen geprägt ist. Unübersehbar sind auch die kulinarischen Einflüsse der spanischen Eroberer und der überwiegend europäischen Immigranten. Darüber hinaus ist die Vielfalt der heimischen Produkte enorm.

Kulinarisch lässt sich Mexiko in verschiedene Zonen einteilen: An der Küste kommen viele Fischgerichte auf den Tisch, im Süden, wo reichlich Chili angebaut wird, sind Eintöpfe beliebt, und im Norden überwiegen aufgrund der Rinderzucht die Fleischgerichte.

Das wichtigste Grundnahrungsmittel in ganz Mexiko ist der Mais. In gemahlener Form bildet er die Grundzutat für die allgegenwärtigen Tortillas, dünne Fladen, die im Norden des Landes auch aus Weizenmehl hergestellt werden und in ganz unterschiedlichen Zubereitungsarten auf den Tisch kommen. Tostadas etwa werden in heißem Fett ausgebacken und dienen als eine Art essbarer Teller; sie kommen bei uns auch als Tacoshells in den Handel. Belegt werden sie mit Hähnchen, Bohnen, Salatstreifen, Zwiebeln, Tomaten, Avocado, Crème fraîche, Käse, Salsa mexicana (einer Sauce aus frischen Tomaten, Zwiebeln und Chilischoten) oder Fisch und Chilistücken. Flautas, eine Spezialität aus Nordmexiko, sind weiche Weizentortillas, die gefüllt (zum Beispiel mit Hähnchen) zu dünnen Rollen gedreht und dann gebraten werden. Tacos wiederum sind gerollte Maismehltortillas mit unterschiedlichen Füllungen, die in heißem Fett ausgebacken werden. Für Quesadillas werden Tortillas mit Käse belegt, in der Mitte zusammengeklappt und so lange erhitzt, bis der Käse schmilzt. Enchiladas sind frische oder kurz gebratene Tortillas, die in eine warme Chilisauce getaucht, mit Fleisch oder Käse gefüllt und zu Taschen zusammengeklappt werden. Man kann sie mit Sahne, Crème fraîche oder Käse geschmacklich abrunden. Burritos sind meist mit Rindfleisch oder einer Bohnen-Käse-Mischung gefüllte Weizenmehltortillas, die mit Salsa mexicana serviert werden.

Mexiko ist auch das Ursprungsland vieler Pflanzen, die nicht nur hier eine kunterbunte bodenständige Küche ermöglichen, sondern weltweit andere nationale Küchen aufgewertet haben: Kakao, Vanille, Chilis, Tomaten, Mais, Kartoffeln, Bohnen, Erdnüsse und Avocado. Chilischoten etwa gibt es in vielerlei Formen, Farben, Größen und vor allem Schärfegraden. Jede Sorte, ob frisch oder getrocknet, hat einen eigenen Namen: So heißt der frische Chili poblano in getrockneter Form Chili jalapeño. Eine besondere Chili-Mole, eine scharfe Sauce aus verschiedenen Chilisorten, Schmalz und Schokolade, wird vorzugsweise zu Truthahnfleisch gegessen. Der Truthahn, der in Nordamerika beheimatet ist, ist auch Hauptbestandteil des mexikanischen Nationalgerichts Mole Poblano und wird von einer solchen Chili-Schokoladen-Sauce begleitet. Gewürzt wird ansonsten gern mit Cilantro (Koriander-

M

grün) und Canela (Zimt). Sehr beliebt sind auch Frijoles (Bohnen). Ein häufig serviertes Fischgericht ist Ceviche, roher Fisch oder Meeresfrüchte, die mit Limettensaft und Gewürzen mariniert werden. Huachinango (Red Snapper) wird gegrillt serviert und Bacalao (getrockneter Fisch) in Wasser eingeweicht und für Eintöpfe verwendet. Zum Nachtisch gibt es meist Flan, eine Art Karamellpudding. Und den Abschluss einer jeden Mahlzeit bilden stets Früchte der Saison wie Guaven, Melone, Mango, Ananas, Papaya oder Bananen.

Getrunken werden Jugos (frisch gepresste Fruchtsäfte) und Aguas (mit Wasser verdünn-te Fruchtsäfte). Sehr verbreitet sind helle und dunkle Biere und natürlich der weltberühmte Tequila (ein Agavenbranntwein) sowie Mezcal, der aus einer kleineren Agavenart gewonnen wird und sich dadurch auszeichnet, dass in der Flasche ein Wurm schwimmt.

Die wichtigste Mahlzeit ist in Mexiko das Mittagessen, das lang und üppig ausfällt und meist von einer Siesta gefolgt wird. Das Frühstück mit Kaffee und etwas Süßem nimmt sich eher karg aus, und auch abends gibt es nur einen Imbiss, etwa eine Tortilla oder unterschiedlich gefüllte kleine Tacos.

M

Guacamole (Avocadocreme)

Für 4 Portionen:
2 Fleischtomaten
2 Schalotten
2 Knoblauchzehen
2 frische rote Chilischoten
2 große reife Avocados
Saft von 1 Limette
Salz, grob geschroteter schwarzer Pfeffer
nach Belieben frisch gehacktes
Koriandergrün

• Tomaten überbrühen, häuten, entkernen und das Fruchtfleisch kleinwürfeln. Schalotten und Knoblauchzehen schälen und fein würfeln. Chilischoten putzen, Samen und Trennwände entfernen und fein würfeln.

• Avocados halbieren und die Kerne entfernen. Das Fruchtfleisch mit einem Löffel herauslösen, mit Limettensaft beträufeln und mit einer Gabel zu Mus zerdrücken.

• Tomaten-, Chili-, Schalotten- und Knoblauchwürfel untermengen. Mit Salz und Pfeffer würzen und nach Belieben Koriandergrün untermischen. Dazu Tortillachips zum Dippen servieren.

Flautas (Tortillaröllchen mit Hähnchen- oder Rindfleischfüllung)

Für 4 Portionen:
8 fertige Maistortillas
8 EL Pflanzenöl

Für die Hähnchenfleischfüllung:
1 Zwiebel
1 grüne Paprikaschote
1 frische rote Chilischote
500 g Hähnchenbrust
2 EL Pflanzenöl
4 EL Crème fraîche
Salz, schwarzer Pfeffer

Für die Rindfleischfüllung:
2 Zwiebeln
2 Knoblauchzehen
1 frische grüne Chilischote
300 g gekochtes Rindfleisch
400 g Kidneybohnen (Dose)
2 EL Pflanzenöl
2 EL Tomatenmark
½ TL gemahlener Kreuzkümmel
Salz, schwarzer Pfeffer

Für die Sauce:
3 Fleischtomaten
3 frische Chilischoten
2 Zweige Koriandergrün
Saft von ½ Limette

- *Für die Hähnchenfleischfüllung die Zwiebel schälen und fein würfeln. Paprika- und Chilischote waschen, putzen und fein würfeln. Fleisch unter fließend kaltem Wasser waschen, trockentupfen und in ½ cm große Würfel schneiden.*

- *Öl erhitzen und Zwiebel- und Fleischwürfel darin anbraten. Paprika- und Chiliwürfel kurz mitbraten und Crème fraîche unterrühren. Salzen, pfeffern und abkühlen lassen.*

- *Für die Rindfleischfüllung die Zwiebeln und den Knoblauch schälen und fein würfeln. Chilischote waschen, putzen und fein würfeln. Rindfleisch in sehr feine Streifen schneiden. Bohnen in einem Sieb abtropfen lassen.*

- *Öl erhitzen und Zwiebel- und Knoblauchwürfel darin andünsten. Rindfleisch zugeben und kräftig durchbraten.*

- *Mit Tomatenmark durchrösten, Bohnen, Chili und einige Esslöffel Wasser einrühren. Etwa 5 Minuten köcheln lassen und mit Kreuzkümmel, Salz und Pfeffer würzen. Abkühlen lassen.*

- *Für die Sauce die Tomaten überbrühen, häuten, entkernen und in kleine Würfel schneiden. Chilischoten waschen, Stielansätze, Samen und Trennwände entfernen und das Fruchtfleisch kleinwürfeln. Koriandergrün waschen, trockenschwenken und fein hacken. Alle vorbereiteten Zutaten mischen und mit Limettensaft, Salz und Pfeffer würzen.*

- *Tortillas halbieren, kurz zum Erwärmen in den auf 200 °C (Umluft 180 °C) vorgeheizten Backofen legen. Anschließend je eine Tortillahälfte mit Füllung belegen und aufrollen.*

- *Öl in einer großen Pfanne erhitzen und die gefüllten Tortillarollen portionsweise darin rundum braten. Die fertigen Flautas mit der Tomatensauce servieren.*

M

Flan (Karamellpudding)

Für 4 Portionen:
50 g Zucker
4 Eier
400 g gezuckerte Kondensmilch
350 g Kondensmilch
1 Päckchen Vanillezucker

- Zucker in einer heißen Pfanne schmelzen und leicht anbräunen lassen. Den Boden einer flachen, hitzebeständigen Form (1 l Fassungsvermögen), die in einen großen Topf oder einen Schnellkochtopf passt, gleichmäßig mit dem flüssigen Zucker auskleiden.

- Eier mit Kondensmilch und Vanillezucker aufschlagen und die Mischung in die Form füllen.
- Im Topf Wasser aufkochen, einen Dämpfeinsatz in den Topf hängen und die Form hineinstellen. Den Topf verschließen und die Creme etwa 40 Minuten pochieren (20 Minuten bei einem Schnellkochtopf).
- Die Form aus dem Topf nehmen und den Flan im Kühlschrank einige Stunden durchkühlen lassen. In der Form servieren.

MOLEKULARKÜCHE

Mit seiner Abhandlung *The Physicist in the Kitchen* (1969) schuf der britische Physikprofessor Nicholas Kurti (1908–1998) die Grundlagen für eine innovative Küchengastronomie. »Es ist eine traurige Erkenntnis, dass wir über die Temperatur im Zentrum der Sonne mehr wissen als über jene im Innern eines Soufflés«, begründete Kurti seinen Forschungsansatz, der die biochemischen und physikalisch-chemischen Prozesse beim Kochen untersucht. Den Begriff Molekulargas-tronomie prägte Anfang der 1990er Jahre der französische Chemiker und Kochbuchautor Hervé This (* 1955), der die Forschung über die molekularen Grundlagen, physikalischen Prozesse und chemischen Reaktionen weiter vorantrieb. Ziel beider Naturwissenschaftler war die Aufschlüsselung von Textur und Struktur bekannter Speisen mit der Absicht, neue Rezepturen zu entwickeln und gänzlich neue Speisen mit bislang unbekannter Konsistenz, Textur und Geschmacksnote zu kreieren. Im Zuge dessen hinterfragten sie altergebrachte Küchenweisheiten und widerlegten so zum Beispiel die Behauptung, dass Mayonnaise nur gelingen kann, wenn alle Zutaten die gleiche Temperatur haben. Eine spektakuläre Erkenntnis war auch die Möglichkeit des Frittierens in Wasser. Durch Zugabe eines Zuckers wird der Siedepunkt auf 130 °C hochgesetzt, und das heiße Wasser entzieht dem Gargut Flüssigkeit, wodurch sich in den äußeren Schichten eine knusprige Kruste bildet – zweifellos eine schonende Garmethode, mit der deutlich kalorienärmere Gerichte zubereitet werden können.

Von dem naturwissenschaftlichen Ansatz ausgehend haben Köche der Haute Cuisine einen innovativen Kochstil entwickelt: die Molekularküche, in der die Erkenntnisse aus Physik und Chemie praktisch angewendet werden. Zu den ersten kulinarischen Überraschungen gehörte das Omelette surprise, das außen gefroren und innen heiß ist. Das Küchenzubehör ähnelt dabei dem eines Hightechlabors: Benötigt werden etwa ein Siphon für die Schaumherstellung, ein Pacojet zur Herstellung von Eis und allerlei Staub und ein Sous Vide für das Vakuum-Wasserbad.

Für die Herstellung der kulinarischen Kreationen werden verschiedene Verfahren angewendet. Durch das Prinzip des Verkapselns etwa lässt sich eine neue Konsistenz erzeugen: Dabei werden mit Algenzucker gemischte Obst- und Gemüsesäfte in Kalziumlaktat getropt; dort wo Laktat und Alginat in Berührung kommen, ordnen sich die Moleküle zu neuen festen Strukturen, die Außenschicht der Tropfen wird zu einer festen Kapsel, und so entstehen perlen- oder bonbonförmige Speisen, etwa Melonenkaviar oder Olivenöl-bonbons. Ein weiteres Prinzip der Molekularküche ist die Dekonstruktion, das Zerlegen einer Speise in ihre einzelnen Bestandteile, und die anschließende Neukomposition.

Durch veränderte Temperaturen, den Einsatz von flüssigem Stickstoff und verschiedenen Lebensmittelzusatzstoffen zum Emulgieren, Verdicken und Gelieren sowie durch mechanische Einwirkungen werden die Eiweißstrukturen in Lebensmitteln so beeinflusst, dass sich die Beschaffenheit und die Präsentation der Gerichte vollkommen verändert und gewohnte Wahrnehmungsmuster in Frage gestellt werden. Eine Tortilla etwa kann die Form eines Gelees oder eines Schaums annehmen – und schmeckt dennoch wie Tortilla.

Der wohl bekannteste Vertreter der Molekularküche ist der Katalane Ferran Adriá, auch »Dali der Küche« genannt. Adriá betreibt an der Costa Brava das Restaurant El Bulli, in dem er 30-gängige Menus anbietet, an denen er vorher monatelang herumexperimentiert. Die ungewöhnlichen Kreationen des Drei-Sterne-Kochs – ob frittierter Sherry, Magic Balloons mit Spargel-Trüffel-Geschmack, Anchovis-Joghurt oder seine legendären Espumas (Schäume) – verheißen stets neue Geschmackserlebnisse. Bekannte Schüler und Anhänger Ferran Adriás sind die in Deutschland tätigen Köche Juan Amador und Christiano Riezner; in Großbritannien hat sich der britische Koch Heston Blumenthal mit der Molekularküche einen Namen gemacht.

Die traditionelle Küche wurde durch die Molekularküche zweifelsohne revolutioniert; ob sie dadurch besser wurde, sei dahingestellt. Die Molekularküche am eigenen Herd umzusetzen ist indes schwierig, weil es meist an benötigtem Zubehör mangelt, wenngleich mittlerweile sogar Küchen-Chemiebaukästen angeboten werden.

M

NEUSEELAND

Der Inselstaat Neuseeland liegt im südlichen Pazifik, rund 2000 Kilometer südöstlich von Australien, und wird aus einer Nord- und einer Südinsel gebildet, die durch die Cookstraße, eine Meerenge, voneinander getrennt sind. Zu neuseeländischem Gebiet zählen außerdem zahlreiche kleinere Inseln. Staatsoberhaupt der parlamentarischen Monarchie Neuseeland ist die englische Königin Elisabeth II., die durch einen Generalgouverneur vertreten wird. Die rund 4,1 Millionen Einwohner sind zu 80 Prozent europäischer Abstammung, 14 Prozent sind Maori, der Rest überwiegend Einwanderer aus Asien und Pazifikinsulaner. Die polynesischen Maori kamen wahrscheinlich ab dem 13. Jahrhundert in mehreren Einwanderungswellen ins Land. 1642 entdeckte der erste Europäer, Abel Tasman, die Inseln und nahm sie für die holländische Krone in Besitz. 1840 wurde Neuseeland der britischen Krone unterstellt. Amtssprachen sind heute Englisch und Maori und die Beschilderung ist fast überall zweisprachig.

Im milden neuseeländischen Klima gedeiht nicht nur die Nationalfrucht Kiwi sehr gut, auch Papayas, Passionsfrüchte, Orangen, Beeren aller Art, Kirschen, Äpfel und Tamarillos werden angebaut, außerdem vielerlei Gemüse, unter anderem Artischocken, Spargel und Avocados. Eine wichtige Rolle für die Landwirtschaft spielen außerdem die Schaf- und die Rinderzucht sowie Milchkühe.

Die neuseeländische Küche war lange Zeit stark von der → englischen Küche beeinflusst, hat sich in jüngster Zeit aber zunehmend von dieser emanzipiert. Die moderne neuseeländische Küche ist multikulturell geprägt und hat sich durch die kreative Verbindung europäischer, polynesischer und asiatischer Kochtraditionen zu einer ausgesprochenen → Fusionsküche entwickelt. Gekocht wird mit viel frischem Fisch und Meeresfrüchten – etwa Crayfish, Whitebait (Sardinenart), Lachs und Forelle, Felsenhummer, Tintenfisch, Austern und Grünlippenmuscheln –, reichlich Obst- und Gemüse, zahlreichen Schafsprodukten wie Milch und Käse und einheimischem Avocadoöl. Bei den Salaten werden häufig europäische und asiatische Zutaten, etwa frisches und gegrilltes Gemüse, Pasta, Tofu, Curry und Ingwer, miteinander kombiniert. Typisch ist auch Lammfleisch in allen Zubereitungsformen; Lammbraten ist als Sunday Roast sehr beliebt und wird traditionell mit Kartoffeln, Kürbis und grünen Erbsen sowie mit Minzsauce serviert. Geflügel und Schweinefleisch werden ebenfalls gerne gegessen. Eine Art Volkssport ist das Barbecue: Wo immer es geht, werden riesige Rindersteaks oder auch frisch geschossenes Wild aus den großen Waldgebieten über dem offenen Feuer gegrillt. Ein bekanntes Maori-Gericht ist der Hangi, bei dem Gemüse, Fisch oder Fleisch in Blätter gewickelt und in einem Erdofen, der mit glühenden Steinen beheizt wird, gegart werden. In der traditionellen Maori-Küche werden vor allem Kumaras (Süßkartoffeln), Taro und Yams verwendet.

Ein kulinarisches Erbe der englischen Küche sind die unzähligen Muffins und Cookies, die es an jeder Ecke zu kaufen gibt, ebenso die zahlreichen Fish-'n'-Chips-Buden, in denen Fisch und Pommes noch originalgetreu in Zeitungspapier eingeschlagen werden. Auch das üppige Frühstück mit Speck, Eiern,

N

Würstchen, Toast und Marmeladen gleicht dem englischen. Der Lunch fällt entsprechend leicht und sparsam aus. Die Hauptmahlzeit findet abends im Kreis der Familie statt – gern im Freien als Barbecue, wenn es das Wetter erlaubt. Wie die Australier, so lieben auch die Neuseeländer Vegemite und Marmite – zwei sich ähnelnde Brotaufstriche aus Hefeextrakt. Bei den Süßspeisen ist Pavlova (Baiser mit Cremefüllung) sehr beliebt, aber auch Anzac Biscuits (Hafer-Kokos-Kekse), Chocolate Fish (mit Schokolade überzogene Marshmallows in Fischform) und Hockey Pokey Ice Cream (Vanilleeis mit Karamell).

Getrunken wird Bier, das von zahlreichen neuseeländischen Brauereien hergestellt wird, sowie im Land produzierter Wein. Die wichtigsten Anbaugebiete befinden sich in den Regionen Marlborough (die auch als Obstkorb Neuseelands bekannt ist), Greater Auckland, Hawkes Bay, Canterbury oder Bay of Plenty. Da viele Restaurants keine Lizenz für den Alkoholausschank haben, können Gäste ihren eigenen Wein für ein geringes Korkgeld mitbringen; darauf weist ein Schild mit der Aufschrift BYO (Bring your own) hin.

Satés (Wildfleisch mit Orangensauce)

Für 4 Portionen:
600 g mageres Wildfleisch zum Kurzbraten (Reh, Hirsch)
etwa 4 cm frische Ingwerwurzel
2 Knoblauchzehen
Saft von 1 Limette (oder Zitrone)
2 EL Olivenöl
250 g Trockenfrüchte (Ananas, Aprikosen)
250 ml Orangensaft
2 EL Honig
12 Holzspieße (Schaschlik)

- *Wildfleisch in lange, dünne Streifen von etwa 2 x 6 cm schneiden.*
- *Ingwer und Knoblauchzehen schälen, fein würfeln und mit Limettensaft und Olivenöl vermengen. Fleisch gut mit der Marinade vermengen, mit Folie abdecken und 2 Stunden in den Kühlschrank stellen.*
- *Trockenfrüchte etwa 1 Stunde in Orangensaft einweichen und dann mit dem Mixstab etwas pürieren. Honig dazugeben und die Obstmischung unter Rühren leicht erwärmen.*
- *Fleischstreifen so auf die Spieße stecken, dass jedes Stück zweimal durchstoßen wird. Am besten auf dem Holzkohlengrill oder in einer Pfanne braten.*
- *Je drei Grillspieße auf einem Teller anrichten und mit Orangensauce überziehen.*
- *Dazu passt Wildreis mit Pecan- oder Macademianüssen.*

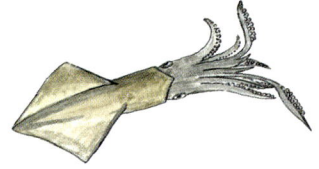

Squid Spetsoboula (Geschmorter Tintenfisch mit Kiwi)

Für 4 Portionen:
500 g küchenfertige Babytintenfische
4 Kiwis
1 große Zwiebel
3 Knoblauchzehen
3 EL Avocadoöl (oder Olivenöl)
100 ml trockener Weißwein
400 g gewürfelte Tomaten im Saft (Konserve)
Salz, schwarzer Pfeffer
1 EL gehackte Petersilie

- *Tintenfischchen waschen und mit Küchenpapier trockentupfen. Kiwis schälen und
in kleine Würfel schneiden. Zwiebel und
Knoblauchzehen schälen und fein würfeln.
Tintenfisch mit den Kiwistücken vermengen, mit Folie abdecken und 1 Stunde in
den Kühlschrank stellen.*
- *Öl erhitzen und Zwiebel und Knoblauch
darin glasig dünsten. Mit Weißwein ablöschen und dann die Tomatenstücke mit Saft
einrühren. Mit Salz und Pfeffer würzen und
die Sauce bei kleiner Hitze etwa 10 Minuten
köcheln lassen.*
- *Tintenfische mit Kiwi und Petersilie einrühren und etwa 3 Minuten ziehen lassen.
In tiefe Teller füllen und mit ofenfrischem
Baguette servieren.*

N

🇳🇱 NIEDERLANDE

Das Königreich der Niederlande ist eine parlamentarische Monarchie und bildet mit Belgien und Luxemburg die Benelux-Staaten. Mit rund 16,5 Millionen Einwohnern sind die Niederlande ein sehr dicht besiedeltes Land, auf einen Quadratkilometer kommen 488 Einwohner. Etwa die Hälfte der Landesfläche liegt nur knapp über, ein Viertel sogar unter Meeresspiegelniveau. Ein großer Teil wird für die hoch technologisierte Landwirtschaft genutzt. Neben Getreide, Gemüse und Obst werden vor allem Schnittblumen angebaut, aber auch Geflügelwirtschaft wird betrieben und – im großen Stil – Milchviehhaltung. Die Niederlande zählen zu den größten Käseherstellern und -exporteuren weltweit: Produziert werden – ausschließlich aus Kuhmilch – vor allem Gouda, Edamer und Maasdamer. Angeboten werden sie in den verschiedensten Reifegraden von jong (vier bis acht Wochen alt) bis overjarig (mehr als ein Jahr gereift). Auch der Fischfang spielt eine wichtige Rolle, der Nationalfisch ist der Hering.

Die ersten Heringe werden zu Beginn der Fangsaison und vor Beginn der Fortpflanzungszeit ab Mai bis etwa Ende Juni gefangen und als Hollandse nieuwe (Matjeshering), leicht gesalzen und gelegentlich leicht geräuchert auf den Markt gebracht; ihr Fleisch ist besonders zart und fettarm. Die Hollandse nieuwe werden als Doppelfilet mit Schwanz aus der Hand gegessen. Das erste Heringsfass der Saison bekommt traditionell die Königin. Beliebt sind außerdem der ausgewachsene Groene haring (Grüner Hering), der wegen seines hohen Fettgehalts gern zum Grillen benutzt wird, sowie der Zoute haring (Salzhering), der unter anderem zu Rolmopsen (Rollmöpsen) verarbeitet wird. Die Fische werden dabei auf hoher See fangfrisch gekehlt (auf eine bestimmte Art ausgenommen) und eingesalzen.

Die niederländische Hausmannskost ist einfach, bodenständig und deftig und besteht aus reichlich Kartoffeln, Gemüse und Fleisch. Zu den Nationalgerichten zählen klassische Wintergerichte wie Erwtensoep (Erbsensuppe), Bonensoep (Bohnensuppe), Stamppot boerenkool (Mischung aus gestampften Kartoffeln und Grünkohl mit Schinkenräucherwurst), Hutspot (Eintopfgericht aus gestampften Kartoffeln, Zwiebeln und Karotten) und Hete bliksem (Schweinekoteletts mit Kartoffel-Apfel-Gemüse). Sehr verbreitet sind auch die süßen oder herzhaften Flensjes (dünne Pfannkuchen) oder Pannekoeken (dickere Pfannekuchen), die mit Marmelade oder Appelepap (Apfelmus) oder aber mit Käse, Gemüse oder Fleisch gegessen werden. Ein beliebter Imbiss sind Frikandel (Frikadellen) mit Frieten (Pommes frites) oder Patatje oorlog (Fritten mit einer Erdnuss-Zwiebel-Sauce). Die niederländische Küche kennt auch süße Hauptgerichte, etwa Jan in de Sak (süße Serviettenklöße), außerdem vielerlei Gebäck wie Poffertjes (mit Puderzucker bestäubte Minipfannkuchen) oder Oliebollen (Krapfen) sowie Puddingdesserts, darunter Griesmeelpudding (Grießpudding) oder Bitterkoekjespudding (Makronenpudding).

Das typisch niederländische Frühstück (Ontbijt) ist reichhaltig und besteht aus weichem Weißbrot mit süßen (Marmelade, Schokostreusel, Sirup) und herzhaften (Wurst, Käse) Belägen. In ländlichen Gebieten wird auch süßer Haferbrei gegessen. Das Mittagessen (Middagmaal) ist in der Regel eine kalte Mahlzeit aus Sandwiches mit Wurst, Käse oder kaltem Braten. Die Hauptmahlzeit ist das Abendessen (Avondeten), das aus warmen Speisen und einem Nachtisch besteht und gemeinsam zu Hause eingenommen wird.

Durch Einwanderer aus den ehemaligen niederländischen Kolonien in Indonesien, Südamerika und der Karibik, aber auch durch Immigranten aus Nordafrika, der Türkei und anderen europäischen Staaten hat sich im Laufe des 20. Jahrhunderts eine internationale Küchenkultur entwickelt. Die moderne niederländische Küche ist multikulturell geprägt, vor allem durch ➜ indonesische und ➜ chinesische, aber auch ➜ afrikanische Gerichte, die allerdings oft den europäischen Geschmacksgewohnheiten angepasst wurden. Insbesondere in städtischen Gebieten gibt es zahlreiche internationale Restaurants und Schnellimbisse, die von Falafel bis Nasi Goreng alles anbieten.

Kaffee und Tee, der häufig aromatisiert ist, werden in den Niederlanden gleichermaßen gern getrunken. Das beliebteste alkoholische Getränk ist Bier, verbreitet sind überwiegend helle Pils- und Lagerbiere, aber auch dunkle Klosterbiere werden angeboten. Weitere alkoholische Spezialitäten sind Hollandse Jenever (Korn mit Wacholder-, Anis- oder Kümmelaroma) und Brandwijn (Brandy).

N

Panharing (Gebratene grüne Heringe)

Für 4 Portionen:
4 küchenfertige grüne Heringe
1 TL weißer Essig
Salz, schwarzer Pfeffer
Mehl zum Wenden
6–8 EL Sonnenblumenöl

- Fische mit Essig beträufeln und innen und außen mit Salz und Pfeffer würzen.
- In Mehl wenden und in heißem Sonnenblumenöl etwa 15 Minuten braten; dabei mehrmals wenden und immer wieder mit dem Bratfett übergießen.
- Dazu passen Salzkartoffeln oder Pommes frites.

Kaassoep (Käsesuppe)

Für 4 Portionen:
2 Knoblauchzehen
½ Bund Schnittlauch
2 EL Butter
1 EL Mehl
100 ml trockener Weißwein
500 ml Gemüsebrühe
200 g Sahne
Salz, weißer Pfeffer
100 g geriebener Maasdamer
1 Eigelb
geröstetes Weißbrot zum Servieren

- Knoblauchzehen abziehen und fein würfeln, Schnittlauch waschen, trockenschwenken und in Röllchen scheiden.
- In einem breiten Topf die Butter schäumend erhitzen und Knoblauchwürfel darin andünsten. Mit Mehl bestäuben, eine helle Schwitze rühren und mit Weißwein ablöschen. Brühe zugießen und die Suppe unter Rühren cremig halten.
- Sahne einrühren, mit Salz und Pfeffer würzen und noch einmal aufkochen lassen. Zuletzt den Käse unterrühren, nochmals abschmecken, den Topf vom Herd nehmen und das Eigelb unterrühren.
- In vorgewärmte Suppenteller füllen, mit Schnittlauch bestreuen und mit Weißbrot servieren.

Kaastruffels (Käsekugeln)

Für 4 Portionen:
150 g weiche Butter
150 g geriebener Gouda
Salz, weißer Pfeffer
je 1 Prise Cayennepfeffer, edelsüßes und
rosenscharfes Paprikapulver
1 Spritzer Worcestershiresauce
100 g Pumpernickel
12 schöne Kopfsalatherzblätter

• *Butter schaumig schlagen, Käse unterrüh-*
ren und mit Salz, Pfeffer, Cayennepfeffer,
Paprikapulver und Worcestershiresauce
würzen. Mit Folie abdecken und 2 Stunden
in den Kühlschrank stellen.
• *Pumpernickel zerbröseln. Mit zwei Tee-*
löffeln, die immer wieder in heißes Wasser
getaucht werden, von der Butter-Käse-
Masse 12 Portionen abstechen und zu Ku-
geln formen. Diese in Pumpernickelbrösel
wenden und je eine Kugel auf ein Salatblatt
geben.
• *Dazu passen verschiedene Brotsorten und*
ein gemischter Salat.

🇳🇴 NORWEGEN

Das langgestreckte Königreich Norwegen mit seinen rund fünf Millionen Einwohnern hat eine mehr als 1600 Kilometer lange Grenze zu Schweden im Osten und grenzt im Nordosten an Finnland und Russland. Die lange Atlantikküste im Westen ist durch zahlreiche Fjorde und vorgelagerte Inseln stark zerklüftet. Der Golfstrom, der warmes Wasser aus südlicheren Breiten bis weit nach Norden strömen lässt, sorgt hier für ein mildes und feuchtes Klima. Nur rund vier Prozent des felsigen Landes sind landwirtschaftlich nutzbar; hier werden vor allem Kartoffeln angebaut. Ein bedeutender Wirtschaftsfaktor sind der Fischfang und die Fischzucht – Norwegen gehört zu den größten Fischereinationen weltweit. Bekannt ist das Land vor allem für seinen Kabeljau, der vor der Geschlechtsreife als Dorsch bezeichnet wird. Er wird in großen Mengen durch Trocknung haltbar gemacht und kommt als Stockfisch (nur getrocknet) oder Klippfisch (getrocknet und gesalzen) in den Handel. Die Herstellung von Klippfisch hat seit dem 17. Jahrhundert in Norwegen Tradition. Mittlerweile werden 80 Prozent des Weltbedarfs an Klippfisch aus dem norwegischen Ålesund exportiert. Der Winterkabeljau (Skrei) wird vor den Inseln der Lofoten gefischt und gilt weltweit als Edelfisch. Hering, Schellfisch, Makrele, Seezunge und Steinbutt kommen ebenfalls reichlich vor, außerdem Muscheln, Kamtschatkakrabbe (Königskrabbe) und Garnelen sowie – in den Gebirgsflüssen – Forellen. Daneben gibt es entlang der Westküste zahlreiche sogenannte Aquakulturen, Fischfarmen, in denen Lachse gezüchtet werden.

Die norwegische Alltagsküche ist recht einfach und geprägt durch die reichliche Verwendung von Fisch und Meeresfrüchten. Eine große Rolle spielen außerdem Milchprodukte, Fleisch (vorwiegend Lamm) und Kartoffeln sowie – als Beilage – Gemüse, etwa Erbsen, Möhren und Bohnen. Fisch wird häufig in Salzwasser gedünstet und mit Meerrettich- oder Senfsauce serviert; mit Stockfisch oder Klippfisch werden Fiskpudding (Fischpudding) und Fiskkaker (Fischfrikadellen) zubereitet, oder er wird mit weißer Sauce (Klippfisk i saus) und Kartoffeln gegessen. Der omnipräsente Hering kommt als Salzhering, in Tomatensauce oder mit Senfsauce auf den Tisch. Lachs wird gebeizt, geräuchert, gebraten oder gekocht. Im Sommer sind gekochte Reker (Krabben) sehr beliebt. Im Herbst wird reichlich Wild, etwa Rentier, Elch, Schneehuhn oder -hase zubereitet und oft mit Preiselbeeren oder einer süß-sauren Sauce serviert. Eine Spezialität ist geräuchertes Wild: Elchschinken oder geräucherte Hammelkeule werden gern als Belag für die vielseitigen Smørbrød (belegte Brote) verwendet. Eine norwegische Brotspezialität ist Lefse (weiches Fladenbrot aus Kartoffeln und Mehl), das meist mit Zimt und Zucker gegessen wird. Verbreitet ist aber vor allem Flatbrød (eine Art Knäckebrot), das aus Hafer und Gerste, den beiden einzigen Getreidesorten, die in Norwegen gedeihen, hergestellt wird.

Weitere typisch norwegische Gerichte sind Kjøttkaker (Fleischklößchen in dunkler Sauce), Rømmegrøt (ein Brei aus saurer Sahne und Mehl, bestreut mit Zimt und Zucker), Fårikål (Lamm mit Kohl), Sodd (Lammeintopf) sowie Torsketunger i saus (Dorschzungen in Sauce), Kveitesuppe (Fischsuppe mit Heilbutt) und Eggelapper (eine Art Pfannkuchen). Sehr populär sind außerdem Süßspeisen und verschiedenes Gebäck wie Trollkrem (Preiselbeercreme), Fyrstekake (Mandelkuchen), Rømmevafler med syltetøy (Sauerrahmwaffeln mit Marmelade) oder Svele (süße Pfannkuchen).

Das norwegische Frühstück (Frokost) ist reichhaltig und besteht aus Flatbrød, Fisch, Wurst und Schinken, Käse, speziell Geitost (ein süßlich schmeckender Ziegenkäse), Eiern und verschiedenen Marmeladen, die aus den reichlich vorkommenden Beeren, etwa Moosbeeren, Preiselbeeren, arktischen Himbeeren oder Moltebeeren, hergestellt werden. Der mittägliche Imbiss (Lunsj) fällt dementsprechend sparsam aus und besteht meist aus Smørbrød. Die warme Hauptmahlzeit (Middag) wird zwischen 16 und 18 Uhr im Kreis der Familie eingenommen, und gegen 21 Uhr gibt es oft noch ein Abendbrot (Kveldsmat): häufig Kaffee und Kuchen.

Bei den Getränken sind Kaffee und Tee sehr verbreitet, wobei der Tee in der Regel als Beuteltee serviert wird. Populär sind außerdem Bier sowie norwegischer Aquavit, eine hochprozentige Spirituose, die aus Kartoffeln destilliert und mit Kümmel oder Dillsamen gewürzt wird. Eine Spezialität ist Linie Aquavit, der 19 Wochen lang in Sherryfässern aus Eichenholz auf einem Schiff reift und einmal den Äquator passieren muss, bevor er in den Verkauf kommt.

Mors kjøttkaker (Fleischklöße nach Mutters Art)

Für 4 Portionen:
800 g Rinderhackfleisch
Salz, schwarzer Pfeffer
1 Prise frisch geriebene Muskatnuss
200 ml warme Milch
2 EL Stärkemehl (oder Kartoffelmehl)
2 EL Butter
1 EL Mehl
500 ml Fleisch- oder Gemüsebrühe
1 TL Bratensaft (Instant)
3 EL Pflanzenöl

• Rinderhackfleisch kräftig mit Salz, Pfeffer und Muskatnuss würzen. Milch darübergießen, mit Stärkemehl bestäuben und den Fleischteig gut verkneten. Kurz in den Kühlschrank stellen.
• In der Zwischenzeit in einem Topf Butter zerlassen, Mehl darüberstäuben, eine dunkle Schwitze daraus rühren und diese mit Brühe aufgießen. Gut durchrühren, mit Salz und Pfeffer würzen und den Bratensaft einrühren.
• Aus dem Fleischteig kleine Bällchen formen und diese in heißem Pflanzenöl von allen Seiten braten. Mit der braunen Sauce begießen und die Fleischbällchen bei geringer Hitze in etwa 20 Minuten fertig garen. Dazu passt Kartoffelbrei.

Fars rømmepoteter (Kartoffeln mit Crème fraîche nach Vaters Art)

Für 4 Portionen:
800 g Kartoffeln
Salz
1 EL gekörnte Gemüsebrühe
2 EL Butter
1 EL Mehl
weißer Pfeffer
frisch geriebene Muskatnuss
250 g Crème fraîche
½ Bund Dill

• Kartoffeln schälen, in Scheiben schneiden und in 1,5 l kochendes Salzwasser geben. Die gekörnte Brühe einrühren und Kartoffelscheiben darin in etwa 10 Minuten gar kochen. Dill waschen, trockenschwenken und fein hacken.
• Die gegarten Kartoffelscheiben in eine Auflaufform schichten. Brühe durch ein Sieb passieren. Butter in einem Topf zerlassen, Mehl darüberstäuben und eine helle Schwitze daraus rühren. Diese mit der Brühe aufgießen, gut verrühren und einige Minuten durchkochen lassen. Dabei mit Salz, Pfeffer und Muskatnuss würzen.
• Crème fraîche und Dill einrühren und die Sauce über die Kartoffelscheiben geben. Passt gut zu gedünsteten Fischgerichten.

N

Klippfisk i saus (Klippfisch in weißer Sauce)

Für 4 Portionen:
400 g Klippfisch (ohne Gräten und Haut)
2 EL Butter
1 EL Mehl
200 g Sahne
1 EL gehackter Dill
schwarzer Pfeffer
1 kräftige Prise geriebene Muskatnuss
1 Prise Cayennepfeffer
2 Eier, getrennt
Butter und Paniermehl für die Form

- Klippfisch in so viel kaltes Wasser legen, dass alles gut bedeckt ist, und mindestens 24 Stunden wässern lassen. Dabei das Wasser zwei- oder dreimal wechseln.
- Fisch gut abspülen und in 1,5 l kaltem Wasser zum Kochen aufsetzen. Nach dem ersten Aufkochen die Hitze reduzieren und den Fisch bei geringer Hitze etwa 10 Minuten ziehen lassen.

- Eine Auflaufform mit Butter ausstreichen und mit Paniermehl ausstreuen. Fisch in ein Sieb gießen, abtropfen lassen und von dem Fischsud 750 ml auffangen.
- In einem Topf die Butter zerlassen, Mehl darüberstäuben und eine helle Schwitze daraus rühren. Mit dem Fischsud aufgießen und unter ständigem Rühren die Sauce etwas einkochen lassen. Mit Sahne und Dill verfeinern und mit Pfeffer, Muskatnuss und Cayennepfeffer würzen.
- Den Topf vom Herd nehmen, die Sauce einige Minuten abkühlen lassen und die beiden Eigelb einrühren. Die Eiweiß zu steifem Schnee schlagen und unterheben.
- Fisch mit einer Gabel auseinanderzupfen und in der Auflaufform verteilen. Mit der Sauce überziehen, leicht mit Paniermehl bestreuen und auf mittlerer Schiene im vorgeheizten Backofen bei 180 °C (Umluft 160 °C) etwa 15 Minuten backen.
- Dazu passen Pellkartoffeln.

NOUVELLE CUISINE

»Vive la nouvelle cuisine française« (Hoch lebe die neue französische Küche), jubelten 1973 die Foodjournalisten Henri Gault und Christian Millau in ihrem Restaurantführer Gault Millau und machten sich damit zu den journalistischen Aposteln einer Kochkunst, die seit Anfang der 1970er Jahre in den Restaurants junger, aufstrebender französischer Köche praktiziert wurde. Den Grundstein für diese neue kulinarische Richtung hatte der Spitzenkoch Fernand Point (1897–1955) mit seiner außergewöhnlich kreativen Küche gelegt. Die beiden Herausgeber befragten Michel Guérard (der gemeinhin als Erfinder der Nouvelle Cuisine gehandelt wird), Paul Bocuse (Schüler von Fernand Point, aber letztlich doch ein Vertreter der klassischen französischen Küche) und weitere Jungköche, um eine Art revolutionärer neuer Küchenregeln aufzustellen: Frische, Authentizität und Einfachheit war das neue Küchencredo.

Die traditionelle → französische Küche mit ihren deftigen, aufwendigen, von schwer verdaulichen Fetten und Mehlsaucen sowie langen Garzeiten geprägten Gerichten wurde modernisiert und kreativ weiterentwickelt. Die Nouvelle Cuisine brach mit den formalisierten Zubereitungsarten, setzte dagegen auf kürzere Garzeiten, die Verwendung frischer, regionaler Produkte und war bestrebt, den Eigengeschmack der Zutaten in den Vordergrund zu rücken. Modernste Küchentechniken wurden angewendet, um die Lebensmittel schonend, fett-, salz- und zuckerarm zuzubereiten und Vitamine und Nährstoffe

zu bewahren. Die Menüs wurden verkürzt, Saucen entfettet oder aus püriertem Gemüse hergestellt, reichlich frische Kräuter und Gewürze verwendet, Wildfleisch nicht mehr abgehängt oder mariniert.

Kreativität zeigte die Nouvelle Cuisine auch bei der Präsentation der Gerichte, die minimalistisch und kunstvoll angerichtet wurden – einige Vertreter trieben diese Tendenz später auf die Spitze, indem sie dekorative Miniaturportionen zu horrenden Preisen servierten und damit auch das Ende dieses Kochstils einläuteten. Im Grunde blieb die Nouvelle Cuisine der französischen Küche treu, da sie keine Einflüsse aus anderen Küchen aufnahm und so zwar Altbekanntes neu komponierte, aber nichts wirklich Neues erfand. Sie trug aber maßgeblich dazu bei, dass die französische Küche insgesamt moderner und gesundheitsbewusster wurde.

In den 1980er Jahren schwappte die Nouvelle-Cuisine-Welle auch nach Deutschland über. Die Drei-Sterne-Köche Eckart Witzigmann und Heinz Winkler nahmen den Trend auf und revolutionierten auch die deutsche Küche mit neuen Kochtechniken, Aromavielfalt und authentischen, kreativen Zubereitungsarten und Präsentationsformen. Formulierungen wie »an« oder »auf« einer Sauce, »Dialoge« (zum Beispiel von Schwein und Rind) oder »Trilogien« (zum Beispiel dreierlei Fisch) hielten Einzug in die Speisekarten, jede einzelne Zutat wurden aufgezählt. So trug die Nouvelle Cuisine auch zur Weiterentwicklung der deutschen Küche bei.

N

Champagner-Rahmsuppe

Für 4 Portionen:
100 g Frühlingszwiebeln (nur das Weiße)
50 g Champignons
1 EL Butter
Salz, weißer Pfeffer
100 ml Champagner (oder Sekt)
500 ml Geflügel- oder Gemüsebrühe
1 EL kalte Butterstückchen
50 g geschlagene Sahne
1 EL fein gehackte gemischte frische Kräuter

- Frühlingszwiebeln waschen, putzen und fein würfeln. Champignons putzen, säubern und ebenfalls fein würfeln.

- Frühlingszwiebeln und Champignons in heiß schäumender Butter glasig dünsten. Mit Salz und Pfeffer würzen, mit der Hälfte des Champagners ablöschen, Geflügelbrühe zugießen und einmal aufkochen. Bei mittlerer Hitze knapp 10 Minuten köcheln lassen.

- Die Suppe mit einem Mixstab pürieren und die kalten Butterstückchen unterrühren. Den restlichen Champagner einrühren.

- Auf Suppenteller verteilen, mit Schlagsahne garnieren und mit Kräutern bestreuen.

Joghurt-Mousse mit frischen Früchten

Für 4 Portionen:
3 Blatt weiße Gelatine
150 g Joghurt
150 g Crème fraîche
50 g Puderzucker
1 EL frisch gepresster Zitronen- oder Limettensaft
2 Eiweiß
1 EL Zucker
150 g geschlagene Sahne
frische Früchte der Saison (Himbeeren, Kirschen, Erdbeeren) zum Garnieren

- Gelatine in kaltem Wasser einweichen. Joghurt, Crème fraîche, Puderzucker und Zitronensaft gründlich verrühren. Eiweiß mit Zucker steif schlagen und unter die Joghurtmasse ziehen.

- Gelatine ausdrücken, in der Mikrowelle oder im Wasserbad schmelzen und ebenfalls unterrühren. Zuletzt die geschlagene Sahne unterheben. Die Schüssel mit Folie abdecken und Mousse zum Stocken für mindestens 3 Stunden in den Kühlschrank stellen.

- Zum Servieren aus der Mousse mit zwei feuchten (in heißes Wasser getauchten) Esslöffeln Nocken formen und diese auf vier Teller verteilen. Rundherum mit frischen Früchten garnieren.

🇦🇹 ÖSTERREICH

Die Alpenrepublik Österreich mit ihren rund 8,3 Millionen Einwohnern ist kulinarisch nicht so leicht zu fassen, wie es außerhalb ihrer Grenzen scheinen mag. Die österreichische Küche besteht aus mehreren sehr eigenständigen Regionalküchen, die einerseits durch den bis 1918 bestehenden k. u. k. Vielvölkerstaat Österreich-Ungarn geprägt sind, andererseits von angrenzenden Ländern und Regionen beeinflusst wurden. Unter der Regentschaft von Kaiser Franz Joseph, der zugleich auch König von Ungarn war, entstanden weltberühmte Gaumenfreuden wie Sachertorte, Wiener Tafelspitz und Kaiserschmarrn, die wie Gulasch, Wiener Schnitzel (das aus dem italienischen Costoletta alla milanese hervorgegangen ist) oder Topfenstrudel bis heute als typisch österreichisch gelten, im Grunde aber vor allem für die Wiener Küche typisch sind, die wiederum von der → ungarischen, der → italienischen und der → böhmischen Küche beeinflusst wurde.

Die einzelnen österreichischen Regionen haben mehr als das zu bieten. Im Burgenland, ganz im Osten Österreichs, dominieren ungarische Einflüsse. Hier wird viel mit Kohl und Paprika gekocht und mit Knoblauch und Kümmel gewürzt. Gefüllte Gans, Krautstrudel und Paprikahendl zählen zu den Spezialitäten, und die traditionelle Beilage ist Tarhonya, auch Eiergerstel genannt, das aus Eiern, Mehl, Speck und Zwiebeln zubereitet wird. Die Kärntner Küche ist von den angrenzenden Ländern Italien und Slowenien beeinflusst. Sie ist gehaltvoll und zählt Käse, Fleisch und Wild zu ihren Hauptzutaten; typisch sind Kärntner Kasnudeln (mit Quark und Minze gefüllte Teigtaschen).

Die Küche Niederösterreichs zeichnet sich durch Gerichte mit Wild, Pilzen und Spargel aus, Kuchen und Mehlspeisen werden hier gern mit Mohn zubereitet. Oberösterreich ist bekannt für seine Schweinezucht; Spezialitäten mit Schweinefleisch stehen deshalb auch auf dem Speisezettel, ebenso verschiedene Klöße und natürlich die Linzer Torte. Im Salzburger Land werden vor allem Mehlspeisen wie Salzburger Nockerl und Gerichte mit Käse wie Kasnockerl gegessen, aber auch Forelle in verschiedenen Variationen. Die Küche der Steiermark weist durch die Nachbarschaft zu Slowenien Ähnlichkeit mit der → Balkanküche auf. Meerrettich ist eine häufige Zutat in Saucen, und auch Kürbisgerichte sind sehr verbreitet. Die von Italien und Bayern beeinflusste Küche Tirols zeichnet sich durch gehaltvolle Speisen aus: Speck und Knödel aller Art kommen hier auf den Tisch. Vorarlberg ist kulinarisch vor allem von der alemannischen Küche geprägt: Rohmilch und Käse sind häufige Zutaten, und auch Bodenseefische werden gern gegessen.

Zum Essen wird einheimischer Wein oder österreichisches Bier getrunken. Eine wichtige Bedeutung kommt dem Kaffee zu, der in zahlreichen Varianten zubereitet wird, die natürlich alle eigene Namen tragen. Ob Einspänner (doppelter Mokka mit einer dicken Haube Schlagsahne, früher besonders bei Wiener Droschkenkutschern beliebt), Großer oder Kleiner Brauner (großer oder kleiner Milchkaffee), Kaiser-Melange (Kaffee mit warmer Sahne, Cognac und Eigelb), Kapuziner (Kaffee mit Sahne verrührt, sodass die Farbe einer Kapuzinerkutte ähnelt) oder Konsul (schwarzer Kaffee mit einem Schuss

Obers) – die Kaffeespezialitäten sind eine Wissenschaft für sich.

Typisch für die gesamtösterreichische Küche ist eigentlich nur das Vokabular, dessen sie sich bedient und das sich vom Hochdeutschen stark unterscheidet. Das zeigen nicht nur die vielen Namen für Kaffeespezialitäten, sondern auch die Bezeichnungen vieler Grundzutaten:

Kartoffeln heißen hier Erdäpfel, Pfifferlinge werden Eierschwammerl genannt, Germ ist Hefe, Hendl ist Hähnchen, Obers steht für süße Sahne, Röster für Kompott aus gedünstetem Obst, Quark heißt Topfen, Meerrettich ist Kren. Eine Zwischenmahlzeit wird als Jause bezeichnet, und wenn sie am Vormittag stattfindet, ist es ein Gabelfrühstück.

Kaiserschmarrn mit Zwetschkenröster

Für 4 Portionen:
1 kg Pflaumen
150 g Zucker
etwas Zitronensaft
4 Gewürznelken
1 Schuss Pflaumenschnaps
50 g Rosinen
1 EL Strohrum
4 Eier
200 g Mehl
250 ml Milch
1 Prise Salz
4 EL Zucker
1 EL zerlassene Butter
Butter zum Backen
Puderzucker zum Bestäuben

- *Pflaumen entsteinen und in einen Topf geben. 150 ml Wasser, Zucker, Zitronensaft, Gewürznelken und Pflaumenschnaps dazugeben und bei geringer Hitze etwa 30 Minuten langsam dünsten, nicht kochen.*
- *Rosinen mit Strohrum begießen und etwas durchziehen lassen. Eier trennen. Mehl mit Eigelb, Milch, Salz, Zucker und Butter verquirlen. Eiweiß steif schlagen und unterheben.*
- *In einer größeren Pfanne Butter erhitzen und den Teig hineingeben. Rosinen darüberstreuen und den Teig anbacken lassen. Dann wenden und fertig backen.*
- *Mit zwei Gabeln den gebackenen Teig in Stücke reißen. Auf einer Servierplatte anrichten, dick mit Puderzucker bestäuben und mit Zwetschkenröster servieren.*

Wiener Tafelspitz mit Semmelkren

Für 4 Portionen:
1,5 kg Tafelspitz
3–4 Suppenknochen
Salz
1 Bund Suppengrün (Petersilienwurzel,
Karotte, Sellerie, Lauch und Petersilienstängel)
1 Zwiebel
etwa 10 schwarze Pfefferkörner
4 Semmeln vom Vortag
100 g Meerrettichwurzel (Kren)
1 Spritzer Zitronensaft
1 Prise frisch geriebene Muskatnuss
2 EL zerlassene Butter
1 Bund Schnittlauch

- Fleisch und Knochen gründlich waschen. Knochen einmal aufkochen und abgießen. Anschließend in kaltes Wasser legen, erhitzen und aufkochen lassen. Salzen und Tafelspitz einlegen. Während der ersten halben Stunde mehrmals den entstehenden Schaum auf der Oberfläche abnehmen.

- Suppengrün putzen, grob zerkleinern, die ungeschälte Zwiebel halbieren und die Schnittflächen in einer heißen Pfanne bräunen. Zwiebelhälften, Gemüse und Pfefferkörner zum Fleisch geben. Weitere 1½ Stunden bei geringer Hitze offen ziehen lassen.
- Semmeln in hauchdünne Scheiben schneiden. Meerrettich reiben. Das fertige Fleisch aus der Brühe nehmen und etwa 10 Minuten ruhen lassen.
- Brühe durch ein Sieb gießen, etwa 500 ml davon über die Semmelscheiben gießen und verrühren. Meerrettich, Zitronensaft, Muskatnuss, Butter, Salz und Pfeffer dazugeben und alles gut verrühren. Schnittlauch in Röllchen schneiden.
- Fleisch in Scheiben schneiden, auf vier Teller verteilen, mit Brühe beträufeln und dick mit Schnittlauch bestreuen. Semmelkren in einem separaten Schälchen reichen und dazu Kartoffelsterz (s. Rezept unten) servieren.

Kartoffelsterz

Für 4 Portionen:
800 g Kartoffeln
Salz, schwarzer Pfeffer
 frisch geriebene Muskatnuss
100 g Butterschmalz
Mehl für die Hände

- Kartoffeln waschen, in der Schale in Salzwasser gar kochen, schälen und noch warm durch die Presse drücken. Mit Salz, Pfeffer und Muskatnuss würzen.
- In einer größeren Pfanne Butterschmalz erhitzen und die Kartoffeln mit bemehlten Händen in die Pfanne bröseln. Goldbraun rösten und nach Bedarf Butterschmalz nachgeben. Als Beilage zum Beispiel zu Tafelspitz (s. Rezept oben) servieren.

Vogerlsalat mit Eierschwammerl

Für 4 Portionen:
300 g Feldsalat (Vogerlsalat)
250 g Pfifferlinge
1 Zwiebel
50 g geräucherte Schinkenwürfel
1 EL Butter
Salz, schwarzer Pfeffer
1 TL gehackte Petersilie
3 EL Kürbiskernöl
2 EL Weißweinessig

- *Feldsalat und Pfifferlinge gründlich putzen, Zwiebel schälen und fein würfeln.*
- *Zwiebel und Schinken in heiß schäumender Butter andünsten. Pfifferlinge hinzufügen und so lange dünsten, bis der Pilzsaft aufgesogen ist. Mit Salz und Pfeffer würzen und Petersilie unterrühren.*
- *Aus Öl, Essig, Salz und Pfeffer eine Vinaigrette rühren und den Feldsalat damit anmachen. Salat auf vier Teller verteilen und löffelweise mit Pfifferlingen überziehen.*

PERSISCHE KÜCHE

P

Der vorderasiatische Staat Persien wurde 1935 von Reza Schah in Iran umbenannt. Im westlichen Sprachgebrauch blieb der alte Landesname noch länger erhalten und wird etwa im Zusammenhang mit der Kochkultur noch immer verwendet. Der Iran grenzt im Westen und Nordwesten an den Irak, die Türkei, Armenien und Aserbaidschan, im Norden an das Kaspische Meer, im Nordosten an Turkmenistan, im Osten und Südosten an Afghanistan und Pakistan, im Süden und Südwesten an den Golf von Oman und den Golf von Persien. Mit seinen mehr als 71 Millionen Einwohnern gehört der Iran zu den bevölkerungsreichsten Staaten der Welt. 98 Prozent der Bevölkerung sind muslimischen Glaubens, ein Großteil sind Schiiten, ein kleinerer Teil Sunniten. Mehr als die Hälfte der Landesfläche sind Wüstengebiete, nur knapp zehn Prozent können – teils mithilfe künstlicher Bewässerung – landwirtschaftlich genutzt werden. Angebaut werden vor allem Weizen, Reis, Nüsse, Pistazien, Datteln und Tafeltrauben, aber auch Früchte aller Art von Melonen, Granatäpfeln, Birnen, Äpfeln bis hin zu Zitrusfrüchten und Bananen gedeihen in dem warmen, trockenen Klima und bereichern den Speiseplan.

Dadurch dass die Seidenstraße durch Persien verlief, war das Land lange Zeit Drehscheibe des Gewürzhandels zwischen Ost und West und vielerlei Einflüssen ausgesetzt, die sich auch in der Kochkultur niedergeschlagen haben – die persische Küche weist Verwandtschaft mit der ➜ indischen und der ➜ türkischen Küche auf. Es ist eine sehr aromareiche Küche, die großen Wert auf die optische Präsentation der Gerichte, auf Vielfalt der Zutaten und die milde Würze der Speisen legt.

Reis und Gewürze bilden denn auch den Grundstock der traditionellen persischen Küche. Persischer Basmatireis (Duftreis) wird in unzähligen Varianten zubereitet, zum Beispiel als Tschelo (gedämpfter und gebutterter Reis) oder als Polo (in Butter und Zwiebeln angeschwitzter, in Brühe gegarter Reis, der möglichst am Topfboden eine knusprige Kruste bilden sollte). Polo (auch Polow/Pilaw) wird mit Fleisch, Gemüse oder Obst zubereitet, etwa als Adas polo (mit Linsen), Hawidsch polo (mit Karotten), Gheisi polo (mit Aprikosen) oder Albalu polo (mit Sauerkirschen), Schirin polo (süßer Safranreis mit Hühnerfleisch oder Gemüse), Sabsi polo (mit Kräutern), Reschte polo (mit Nudeln) oder Tah tschin polo (Safran-Joghurt-Reis mit Geflügel).

Das wohl typischste Gericht der persischen Küche ist Tschelo kabab; dabei werden Fleischwürfel vom Lamm, Kalb oder Rind (Schweinefleisch ist im muslimisch geprägten Iran tabu) in eine Marinade aus Safran, Salz, Limettensaft, Knoblauch und Zwiebeln eingelegt, auf Eisenspießen gegrillt und mit Tschelo-Reis serviert. Kabab bezeichnet jedwedes gegrillte Fleisch auf Spießen, das mariniert und mit Basmatireis gegessen wird. Die

Marinaden haben dabei dieselben Grundzutaten wie bei Tschelo kabab, werden aber durch weitere Gewürze oder Kräuter variiert. In zahlreichen Tschelo-Kababis, speziellen Restaurants, die über entsprechende Öfen verfügen, wird nur Kabab zubereitet. Neben Reis ist Nan (Brot) ein weiteres Grundnahrungsmittel; es wird als Nan-e lavash (dünnes, knuspriges Brot), Nan-e barbari (dickes, ovales, mit Kreuzkümmel und Sesam bestreutes Brot) oder Nan-e sangak (im Steinofen gebackenes dünnes Brot) zum Essen gereicht.

Ein weiteres typisches Gericht ist Khoresch, eine variantenreiche, kräftig gewürzte Fleischsauce aus Lamm, Rind oder Geflügel, die mit Reis serviert wird. Sehr beliebt ist Khoresch-e ghorme-sabsi (mit roten Bohnen und Kräutern), aber auch Khoresh-e fessendschan (mit Granatapfel und Walnuss), Khoresch-e gheime (mit Tomatensauce, gelben Linsen, Kartoffelstreifen und Zwiebeln) oder Khoresch-e karafs (mit Minze und Sellerie) werden gern gegessen. Vorspeisen, die aber auch zu den Hauptgerichten serviert werden können, sind verschiedene Borani (Joghurtspeisen mit Gemüse) wie Borani esfenadsch (mit Spinat), aber auch Kaske bademdschan (Auberginenmus mit saurer Sahne), Mast-o khiar (Joghurt-Gurken-Creme mit Minze), Salad shirazi (Tomaten-Gurken-Salat mit Limettensauce), Dolmeh barg (gefüllte Weinblätter) und Kookoo bademjan (Pfannkuchen mit Auberginen). Da persische Gerichte traditionell mundgerecht zubereitet werden, benutzt man zum Essen nur Gabel und Löffel.

Die wichtigsten Gewürze der persischen Küche sind Safran, Kurkuma, Bockshornklee, (mildes) Currypulver, Kardamom, Zimt und Koriander. Durch Beigabe von Granatapfelsaft sowie Saft von Limetten, Orangen oder Zitronen wird eine süß-säuerliche

Geschmacksnote erzielt, die viele Gerichte auszeichnet. Zum Würzen von Fleisch- und Fischgerichten werden außerdem die säuerlich schmeckenden Berberitzen (längliche rote Beeren) verwendet, zudem viele frische Kräuter, Nüsse, reichlich Gemüse sowie frisches und getrocknetes Obst.

Die Desserts sind allesamt sehr süß und werden überwiegend mit Datteln, Pistazien, Mandeln, Zucker, Reis und Rosenwasser zubereitet. Sehr beliebt sind Halwa khorma (Dattelkonfekt), Scholeh sard (süßer Milchreis mit Safran), Ferni (Creme aus Reismehl, Zucker und Milch) und Baklava (in Sirup getränktes, gefülltes Blätterteiggebäck).

Zu den Mahlzeiten wird meist Tee getrunken; beliebt sind Tschai (Gewürztee, meist ungesüßt) und gesüßter Minztee. Weit verbreitet ist auch Dugh (Joghurtgetränk mit Mineralwasser, frischer Minze, Salz und Pfeffer). Der Verzehr alkoholischer Getränke ist durch den Islam verboten.

Scholeh sard (Safranmilchreis mit Mandeln und Rosenwasser)

Für 4 Portionen:
1 l Milch
1 EL Rosenwasser (aus der Apotheke)
250 g Milchreis (oder Basmatireis)
1 Prise Salz
etwa 20 Safranfäden
50 g weiche Butter
100 g Zucker
100 g Mandelstifte
Zimt zum Bestreuen
4 Datteln zum Garnieren
1 EL Pistazien zum Garnieren

- *Milch und Rosenwasser in einen Topf geben, Reis, Salz und Safran dazugeben und zum Kochen aufsetzen. Nach dem ersten Aufkochen die Hitze reduzieren und den Reis etwa 10 Minuten bei geringer Hitze köcheln lassen; dabei häufig umrühren, damit der Reis nicht ansetzt.*
- *Butter, Zucker, Mandelstifte unterrühren und den Reis auf der ausgeschalteten Herdplatte weitere 10 bis 15 Minuten quellen lassen.*
- *In Portionsschalen füllen und zum vollständigen Durchkühlen in den Kühlschrank stellen. Datteln entkernen und in Streifen schneiden, Pistazien fein hacken. Zum Servieren den Reis mit Zimt bestäuben und mit Datteln und Pistazien garnieren.*

Schirin polo (Feinwürziger Safranreis mit Gemüse)

Für 4 Portionen:
etwa 5 cm frische Ingwerwurzel
5 Knoblauchzehen
250 g Karotten
250 g Zucchini
Schale von 1 unbehandelten Orange
1 Bund Minze
400 g persischer Duftreis
Salz
etwa 15 Safranfäden
3 EL Butterschmalz
100 g gehackte Pistazien
50 g Mandelblättchen
1 TL gemahlener Kardamom
1 TL gemahlene Kurkuma
1 TL mildes Currypulver
50 g Palmzucker
schwarzer Pfeffer
250 g Vollmilchjoghurt
evtl. Rosinen

- Ingwer und Knoblauchzehen schälen und fein würfeln. Karotten und Zucchini putzen, waschen und in feine Stifte schneiden. Orangenschale mit einem Zestenreißer hauchdünn abschälen und fein hacken. Minze waschen, trockenschwenken, Blättchen abzupfen und in feine Streifen schneiden.
- Reis in kochendem Salzwasser etwa 18 Minuten garen. Safranfäden mit 400 ml heißem Wasser begießen und aromatisieren lassen.
- In einem breiten Topf 1 EL Butterschmalz erhitzen und Pistazien und Mandelblättchen unter Rühren darin rösten. Das restliche Butterschmalz hinzufügen und Knoblauch und Ingwer darin braten.
- Kardamom, Kurkuma und Curry zugeben, gut verrühren, 2 Minuten weiterbraten und dann den Palmzucker darin auflösen.
- Karotten, Zucchini und Orangenschale einrühren und mit Safranwasser ablöschen. Einige Minuten einkochen lassen, parallel dazu den Reis abgießen, abtropfen lassen und unter den Topfinhalt mischen. Mit Salz und Pfeffer würzen.
- Minzestreifen mit Joghurt verrühren und mit Salz und Pfeffer würzen.
- Das Reisgericht auf Teller verteilen und löffelweise mit Minzjoghurt überziehen, nach Belieben mit Rosinen bestreuen und servieren.

P

Khoresch-e fessendschan (Fleischbällchen in Walnusssauce)

Für 4 Portionen:
4 Frühlingszwiebeln
600 g Rinderhackfleisch
2 Eier
1 TL mildes Currypulver
1 TL gemahlener Zimt
je 1 kräftige Prise Salz und schwarzer Pfeffer
2 EL frischer Granatapfelsaft
2 EL Zucker
Saft von ½ Limette
3 EL Butterschmalz

Für die Sauce:
2 EL Butterschmalz
250 g Walnüsse
2 EL Zucker
5 EL frischer Granatapfelsaft

• Frühlingszwiebeln putzen, waschen und sehr fein hacken. Fleisch mit Frühlingszwiebeln, Eiern, Curry, Zimt, Salz, Pfeffer, Granatapfelsaft, Zucker und Limettensaft zu einem geschmeidigen Teig verkneten. Mit Folie abdecken und 2 Stunden in den Kühlschrank stellen.

• Aus dem Teig etwa 20 Fleischbällchen formen und von allen Seiten in heißem Butterschmalz knusprig und goldbraun braten. Die fertigen Fleischbällchen auf Küchenpapier entfetten.

• Für die Sauce die Walnüsse mahlen. Butterschmalz in einer Pfanne erhitzen und Walnüsse unter Rühren darin rösten. Mit Zucker bestreuen und mit Granatapfelsaft verrühren. Nach und nach insgesamt gut 250 ml Wasser zugießen, sodass eine sämige Sauce entsteht.

• Die Sauce bei geringer Hitze etwa 10 Minuten rühren, dann die Fleischbällchen unterheben. Mit Salz und Pfeffer abschmecken und mit Basmatireis servieren.

PERU

Das Land der Inkas, die Republik Peru mit ihren rund 28 Millionen Einwohnern, liegt nördlich von Chile am Pazifik und grenzt zudem an Ecuador, Kolumbien, Brasilien und Bolivien. Durch die unterschiedlichen landschaftlichen Gegebenheiten – Küste, Hochland, Regenwald – herrschen auch klimatisch verschiedene Bedingungen vor. Diese haben die Entwicklung der peruanischen Küche ebenso geprägt wie die indianischen, → spanischen und → kreolischen Einflüsse. Chinesische Migranten brachten außerdem vor über 100 Jahren Gerichte aus ihrer – vorwiegend kantonesischen – Heimat mit, und so entstand die Chifa, eine peruanisch-chinesische Küche, die bis heute durch eine Vielzahl entsprechender Restaurants vertreten ist.

In der Küstenregion kommen naturgemäß reichlich Fisch und Meeresfrüchte auf den Tisch: frittiert, gekocht, gefüllt oder als Suppe. Ein typisches Gericht ist Cebiche, ein Salat aus pikant mariniertem rohen Fisch oder Meeresfrüchten, der als Vorspeise serviert und in vielfältigen Abwandlungen auch in anderen Teilen → Südamerikas zubereitet wird. Die Küche der peruanischen → Anden basiert traditionell auf Mais und Kartoffeln. Aus Mais werden wie in → Chile Humitas (Maispäckchen) hergestellt, und auch Choclo con queso (gekochter Maiskolben mit Käse) wird gern gegessen. Das wohl traditionellste Andengericht ist Cuy chactado, mit Kräutern gefülltes Meerschweinchen in Erdnusssauce.

Ein typisches Festessen ist Pachamanca, dabei werden Fleisch und Gemüse auf heißen Steinen in einer Erdgrube zubereitet. Beliebt sind außerdem Rindfleischgerichte, etwa Rocoto relleno (gefüllte Paprika mit Rindfleisch), Anticuchos (gebratenes Rinderherz am Spieß), Lomo saltado (gebratenes Rindfleisch mit Zwiebeln und Paprika) oder Estofado (Fleischeintopf mit Mais, Kartoffeln, Karotten und einer scharfen Paprika-Käse-Sauce). Im Amazonasgebiet im Nordosten des Landes kommen Paiche (ein bis zu vier Meter langer Flussfisch), Huangana (Wildschwein), Yuca (Maniok) und Plátano verde (Kochbanane) auf den Tisch. Ein im ganzen Land verbreitetes Gericht ist Sopa a la criolla, eine Nudelsuppe mit Fleischeinlage. Und natürlich gibt es Kartoffelrezepte aller Art. Peru gilt als Heimat der Knollenpflanze, die schon vor 2000 Jahren in den Hochlagen der Anden von den Inkas angebaut wurde. Allein in Peru sind mehr als 3000 Sorten erfasst, die meist von Kleinbauern in den Bergregionen kultiviert und auf vielfältige Weise zubereitet werden: etwa als Papas rellenas (Kartoffeln mit einer Füllung aus Hackfleisch, Zwiebeln, Erbsen und Safran), Carapulcra (Eintopf aus Kartoffeln, Fleisch, Gemüse und Chili) oder Causa (Kartoffelpüree mit Chili, Mais und eventuell Garnelen). Zwiebeln, Bohnen, Reis, Spinat und Artischocken sind die am häufigsten verwendeten Gemüsearten. Gewürzt wird mit frischem oder getrocknetem Ají (Chilischoten), Culantro (langer Koriander), Safran, peruanischem Ingwer und Huacatay, einer indianischen Minzeart. Zu den beliebtesten Früchten zählen Cherimoya, Tuna (Kaktusfrucht) und Lucuma, eine apfelgroße Frucht mit weichem Fleisch, die gern für die Herstellung von Eis oder Tortenfüllungen verwendet wird.

Aus den zum Teil sehr ausgefallenen peruanischen Maissorten (auch schwarzkörniger Mais wird angebaut) wird unter anderem eine Art Sirup hergestellt, der wiederum der Zubereitung verschiedener Nachspeisen und Getränke dient. Mais wird auch zu Chicha, einem alkoholhaltigen bierähnlichen Getränk, oder Chicha morada, einem alkoholfreien Erfrischungsgetränk, verarbeitet. Das bekannteste und traditionsreichste alkoholische Getränk ist (wie in Chile) der Pisco, ein Tresterbranntwein, der als Grundzutat für Cocktails wie den Pisco Sour verwendet wird.

P

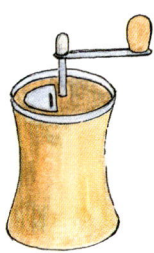

Corvina asada (Gebratener Adlerfisch)

Für 4 Portionen:
4 Filets vom Adlerfisch à 200 g
1 Zitrone
2 Zwiebeln
2 Knoblauchzehen
3 Fleischtomaten
100 g entkernte schwarze Oliven
2 frische rote Chilischoten
1 frischer Thymianzweig
6 EL Pflanzenöl
Salz, schwarzer Pfeffer
2 Lorbeerblätter

- Fischfilets waschen und trockentupfen. Zitrone auspressen. Zwiebeln und Knoblauchzehen schälen und in dünne Scheiben schneiden. Tomaten überbrühen, häuten und kleinwürfeln. Oliven in Streifen schneiden. Chilischoten in feine Streifen schneiden. Thymianzweig waschen und Blättchen abzupfen.
- Eine feuerfeste Form mit der Hälfte des Pflanzenöls ausstreichen. Fischfilets in die Form legen, salzen, pfeffern und mit Zitronensaft beträufeln. Im vorgeheizten Backofen bei 220 °C (Umluft 200 °C) etwa 15 Minuten braten, dabei einmal wenden.
- Das restliche Pflanzenöl erhitzen und Zwiebeln und Knoblauch darin andünsten. Tomaten, Oliven, Chili, Thymian und Lorbeerblätter einrühren, etwa 10 Minuten köcheln lassen und mit Salz und Pfeffer würzen.
- Fischfilets auf vier Teller verteilen, mit Sauce überziehen und sofort servieren.

Chupe de quinoa (Quinoa-Gemüse-Suppe)

Für 4–6 Portionen:
1 große Zwiebel
3 Knoblauchzehen
½ kleine rote Chilischote
je 250 g Knollensellerie, Karotten, Kartoffeln und Weißkohl
3 EL Pflanzenöl
Salz, schwarzer Pfeffer
250 g Quinoa
1 l Gemüsebrühe
je 1 EL gehackte Minze- und Oreganoblätter

- Zwiebel und Knoblauchzehen schälen und fein würfeln. Chilischote fein hacken. Sellerie und Karotten fein würfeln. Kartoffeln schälen und in 2 cm große Würfel schneiden. Weißkohl waschen und in Streifen schneiden.
- Zwiebel, Knoblauch, Chili, Sellerie und Karotten in einem breiten Topf in heißem Pflanzenöl andünsten. Salzen, pfeffern und die Quinoakörner einstreuen. Mit Gemüsebrühe aufgießen, aufkochen lassen und dann die Hitze reduzieren.
- Kartoffeln und Kohlstreifen einlegen und die Suppe etwa 20 Minuten köcheln lassen.
- Mit Salz und Pfeffer abschmecken, Kräuter einrühren und servieren.

Papas a la huancaina (Überbackene Kartoffeln)

Für 4 Portionen:
1 kg Kartoffeln
Salz, schwarzer Pfeffer
Butter für die Form
½ Bund Petersilie
½ TL Chilipulver
150 ml Milch
100 g frisch geriebener Käse
(z. B. Manchego, Parmesan)
50 g Butterflöckchen

- *Kartoffeln waschen und mit der Schale in Salzwasser etwa 30 Minuten garen.*
- *Petersilie waschen, trockenschwenken, die Blättchen abzupfen und fein hacken.*

Chilipulver in die Milch geben und gut verrühren.
- *Kartoffeln abgießen, kurz abkühlen lassen, pellen und in Scheiben schneiden. Den Boden einer gebutterten feuerfesten Form mit Kartoffelscheiben auslegen.*
- *Salzen, pfeffern und mit etwas Chilimilch begießen. Etwas Petersilie und Käse darüberstreuen. Die restlichen Zutaten in zwei weiteren Lagen einschichten. Mit Butterflöckchen belegen.*
- *Kartoffeln im vorgeheizten Backofen bei 180 °C (Umluft 160 °C) etwa 20 Minuten goldgelb überbacken.*

PHILIPPINEN

Die philippinische Republik ist der fünftgrößte Inselstaat der Welt. Der südostasiatische Archipel umfasst mehr als 7000 Inseln, die in drei Gruppen unterteilt werden: Luzon, Visayas und Mindanao; nur etwa 880 Inseln sind bewohnt. Die Philippinen liegen im westlichen Pazifischen Ozean zwischen Taiwan im Norden und Indonesien im Süden und grenzen im Westen an das südchinesische Meer. Der Inselstaat war rund 350 Jahre spanische Kolonie – vom spanischen König Philipp II. (1527–1598), unter dessen Herrschaft die Inseln erobert wurden, leitet sich auch der Landesname ab. Dass rund 80 Prozent der etwa 85 Millionen Einwohner katholisch sind, ist ein Erbe aus dieser Zeit.

Die Philippinen sind damit der am stärksten christlich geprägte Staat in ganz Asien.

Die philippinische Küche ist vor allem von der → spanischen geprägt, aber auch die → malaysische und noch mehr die → chinesische Küche – chinesische Händler siedelten sich schon früh hier an – haben die Kochkultur beeinflusst. Hauptgrundnahrungsmittel ist, wie überall in Asien, der Reis. Er wird zu allen Mahlzeiten gereicht, und das stärkehaltige Reiswaschwasser wird gern zum Kochen von Suppen verwendet. Daneben spielen Fisch und Meeresfrüchte eine wichtige Rolle, aber auch Schweinefleisch, Geflügel und Rind sowie reichlich frisches Gemüse und Obst, das im tropischen Klima gut gedeiht.

P

Gewürzt wird mit mildem Palmessig, Annatto-Samen (die den Gerichten eine rötliche Färbung verleihen), Annatto-Öl, Bagoong (Shrimpsauce), schwarzem Pfeffer, Kokosmilch und -flocken, getrocknetem Tamarindenmark, getrockneten chinesischen Pilze, Miso (getrocknetem Bohnenquark), Olivenöl, Paprikapulver, Patis (Fischsauce), Safran, Sojasauce und gemahlener Kurkuma sowie mit frischem Ingwer, Koriandergrün und Knoblauch. Auch Chili wird nicht zu knapp verwendet, doch sind philippinische Gerichte bei weitem nicht so scharf wie die Speisen in anderen ostasiatischen Küchen.

Das Nationalgericht heißt Adobo und ist weniger ein festgelegtes Rezept als vielmehr eine Zubereitungsart, bei der Fleisch, Fisch oder Gemüse in einer Brühe aus Essig, Sojasauce, Knoblauch und Pfeffer gegart werden. Ebenfalls sehr beliebt und auch eher eine Zubereitungsart ist Guinataan; dabei werden (beliebige) Zutaten in Kokosmilch gegart. Weitere Spezialitäten sind Pesa (gegarter Fisch mit viel Ingwer und Pfeffer), Lapu Lapu Inihaw (gegrillter Seebarsch mit Knoblauch und Sojasauce), Sinigang (saure Suppe mit Fleisch, Fisch oder Gemüse), Almondigas (Suppe mit Fleischbällchen), Kilawin (Salat aus rohem Fisch und Zwiebeln), Pipian (Hähnchen- oder Schweinefleisch mit Annatto-Samen und Erdnusssauce), Diniguan (in Blut geschmorte Innereien von Huhn oder Schwein) und Karikari (Schmorgericht mit Rindfleisch, Gemüse und Reis- und Erdnussmehl).

Gerichte spanischen Ursprungs werden gern zu festlichen Gelegenheiten serviert. Dazu zählen Arroz a la paella (Reisgericht), Lechon (Spanferkel), Fritada (Schweinefleisch oder Geflügel mit Kartoffeln), Menudo (Schweinefleisch und -leber mit Kartoffeln), Morcon (Rindfleischroulade), Picadillo (Rinderhack-

fleisch mit Kartoffeln) und Membrillo (Guavenpaste). Der chinesische Einfluss zeigt sich vor allem in der philippinischen Vorliebe für Nudelgerichte (Pancit), die als Pancit luglog (gebratene Nudeln) oder Pancit molo (Suppe mit Teigtaschen) auf den Tisch kommen.

Zum Dessert hält die philippinische Küche reichlich frisches Obst wie Bananen, Mangos, Papayas oder Melonen bereit, aber auch Matamis na kamote (glasierte Süßkartoffeln) und Kaong (Palmnüsse) oder Süßspeisen wie Flan (Eierpudding), Bombones de arroz (frittierte Reiskrapfen) oder Biko (Kuchen aus Reis und Kokosmilch).

Das traditionelle Frühstück besteht aus Reis und Fisch; das moderne eher aus gebratenen Longaniza (würzigen Schweinewürstchen) und gekochtem Reis, der im Bratfett der Würstchen geröstet wird. Dazu gibt es Kaffee oder heiße Schokolade, die oft mit Ensaimadas (einem Brioche ähnlichen Gebäck) getunkt wird. Zum Mittag- und Abendessen, die gleichbedeutend sind, gibt es Suppe, Fisch oder Fleisch, Reis und ein Dessert. Nach Filipino-Art kommen alle Gerichte gleichzeitig auf den Tisch, in wohlhabenderen Haushalten dagegen werden die Speisen nach spanischer Art nacheinander aufgetragen. Wer zwischen den Hauptmahlzeiten Hunger hat, nimmt eine Merienda (Imbiss), zu sich, die aus Lumpia (Frühlingsrollen), Suman (süßer Klebreis mit Kokosnuss), Sandwiches oder Kuchen und Tee bestehen kann. Traditionell wird aus Schalen und mit den Fingern gegessen, aber der europäische Einfluss hat vor allem im städtischen Bereich dazu geführt, dass häufig Besteck und flache Teller verwendet werden.

Zu den Mahlzeiten wird vor allem Wasser getrunken, daneben sind heimische Biere sehr beliebt. Alkoholische Spezialitäten sind Tuba (Palmwein) und Tapuy (Reiswein).

P

Guinataan hipon (Kokosgarnelen)

Für 4 Portionen:
800 g Garnelen mit Schale
½ Bund Koriandergrün
4 Knoblauchzehen
4 cm frische Ingwerwurzel
400 ml Reiswaschwasser (siehe Rezeptanleitung; oder Gemüsebrühe)
1 Dose Kokosmilch (etwa 400 ml)

- Die ungeschälten Garnelen am Rücken längs einschneiden, entdarmen und waschen. Koriandergrün waschen, trockenschwenken, Blättchen abzupfen und fein hacken. Knoblauch und Ingwer schälen, fein würfeln und mit Reiswaschwasser (also Wasser, in dem Reis gewaschen wurde; es ist stärkehaltig und eignet sich deshalb gut für das Kochen von Suppen) und Kokosmilch aufkochen. Die Hitze reduzieren und etwa 5 Minuten ziehen lassen.
- Garnelen einlegen und weitere 5 Minuten ziehen lassen. Zuletzt den Koriander unterziehen. Dazu passt Reis.

Almondigas (Fleischbällchen in Brühe)

Für 4 Portionen:
500 g gemischtes Hackfleisch
Salz, schwarzer Pfeffer
1 Ei
1 große Zwiebel
3 Knoblauchzehen
250 g Tomaten
2 EL Pflanzenöl
1 l Reiswaschwasser (siehe Rezeptanleitung)
1–2 EL helle Sojasauce
2 EL gehackte Frühlingszwiebeln

- Hackfleisch kräftig würzen, mit dem Ei verkneten und gleichgroße Bällchen daraus formen. Zwiebel und Knoblauch schälen und fein würfeln. Tomaten überbrühen, häuten, entkernen und fein würfeln.
- Pflanzenöl in einem breiten Topf erhitzen und Zwiebel und Knoblauch darin andünsten. Tomatenwürfel hinzufügen, 2 Minuten weiter braten und dann mit Reiswasser aufgießen (Reis wird vor dem Kochen gewaschen, damit die Reisstärke beim Kochen die Reiskörner nicht verklebt. Dieses stärkehaltige Wasser wird gerne zum Kochen von Suppen verwendet. Falls nicht vorrätig, einfach 1 TL gekörnte Suppenwürze in 1 l Wasser geben).
- Aufkochen, dann die Hitze reduzieren und die Fleischbällchen in die schwach köchelnde Brühe einlegen. Etwa 15 Minuten gar ziehen lassen. Mit Sojasauce würzen, in vier Schalen verteilen und mit Frühlingszwiebeln bestreuen.

P

Arroz caldo (Hähnchen-Reis-Topf)

Für 4 Portionen:
1 küchenfertiges Hähnchen von etwa 1 kg
Salz, schwarzer Pfeffer
1 große Zwiebel
8 Knoblauchzehen
etwa 4 cm frische Ingwerwurzel
4 EL Pflanzenöl
400 g Reis
4 EL trockener Sherry
2 EL Fischsauce
4 Frühlingszwiebeln

- Hähnchen in vier Portionsteile schneiden und mit Salz und Pfeffer kräftig würzen. Zwiebel schälen und in feine Streifen schneiden. Knoblauch und Ingwer ebenfalls schälen und fein würfeln.

- Pflanzenöl in einem breiten Topf erhitzen und Zwiebel, Knoblauch und Ingwer darin andünsten. Hähnchenteile einlegen und von allen Seiten 5 bis 8 Minuten kräftig braten.
- Reis einstreuen, 2 Minuten weiter rühren, mit Sherry ablöschen und mit 1 l Wasser aufgießen. Mit Fischsauce würzen, aufkochen lassen und dann die Hitze reduzieren. Den Topf mit einem Deckel verschließen und Reis und Hähnchen etwa 20 Minuten garen.
- Frühlingszwiebeln putzen, waschen und in feine Ringe schneiden. Den Reistopf 5 Minuten ausdampfen lassen, dann mit Frühlingszwiebeln garnieren und servieren.

Bombones de arroz (Frittierte Reiskrapfen)

Für etwa 24 Reiskrapfen:
500 g ungewaschen gekochter, abgekühlter Reis
2 Eier
100 g brauner Zucker
1 Päckchen Vanillezucker
1 kräftige Prise geriebene Muskatnuss
1 kräftige Prise gemahlene Muskatblüte (Macis)
100 g Weizenmehl
1 Päckchen Backpulver
1 l Pflanzenöl zum Frittieren

- Reis mit Eiern, Zucker, Vanillezucker, Muskatnuss und Muskatblüte verkneten. Mehl mit Backpulver versieben und unter den Reisteig kneten.
- Pflanzenöl in einem großen Topf oder in der Fritteuse auf 180 °C erhitzen.
- Mit einem Esslöffel Portionen vom Reisteig abstechen und diese in das Öl gleiten lassen. Reisbällchen schwimmend in 3 bis 5 Minuten goldgelb ausbacken. Nicht zu viele auf einmal in das Pflanzenöl geben, damit sie nicht zusammenkleben.

POLEN

Die Republik Polen zählt mehr als 38 Millionen Einwohner und gehört mit ihren knapp 10 000 geschlossenen Gewässern zu den seenreichsten Ländern der Welt. In der polnischen Küchenkultur spielt Fisch deshalb auch eine wichtige Rolle: Karpfen, Wels, Zander und Forelle, aber auch Salzwasserfische wie Dorsch, Hering und Ostseelachs sind sehr beliebt. Oft werden die Fische nicht nach bestimmten Rezepten zubereitet, sondern einfach gebraten, gegrillt oder gekocht. Mehr noch als Fisch wird in Polen Fleisch, insbesondere Schweinefleisch, gegessen – der polnische Fleischkonsum zählt zu einem der höchsten weltweit. Beim Geflügel ist vor allem die Gans beliebt; die Gänsezucht hat in Polen Tradition, und polnische Hafermastgänse werden in alle Welt exportiert. Zudem gibt es in dem waldreichen Land viel Wild. Die wichtigsten Agrarprodukte sind Roggen, Kartoffeln, Hafer, Weizen und Zuckerrüben.

Die bäuerliche und sehr deftige Küche Polens ist vor allem von der slawischen und ein wenig auch von der jüdischen beeinflusst: Blinis und Plinsen sowie Barszcz (klare Rote-Bete-Suppe aus der russischen Küche), die mit Uszka (kleinen Teigtaschen) serviert wird, sind ebenso beliebt wie Gänseschmalz, gefüllter Gänsehals, gebackener Kartoffelpudding oder Karpfen in Aspik – eine Anleihe aus der → jüdischen Küche. Sehr verbreitet sind Suppen, die meist auf Grundlage einer Gemüsebrühe mit Schweine- oder Rindfleisch zubereitet werden und sehr sättigend sind. Zu den bekanntesten zählen Krupnik (Graupensuppe), Kapusniak (Sauerkrautsuppe), Ogórkowa (Salzgurkensuppe) und Zurek (Sauermehlsuppe). Im Sommer werden kalte Fruchtsuppen wie Heidelbeersuppe gern gegessen. Das Gemüse, im Wesentlichen Kartoffeln und Kohl, wird stets vollständig durchgekocht und häufig mit in Butter gerösteten Semmelbröseln überzogen. Diese Garnitur ist unter der Bezeichnung »à la polonaise« in die internationale Gastronomie eingegangen. Auch Pilze, Beeren und Rote Bete sind wichtige Zutaten der polnischen Küche. Bedingt durch die langen, harten Winter wurde in Polen schon immer ein Großteil der Ernte eingekocht, etwa Gurken, Tomaten, Kohl, Rüben und Pflaumen. Beliebte Fleischerzeugnisse sind Szynka Wiejska (Bergschinken), Krakauer (würzige Hartwurst), Spanferkel und vielfältige Wurst- und Schinkensorten, die oft schon zum Frühstück verzehrt werden, das in der Regel sehr herzhaft ausfällt. Das polnische Nationalgericht heißt Bigos und ist ein Schmorgericht, das in seiner ursprünglichen Form mit Wild, Kohl und Rüben zubereitet, heute aber oft auch mit anderen Fleischsorten variiert wird.

Die Hauptmahlzeit wird in der Regel am frühen Abend eingenommen und besteht etwa aus mehreren Gängen. Zur Vorspeise werden warme oder kalte Speisen gereicht: Pierogi (mit Fleisch, Gemüse, Sauerkraut und/oder Käse gefüllte und gekochte Teigtaschen) oder eine Suppe. Der Hauptgang ist meist ein Fleischgericht, zum Beispiel Zrázy (Rinderschnitzel) oder gebratene Gans mit Äpfeln, das mit einer Beilage wie Kopytka (in Butter geschwenkten Kartoffelklößchen) serviert wird. Zum Nachtisch gibt es meist Kuchen, etwa Mohnrolle oder Apfelkuchen. An Heiligabend wird traditionell Karpfen gegessen.

Schwarzer Tee ist in Polen weiter verbreitet als Kaffee und wird mit Zitrone und Zucker

P

getrunken. Zum Essen wird oft Bier serviert; fast jede größere Stadt hat eine eigene Brauerei, und Marken wie Warka, Lech oder Tyskie sind sehr bekannt. Beliebt sind außerdem Obst- und Kräuterliköre sowie polnischer Met (Honigwein) und natürlich Wodka, der traditionell pur aus 5- bis 10-cl-Gläsern getrunken wird. Eine Besonderheit ist der Zubrówka, ein mit duftendem Bisongras aromatisierter Wodka.

Bigos (Polnischer Krauttopf)

Für 4 Portionen:
100 g Räucherspeck
100 g Hartwurst (Krakauer)
1 Zwiebel
2 Knoblauchzehen
500 g Weißkohl
je 200 g Schweine- und Rindfleisch
50 g Butterschmalz
½ TL getrockneter Majoran
edelsüßes und rosenscharfes Paprikapulver
Salz, schwarzer Pfeffer
250 g Sauerkraut
100 g Trockenpflaumen
125 ml trockener Rotwein
2 TL Tomatenmark
2 EL gehackte Petersilie
100 g saure Sahne

- *Räucherspeck kleinwürfeln, Hartwurst pellen und in Scheibchen schneiden. Zwiebel und Knoblauchzehen schälen und fein würfeln. Weißkohl putzen und hobeln. Fleisch in mundgerechte Würfel schneiden.*

- *Butterschmalz in einem breiten Topf erhitzen und Speck, Zwiebel und Knoblauch darin andünsten. Fleischwürfel hinzufügen, alles einige Minuten weiter braten und dabei mit Majoran, Paprikapulver, Salz und Pfeffer würzen.*
- *Wurstscheiben einstreuen und mit etwa 1 l Wasser aufgießen, sodass alles bedeckt ist. Den Topf mit einem Deckel verschließen und das Fleisch etwa 50 Minuten garen.*
- *Nach der Hälfte der Garzeit Tomatenstreifen, Weißkohl und Sauerkraut einschichten. Trockenpflaumen mit Rotwein vermischen und 20 Minuten vor Ende der Garzeit unterrühren.*
- *Tomatenmark einrühren und mit Salz, Pfeffer und Paprikapulver abschmecken. Bigos mehrere Tage im Voraus zubereiten und vor dem Servieren mehrmals aufwärmen. Zum Servieren mit Petersilie bestreuen und mit saurer Sahne garnieren. Dazu passt frisches Bauernbrot mit Butter.*

P

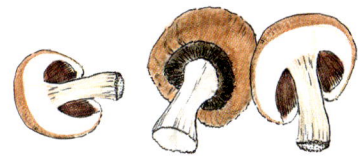

Blumenkohl mit Butterbröseln

Für 4 Portionen:
1 großer Blumenkohl
Salz
100 g Butter
50 g Semmelbrösel
2 hartgekochte Eier
½ Bund Petersilie

- Blumenkohl putzen, etwa 10 Minuten in kaltes Salzwasser legen und dann im Ganzen in kochendes Salzwasser geben und etwa 10 Minuten garen.

- Eier pellen und hacken; Petersilie waschen, trockenschwenken, Blättchen abzupfen und fein hacken.
- In einer Pfanne die Butter schäumend erhitzen und die Semmelbrösel darin unter Rühren goldgelb braten.
- Blumenkohl aus dem Kochwasser heben, abtropfen lassen, vierteln und auf Teller verteilen. Mit Butterbröseln beträufeln. Gehackte Eier und Petersilie darüberstreuen.

PORTUGAL

Die Republik Portugal liegt im äußersten Westen Europas auf der iberischen Halbinsel. Das Land grenzt im Osten und Norden an Spanien, im Westen und Süden an den Atlantik. Einschließlich der Azoren und Madeira zählt Portugal knapp 11 Millionen Einwohner. Während an der langgezogenen Atlantikküste ein ozeanisches Klima vorherrscht, ist das Landesinnere im Sommer von großer Hitze und Trockenheit bestimmt. In der Landwirtschaft spielt der Weinbau eine bedeutende Rolle, daneben werden vor allem Weizen, Mais, Hafer, Reis und Edelkastanien angebaut sowie Gemüse und Obst.

In der portugiesischen Küche spiegelt sich die Geschichte des Landes wider. Ein Erbe der Mauren, die den Phöniziern und den Römern als Besatzer folgten, ist die Vorliebe für sehr süße Desserts mit viel Ei. Die Kolonialzeit, in der Portugal zeitweise zur bedeutendsten Handelsnation der Welt aufstieg, hinterließ viele exotische Gewürze, Lebensmittel wie Tomaten, Kartoffeln und Paprika und Gerichte wie die Feijoada aus ➜ Brasilien in der portugiesischen Küche.

Die traditionelle Kochkultur ist bestimmt von nahrhafter Hausmannskost. Sie verwendet reichlich Fisch und Fleisch, Kartoffeln,

Reis und Kohl, Eier, Olivenöl, Oliven, Zwiebeln und Knoblauch. Gemüse dient vor allem als Beilage und für die Zubereitung zahlreicher, meist sämiger Suppen, die als klassischer erster Gang eine große Rolle spielen. Die wohl beliebteste Suppe ist Caldo verde (Kartoffel-Kohl-Suppe); typisch sind auch Caldeirada (Fischsuppe), Cozido português (Rindfleischeintopf) und Açorda (Brotsuppe mit Knoblauch und Koriandergrün, in die ein rohes Ei geschlagen wird).

Portugiesisches Nationalgericht ist nicht etwa ein Gericht mit fangfrischem Fisch, sondern Bacalhau (getrockneter und eingesalzener Kabeljau), der heute vorwiegend aus Norwegen und Neufundland importiert wird. Bacalhau wird in Wasser eingeweicht und in unzähligen Varianten zubereitet, etwa als Bacalhau cozido (gekocht), Bacalhau asado (gegrillt), Bacalhau com natas (Auflauf mit Sahne), Caldeirada de bacalhau (Eintopf), Pastéis de bacalhau (Kroketten) oder Bacalhau à Bras (mit Zwiebeln und Kartoffelstiften). Der Trockenfisch ist ein Erbe der Seefahrer, die nur diese Konservierungsart kannten.

In den Küstengegenden kommen natürlich auch viel fangfrischer Fisch und Meeresfrüchte auf den Tisch, alle voran Thunfisch, Schwertfisch, Seebarsch, Muscheln, Taschenkrebse und Langusten. Der Fisch wird meist gegrillt, mit Olivenöl beträufelt und mit Kartoffeln oder Reis und Gemüse serviert. Häufig zubereitet werden Sardinhas na brasa (gegrillte Sardinen). Eine Spezialität ist Arroz de marisco (Reis mit Meeresfrüchten und Koriander); Rissóis de camarão (Krabbenpasteten) sind ein beliebter Imbiss für zwischendurch. Vor allem im Landesinneren sind Fleischgerichte sehr verbreitet, etwa Bife (Rindersteak), Vitela enrolada (Kalbsrouladen), Alcatra (mit Rotwein mariniertes Rindfleisch), Cabrito (Ziegenfleisch), Frango asado (Grillhähnchen) oder Cordoniz (Wachtel). Auch Tripas (Innereien) werden gern gegessen, etwa als Tripas à modo do Porto (mit weißen Bohnen, Karotten und Zwiebeln) oder als Sarrabulho (Eintopf mit Schweinefleisch und -leber). Daneben gibt es zahlreiche Wurstsorten, wie Farinheira (geräucherte Schweinewurst) oder Alheira de Mirandela (Bratwurst aus Geflügel oder Schwein mit viel Brot und Knoblauch). Eine Besonderheit der portugiesischen Küche ist die Kombination von Fleisch und Meeresfrüchten in Reisgerichten oder im Porco à alentejana (Schwein mit Muscheln). Eine Brotspezialität ist Broa, ein Maisbrot, das zum Tunken von Suppen verwendet wird. Gewürze werden eher sparsam eingesetzt; verwendet werden Petersilie, Knoblauch, Lorbeer, Oregano, Thymian, Paprika und Piri Piri (kleine rote Chilischoten) sowie – vor allem im Süden des Landes – Koriandergrün.

Portugiesische Desserts und Kuchen sind in der Regel sehr süß und werden mit reichlich Ei zubereitet. Sehr beliebt ist Arroz doce (Milchreis mit Eigelb), Leite creme (Milchpudding), Pudim flan (Eierpudding mit Karamellsauce) sowie Pastéis de nata (Blätterteigtörtchen mit Puddingfüllung) und Bolo de bolacha (Kekskuchen).

Zum Essen wird in der Regel Wasser und portugiesischer Rot- oder Weißwein getrunken, etwa aus den Anbaugebieten Dão, Douro, Alentejo oder Estremadura. Eine Besonderheit ist Vinho verde, ein junger, leicht moussierender weißer Wein, der im Norden der Landes gekeltert wird. Als Aperitif oder Digestif gibt es den weltberühmten Portwein aus dem Douro-Tal.

Bacalhau à Bras (Stockfisch mit Kartoffeln und Zwiebeln)

Für 4 Portionen:
700 g Bacalhau (Stockfisch)
500 g Kartoffeln
250 g Zwiebeln
2 Knoblauchwürfel
1 Bund glatte Petersilie
10 EL Olivenöl
4 Eier
Salz, schwarzer Pfeffer

- *Fisch in Stücke schneiden und für mindestens 24 Stunden in Wasser legen, dabei das Wasser mehrmals wechseln.*
- *Die (gequollenen) Fischstücke aus dem Wasser nehmen, mehrmals mit frischem Wasser abspülen, mit Küchenpapier trockentupfen und in kleine Teile zerpflücken.*
- *Kartoffeln, Zwiebeln und Knoblauch schälen. Kartoffeln in Stifte, Zwiebeln in Streifen schneiden und Knoblauch fein würfeln. Petersilie waschen, trockenschwenken, Blättchen abzupfen und fein hacken.*
- *In einer großen Pfanne die Hälfte des Olivenöls erhitzen und die Kartoffelstifte darin etwa 10 Minuten braten; herausnehmen und auf einen Teller legen.*
- *Das restliche Olivenöl in die Pfanne geben und Zwiebeln und Knoblauch etwa 10 Minuten darin dünsten.*
- *Kartoffeln und Fisch hinzufügen und alles vorsichtig vermengen. Eier verquirlen, etwas salzen und gut pfeffern und über den Pfanneninhalt gießen.*
- *Mit Pfeffer würzen, ein wenig salzen und alles vorsichtig verrühren. Zuletzt die Petersilie unterheben und die Fischpfanne sofort servieren.*

Sardinhas na brasa (Gegrillte Sardinen)

Für 4 Portionen:
1 kg küchenfertige, fangfrische Sardinen
Meersalz

- *Sardinen auf ein mit Alufolie umhülltes Grillgitter legen und mit Meersalz bestreuen. Im vorgeheizten Backofen bei 180 °C mit Grillstufe 10 bis 15 Minuten grillen. Noch besser schmecken die Sardinen natürlich vom Holzkohlengrill.*
- *Dazu passen geröstete Weißbrotscheiben, die mit Olivenöl beträufelt werden, oder Salzkartoffeln.*

Lombo de porco à alentejana (Schweinelende mit Muscheln)

Für 4 Portionen:
800 g Schweinelende
1 kg frische Muscheln mit Schalen
5 Knoblauchzehen
1 Paprikaschote
4 EL Olivenöl
Meersalz
1 EL Schweineschmalz
schwarzer Pfeffer

- Schweinelende in mundgerechte Stücke schneiden. Muscheln sehr gut reinigen. Knoblauchzehen abziehen. Paprikaschote säubern und in kleine Stücke schneiden.
- Knoblauch, Paprika, Olivenöl und eine Prise Meersalz im Mixer pürieren und mit den Fleischwürfeln vermengen. Mit Folie abdecken und im Kühlschrank einige Stunden marinieren.
- Schweineschmalz in einem breiten Topf erhitzen und die marinierten Fleischwürfel darin rundherum gut anbraten.
- Die geschlossenen Muscheln hinzufügen und mit 250 ml Wasser ablöschen. Den Topf mit einem Deckel verschließen und den Inhalt etwa 10 Minuten bei mittlerer Hitze garen lassen. Sobald sich die Muschelschalen geöffnet haben, ist das Gericht fertig.
- Mit Salz und Pfeffer abschmecken. Im Topf servieren und dazu Reis reichen.

 ROHKOSTKÜCHE

Für den normalen Mischköstler bedeutet Rohkost, dass Lebensmittel ungekocht, also im Rohzustand verzehrt werden. Dabei spielen Obst und Gemüse, Nüsse, Getreide, Honig, aber auch Milch und Milchprodukte eine wichtige Rolle. Rohkostbeilagen, etwa Salate oder Früchtedesserts, sind Bestandteil vieler Menüs und allgemein einer gesunden, → vollwertigen Ernährung. Für Rohkost-Anhänger allerdings ist roh nicht gleich roh, und unter den konkurrierenden Rohkostschulen variiert die Definition des Begriffs zum Teil erheblich. Die Rohkostküche kann → vegan, → vegetarisch oder ausschließlich roh sein, also tierische Produkte wie Fleisch, Fisch und Eier mit einschließen. Grundsätzlich gilt, dass die zu verzehrenden Lebensmittel nicht hitzebehandelt werden. Für Veganer und Vegetarier liegt die erlaubte Temperaturobergrenze zum Erwärmen oder Trocknen der Zutaten bei 45 Grad, weil oberhalb dieser Grenze wertvolle Enzyme, Vitamine und Mineralstoffe verloren gehen. In der vegetarischen Rohkostküche werden, je nach individueller Einstellung, auch Rohmilchprodukte (Rohmilchkäse) aller Art sowie Eier verwendet. Rohköstler zu sein, ist eine Lebenseinstellung; Anhänger dieser Ernährungsweise argumentieren, dass Enzyme, Spurenelemente und (hitzeempfindliche) Vitamine, die sonst beim Kochen verloren gehen, im rohen Zustand erhalten bleiben und der Körper durch die Verdauungsleukozytose (eine Art vorübergehende entzündliche Reaktion auf ungeeignete Nahrung) nicht belastet wird.

Ein Pionier der Rohkosternährung ist der Schweizer Arzt Maximilian Oskar Bircher-Benner (1867–1939). Er vertrat die Ansicht, frische Rohkost fördere die Gesundheit und entfalte große Heilwirkung bei erkrankten Menschen. Eine nicht-vegetarische Rohkosternährung, die sogenannte Instinctotherapie, begründete der Schweizer Musiker und Physiker Guy-Claude Burger. Diese Ernährungsform sieht vor, dass die Nahrungsmittel weder gekocht noch gebraten, weder gesalzen noch gewürzt werden, da jede Veränderung der Nahrung den Instinkt überliste. Es soll ganz einfach alles gegessen werden, was im Naturzustand gut riecht und gut schmeckt, von rohem Obst und Gemüse über Nüsse und Samen bis hin zu rohem Fleisch und Fisch, rohen Meeresfrüchten und rohen Eiern. Milch und Milchprodukte werden abgelehnt. Die Nahrungsmittel sollen dabei nicht gleichzeitig, sondern nacheinander verzehrt werden, Mischungen wie Obstsalate oder gemischte Salatteller sieht diese Ernährungsform nicht vor. Die Instinctotherapie entbehrt jedoch jeglicher wissenschaftlicher Grundlage und ist aus gesundheitlichen Gründen (fragwürdige Hygiene wegen mikrobakterieller Belastung sowie ungünstige Auswirkungen auf Vitamin- und Kalziumversorgung durch den Verzicht auf Milch) nicht empfehlenswert.

Die Asketen unter den Rohkostessern ernähren sich ganz puristisch ausschließlich von rohem, unverarbeitetem Gemüse und Obst. Diese Ernährungsform erfordert allerdings eine sorgfältige Nahrungsmittelzusammenstellung, da es sonst schnell zu einer Unterversorgung mit wichtigen Nährstoffen kommen kann.

Chinakohl mit Erdnüssen und Johannisbeeren

Für 4 Portionen:
½ Chinakohl (etwa 500 g)
200 g Sojabohnensprossen
½ Bund Koriandergrün
200 g rote Johannisbeeren
100 g ungesalzene Erdnüsse
2 EL Erdnusspaste
Saft von 2 Orangen
Kräutersalz
grob geschroteter schwarzer Pfeffer

· Chinakohl putzen, entblättern, waschen und in Streifen schneiden. Sojabohnen gut waschen. Koriandergrün waschen, trockenschwenken, Blättchen abzupfen und fein hacken. Johannesbeeren waschen und entrispen. Die vorbereiteten Zutaten vorsichtig miteinander vermengen.
· Erdnüsse, Erdnusspaste und Orangensaft pürieren. Die Sauce unter den Salat mischen, alles mit Kräutersalz und Pfeffer würzen und auf vier Tellern anrichten.

Gemüsespieße mit Papayasauce

Für 4 Portionen:
1 saftige Papaya (etwa 300 g Fruchtfleisch)
1 Zucchino
1 kleiner Fenchel
1 Orange
4 Frühlingszwiebeln
50 ml Multivitaminsaft
2 Spritzer rote Tabascosauce
grob geschroteter roter Pfeffer
1 EL gehacktes Koriandergrün
8 lange Holzspieße oder Cocktailsticker

· Papaya entkernen und das Fruchtfleisch in grobe Stücke schneiden. Zucchino waschen und in Scheiben schneiden. Fenchel waschen und in etwa 4 cm große Stücke schneiden, Orange in Filets schneiden, Frühlingszwiebeln putzen und in vier Teile schneiden.
· Papaya mit Multivitaminsaft und Tabasco pürieren. Mit rotem Pfeffer würzen, Koriander unterheben und in vier Portionsschälchen füllen.
· Zucchino-, Fenchel-, Orangen- und Frühlingszwiebelstücke abwechselnd auf Spieße stecken oder häppchenweise mit einer Gabel oder Cocktailstickern aufspießen.
· Papayasauce löffelweise über die Gemüsespieße geben oder die Gemüsestücke einzeln in die Sauce dippen.

Kalte Mandel-Brokkoli-Suppe mit Koriander

Für 4 Portionen:
750 g Brokkoli
½ Bund Koriandergrün
½ TL Korianderkörner
Saft von ½ Limette
2 EL Maiskeimöl
60 g Mandelmus
Kräutersalz
schwarzer Pfeffer
1 TL eingelegte grüne Pfefferkörner
evtl. 100 ml Sojamilch

- *Brokkoli waschen und Röschen und Stiele klein schneiden. Koriandergrün waschen, trockenschwenken und Blättchen abzupfen.*
- *Brokkoli und Koriandergrün sowie alle anderen Zutaten (außer den Pfefferkörnern) in einem Topf geben, mit 250 ml Wasser auffüllen (nach Belieben einen Teil des Wassers durch Sojamilch ersetzen) und zu einer sämigen Suppe pürieren.*
- *In vier Suppenschalen füllen, Pfefferkörner darüberstreuen und servieren.*

RUSSLAND

Rein flächenmäßig ist Russland der größte Staat der Erde. Das Land erstreckt sich vom Finnischen Meerbusen im Westen bis zur Beringstraße im Osten und grenzt an 14 Nachbarländer sowie verschiedene Meere wie das Nordpolarmeer im Norden und den Pazifischen Ozean im Osten. Wenngleich vier Klimazonen das Land durchziehen, so herrscht doch in großen Teilen kontinentales Klima vor, mit sehr kalten Wintern und heißen Sommern. Der Vielvölkerstaat zählt mehr als 142 Millionen Einwohner, knapp 80 Prozent davon sind Russen, der Rest setzt sich aus rund 100 verschiedenen Minderheiten wie Tataren, Armeniern, Ukrainern und Tschwaschen zusammen, für die zum Teil Republiken mit weitgehender Autonomie errichtet wurden.

Bei der großen ethnischen, klimatischen und landschaftlichen Heterogenität in dem riesigen Land ist es erstaunlich, dass sich eine gesamtrussische Kochkultur entwickelt hat, die nur geringe regionale Unterschiede aufweist. Diese Küche führt im Wesentlichen die Traditionen der altrussischen Küche aus der Zeit des 9. bis 16. Jahrhunderts fort. In ihren Ursprüngen arm und bäuerlich, ist sie noch heute von einfachen Zutaten und schlichten, nahrhaften Gerichten geprägt. Die Armut zwang viele Russen bis ins 19. Jahrhundert zum Verzicht auf Fleischgerichte, was notgedrungen viele vegetarische Gerichte hervorbrachte. Ein Erbe aus diesen Zeiten ist auch der sparsame Einsatz von Gewürzen, das Verwenden von Buchweizen anstelle von Getreide und die Vorliebe für Säuerliches wie Sauerkraut und saure Sahne. Die russische Küche ist außerdem geprägt von den sehr langen kalten Wintern und dem Einfluss der russisch-orthodoxen Kirche, die regelmäßige

Fastenzeiten (viermal im Jahr zwei bis sechs Wochen, für Strenggläubige außerdem jeden Mittwoch und Freitag) vorschreibt. Im Winter wird traditionell viel eingekochtes und eingelegtes Obst und Gemüse wie Sauerkraut und Salzgurken gegessen. Frische Produkte gibt es nur in der kurzen Sommerzeit. In den Fastenzeiten, an die sich die meisten Russen halten, wird auf Milch, Milchprodukte, Butter und Fleisch verzichtet – ein weiterer Grund für viele vegetarische Gerichte auf der russischen Speisenkarte.

Mit Buchweizen, einer Grundzutat der russischen Küche, werden zahlreiche Gerichte zubereitet, zum Beispiel Kascha, ein beliebter Frühstücksbrei, der meist gesüßt mit Milch und Butter verzehrt wird; eine gesalzene Variante wird als Beilage zu Fleischgerichten gegessen. Aus Buchweizen werden außerdem die weit verbreiteten Blinis (Pfannkuchen) und Oladji (kleine Pfannkuchen) hergestellt, die mit saurer Sahne, Dill und Räucherfisch – in wohlhabenden Kreisen auch mit Kaviar – oder als süße Variante mit Marmelade oder Honig auf den Tisch kommen.

Das Herz der russischen Küche sind deftige, üppige Suppen und Eintöpfe, die variantenreich, meist auf der Grundlage von Sauerkraut, Weißkohl, Rote Bete und Sauergurken zubereitet werden. Zu den populärsten Suppen zählen Borschtsch (Rote-Bete-Eintopf) und Soljanka (Eintopf mit Fisch- oder Fleisch, Wurst oder Pilzen, Salzgurken, Zwiebeln und Tomaten), aber auch Ucha (Fischsuppe) und Schtschi (säuerliche Kohlsuppe) sind sehr beliebt. Pilze, die in den weiten Wäldern reichlich wachsen, werden frisch, getrocknet oder eingelegt für Suppen, Saucen oder Grützen verwendet oder dienen als Füllung für die beliebten Pelmeni (Teigtäschchen), die mit Smetana (saurer Sahne) oder in Brühe gegessen

werden. Brot ist ein Hauptnahrungsmittel, das bei keiner Mahlzeit fehlen darf. Suppen beispielsweise werden stets mit schwerem säuerlichen Roggenbrot oder Piroggen (gefüllten Hefe- oder Blätterteigtaschen) serviert. Während die Alltagsküche mit wenig Fleisch auskommt, gibt es am Sonntag häufig einen Braten – je nach Jagdsaison zum Beispiel vom Rentier aus Sibirien – mit viel Sauce und Klößen. Beliebt ist auch Lammfleisch, das meist zu Schaschlik verarbeitet wird, sowie Bœuf Stroganoff (geschnetzeltes Rinderfilet, mariniert und flambiert), das gern zu Ostern zubereitet wird.

Beim Fisch ist vor allem der Buckellachs populär, der in Flüssen und im Meer gefangen wird. Als Delikatesse gilt echter russischer Kaviar vom Stör. Speziell an Festtagen werden auch vielerlei Sakuski (meist kalte Vorspeisen) serviert, etwa Kartoffel-, Eier- und Heringssalat, Hering mit Sauerrahm, Aal in Gelee, Dillgurken, Piroggen und Sülzen mit eingelegten Sprotten. Zum Tee gibt es Baranki (hartgebackene süßliche Kringel mit Sesam oder Mohn), Prjaniki (Lebkuchen) oder Konfekt. Ein traditionelles Weihnachtsgebäck ist Kulitsch (Hefekuchen mit Rosinen).

Das russische Nationalgetränk ist Tee, der häufig mit einem Löffel Warenje (Marmelade), meist Kirschmarmelade, verrührt wird. Dazu wird aus vorzugsweise indischem Tee ein Konzentrat zubereitet, das in einer kleinen Keramikkanne auf einem Samowar (einer Art Kessel) warm gehalten und bei Bedarf mit kochendem Wasser aus dem Samowar aufgegossen wird. Im Sommer wird reichlich Kwas getrunken, ein kohlensäurehaltiges Erfrischungsgetränk mit säuerlichem Geschmack, das durch Gärung aus Wasser, Roggenbrot, Malz, Hefe und Zucker gewonnen wird und sehr nahrhaft ist. Russischer Wodka wird aus

Kartoffeln oder Getreide hergestellt und traditionell pur und nicht vor oder nach, sondern zum Essen getrunken. Der weiße oder rote Krimsekt gilt als Delikatesse und wird nur zu besonderen Anlässen serviert.

Schtschi (Kohlsuppe mit Rindfleisch)

Für 4 Portionen:
500 g mageres Rindfleisch (Bug)
3 kleine Zwiebeln
2 Gewürznelken
Salz
10 schwarze Pfefferkörner
2 Lorbeerblätter
3 Knoblauchzehen
1 kleiner Weißkohlkopf
2 kleine Karotten
2 kleine Kartoffeln
2 Fleischtomaten
schwarzer Pfeffer
½ TL Kümmel
100 g saure Sahne
je 1 EL gehackte Petersilie und Dill

- Fleisch mit kaltem Wasser bedecken und zum Kochen aufsetzen. Nach dem ersten Aufkochen das Wasser abgießen, Fleisch abspülen und erneut mit 2 l kaltem Wasser in einen Topf geben.
- Eine kleine Zwiebel halbieren und die Hälften mit je einer Gewürznelke spicken. Zwiebelhälften, Salz, Pfefferkörner und Lorbeerblätter mit ins Wasser geben, aufkochen lassen, dann die Temperatur reduzieren und das Fleisch bei mittlerer Hitze in etwa 1 Stunde garen.
- Die restlichen Zwiebeln und Knoblauchzehen schälen und fein würfeln. Weißkohl putzen, waschen und fein hobeln. Karotten und Kartoffeln schälen und grob raspeln. Tomaten überbrühen, häuten, entkernen und in Streifen schneiden.
- Das gegarte Fleisch aus der Brühe nehmen, etwa 15 Minuten ruhen lassen und dann in gleichmäßige kleine Würfel schneiden. Brühe durch ein Haarsieb passieren und aufkochen. Die Hitze reduzieren und Zwiebel, Knoblauch, Weißkohl, Karotten und Kartoffeln hinzufügen.
- Gemüse etwa 15 Minuten gar ziehen lassen und dabei die Fleischwürfel einrühren. Alles mit Salz, Pfeffer und Kümmel würzen.
- Suppe auf vorgewärmte tiefe Teller verteilen, mit saurer Sahne überziehen und mit Petersilie und Dill bestreuen. Dazu passt Roggenbrot.

R

Borschtsch (Rote-Bete-Suppe)

Für 4 Portionen:
800 g Rote Bete
200 g Karotten
200 g Knollensellerie
200 g Kartoffeln
200 g Fleischtomaten
½ Bund Petersilie
1 große Zwiebel
4 Knoblauchzehen
1 EL Butter
1 EL Pflanzenöl
Salz, schwarzer Pfeffer
1 l Gemüsebrühe
je 2 Lorbeerblätter und Gewürznelken
125 ml Rote-Bete-Saft (Reformhaus)
250 g saure Sahne

- Rote Bete, Karotten und Knollensellerie schälen und fein stifteln. Kartoffeln schälen und in 2 cm große Würfel schneiden. Tomaten überbrühen, häuten, entkernen und in Achtel schneiden. Petersilie waschen, trockenschwenken, Blättchen abzupfen und fein hacken. Zwiebel und Knoblauchzehen schälen und in Streifen schneiden.
- In einem großen Topf Butter und Pflanzenöl erhitzen und Zwiebel und Knoblauch darin einige Minuten andünsten.
- Rote Bete, Karotten, Knollensellerie, Kartoffeln und Fleischtomaten hinzufügen und weitere 5 Minuten dünsten. Mit Salz und Pfeffer würzen und mit Gemüsebrühe aufgießen.
- Nach dem ersten Aufkochen die Hitze reduzieren, Lorbeerblätter und Gewürznelken einrühren und die Suppe bei mittlerer Hitze etwa 30 Minuten köcheln lassen.
- Rote-Bete-Saft einrühren und die Suppe weitere 10 Minuten ziehen lassen. Lorbeerblätter und Gewürznelken entfernen, mit Salz und Pfeffer abschmecken und die Suppe auf tiefe Teller verteilen.
- Saure Sahne und Petersilie separat dazu reichen und nach Belieben in die Suppe rühren. Dazu passt ofenfrisches Roggenbrot.

Oladji (Kleine Buchweizenpfannkuchen)

Für 4 Portionen:
150 g Buchweizenmehl
150 g Weizenmehl
½ Päckchen Backpulver
80 ml lauwarmes Wasser
300 g Kefir
1 EL Honig
1 Prise Salz
2 Eiweiß
5–8 EL Pflanzenöl

• *Buchweizenmehl mit Weizenmehl und Backpulver versieben. Nacheinander Wasser, Kefir, Honig und Salz dazugeben und alles zu einem glatten, dickflüssigen Teig verschlagen. Eiweiß zu steifem Schnee schlagen und unterheben.*

• *In einer kleinen Pfanne etwas Pflanzenöl erhitzen, eine kleine Kelle Teig hineingeben, anbacken lassen und, sobald die Oberfläche Bläschen wirft, den Pfannkuchen wenden. Die kleinen Pfannkuchen sollen goldbraun und luftig aussehen. So lange fortfahren, bis der Teig aufgebraucht ist. Die fertigen Pfannkuchen im vorgeheizten Backofen bei 50 °C warm halten.*

• *Oladji auf einer Servierplatte anrichten. Dazu passen saure Sahne, gehackter Dill und Kaviar oder Marmelade oder Honig.*

SCHOTTLAND

Die Küchenkultur Schottlands, das im Norden Großbritanniens liegt und mehr als fünf Millionen Einwohner zählt, hat sich beeinflusst von der → englischen Küche, aber auch in Opposition zu dieser entwickelt und ihrerseits auf die englische Küche zurückgewirkt. Sie weist aber auch Einflüsse der → französischen Küche auf, weil der schottische Adel lange Zeit französische Köche beschäftigte, die die schottischen Spezialitäten verfeinerten und die Kochkunst auf europäisches Niveau hoben.

Unbeständiges Wetter mit viel Wind und Regen – nur in Atlantiknähe herrscht durch den Golfstrom relativ mildes Klima vor – sowie die hügelige Landschaft, aber auch weite Moor- und Heideflächen lassen eine landwirtschaftliche Nutzung nur auf einem Viertel der Landesfläche zu; hier werden vor allem Hafer, Weizen, Kartoffeln und verschiedene Rübenarten angebaut. Für den Export und die schottische Küche spielen vor allem die Viehzucht und der Fischfang eine wichtige Rolle: Das Aberdeen-Angus-Rind wird weltweit geschätzt, und Schafe und Lämmer, die auf den Salzwiesen grasen, liefern eine hervorragende Fleischqualität. Aus den Highlands, dem gebirgigen Gebiet im Norden Schottlands, kommt viel Wild wie Moorhühner, Fasane, Hasen und Rotwild. Und in Nordsee und Atlantik, Flüssen und Seen werden vielerlei Fische und Meeresfrüchte gefangen. Schottischer Wildlachs etwa ist über die Landesgrenzen hinaus bekannt und wird frisch, geräuchert oder mariniert angeboten. Sehr verbreitet sind auch Kippers (geräucherter Hering), Haddock (Schellfisch) und Trout (Forellen), aber auch Mussels (Muscheln) und Lobster (Hummer). Aus dem Meer kommt außerdem der eiweißreiche Seekohl, dessen Jungsprösslinge verarbeitet werden.

Das schottische Frühstück gleicht dem englischen: Es ist sehr reichhaltig und besteht aus süßem oder salzigem Porridge (Haferflockenbrei), Scrambled Eggs with Bacon (Rührei mit Speck), Grilled Sausages (gebratenen Würstchen), gegrillten Tomaten, Black Pudding (gebratener Grützwurst), Kippers (geräucherten Heringen) und Baps (Brötchen) mit verschiedenen, oft hausgemachten Konfitüren und Heidehonig. Der Lunch (Mittagessen) fällt mit wahlweise Salat, Sandwiches, Suppe, Fish 'n' Chips oder einem Burger entsprechend karg aus. Zum Nachmittagstee gibt es Cream Crowdie (Sahnecreme mit Früchten und gerösteten Haferflocken) oder Scones (weiche Brötchen), die auch als Pan Scones in der Pfanne zubereitet werden können. Sehr beliebt sind auch Short Bread (Mürbeteiggebäck), Black Bun (Früchtekuchen) und Queen Mary Cake (Blätterteigkuchen mit Zitronat und Orangeat). Die mehrgängige Hauptmahlzeit wird am Abend in der Familie eingenommen und ist traditionell aus Suppe oder Vorspeise, Hauptspeise, Käse, Dessert sowie oft noch einem Savoury (einer warmen pikanten Nachspeise) aufgebaut.

Die Gerichte werden in der Regel recht einfach zubereitet und wenig gewürzt, damit der Eigengeschmack der Zutaten erhalten bleibt. Nationalspeisen sind Cock-a-leekie (Hühnersuppe mit Lauch und Backpflaumen) und Haggis (mit Innereien gefüllter Schafsmagen). Typische Fleischgerichte sind außerdem Stovies (ein Schmorgericht aus Zwiebeln, Kartoffeln und Lamm- oder Rindfleisch), Roastit Bubble-Jock (gefüllter Truthahn) und Tuppeny Struggles (Pie mit Lamm- oder Hammelfleisch). Zu den klassischen Fischgerichten zählen Finnan Haddie (geräucherter Schellfisch mit einer dicken Mehl-Zwiebel-Sauce), Tweed Kettle (pochierter Lachs) und Partan Tarte (Krabbentarte). Beliebte Suppen sind Scotch Broth (Gemüse-Gersten-Suppe) und Cullen Skink (Kartoffelsuppe mit Räucherschellfisch). Kartoffeln und Kohl bilden die Hauptzutaten für Rumbledethumps (einen Gemüseauflauf); Scotch Woodcock (Toast mit Sardellen und Rührei) und Loch Fyne (Hering mit Ei) sind typische Savourys. Viele schottische Rezepte werden mit schottischem Whisky verfeinert, etwa Fisch-, Muschel- und Krebssuppen; und Steak wird gern mit Single Malt Sauce (Whiskysauce) gegessen.

Getrunken wird vor allem kräftiger, schwarzer Tee, mit oder ohne Milch. Spezialitäten sind Gaelic Coffee (starker Kaffee mit Honig, Ingwer, Whisky und Schlagsahne) und das traditionelle Silvestergetränk Atholl Brose (ein Punsch aus Hafermehl, Heidehonig, Malt Whisky und Sahne). Schottischer Whisky wird landesweit in rund 90 Brennereien produziert, die spezielle Form des Single Malt wird aus gemälzter Gerste hergestellt.

Shortbread (Schottische Mürbteigkekse)

Für 1 Backblech:
250 g kalte Butter
150 g Zucker
1 Päckchen Vanillezucker
400 g Weizenmehl
1 EL Zucker

- Butter in Flöckchen schneiden und mit Zucker, Vanillezucker und Mehl zu einem geschmeidigen Teig verkneten. Den Teig zu einem Kloß formen, mit Folie abdecken und für 1 Stunde in den Kühlschrank stellen.
- Ein Backblech mit Backpapier auslegen. Den Teig nochmals kurz durchkneten und auf dem Backblech so ausrollen, dass an den Seiten noch etwas Platz ist.

- Mit einem scharfen Messer die Teigfläche in etwa 2 x 6 cm große Streifen schneiden. Dann breitflächig mit einer Gabel mehrmals einstechen und alles mit 1 EL Zucker bestreuen.
- Auf mittlerer Schiene im vorgeheizten Backofen bei 180 °C (Umluft 160 °C) etwa 20 Minuten backen, bis das Shortbread eine hellgelbe Färbung aufweist.
- Aus dem Ofen nehmen, Shortbread kurz abkühlen lassen und dann die Kekse an den Schnittstellen auseinander brechen. Das abgekühlte Shortbread zum Tee servieren.

Single Malt Sauce (Whiskysauce)

Für 4 Portionen:
2 EL Butter
2 EL Zuckersirup
2 EL (schottisches) Eipulver
3 EL (oder nach Geschmack) Whisky

- Butter in einem Topf zerlassen und Zuckersirup einrühren. Sobald die Mischung eine leichte Karamellkonsistenz erreicht hat (1 bis 2 Minuten), mit 250 ml Wasser aufgießen und aufkochen lassen.

- Eipulver mit 4 EL kaltem Wasser glattrühren und in das Zuckerwasser rühren. Die Sauce bei geringer Hitze und häufigem Rühren 3 bis 4 Minuten sanft ziehen lassen.
- Den Topf vom Herd nehmen und den Whisky einrühren. Single Malt Sauce zu einem Steak vom Aberdeen Angus Rind oder gebratenem Schweinekotelett servieren.

S

Cock-a-Leekie (Hühnersuppe mit Lauch und Backpflaumen)

Für 4 Portionen:
8 Backpflaumen ohne Kern
1 Bund Suppengrün (Lauch, Sellerie, Karotte)
1 Stange Lauch
1 küchenfertiges Hähnchen von etwa 1 kg
Salz
4 Pfefferkörner
1 TL gehackter frischer Thymian
1 EL gehackte frische Petersilie

- *Backpflaumen etwa 2 Stunden in Wasser einweichen. Suppengrün putzen, waschen und in grobe Stücke schneiden. Lauch putzen, waschen und in feine Streifen schneiden.*
- *Hähnchen gründlich waschen, in einen Topf legen und mit so viel kaltem Wasser aufgießen, dass alles bedeckt ist. Zum Kochen aufstellen, leicht salzen und Suppengrün und Pfefferkörner einlegen. Aufkochen lassen, dann die Hitze reduzieren und das Hähnchen etwa 45 Minuten garen.*
- *Hähnchen aus der Brühe nehmen, häuten, entbeinen und Fleisch in kleine Stücke schneiden. Brühe durch ein Sieb passieren; sie sollte etwa 1 l ergeben.*
- *Brühe aufkochen lassen, Lauchstreifen und Backpflaumen einlegen und bei geringer Hitze etwa 15 Minuten ziehen lassen. Hühnerfleisch nur noch zum Erwärmen dazugeben.*
- *Mit Salz und Pfeffer abschmecken und mit Thymian würzen. Zum Servieren mit Petersilie bestreuen.*

Rumbledethumps (Kartoffel-Kohl-Auflauf)

Für 4 Portionen:
800 g Kartoffeln
Salz
1 große Zwiebel
500 g Weißkohl
150 g Cheddar
2 EL Butter
250 ml Gemüsebrühe
weißer Pfeffer
Butter für die Form

- Kartoffeln waschen, schälen und in Salzwasser gar kochen. Zwiebel schälen und in feine Streifen schneiden. Weißkohl putzen, waschen und fein hobeln. Cheddar fein reiben.

- 1 EL Butter erhitzen und Zwiebelstreifen darin 5 Minuten dünsten. Weißkohlstreifen hinzufügen, Brühe angießen und etwa 10 Minuten dünsten; dabei mit Salz und Pfeffer würzen.

- Kartoffeln abgießen, grob zerstampfen und in einer gebutterten Auflaufform verteilen. Mit Weißkohl bedecken und mit Käse bestreuen. Die restliche Butter in Flöckchen darübergeben.

- Den Auflauf auf mittlerer Schiene im vorgeheizten Backofen bei 180 °C (Umluft 160 °C) etwa 15 Minuten überbacken. Dazu passt grüner Salat mit Vinaigrette.

🇸🇪 SCHWEDEN

Das Königreich Schweden mit seinen über neun Millionen Einwohnern grenzt im Westen an Norwegen, im Nordosten an Finnland und im Osten und Süden an die Ostsee. Weite Teile des Landes sind flach und hügelig, an der Grenze zu Norwegen allerdings erreichen die Gebirgsmassive eine Höhe von mehr als 2000 Metern. Mehr als die Hälfte der Fläche ist von Wäldern bedeckt, in denen nicht nur reichlich Beeren, etwa Preiselbeeren, Heidelbeeren, Himbeeren und Blaubeeren, und Pilze wachsen, sondern auch viel Wild lebt, zum Beispiel Elche. Das Klima ist durch die Nähe zum Golfstrom relativ mild. Landwirtschaft wird insbesondere in Süd- und Mittelschweden betrieben, wo vor allem Weizen, Gerste, Roggen, Hafer, Kartoffeln, Zuckerrüben und Obst angebaut werden. Im kalten Nordschweden werden Rentiere gezüchtet, deren Fleisch in Schweden sehr beliebt ist. Wegen der langen Küstenlinie spielt auch der Fischfang eine wichtige Rolle.

Die schwedische Küche ist einfach und bäuerlich und geprägt von deftiger Hausmannskost. Fisch und Fleisch, Kartoffeln und Brot bilden die Grundlage der Alltagsküche. Durch die langen kalten Winter war die Vorratshaltung in Schweden stets von großer Bedeutung, und so wird traditionell aus Dorsch und Kabeljau durch Trocknung Stockfisch

S

oder Klippfisch hergestellt, Heringe werden eingelegt, Lachs wird gebeizt, Fleisch geräuchert, Gemüse sauer eingelegt und Beeren eingekocht. Typische Spezialitäten sind Surströmming (eingelegte kleine Heringe) und Gravad lax, Lachs, der mindestens zwei Tage lang in eine Beize aus Salz, Pfeffer, Zucker und Dill eingelegt und hauchdünn geschnitten mit Senfsauce gegessen wird. Frischer Fisch hat vor allem in den Küstengebieten einen festen Platz in der Alltagsküche und wird in der Regel mit Kartoffeln (Pellkartoffeln oder Kartoffelbrei), Mischgemüse wie Erbsen und Karotten sowie Brot serviert.

Zu den typischen Fleisch- und Wildgerichten zählen Köttbullar (Hackfleischbällchen mit brauner Sauce), Biff Lindström (Hackbraten mit Sauce) und Flygande Jacob (pikantes Hähnchengeschnetzeltes). Aus Elch- und Rentierfleisch wird Gulasch, Ragout oder Braten mit Senfsauce zubereitet, und auch geräucherter Elch- und Rentierschinken sind beliebte Spezialitäten. Im Sommer wird gern in der freien Natur gegrillt, dabei kommt vom Steak bis zum selbst gefangenen Fisch alles auf den Grill. Kartoffeln sind eine beliebte Beilage, bilden aber auch die Grundlage verschiedener Hauptgerichte wie Jansons frestelse (Kartoffelauflauf mit Zwiebeln und Anchovis) oder Pyttipanna (Kartoffelpfanne mit Zwiebeln und Fleischresten).

Die schwedischen Brotsorten sind vielfältig und reichen von Vollkornbrot über Mischbrot bis hin zu Weißbrot. Schwedisches Knäckebrot ist über die Grenzen hinaus bekannt. Es wird hier meist als Rundbrot mit einem Loch in der Mitte hergestellt, was damit zusammenhängt, dass in früheren Zeiten die Scheiben zum Trocknen an einer Stange aufgehängt wurden. Eine Spezialität aus dem nördlichen Teil Schwedens ist Tunnbröd (Dünnbrot),

ein sehr dünnes weiches oder hartes Brot aus Weizenmehl, das als Beilage zu Surströmming serviert wird.

Bei privaten Feierlichkeiten wird oft ein Smörgåsbord aufgefahren, ein üppiges Buffet mit einer großen Auswahl an kalten und warmen Speisen. Zum Mittsommerfest, dem wichtigsten Fest der Schweden, wird der Sommer traditionell mit den ersten Kartoffeln, Heringsspezialitäten und Erdbeeren mit Sahne begrüßt. Ein weiteres kulinarisches Glanzlicht folgt im August mit dem Kräftskiva (Krebsfest), bei dem der Beginn der Krebssaison mit gekochten, in Dillsud eingelegten Flusskrebsen gefeiert wird. Das Weihnachtsessen besteht aus Julskinka (Weihnachtsschinken) und Lutfisk (Stockfisch in weißer Sauce).

Eine wichtige Rolle in der schwedischen Küche spielen auch Süßspeisen, Kuchen und Hefegebäck. Sehr beliebt sind Kanelbullar (Zimtschnecken), die aus Hefeteig mit Kardamom und Zimt zubereitet und mit Hagelzucker bestreut werden, sowie Semla (eine Art Windbeutel aus Hefeteig, gefüllt mit Marzipan). Ein traditioneller Kuchen ist die üppige Prinsesstårta (Sahnetorte mit Marzipanüberzug), und sehr verbreitet ist auch Apfelkuchen.

Kaffee zählt zu den beliebtesten nichtalkoholischen Getränken – Schweden ist eine der größten Kaffeetrinkernationen der Welt. Aber auch Lättöl (leichtes Bier) und Cider (moussierender Obstwein mit schwachem Alkoholgehalt) sind sehr beliebt. Die höherprozentigen Schnäpse werden nur in den staatlichen Systembolaget-Geschäften angeboten und sind häufig mild gewürzt (mit Anis, Johanniskraut, Holunder, Dill oder bitterem Wermut).

Jansons frestelse (Kartoffelauflauf)

Für 4 Portionen:
1 kg Kartoffeln
400 g Zwiebeln
4 eingelegte Sardellenfilets (1 Gläschen)
Butter für die Form
300 g Sahne
2 EL Butterflöckchen
weißer Pfeffer

- Kartoffeln und Zwiebeln schälen und in Streifen schneiden. Sardellenfilets abspülen, trockentupfen und in kleine Stücke schneiden.
- Eine Form mit Butter ausstreichen und abwechselnd Kartoffeln, Zwiebeln und Sardellen einschichten. Mit Pfeffer würzen und Butterflöckchen darauf verteilen.
- Im vorgeheizten Backofen bei 180 °C (Umluft 160 °C) etwa 40 Minuten backen. Dazu passt ein grüner oder ein gemischter Salat.

Julskinka (Weihnachtsschinken)

Für 4–6 Portionen:
1 kg gepökelter Schinken ohne Knochen
2 Eigelb
2 EL scharf-süßlicher Senf (schwedischer)
1 TL Zucker
4 EL Paniermehl

- Schinken unter fließend kaltem Wasser abspülen, gründlich abtrocknen und in Alufolie hüllen. Im vorgeheizten Backofen auf mittlerer Schiene bei 180° C (Umluft 160 °C) etwa 1 Stunde garen.

- Schinken auswickeln, den ausgetretenen Schinkensaft mit Eigelb, Senf, Zucker und Paniermehl verrühren und den Schinken damit rundherum bestreichen. In den heißen Backofen zurückstellen und etwa 20 Minuten bei 180 °C überbacken.
- Schinken aus dem Ofen nehmen, 5 bis 10 Minuten ruhen lassen und dann mit einem elektrischen Messer in Scheiben schneiden. Dazu gibt es traditionell Salzkartoffeln, Rotkohl, Apfelmus und Senf.

S

Gravad lax (Gebeizter Lachs)

Für 4 Portionen:
1 küchenfertige Lachsseite von 800–1000 g
150 g Salz
50 g Zucker
8–10 zerstoßene Pfefferkörner
2–3 zerstoßene Wacholderbeeren
2–3 zerstoßene Pimentkörner
2 große Bund Dill
1 TL Sonnenblumenöl
1 EL gehackter Dill

- Lachsseite gründlich mit kaltem Wasser abspülen, trockentupfen und mit der Hautseite nach unten in eine Keramik- oder Glasform legen.
- Salz, Zucker, Pfeffer, Wacholderbeeren und Piment gut vermischen und auf dem Lachs verteilen. Dill waschen, trockenschwenken, grob zerschneiden und darüberstreuen.
- Die Form mit Folie gut verschließen und den Lachs im Kühlschrank mindestens 48 Stunden marinieren lassen, dabei zweimal wenden.
- Lachsseite aus der Marinade nehmen, vorsichtig abspülen und trockentupfen. Mit Sonnenblumenöl bepinseln, schräg in sehr dünne Scheiben schneiden und mit gehacktem Dill bestreuen.
- Dazu passen Senfsauce (s. Rezept unten) und Toast oder Pellkartoffeln.

Gravlaxsås (Senfsauce)

Für 4 Portionen:
50 g Senf (schwedischer)
3 EL weißer Essig
3 EL brauner Zucker
1 kräftige Prise weißer Pfeffer
1 EL fein gehackter Dill
150 ml Sonnenblumenöl

- Senf, Essig, Zucker, Pfeffer und Dill mit einem elektrischen Handrührgerät aufschlagen.
- Pflanzenöl nach und nach dazugeben und unterschlagen, damit die Sauce bindet. Zu Gravad lax (s. Rezept oben) servieren.

Die mitteleuropäische Alpenrepublik mit ihren mehr als 7,7 Millionen Einwohnern grenzt an Deutschland, Österreich, Liechtenstein, Italien und Frankreich. Weite Teile des Landes sind gebirgig und werden für Viehzucht und Milchwirtschaft genutzt – Schweizer Käse wie Emmentaler, Gruyère, Sbrinz, Appenzeller und Tilsiter sind weltweit bekannt, viele andere Sorten wie Bellalay, Freiburger Vacherin, Glarner Kräuterkäse (Schabziger), Rässkäse und Walliser Raclette-Käse am besten vor Ort zu bekommen. Im Schweizer Mittelland werden Getreide, Kartoffeln und Rüben angebaut, außerdem Obst und Wein, der vor allem im Land selbst getrunken wird.

Die Kochkultur der Schweiz ist stark von der → deutschen, der → französischen und der → italienischen Küche beeinflusst. Die insgesamt recht einfache und kalorienhaltige Schweizer Küche ist regional sehr unterschiedlich geprägt und lässt sich grob entsprechend den vier Sprachgebieten einteilen: In der Deutschschweiz, dem größten Gebiet, werden verschiedene alemannische Dialekte gesprochen, und die Küche weist Verwandtschaft mit der deutschen auf; die französischsprachige Westschweiz, auch welsche Schweiz genannt, unterliegt in sprachlicher wie in kulinarischer Hinsicht dem französischen Einfluss; das italienischsprachige Tessin ist italienisch geprägt; und auch Graubünden und Teile des Engadin, jenes kleine Gebiet, in dem Rätoromanisch gesprochen wird, haben kulinarische Besonderheiten vorzuweisen. Eine kulinarische Grenze bildet der sogenannte Röstigraben, der die Deutschschweiz, wo die aus Kartoffeln zubereiteten Rösti eine Art Na-

tionalgericht darstellen, von der Westschweiz trennt.

Zu den klassischen Gerichten der Deutschschweiz zählen neben Rösti Älplermagronen (Makkaroni und Kartoffeln mit Käse und Rahm), Zürcher Geschnetzeltes (geschnetzeltes Kalbfleisch mit Champignons in Rahmsauce), Zürcher Ratsherrentopf (aus Kalbfleisch und -leber, Speck und Gemüse), süße und pikante Wähe (ein Kuchen mit einem Belag aus Käse, Zwiebeln, Gemüse oder Früchten), Chässchnitten (mit Käsecreme überzogenes, überbackenes Weißbrot), St. Galler Schüblinge (Würste), Berner Platte (eine Schlachtplatte) und Luzerner Chügelipastete (Blätterteigpastete, gefüllt mit einem Ragout aus Schweine- und Kalbsfleisch, Champignons und Rosinen). Süße Spezialitäten sind Basler Leckerli (lebkuchenartiges Kleingebäck) und Aargauer Rüblitorte (Karottenkuchen). Frischer Fisch, insbesondere Forellen, Felchen und Egli aus den zahlreichen Binnenseen und Flüssen, wird hier wie in anderen Teilen der Schweiz ebenfalls gern gegessen.

Traditionelle Gerichte der welschen Schweiz sind Käsesoufflé, Ramequin (überbackene Käseschnitten), Walliser Raclette und Käsefondue. Beim Raclette wird traditionell ein halber Käselaib am offenen Holzfeuer angeschmolzen, die weiche Außenschicht abgeschabt und mit Pellkartoffeln, Gurken und Essigzwiebeln serviert. Das Fondue wird je nach Region mit unterschiedlichen Käsesorten zubereitet und mit Kirschwasser, Pfeffer und Muskat verfeinert. In der Tessiner Küche ist der italienische Einfluss unverkennbar: Polenta (ein schnittfester Maisbrei) bildet einen Schwerpunkt der Ernährung, aber auch Minestrone, Reis, Pasta und gefüllte Schweinshaxe sowie Zabaione zählen hier zu den typischen Gerichten. Graubündner Spezialitäten sind die oft mit Käse überbackenen Capuns (Mangoldwickel mit Nudelteigfüllung), Pizokel (Buchweizennudeln), Bündner Fleisch (gepökeltes Rindfleisch), Bündner Birnbrot (mit Dörrobst und Nüssen gefülltes Brot) und Engadiner Nusstorte. Weitere kulinarische Besonderheiten, die über die Schweizer Grenzen hinaus Berühmtheit erlangt haben, sind das um 1900 von einem Zürcher Arzt entwickelte Bircher Müsli sowie zahlreiche Schokoladenspezialitäten.

Ein beliebtes Schweizer Getränk ist Milchkaffee, der zu gleichen Teilen aus Milch und Kaffee zubereitet wird. In der Deutschschweiz wird gern lokales Bier getrunken, aber auch Schweizer Weine, die außerhalb der Schweiz kaum bekannt sind, erfreuen sich im ganzen Land großer Beliebtheit.

Zürcher Ratsherrntopf

Für 4 Portionen:
500 g Kartoffeln
250 ml Fendant (Schweizer Weißwein)
750 ml Gemüsebrühe
500 g grüne Erbsen (auch TK)
Salz, schwarzer Pfeffer
frisch geriebene Muskatnuss
4 kleine Kalbsschnitzel
4 dünne Kalbsleberscheiben
etwas Mehl
3 EL Pflanzenöl
2 EL Butter
4 Streifen Räucherspeck
4 gegrillte Tomatenhälften
1 EL gehackte Petersilie

- *Kartoffeln schälen, in 2 cm große Würfel schneiden und in Weißwein und Gemüsebrühe etwa 15 Minuten garen; dann Erbsen hinzufügen. Mit Salz, Pfeffer und Muskat würzen.*
- *Kalbsschnitzel und -leberscheiben mit Salz und Pfeffer würzen und in Mehl wenden. Öl und Butter in einer Pfanne erhitzen, Fleisch darin braten und dann warmstellen.*
- *Speck im eigenen Fett knusprig braten. Kartoffeln und Erbsen mit einem Schaumlöffel aus der Brühe nehmen und auf einer Servierplatte verteilen.*
- *Die gebratenen Kalbsschnitzel und -lebern und den Speck darauf geben. Mit gegrillten Tomatenhälften garnieren, mit gehackter Petersilie bestreuen und servieren.*

S

Chässchnitten (Überbackene Käseschnitten)

Für 4 Portionen:
200 g Käse (z. B. Emmentaler, Sbrinz)
1 Bund Schnittlauch
1 mittelgroße Zwiebel
1 Knoblauchzehe
1 TL Butter
2 Eier
100 ml Milch
50 g Mehl
100 ml Apfelwein
¼ TL edelsüßes Paprikapulver
1 Msp frisch geriebene Muskatnuss
Salz, schwarzer Pfeffer
8 Weißbrotscheiben (etwa 2 cm dick)

- Käse reiben. Schnittlauch waschen und in Röllchen schneiden. Zwiebel und Knoblauchzehe schälen, fein würfeln und in heißer Butter einige Minuten andünsten; dann die Pfanne von Herd nehmen.
- Eier trennen, und Eigelb mit Milch, Mehl und Apfelwein glatt rühren. Käse einrühren und mit Paprikapulver, Muskatnuss, Salz und Pfeffer würzen.
- Schnittlauch und die abgekühlten Zwiebel- und Knoblauchwürfel unterziehen. Eiweiß zu steifem Schnee schlagen und unter die Mischung heben.
- Ein Backblech mit Alufolie auslegen und die Weißbrotscheiben darauf legen. Brot mit Käsecreme überziehen und auf mittlerer Schiene im vorgeheizten Backofen bei 180 °C (Umluft 160 °C) mit Grillstufe etwa 10 Minuten goldbraun überbacken. Dazu passt Rüblisalat (Karottensalat).

S

Aargauer Rüblikuchen (Karottenkuchen)

Für 1 Springform von 28 cm Durchmesser:
300 g Karotten (Rübli)
4 Eier
250 g Zucker
1 EL abgeriebene Schale von
1 unbehandelter Zitrone
300 g gemahlene Mandeln
100 g Mehl
1 Päckchen Backpulver
1 Prise gemahlener Zimt
1 Prise Salz
3 EL Kirschwasser
50 g Aprikosenkonfitüre
200 g Puderzucker
3 EL Zitronensaft

- *Karotten schälen und fein raspeln. Eier trennen und Eigelb mit Zucker und Zitronenschale cremig rühren. Nacheinander Karotten, Mandeln, Mehl, Backpulver, Zimt, Salz und Kirschwasser unterrühren. Eiweiß zu steifem Schnee schlagen und zuletzt unterheben.*
- *Den Teig in eine gefettete Springform geben, glattstreichen und im vorgeheizten Backofen bei 180 °C (Umluft 160 °C) etwa 60 Minuten backen. Herausnehmen, kurz abkühlen lassen und auf ein Kuchengitter stürzen.*
- *Mit warmer Aprikosenkonfitüre bestreichen. Puderzucker mit Zitronensaft glattrühren und den Kuchen damit glasieren.*

SLOW FOOD

S

Die Slow-Food-Bewegung entstand in den 1980er Jahren in Italien als Gegenbewegung zu der sich immer mehr ausbreitenden → Fastfoodgastronomie. Ihr Ziel ist die Förderung der bewussten, genussvollen Ernährung.

Hervorgegangen ist die Bewegung aus dem gemeinnützigen Verein ARCI (Assoziazione Ricreativa Culturale Italiana, was so viel wie Italienische Freizeit- und Kultureinrichtung bedeutet) in der piemontesischen Kleinstadt Bra. 1983 entstand die Untergruppe Arcigola (Gola heißt Kehle, aber auch Genuss) unter der Leitung von Carlo Petrini, der heute noch Präsident der internationalen Slow-Food-Bewegung ist. Die offizielle Gründung der

Gruppe 1986 steht im Zusammenhang mit der Eröffnung der ersten McDonalds-Filiale in Rom, an der zentralen Piazza di Spagna, gegen die die Arcigola in Zusammenarbeit mit der Feinschmeckerzeitschrift *Gambero Rosso* protestierte. Die Gründung der internationalen Slow-Food-Bewegung erfolgte 1989 in Paris und wurde von einem Manifest begleitet. Inzwischen zählt die Vereinigung weltweit rund 80 000 Mitglieder. Das Logo, mit dem sich die Organisation nach außen präsentiert, ist eine Schnecke, Sinnbild für die Langsamkeit, die Überlegtheit, mit der das Essen angegangen werden soll.

Buono, pulito e giusto (gut, sauber und fair) – mit diesen drei Begriffen hat Carlo Petrini die Säulen der neuen Gastronomie zusammengefasst. Slow Food hat es sich zur Aufgabe gemacht, die Kultur des Essens und Trinkens zu pflegen und lebendig zu halten. Dabei soll der Genuss beim Essen wieder in den Mittelpunkt gestellt werden. Voraussetzung dafür ist, dass das Bewusstsein für die ökologische, regionale, sinnliche und ästhetische Qualität der Speisen und ihrer Zutaten wieder geschärft wird. Slow Food bringt deshalb Produzenten, Händler und Verbraucher miteinander in Kontakt, vermittelt Wissen über die Qualität von Nahrungsmitteln und macht so den Ernährungsmarkt transparent. Das Bewusstsein dafür, dass Qualität Zeit braucht, ist dabei sehr wichtig. Außerdem wird Geschmack nicht als Geschmackssache betrachtet, sondern als historische, kulturelle, individuelle, soziale und ökonomische Dimension, über die durchaus gestritten werden soll.

Im Jahre 1992 wurde in Deutschland die erste Sektion gegründet. Die Slow-Food-Mitglieder sind hier in mehr als 70 regionalen sogenannten Convivien organisiert und kommen zu regelmäßigen (kulinarischen) Treffen und Restaurantbesuchen zusammen. Das Slow-Food-Magazin informiert über ökologische Produkte und Veranstaltungen. Zudem veranstaltet Slow Food Messen, engagiert sich in politischen Fragen der Esskultur und betreibt Aufklärungsarbeit in Bezug auf Verbraucheranliegen. Mit dem Projekt Arche des Geschmacks engagiert sich Slow Food außerdem für die Bewahrung regionaler Nutzpflanzen, Nutztiere, Lebensmittelprodukte und Speisen, die vom Aussterben bedroht sind, wie in Deutschland das Bunte Bentheimer Schwein, die Alblinse oder die Ahle Worscht aus Nordhessen.

Wirsing-Kräuter-Lasagne

Für 4 Portionen:
1 Wirsing (vom Biohof)
4 Frühlingszwiebeln
2 Knoblauchzehen
800 g aromatische Tomaten
1 Bund Basilikum
1 Bund Oregano
Vollmeersalz
4 EL Olivenöl
2 EL Tomatenmark
750 ml Gemüsebrühe (Naturkostladen)
grob geschroteter schwarzer Pfeffer
200 g Vollkornnudelplatten (etwa 12 Stück)
150 g geriebener Parmesan

- Wirsing entblättern, waschen und in schmale Streifen schneiden. Frühlingszwiebeln waschen und klein schneiden. Knoblauchzehen abziehen und fein hacken. Tomaten überbrühen, häuten, entkernen und fein würfeln. Basilikum und Oregano waschen, Blättchen abzupfen und in Streifen schneiden.

- Wirsingstreifen in kochendem Salzwasser 1 Minute blanchieren; herausnehmen, mit kaltem Wasser abschrecken und abtropfen lassen.
- Die Hälfte des Olivenöls in einer tiefen Pfanne erhitzen und Frühlingszwiebeln und Knoblauch darin andünsten. Mit Tomatenmark leicht rösten und mit Gemüsebrühe aufgießen. Tomatenstücke unterrühren, mit Salz und Pfeffer würzen und 3 bis 4 Minuten köcheln lassen.
- Eine Auflaufform mit etwas Olivenöl auspinseln und den Boden der Form mit Tomatensauce bedecken.
- Darauf eine Schicht Nudelplatten legen und diese mit je einem Drittel Kräuter, Wirsingstreifen und etwas Käse bedecken, dann mit der nächsten Schicht Nudelplatten belegen.
- So lange fortfahren, bis alles aufgebraucht ist. Mit einer Nudelschicht abschließen. Diese mit Käse bestreuen und mit dem restlichen Olivenöl beträufeln.
- Lasagne im vorgeheizten Backofen bei 180 °C (Umluft 160 °C) etwa 30 Minuten backen. Sofort servieren.

Überbackenes Geißfuß-Sauerampfer-Gemüse

Für 4 Portionen:
500 g Geißfuß-Gemüse
(Giersch, wildes Gemüse)
250 g Sauerampfer
1 Bund Frühlingszwiebeln
500 g Tomaten
2 EL Butter
250 ml Gemüsebrühe (Naturkostladen)
Vollmeersalz
grob geschroteter Pfeffer aus der Mühle
3 EL Apfeldicksaft (Reformhaus)
Butter für die Form
100 g frisch geriebener Emmentaler
5 EL Sahne

- Geißfuß und Sauerampfer gründlich waschen, grobe Stiele entfernen und gut abtropfen lassen. Frühlingszwiebeln waschen und kleinwürfeln. Tomaten überbrühen, häuten, entkernen und kleinwürfeln.
- In einem breiten Topf die Butter schäumend erhitzen und Frühlingszwiebeln darin andünsten. Geißfuß und Sauerampfer hinzufügen, mit Gemüsebrühe begießen und im geschlossenen Topf 5 Minuten schmoren lassen. Mit Vollmeersalz, Pfeffer und Apfeldicksaft würzen.
- Tomatenwürfel untermengen und die Mischung in eine gefettete Auflaufform füllen. Käse darüberstreuen und mit Sahne beträufeln.
- Im vorgeheizten Backofen bei 180 °C (Umluft 160 C°) 8 bis 10 Minuten überbacken. Dazu Vollkornreis servieren.

🇪🇸 SPANIEN

Das Königreich Spanien mit seinen rund 46 Millionen Einwohnern umfasst nicht nur den größten Teil der iberischen Halbinsel, sondern auch die Inselgruppen der Balearen und der Kanaren. Während auf dem iberischen Festland atlantisches Klima im Westen, Mittelmeerklima im Osten und Süden sowie Gebirgsklima im Norden vorherrscht, stehen die Kanaren unter dem Einfluss eines eher subtropischen Klimas.

Die spanische Küche ist einerseits durch sehr unterschiedliche Regionalküchen geprägt, andererseits weist sie bestimmte Gemeinsamkeiten auf, die dem Klima sowie kulturellen und geschichtlichen Entwicklungen geschuldet sind. Dazu gehören → französische, → italienische und → portugiesische Einflüsse ebenso wie das Erbe der Mauren, die Spanien im Mittelalter beherrschten. Aus ihren Kolonien in der Neuen Welt brachten die Spanier außerdem allerlei neue Lebensmittel und Gewürze mit, etwa Kartoffeln, Tomaten, Schokolade und Erdnüsse, die in ganz Spanien Verwendung fanden.

Aufgrund verschiedener Zubereitungsarten und Grundprodukte unterscheidet man zwi-

S

schen andalusischer, baskischer, galizischer, katalanischer, kastilischer, valencianischer, ➜ mallorquinischer und kanarischer Küche. Viele regional geprägte Gerichte wie Crema catalana (gestockte süße Eiercreme), Gazpacho andaluz (kalte Gemüsesuppe), Paella valenciana (Reispfanne mit Safran, Geflügel, Gemüse und/oder Meeresfrüchten), Zarzuela (baskische Fischsuppe) und Aioli (katalanische Knoblauchmayonnaise) werden aber in verschiedenen Variationen im ganzen Land gegessen. In ganz Spanien beliebt und keiner bestimmten Region zuzuordnen ist die Tortilla (Kartoffelomelett), die in zahlreichen Abwandlung zubereitet wird.

In den Küstengebieten werden reichlich Fisch und Meeresfrüchte gegessen, zum Beispiel Merluza a la romana (panierter Seehecht), im Landesinneren kommen eher Fleischgerichte wie Pollo asado (Grillhähnchen) und bodenständige Eintöpfe mit Hülsenfrüchten auf den Tisch, etwa Fabada asturiana (Bohneneintopf mit Schweinefleisch), Lentejas (Linseneintopf) oder Cocido (Kichererbseneintopf), aber auch Bacalao (Stockfisch) wird gern verwendet. Kartoffeln sind seit jeher wichtiger Bestandteil der traditionellen Küche, im Osten des Landes ist allerdings Reis populärer. Tomaten, Paprika und Oliven sind ebenfalls häufige Zutaten. Knoblauch begleitet fast jedes Gericht; Gewürze und Kräuter werden ansonsten eher sparsam verwendet, die Gerichte leben von ihrer Einfachheit. Pikante Würzsaucen (Mojos) sind auf den Kanaren sehr beliebt und werden zu gegrilltem

oder geschmortem Fleisch und Fisch oder einfach zu Papas arrugadas (Runzelkartoffeln mit Meersalzkruste) serviert. Das wohl wichtigste Produkt in der spanischen Küche ist das Olivenöl, das zum Einlegen und Braten dient.

Die spanischen Hauptmahlzeiten sind die Comida (Mittagessen, ab 13.30 Uhr) und die Cena (Abendessen, ab 21 Uhr), das Frühstück wird eher vernachlässigt. Die Hauptmahlzeiten bestehen in der Regel aus zwei warmen Gängen und einem Dessert. Um die bisweilen lange Zeit zwischen Mittag- und Abendessen zu überbrücken, oder auch als Ersatz für eine der Mahlzeiten, gibt es die Tapas, kleine herzhafte und süße Leckereien, die zu Wein, Bier oder Sherry gegessen werden. Ihr Name (tapa bedeutet »Deckel«) rührt von der Gewohnheit her, das Weinglas zum Schutz vor Fliegen mit einer Wurst- oder Käsescheibe zu bedecken. Zur großen Palette der Tapas gehören Gambas, Manchego-Käse, scharfe Chorizo-Wurst, Serrano-Schinken, Stockfischkroketten, frittierte Kartoffeln, Oliven, aber auch Süßspeisen wie Turrón (Nougat), Kastanientorte, Torta de aceite (Feingebäck mit Olivenöl), Flan (Eierspeise), Arroz con leche (Milchreis) und Almendrados (Mandelgebäck) sind sehr beliebt.

Das Essen wird in der Regel von Wasser und spanischem Wein begleitet, das Land ist außerdem für seinen Sherry und Brandy bekannt sowie für Sangria, eine Weinbowle, die allerdings mehr von Touristen als von Einheimischen getrunken wird.

Patatas con ajo y aceite (Gebackene Kartoffeln mit Knoblauchöl)

Für 4 Portionen:
12 kleine gleichgroße Kartoffeln
Meersalz
2 Knoblauchzehen
5 EL Olivenöl
edelsüßes und rosenscharfes Paprikapulver
grob geschroteter schwarzer Pfeffer
1 EL Sherryessig

• Kartoffeln unter fließend kaltem Wasser gründlich bürsten, mit Küchenpapier trockenreiben, salzen und auf ein Backblech legen. Knoblauchzehen schälen und durch eine Knoblauchpresse in das Olivenöl drücken.
• Knoblauchöl mit den beiden Paprikasorten und Pfeffer würzen und mit Sherryessig verschlagen. Kartoffeln mit der Mischung bestreichen.
• Kartoffeln auf mittlerer Schiene im vorgeheizten Backofen bei 200 °C (Umluft 180 °C) etwa 30 Minuten garen.
• Passt gut zu gegrilltem Fisch.

Tortilla (Kartoffelomelett)

Für 4 Portionen:
800 g festkochende Kartoffeln
150 ml Sonnenblumenöl
3 kleine Eier
Salz, schwarzer Pfeffer

• Kartoffeln schälen und in kleine, gleichmäßige Stückchen schneiden. Sonnenblumenöl in einer ofenfesten Pfanne erhitzen und Kartoffelstückchen darin unter mehrfachem Wenden bei mittlerer Hitze in etwa 15 Minuten goldgelb frittieren.
• Die frittierten, fast fertig gegarten Kartoffelstücke mit einem Schaumlöffel auf Küchenpapier geben, damit sie entfetten. Vom Sonnenblumenöl nur einen Film in der Pfanne lassen.
• Eier mit Salz und Pfeffer würzen und kräftig verquirlen. Kartoffelstückchen unterheben und alles in die Pfanne geben.
• Die Pfanne mit einem Deckel verschließen und die Tortilla auf mittlerer Schiene im vorgeheizten Backofen bei 180 °C (Umluft 160 °C) etwa 15 Minuten stocken lassen, nach 10 Minuten den Deckel entfernen. Mit Baguette und Rotwein servieren.
• Dieses Tortilla-Grundrezept kann mit vielerlei Zutaten, etwa Paprikaschoten, Tomaten, Chilis, Schinken oder Gewürzen, variiert werden.

S

Plato de pescado (Fischpfanne)

Für 4 Portionen:
600 g küchenfertige Fischfilets
(z. B. Seeteufel, Dorade, Kabeljau)
8 geschälte Riesengarnelen (Gambas)
Saft von 1 Zitrone
Salz, schwarzer Pfeffer
5 Knoblauchzehen
1 Zwiebel
4 Tomaten
2 Paprikaschoten
8 EL Olivenöl
300 ml Gemüsebrühe
2 Lorbeerblätter

- Fischfilets und Garnelen waschen und mit Küchenpapier trockentupfen. Mit Zitronensaft beträufeln und mit Salz und Pfeffer würzen.
- Knoblauchzehen und Zwiebel schälen und fein würfeln. Tomaten überbrühen, häuten, entkernen und in Streifen schneiden. Paprikaschoten entkernen und in kleine Stücke schneiden.

- In einem Bräter oder in einer großen Pfanne 4 EL Olivenöl erhitzen und Fischfilets darin auf beiden Seiten anbraten. Herausnehmen und auf einen Teller legen.
- Das restliche Olivenöl in den Bräter gießen und unter Rühren Knoblauch- und Zwiebelwürfel andünsten. Paprikastücke und Tomatenstreifen hinzufügen und alles mit Salz und Pfeffer würzen.
- Den Bräterinhalt mit Gemüsebrühe aufgießen und aufkochen lassen. Fischfilets und Lorbeerblätter einlegen und auf mittlerer Schiene im vorgeheizten Backofen bei 200 °C (Umluft 180 °C) etwa 15 Minuten schmoren lassen.
- Kurz vor Ende der Garzeit die Garnelen unterheben und weitere 5 Minuten garen lassen. Heiß, lauwarm oder kalt mit Safranreis oder Knoblauchkartoffeln (s. Rezept Seite 249) servieren. Dazu passen auch Weißbrot und Aioli.

Der asiatische Inselstaat liegt im Indischen Ozean vor der Südspitze des indischen Subkontinents. Die »Perle im Ohr Indiens«, wie Sri Lanka auch genannt wird, hieß bis 1972 Ceylon. Wechselnde Kolonialherren von den Niederländern über die Portugiesen bis zu den Briten (Ceylon wurde 1948 unabhängig) haben in der Kultur des Landes ihre Spuren hinterlassen. Heute ist Sri Lanka ein multiethnisch und multireligiös geprägter Staat, in dem Buddhisten, Hinduisten, Christen und Muslime leben. Die größte Bevölkerungsgruppe innerhalb der rund 20 Millionen Einwohner bilden die Singhalesen; die Tamilen stellen die größte ethnische Minderheit.

Landschaftlich lässt sich Sri Lanka in drei Zonen unterteilen: das zentrale Hochland mit seinen bis zu 2500 Meter hohen Bergen, in denen sich die Teeanbaugebiete befinden; die Tieflandebenen, die schon vor Jahrhunderten durch künstliche Bewässerung fruchtbar gemacht wurden, und den Küstenbereich. Im tropischen Klima gedeihen Kokosnüsse, Reis, Zuckerrohr, Tee, Kaffee, vielerlei Gemüsearten und zahlreiche Gewürzpflanzen.

Obwohl die Insel nicht sehr groß ist, gibt es unterschiedliche Kochgewohnheiten. Die im Bergland ansässigen Kandy-Singhalesen kochen vor allem mit Gemüse und Früchten des Hochlands. Die Singhalesen in den Tiefebenen und der Küstenregion verwenden reichlich Fisch und Meeresfrüchte, und die Küche der Tamilen im Norden der Insel ist stark von der südindischen Küche beeinflusst. Die Küche Sri Lankas ist außerdem geprägt vom Erbe der Handelsreisenden und Kolonialherren. Die → Araber brachten Safran und Rosenwasser auf die Insel. Die arabisch und → indisch geprägten Kormas (Currysaucen), Pilaus und Birianis (Reisgerichte) erfreuen sich großer Beliebtheit. Eine → portugiesische Hinterlassenschaft ist Foguete (Krapfen mit süßer Füllung), und der → niederländische Einfluss spiegelt sich in süßen Kuchen aus Butter und Eiern wider, etwa dem Breudher (ein Hefekuchen). Was die Küche Sri Lankas aber vor allem auszeichnet, ist eine Vielzahl von Kräutern und Gewürzen wie Ingwer, Koriander, Kreuzkümmel, Fenchel, Kardamom, Nelken, Kurkuma, Zimtstangen, getrocknete Chilis, Pfefferkörner, Kokosflocken, getrocknete Pandanusblätter und Zitronengras, schwarze Senfsamen, getrocknetes Tamarindenmark, Kokosöl und Muskatnuss und -blüte.

Das Hauptnahrungsmittel ist Reis: Am häufigsten kommt der geschälte weiße Reis auf den Tisch, aber auch der rosafarbene ungeschälte Reis und eine leicht graue Variante sind sehr beliebt. Reis wird gern mit Ghee (geklärter Butter) zubereitet und ist steter Begleiter der allgegenwärtigen Currygerichte, die zu beinahe allen Mahlzeiten serviert und mit Fleisch, Fisch und Gemüse zubereitet werden. Es gibt drei Hauptzubereitungsformen, die sich farblich und geschmacklich unterscheiden: Die milden weißen Currys werden mit reichlich Kokosmilch zubereitet; die scharfen roten Currys enthalten getrocknete und frische rote Chilischoten; der markante Geschmack der schwarzen Currys rührt von den sehr dunkel gerösteten Gewürzen (Koriander, Kreuzkümmel und Fenchel) her, mit denen sie zubereitet werden. Zu besonderen Anlässen gibt es Lampries: Dafür werden Reis, holländische Fleischbällchen sowie singhalesische Currys und Sambols in

S

Bananenblätter gehüllt und im Ofen gebacken. Sehr beliebt sind auch Rotis, variantenreiche Fladenbrote mit Kokosraspeln, die gern in Sambols (trockene oder flüssige Gewürzmischungen) getunkt und vorzugsweise zum Frühstück gegessen werden. Eine weitere Frühstücksspezialität sind Hoppers (Pfannkuchen aus Reismehl), die häufig mit einem Spiegelei in der Mitte serviert und mit Kokos- oder Zwiebel-Chili-Sambol verzehrt werden. Die sogenannten String Hoppers sind dünne nudelähnliche Schnüre, aus denen kleine runde Fladen gebacken werden.

Desserts gibt es in der Regel nur zu besonderen Anlässen. Eine Spezialität ist Watalappan, ein gebackener Eierpudding mit Kokosmilch, Palmhonig und Kardamom. Im Alltag wird reichlich frisches Obst wie Mangos, Rambutan, Papayas, Jackfrucht, Wassermelone oder Avocado mit Sahne und Zucker zum Abschluss einer Mahlzeit gegessen.

Die verschiedenen Gerichte werden stets gleichzeitig serviert: Reis, Fisch-, Fleisch- und Gemüsecurrys, Suppe und Beilagen. Es ist durchaus üblich, die Suppe über den Reis zu gießen und von allen Gerichten zugleich etwas auf den Teller zu nehmen. In ländlichen Gebieten wird meist mit den Fingern gegessen, im städtischen Bereich werden zunehmend Gabel und Löffel benutzt.

Getrunken wird Tee (Sri Lanka gehört zu den weltweit führenden Teeproduzenten), der oft mit Milch und Kardamom aufgekocht wird. Aber auch Kaffee, Bier, Eiswasser und Mixgetränke aus frischen Früchten und Kokosmilch sind beliebt. Der Saft der Thambili (Königskokosnuss) wird mit einem Strohhalm direkt aus der Frucht getrunken.

Kiri malu (Weißes Fischcurry)

Für 4 Portionen:
1 EL Bockshornkleesamen
1 große Zwiebel
2 Knoblauchzehen
800 g festfleischiges Fischfilet
(Seelachs, Barsch, Lachs)
Salz
½ TL gemahlene Kurkuma
600 ml Kokosmilch
6 Curryblätter
etwas frischer Limettensaft

- *Bockshornkleesamen 30 Minuten in kaltem Wasser einweichen. Zwiebel schälen und in Streifen schneiden. Knoblauchzehen abziehen und fein würfeln. Fischfilets in Streifen schneiden und mit Salz und Kurkuma würzen.*
- *Bockshornkleesamen mit Kokosmilch, Zwiebel, Knoblauch und Curryblättern aufkochen. Die Hitze reduzieren und einige Minuten köcheln lassen.*
- *Fischstreifen einlegen und einige Minuten garen lassen. Mit Limettensaft abschmecken und mit Reis und verschiedenen Sambols servieren.*

Alu kehel curry (Curry mit grünen Bananen)

Für 4 Portionen:
500 g unreife Bananen (grüne)
1 Zwiebel
2 kleine grüne Chilischoten
Salz
1 TL gemahlene Kurkuma
8 EL Kokosöl
500 ml Kokosmilch
½ Stange Zimt
2 EL getrocknete Garnelen
½ TL Bockshornkleesamen
6 Curryblätter

- Bananen schälen und in 2 cm dicke Scheiben schneiden. Zwiebel schälen und in Streifen schneiden. Chilischoten putzen und fein würfeln.
- Bananenstücke mit Salz und Kurkuma würzen und portionsweise in heißem Öl von allen Seiten braten; herausnehmen und auf einen Teller legen.
- Kokosmilch in den Wok gießen und mit Zimt, Garnelen, Bockshornkleesamen und Curryblättern aufkochen. Die Hitze reduzieren und die Gewürze einige Minuten köcheln lassen.
- Bananenstücke hinzufügen und etwa 10 Minuten weiterköcheln, bis die Sauce merklich dicker ist. Mit Reis und verschiedenen Sambols servieren.

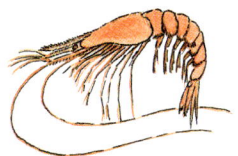

Ghee bath (Reis mit Ghee)

Für 4 Portionen:
500 g Langkorn- oder Basmatireis
1 große Zwiebel
5 Kardamomkapseln
1 Zimtstange
2 EL Ghee (geklärte Butter)
5 ganze Nelken
1 l Gemüse- oder Geflügelbrühe
Salz

- Reis gründlich waschen und trocknen lassen. Zwiebel schälen und in Streifen schneiden, Kardamomkapseln im Mörser aufknacken und Samen herausholen, die Zimtstange zerbrechen.
- Ghee in einem breiten Topf (Wok) erhitzen und Zwiebel, Kardamomsamen, Zimtstange und Nelken darin einige Minuten braten.
- Reis hinzufügen, 1 Minute mitbraten und mit Brühe aufgießen. Aufkochen lassen, die Hitze reduzieren, leicht salzen, den Topf mit einem Deckel verschließen und den Reis bei geringer Hitze knapp 20 Minuten garen.
- In eine Servierschüssel füllen und mit verschiedenen Sambols und Currys servieren.

S

🇿🇦 SÜDAFRIKA

Das südlichste Land des afrikanischen Kontinents, die Republik Südafrika, grenzt an den Atlantischen und den Indischen Ozean und zählt knapp 49 Millionen Einwohner. Im Osten und Norden liegen die Nachbarländer Namibia, Botswana, Simbabwe, Mosambik und Swasiland; außerdem wird das Königreich Lesotho komplett von südafrikanischem Gebiet umschlossen. In Südafrika mischen sich ganz verschiedene Ethnien, und dieser multikulturelle Charakter spiegelt sich natürlich auch in der Küchenkultur wider. Nicht nur die schwarzen Ureinwohner wie Khoikhoi und San haben die kulinarischen Gewohnheiten geprägt, auch die niederländischen und englischen Kolonialherren sowie deutsche und französische Siedler haben die Küche beeinflusst, außerdem Inder, Malayen und Indonesier, die von den Holländern als Sklaven aus ihren Kolonien in Asien ins Land gebracht wurden. Die Kapküche, wie die südafrikanische Küche auch genannt wird, unterscheidet sich damit deutlich von der Küche des restlichen ➔ Afrikas.

Eine wichtige Rolle in der südafrikanischen Küche spielt das Fleisch, das von Lamm, Rind und Geflügel, aber auch von Antilope, Springbock, Büffel, Krokodil und Strauß sowie in urbaneren Gebieten von Warzenschwein, Kudu, Elenantilope und Südafrikanischer Oryxantilope stammen kann. Dementsprechend hat sich eine ausgeprägte Grillkultur entwickelt: Beim Braai, dem traditionellen Familienbarbecue, werden rund ums Jahr auf privaten und öffentlichen Grillplätzen Steaks oder Boerewors (kräftig gewürzte Wurstschnecken) gebraten.

An der Küste zwischen Kapstadt und Durban spielen Fisch und Meeresfrüchte eine ähnlich wichtige Rolle. Line Fish (Fang des Tages) prägt hier den Speiseplan, das Spektrum ist groß und reicht von Yellowtail (Gelbschwanzflunder), Kingklip und Snoek bis hin zu Austern, Muscheln und Crayfish, einer Hummerart. Auch der Fisch wird meist gegrillt und mit Zitronenbutter oder Knoblauchsauce sowie Chips (Pommes frites) gegessen. Das Gemüse wird in der südafrikanischen Küche meist in die Gerichte integriert und nicht separat als Beilage gereicht. Zu den beliebten Sorten zählen Kürbis, Bohnen, Mais und Karotten, Kartoffeln kommen eher selten vor. Gewürzt wird mit verschiedenen Kräutern, insbesondere mit Koriandergrün, und zahlreichen Gewürzen, vor allem mit Nelken, Zimt, Ingwer, Kardamom und Chili.

Zu den südafrikanischen Nationalgerichten zählen Mealie Pap (Maisbrei), der pur oder mit verschiedenen Saucen vor allem von der schwarzen Bevölkerung gegessen wird, und Biltong (getrocknetes Wild- oder Rindfleisch), das auf die Zeit der Voortrekker, der burischen Pioniere, zurückgeht, als Fleisch durch Trocknen konserviert wurde. Ein beliebtes burisches Gericht ist Potijekos (ein Fleisch-Kartoffel-Eintopf); es wird meist im Freien über dem offenen Feuer zubereitet. Auch gegrilltes Lamm- und Schaffleisch mit Süßkartoffeln und Kürbis werden gern gegessen. Verbreitete Desserts sind Koeksisters (frittierte Teigzöpfe, in Sirup getaucht) und Melktert (Milchkuchen).

Der asiatisch geprägte Teil der südafrikanischen Küche bietet eine Vielzahl an ➔ indischen Currys, zum Beispiel Crayfish Curry, aber auch Roti (Fladenbrot), Samosas, Sambals und Chicken Beriyani sowie ➜ malaysische Spezialitäten wie Sosaties (Fleischspieße) und Bobotie (Hackfleischauflauf) mit Geelrys (gelbem Reis mit Rosinen). Einer der beliebtesten malaysischen Eintöpfe ist Waterblommetjie bredie; er wird mit einer in Südafrika verbreiteten Wasserähre zubereitet.

Der Einfluss der ➜ englischen und ➜ schottischen Küche findet sich in herzhaften Gerichten wie Roastbeef und Roasted Lamb mit Minzsauce, Pickled Fish, Chutneys und Yorkshire Pudding wieder, aber auch in Süßspeisen wie den variantenreichen Trifles und Gebäck, etwa Shortbread und Scones, das zum Tee gegessen wird.

Zu den beliebtesten Getränken zählt der Rooibos-Tee, der aus den getrockneten Blättern der Rooibos-Sträucher, die nur in Südafrika wachsen, hergestellt wird. Einheimischer Wein, insbesondere Weißwein, ist ebenfalls sehr verbreitet, außerdem Bier wie Castle Lager, Amstel, Windhoek Lager oder Hansa Pilsener. Zum Essen wird außerdem stets ein Krug Wasser gereicht.

Chakalaka (Bohnen-Curry-Sauce aus Johannesburg)

Für 4 Portionen:
2 Zwiebeln
4 cm frische Ingwerwurzel
1 kleine rote Chilischote
200 g Karotten
100 ml Erdnussöl
1 EL mildes Currypulver
1 EL Tomatenmark
400 g Kidneybohnen
Salz, schwarzer Pfeffer

- *Zwiebeln und Ingwer schälen und fein würfeln. Chilischote putzen, entkernen und fein würfeln. Karotten schälen und fein raspeln.*
- *Erdnussöl in einem Topf erhitzen und Zwiebeln, Ingwer und Chili darin unter Rühren einige Minuten andünsten.*
- *Mit Currypulver würzen und mit Tomatenmark leicht rösten. Karottenraspeln und Kidneybohnen hinzufügen. Etwa 10 Minuten köcheln lassen, mit Salz und Pfeffer würzen und zu Mealie Pap (Maisbrei) (s. Rezept Seite 257) servieren.*

Bobotie (Lammfleischauflauf nach malaysischer Art)

Für 4 Portionen:
100 g Weißbrot
250 ml Milch
50 g getrocknete Aprikosen
Saft von 1 Orange
100 g Rosinen
Saft von 1 Limette
4 Knoblauchzehen
2 Zwiebeln
2 frische Aprikosen
2 Gemüsebananen
3 EL Pflanzenöl
800 g Lammhackfleisch
1 EL Currypulver
Salz, schwarzer Pfeffer
1 kräftige Prise Cayennepfeffer
100 g Mandelblättchen
100 g Mangochutney
2 EL frisch gehackte Petersilie
Butter für die Auflaufform
2 Eier

- Weißbrot in Würfel schneiden, mit warmer Milch begießen und ruhen lassen.
- Die getrockneten Aprikosen fein würfeln und mit Orangensaft vermischen. Rosinen mit Limettensaft vermischen.

- Knoblauchzehen und Zwiebeln schälen und fein hacken. Die frischen Aprikosen in Streifen, Gemüsebananen in Scheiben schneiden.
- Pflanzenöl erhitzen und Knoblauch und Zwiebeln darin andünsten. Lammhackfleisch hinzufügen und unter Rühren krümelig braten. Dabei mit Curry, Salz, Pfeffer und Cayennepfeffer würzen.
- Die eingeweichten Aprikosen mit Orangensaft, Rosinen mit Limettensaft, ausgedrückte Brotwürfel (die Milch beiseite stellen), Mandelblättchen, Mangochutney und Petersilie einrühren und weitere 5 Minuten braten.
- Den Pfanneninhalt in eine gefettete Auflaufform füllen und glattstreichen. Gleichmäßig mit Aprikosenstreifen und Bananenscheiben belegen und mit Salz, Pfeffer und Cayennepfeffer würzen.
- Die Brotmilch mit den Eiern verquirlen und darübergießen. Im vorgeheizten Backofen bei 180 °C (Umluft 160 °C) etwa 20 Minuten überbacken. Dazu passt Kürbisgemüse.

Sosaties (Marinierte Lammfleischspieße)

Für 4 Portionen:
800 g mageres Lammfleisch
200 g getrocknete Aprikosen
200 g Zwiebeln
4 Knoblauchzehen
2 EL Pflanzenöl
5 EL Aprikosenmarmelade
1 EL Currypulver
1 EL brauner Zucker
8 EL Weißweinessig
100 ml trockener Weißwein
Salz, schwarzer Pfeffer

- Fleisch in mundgerechte Würfel schneiden. Aprikosen in Wasser einweichen. Zwiebeln schälen und fein würfeln, Knoblauchzehen abziehen und durch die Presse drücken.

- Pflanzenöl erhitzen und Zwiebeln und Knoblauch darin andünsten. Nach und nach Aprikosenmarmelade, Currypulver, Zucker, Essig und Weißwein einrühren, mit Salz und Pfeffer würzen und mit 125 ml Wasser etwas einkochen.
- Die dickliche Marinade abkühlen lassen und mit den Fleischwürfeln vermengen. Abdecken und mindestens 4 Stunden im Kühlschrank durchziehen lassen.
- Fleischwürfel abwechselnd mit den eingeweichten Aprikosenstücken auf Spieße stecken und am besten über einem Holzkohlengrill grillen (oder in einer Pfanne braten).

Mealie Pap (Maisbrei)

Für 4 Portionen:
1 l Wasser
1 kräftige Prise Salz
300 g Maismehl (oder Polentagrieß)

- Das gesalzene Wasser zum Kochen bringen. Maismehl unter Rühren einrieseln und aufkochen lassen.
- Die Hitze reduzieren und bei kleinster Temperatur und geschlossenem Deckel den Maisgrieß knapp 40 Minuten ausquellen lassen. Zwischendurch umrühren, möglichst mit einem Holzlöffel.
- Mit Chakalaka-Sauce (s. Rezept Seite 255) oder als Beilage zu einem Fleisch- oder Gemüsegericht servieren.

S

Den einzelnen Länderküchen Südamerikas ist vor allem eines gemein: der große Einfluss der portugiesischen und spanischen Kolonialherren sowie späterer Einwandererströme. Die Ankunft der Spanier und Portugiesen im 16. Jahrhundert war sicher das einschneidendste Erlebnis für die indigenen Völker Südamerikas. Plötzlich sahen sie ihre Sprache und Kultur in Frage gestellt, neue Sitten und Bräuche hielten Einzug, und auch der christliche Glaube, von dem die Konquistadoren beseelt waren, wurde ihnen mit Nachdruck aufgezwungen.

In der Zeit vor Kolumbus ernährten sich die Völker Südamerikas von dem, was die üppige Pflanzenwelt in den verschiedenen Vegetationszonen an Samen, Wurzeln, Knollen, Früchten und Blättern hervorbrachte. Quinoa, Kartoffeln, Mais, Tomaten, Chilischoten, Bohnen, Kürbisse, Maniok und Avocados gehören hier seit jeher zu den Grundnahrungsmitteln. Darüber hinaus boten Kakao, Vanille, Agave, Malvenblüten, Erdnüsse und Pilze kulinarische Abwechslung. Jagd und Fischfang sicherten die Versorgung mit tierischem Eiweiß, denn Wild, Geflügel, Fische, Krebse, Garnelen und Muscheln waren reichlich vorhanden und wurden schmackhaft zubereitet.

Mit den zahllosen Seetransporten der Spanier kamen Sklaven aus Afrika und neue Lebensmittel ins Land: Weizen und Reis, Zwiebeln und Knoblauch, Zucker und Zimt, Äpfel und Birnen, Zitrusfrüchte, Quitten und Mangos wurden im Laufe der Zeit auch in Südamerika heimisch. Mit den neuen Produkten veränderten sich die Kochtraditionen, und neue Gerichte entstanden. Weitere kulinarische Impulse gaben in jüngerer Zeit Einwanderer aus Europa, die in Südamerika eine neue Heimat fanden. So ist etwa die heutige → argentinische Küche stark vom Einfluss italienischer Immigranten geprägt. Seit einigen Jahren schlagen sich auch zwei neue Entwicklungen auf die Essensgewohnheiten nieder: Zum einen verbringen viele Südamerikaner einige Zeit in Nordamerika oder Europa, etwa um dort zu studieren, und kehren mit neuen Vorlieben für bestimmte Produkte und Rezepte zurück. Zum anderen ist die Zahl der Einwanderer aus Asien, insbesondere aus Japan und China, gestiegen, und in vielen Großstädten gibt es mittlerweile entsprechende Restaurants.

Eine Gemeinsamkeit der sonst eher heterogenen Küchen Südamerikas ist die Vorliebe für Eintöpfe aller Art. Je nach Land werden sie mit mehr oder weniger Fleisch zubereitet. Ob Charquicán (→ Chile), Feijoada (→ Brasilien), Cazuela (Chile), Locro (Argentinien, Kolumbien), Sajita de pollo (→ Bolivien), Carapulcra (→ Peru) oder Puchero (Argentinien) – die sättigenden Suppen werden oft mit getrockneten Zutaten zubereitet und je nach Jahreszeit und persönlichen Vorlieben mit frischen Produkten variiert. Auch Empanadas (gefüllte Teigtaschen) werden auf dem ganzen Kontinent gegessen. Durch die häufige Verwendung von Chilischoten steht die südamerikanische Küche gemeinhin im Ruf, eine scharfe, pikante zu sein.

Bei den Getränken weist der Kontinent ebenfalls sein sehr buntes Spektrum auf: Aguas und Limonadas existieren in allen Farben und Aromen und werden aus frischen Früchten, Zucker und Wasser hergestellt. Stark alkoholhaltige Schnäpse, zum Beispiel aus

Zuckerrohr oder Kakteen, werden meist gemischt mit Saft und Eis getrunken. Deutsche Einwanderer haben die Kunst des Bierbrauens mitgebracht, und so erfreut sich das Bier heute auch in Südamerika großer Beliebtheit. Nicht zuletzt ist Südamerika für seinen Wein hinlänglich bekannt: Argentinien, Chile und Uruguay exportieren in die ganze Welt.

Locro (Gemüseeintopf mit Speck)

Für 4 Portionen:
150 g magerer Räucherspeck
1 Zwiebel
2 Knoblauchzehen
500 g Kürbisfleisch
250 g Kartoffeln
4 frische Maiskolben
3 EL Pflanzenöl
400 g gewürfelte Tomaten (Dose)
250 ml Gemüsebrühe (Instant)
2 frische Chilischoten
½ Bund Petersilie
4 Stängel Majoran
150 g Erbsen (TK)
Salz, schwarzer Pfeffer
50 g geriebener Käse (Manchego)

- Speck in kleine Würfel schneiden. Zwiebel und Knoblauch schälen und fein hacken. Kürbis schälen, putzen und kleinwürfeln. Kartoffeln schälen und in 2 cm große Würfel schneiden. Maiskolben putzen und quer in 2 cm breite Scheiben schneiden.
- Pflanzenöl erhitzen und Speck, Zwiebel und Knoblauch darin andünsten. Kürbis, Mais, Kartoffeln und Tomaten hinzufügen und kurz mitdünsten. Mit Brühe aufgießen und zugedeckt 20 Minuten köcheln lassen.
- Chilischoten putzen und in Streifen schneiden. Kräuter waschen, Blättchen abzupfen und fein hacken.
- Chilischoten und Erbsen in den Topf geben und alles mit Salz, Pfeffer und den Kräutern würzen. Zum Servieren mit Käse bestreuen.

Pollo al azafrán (Safranhähnchen)

Für 4 Portionen:
1 küchenfertiges Brathähnchen (etwa 1,2 kg)
Salz, schwarzer Pfeffer
1 Zwiebel
4 Knoblauchzehen
1 Döschen gemahlener Safran (2 g)
1 unbehandelte Zitrone
2 EL Butter
100 g gestiftelte Mandeln
100 g Rosinen
250 ml Hühnerbrühe (Instant)
100 g Sahne
Paprikapulver

- Hähnchen unter fließend kaltem Wasser innen und außen waschen, mit Küchenpapier trockentupfen und in acht Stücke teilen. Mit Salz und Pfeffer würzen.

- Zwiebel und Knoblauchzehen schälen und fein hacken. Safran mit 2 EL kaltem Wasser verrühren. Zitrone waschen und die Schale in feinen Streifen abziehen.
- In einem Topf die Butter erhitzen und die Hähnchenteile darin rundherum anbraten. Unter ständigem Rühren nach und nach Zwiebel, Knoblauch, Mandeln, Rosinen, Safranwasser und Zitronenstreifen hinzufügen.
- Mit Hühnerbrühe und Sahne aufgießen und den Topf mit einem Deckel verschließen. Safranhähnchen bei milder Hitze etwa 40 Minuten schmoren lassen. Zum Servieren mit Paprikapulver bestäuben.

Crema de maracujá (Maracujacreme)

Für 4 Portionen:
4 frische Maracujas
400 ml gezuckerte Kondensmilch
400 g Sahne

- Die Früchte halbieren und das Fruchtfleisch herauslösen. In einem Mixer pürieren und durch ein Sieb schlagen, dabei den ablau-

fenden Saft auffangen. Diesen mit Kondensmilch und Sahne im Mixer aufschlagen.
- Die Creme in eine flache Form füllen, mit Folie bedecken und mindestens 8 Stunden kühl stellen.
- Alternativ kann diese Creme mit Bananen, Mangos, Guaven, Kokosnuss, Ananas oder Tamarillos zubereitet werden.

🇹🇼 TAIWAN

Die ostasiatische Insel im Westpazifik liegt dem chinesischen Festland vorgelagert, von dem sie durch die Taiwan-Straße getrennt ist. Ehemals hieß sie Formosa, nach »ilha formosa« wie die portugiesischen Seefahrer die Insel nannten. 1945 wurde Taiwan, nach 50-jähriger japanischer Besatzung, in die Republik China eingegliedert, die seit Gründung der Volksrepublik China 1949 in einem heiklen politischen Verhältnis zu dieser steht. Die rund 23 Millionen Einwohner sind zu etwa 70 Prozent Han-Chinesen aus der Provinz Fujian im Südosten Chinas, zu 15 Prozent Hakka-Chinesen, die ursprünglich aus der nordostchinesischen Provinz Guandong stammen; diese beiden Gruppen kamen zwischen dem 17. und dem 20. Jahrhundert vom chinesischen Festland auf die Insel und vermischten sich hier mit der taiwanischen Urbevölkerung. Rund 15 Prozent der Taiwanesen sind nach 1949 eingewanderte sogenannte Festlandchinesen. Die Insel ist üppig begrünt, im Nordteil herrscht subtropisches Klima, im Süden überwiegt ein tropisches Klima.

Die Geschichte Taiwans spiegelt sich auch in der Speisekarte wieder, die vorwiegend → chinesisch, aber auch → japanisch geprägt ist – Taiwan wird als eine Regionalküche Chinas betrachtet. Chinesische Dim Sum oder Zongzi (Klebreis mit verschiedenen Füllungen) in allen Varianten sind in der Alltagsküche ebenso präsent wie japanische Sushi und Miso-Dashi-Suppen. Die Speisen werden mit frischen Zutaten zubereitet, kurz und schonend gegart und mit viel Ingwer und einer lokalen Sorte Basilikum gewürzt.

Gekocht wird mit reichlich Fisch und Meeresfrüchten, zum Beispiel Thunfisch, Zackenbarsch, Sardinen, Anchovis, Krebsen, Kalmaren und Tintenfischen. Reis, Mais, Erdnüsse und Sojabohnen sind ebenfalls beliebte Zutaten der taiwanischen Küche; gewürzt und gedippt wird mit Sojasauce, Reiswein und Sesamöl. An Fleisch wird vor allem Schwein und Geflügel gegessen, Rindfleisch kommt eher selten auf den Tisch. Sehr verbreitet sind auch Suppen aller Art: Geng (angedickte Suppen) werden mit Einlagen wie Shanyu geng (kleinen Aale) oder Sabahii (Milchfisch) zubereitet, dünne Misosuppen mit Mifen (Reismehlnudeln) oder Dongfen (Bohnenmehlnudeln) serviert. Die traditionelle taiwanische Hakka-Küche ist geprägt von salzigen, süßen und sauren Gerichten, die ohne künstliche Aromen zubereitet werden. Ein typisches Hakka-Gericht ist Xiao Feng: Dazu wird klein geschnittenes Schweinefleisch mit eingelegten Bambussprossen gekocht und mit Zwiebeln, Sojasauce, Knoblauch und Reiswein gewürzt.

Das Essen spielt im öffentlichen Leben eine wichtige Rolle: An jeder Straßenecke gibt es Garküchen, und auf den gut besuchten Nachtmärkten wird eine große Auswahl an Fingerfood verkauft, etwa gekochte Maiskolben, Chóu doufu (frittierter Tofu, mit Gemüse und Salat gefüllt), Haishen (geschmorte Seegurken), Rouyuan (gallertartige Fleischbällchen) oder Congyoubing (Frühlingszwiebelkuchen). Daneben werden auch eingebürgerte japanische Spezialitäten wie Tempura und Teppanyaki angeboten, außerdem Fleisch, Fisch und Gemüse vom Grill und als Getränke Reismilch (aus Sojamilch und püriertem Reis) sowie kalter oder warmer Milchtee (gesüßter schwarzer oder grüner Tee mit Milch und Fruchtsirup). Sehr populär sind auch

Süßspeisen, etwa Sonnenkuchen (ein Schicht-
gebäck mit Honigfüllung), eine Spezialität der
Stadt Taichung; außerdem süße Crêpes, die
wie Frühlingsrollen gebacken werden, und
gehobeltes Wassereis mit frischem Fruchtsirup von Mangos, Papayas oder Bananen. Ein
typisch taiwanisches Frühstück besteht aus
einer Reissuppe, einer dünnen Nudelsuppe,
kleinen knusprigen Eierkuchen oder kleinen
Dampfnudeln mit Bohnenpaste, gefüllt mit
Fleisch oder Gemüse.

Das am meisten verbreitete Getränk ist
Tee: Lucha (grüner, unfermentierter Tee)
und Hongcha (gerösteter, fermentierter Tee)
werden aus kleinen Bechern getrunken und
traditionell auch vor dem Essen serviert. Am
Abend wird in Gesellschaft gern heimisches
Bier getrunken wie Taiwan Beer, Taiwan Dark
oder Taiwan Draft. Ein beliebter Schnaps ist
Gaoliang, der aus Hirse hergestellt wird.

Kung pao (Pfannengerührtes Hähnchenfleisch)

Für 4 Portionen:
600 g Hähnchenbrustfilet
2 kleine rote Chilischoten
2 Knoblauchzehen
1 EL Maisstärke
4 EL Reiswein
2 EL helle Sojasauce
2 EL dunkle Sojasauce
1 TL Zucker
100 g ungesalzene Erdnüsse
4 EL Erdnussöl

- *Hähnchenfleisch in hauchdünne Streifen schneiden. Chilischoten putzen und fein würfeln. Knoblauchzehen abziehen und fein hacken.*
- *Chili, Knoblauch, Maisstärke, Reiswein, Sojasauce und Zucker zu einer Marinade verrühren. Fleisch in die Marinade geben, alles gut vermengen, mit Folie abdecken und für 1 Stunde in den Kühlschrank stellen.*
- *Erdnüsse in einer beschichteten Pfanne ohne Fett rösten, bis sie duften. Erdnussöl erhitzen und die marinierten Fleischstreifen darin von allen Seiten kräftig braten. Erdnüsse unterziehen und das Gericht mit dampfend heißem Klebreis servieren.*

T

Chow sahng choy (Geschmorter Kopfsalat)

Für 4 Portionen:
4 feste Kopfsalatherzen (auch Romanasalat)
2 Knoblauchzehen
4 cm frische Ingwerwurzel
2 EL Erdnussöl
100 ml Gemüsebrühe
1 EL Zucker
Salz, schwarzer Pfeffer
2 EL helle Sojasauce

- Kopfsalatherzen jeweils längs vierteln, waschen und trockenschütteln. Knoblauchzehen und Ingwer schälen und fein würfeln.
- Erdnussöl im Wok erhitzen und Knoblauch und Ingwer darin andünsten.
- Salatviertel einlegen und 2 bis 3 Minuten schwenken. Mit Gemüsebrühe beträufeln und alles mit Zucker, Salz, Pfeffer und Sojasauce würzen.
- Auf einer Servierplatte anrichten. Dazu passen Reis, Chilisaucen und geröstete Erdnüsse.

 TEX-MEX-KÜCHE

Der Begriff Tex-Mex-Küche bezeichnet einen Kochstil, der sich im Grenzland zwischen dem US-Bundesstaat Texas und Mexiko entwickelt hat. Er verbindet Elemente der → mexikanischen Küche mit solchen der Südstaatenküche, weist aber auch → indianische, → spanische und → kreolische Einflüsse auf. Ende des 19. Jahrhunderts kam der Begriff Tex-Mex zunächst als Spitzname für die Texanisch-Mexikanische Eisenbahn auf, in den 1920er Jahren wurden Texaner mexikanischer Herkunft so benannt, und seit den 1970er Jahren bezeichnet er einen mittlerweile international beliebten Kochstil – 1973 wurde der Begriff erstmals im Zusammenhang mit Essen in der Zeitung *Mexiko City News* verwendet.

Die Verschmelzung verschiedener Kochkulturen in dem Gebiet hat einen geschichtsträchtigen Hintergrund: Im 17. Jahrhundert wurden Texas, New Mexico und Kalifornien, bis dahin von indianischen Ureinwohnern bevölkert, von Neu-Spanien (dem heutigen Mexiko) aus von spanischen Kolonisatoren besiedelt. Mit der Unabhängigkeit Mexikos von Spanien 1821 wurde Texas ein Teil Mexikos, jedoch nur für kurze Zeit, denn nach dem Krieg Mexikos gegen die USA gingen die Gebiete nördlich des Rio Grande 1848 an die Vereinigten Staaten.

Die Kochkultur dieser Region wurde so seit dem 17. Jahrhundert von den Spaniern beeinflusst, die die Rinderzucht, Weizen und Milchprodukte hier einführten. Einwanderer von den kanarischen Inseln, die ab 1731 nach Mexiko kamen, brachten außerdem Kreuzkümmel, Chili und Koriander mit.

Grundzutaten der heutigen Tex-Mex-Küche sind Fleisch, Bohnen und scharfe Gewürze. Insbesondere Rindfleisch wird viel verwendet, da es in den ländlichen Gebieten beidseits des Rio Grande zahlreiche Rinderfarmen gibt. Gewürzt wird mit roten und grünen Chilischoten, Zwiebeln, Knoblauch, Kreuzkümmel, Koriander, Cayennepfeffer, Petersilie und schwarzem Pfeffer. Weitere wichtige Zutaten sind Mais, Tomaten, Avocado, Erdnüsse, saure Sahne, Limetten, Kaktusfeigen und Bananen.

Ein Klassiker der Tex-Mex-Küche ist Chili con carne (ein Eintopf aus Rindfleisch, roten Bohnen, Zwiebeln, Knoblauch, Gewürzen und getrockneten Chilischoten). Ein weiteres wesentliches Element sind Tortillas (dünne Fladen aus Mais- oder Weizenmehl), die mit verschiedenen Salsas (pikanten Saucen aus Tomaten, Chilischoten, Zwiebel, Knoblauch, Essig oder Limettensaft) serviert und auf unterschiedliche Weise zubereitet werden, etwa als Tacos (knusprig frittiert, belegt mit Gemüse oder Fleisch, Käse und Salsas), Enchiladas (gerollt und überbacken, mit unterschiedlichen Füllungen), Fajitas (gefüllt mit gegrilltem Rind- oder Hühnerfleisch, Salsa und saurer Sahne) oder Flautas (gefüllt, zu dünnen Rollen gedreht und gebraten). Aus Avocados wird Guacamole (Avocadocreme) zubereitet, die zu vielen Gerichten gereicht oder als Dip gegessen wird, zum Beispiel mit Nachos (Tortillachips) – eine Erfindung der Tex-Mex-Küche.

Der Tex-Mex-Kochstil hat seit den 1970er Jahren internationale Popularität erlangt und hat sich vor allem in den USA, aber auch in Europa im → Fastfood-Bereich etabliert und dabei zugleich seine Zubereitungsarten und Zutaten standardisiert.

Zur Tex-Mex-Küche gehören auch mexikanisches Bier und Cocktails wie Margarita (Tequila, Limettensaft und Orangenlikör), Jalapa (Tequila, Limetten- und Maracujasaft) und Acapulco (Rum, Tequila, Ananas- und Grapefruitsaft), die als Aperitif getrunken werden. Aber auch alkoholfreie Ananasbowle und Aquas frescas (Eiswasser mit Fruchtpüree) sind gängige Getränke.

Chili con carne (Scharfer Rindfleisch-Bohnen-Schmortopf)

Für 4 Portionen:
1 Zwiebel
2 Knoblauchzehen
1 kleine rote Chilischote
4 EL Pflanzenöl
500 g gemischtes Hackfleisch
1 EL Tomatenmark
100 ml trockener Rotwein
250 g gewürfelte Tomaten im Saft (Konserve)
1 Dose Kidneybohnen (400 g)
Salz, schwarzer Pfeffer
Chilipulver
je ½ TL getrockneter Oregano und gemahlener
Kreuzkümmel

- Zwiebel und Knoblauchzehen schälen und fein würfeln. Die Chilischote putzen, entkernen und fein würfeln.
- Pflanzenöl in einem breiten Topf erhitzen und Zwiebel, Knoblauch und Chili darin unter Rühren andünsten.
- Hackfleisch hinzufügen und krümelig braten. Mit Tomatenmark rösten und mit Rotwein ablöschen.
- Tomaten mit Saft und Kidneybohnen hinzufügen und alles bei mittlerer Hitze etwa 30 Minuten garen lassen. Mit Salz, Pfeffer, Chilipulver, Oregano und Kreuzkümmel kräftig würzen.
- Chili con carne mit Tortillachips oder ofenfrischem Weißbrot servieren.

Margarita (Tequila-Cocktail)

Für 1 Glas:
8 Eiswürfel, zerkleinert
3 cl Tequila
2 cl Limettensaft
2 cl Zitronensaft
2 cl Triple sec
etwas Zitronensaft
Salz

- Eine Sektschale für 10 Minuten ins Gefrierfach stellen. Anschließend den Glasrand mit Zitronensaft befeuchten und in einem Teller mit Salz drehen.
- Die oben genannten Zutaten in einem Shaker kräftig schütteln und in die Sektschale abseihen.

T

Fajitas (Gefüllte Tortillas)

Für 4 Portionen:
Für die Tortillas:
150 g Maismehl
150 g Weizenmehl
1 TL Salz
200 ml lauwarmes Wasser

Für die Füllung:
½ Kopf Eisbergsalat
2 Fleischtomaten
1 Zwiebel
½ Bund Petersilie
200 g saure Sahne
150 g Oliven mit Paprika gefüllt
200 g frisch geriebener Käse (Gouda, Edamer)
600 g fertiges Chili con carne (s. Rezept
Seite 265)

- Für die Tortillas beide Mehlsorten auf einer Arbeitsfläche mit dem Salz versieben. In der Mitte eine Mulde formen, nach und nach Wasser eingießen und mit raschen Bewegungen einen Teig kneten.
- Den Teig mindestens 5 Minuten durchkneten, dann zu einem Kloß formen, in Folie hüllen und etwa 20 Minuten ruhen lassen. Anschließend in 12 Portionen teilen.
- Jede Portion zu einer Scheibe von etwa 15 cm Durchmesser ausrollen. Diese einzeln in einer ungefetteten heißen Pfanne auf beiden Seiten so lange backen, bis sich bräunliche Flecken bilden.
- Lagenweise in ein Tuch hüllen, dabei die Fladen mit Alufolie voneinander trennen.
- Eisbergsalat putzen, in dünne Streifen schneiden, waschen und trockenschwenken. Fleischtomaten waschen, putzen und in kleine Würfel schneiden. Zwiebel schälen und fein würfeln. Petersilie waschen, trockenschwenken, Blättchen abzupfen und fein hacken.
- Alle vorbereiteten Zutaten in kleine Schalen füllen und auf den Tisch stellen. Saure Sahne durchrühren und in eine Sauciere füllen, Oliven und Käse ebenfalls in Schälchen geben. Chili con carne in einer Servierschüssel anrichten. Die Tortillas auf einem Teller bereitstellen.
- Jeder kann nun seine Tortillas nach Lust und Laune belegen, aufrollen und aus der Hand essen.
- Vegetarier können statt Chili con carne auch ein Bohnenpüree aus Kidneybohnen (Dose) verwenden. Dazu die Bohnen erhitzen, zerstampfen und mit Salz, Pfeffer und Chili würzen.

T

🏳 THAILAND

Das südostasiatische Königreich Thailand grenzt im Westen und Norden an Birma, im Osten an Laos, im Südosten an Kambodscha und im Süden an Malaysia sowie an den indischen Ozean und an den Golf von Thailand. Als einziges Land Südostasiens konnte Thailand, das seinen heutigen Landesnamen erst seit 1939 trägt – vorher hieß es Siam – dem Kolonialismus trotzen. Die mehr als 64 Millionen Einwohner sind überwiegend Thais, daneben gibt es verschiedene Minderheiten wie Chinesen, Khmer, Laoten, Malaien und Vietnamesen. Das tropische Klima mit ganzjährigen Temperaturen von über 18 Grad bietet gute Voraussetzungen für die Landwirtschaft, etwa den Anbau von Reis, und lässt vielzählige Obst- und Gemüsesorten gedeihen.

Die thailändische Küche ist von Einflüssen aus → China, → Indien, → Kambodscha und → Malaysia, aber auch → Portugal geprägt, hat diese aber zu einer eigenständigen Kochkunst weiterentwickelt. Chinesische Kochtechniken, insbesondere das Frittieren und Pfannenrühren im Wok, haben einheimische Techniken ergänzt, indisches Butterschmalz wird als Alternative zu Kokosfett genutzt, und die von portugiesischen Missionaren eingeführten Chilis werden reichlich verwendet.

Frische Zutaten, abwechslungsreiche Gewürze und eine große Speisenvielfalt sind typisch für die thailändische Küche. Gekocht wird mit viel Fisch, frischem Gemüse und rein pflanzlichen Ölen. Die fettarmen, gut verdaulichen, scharf gewürzten Gerichte kommen dem Kreislauf im tropisch-heißen Klima sehr zugute. Hauptnahrungsmittel und Grundlage jeder Mahlzeit ist Reis, der meist gekocht als Beilage serviert wird, aber auch in gebratener Form mit verschiedenen Zutaten, etwa als Khao phat prik (mit Chili) oder Khao phat sapparot (mit Hähnchenfleisch und Ananas) – Thailand ist eines der wichtigsten Reisanbauländer der Welt.

In der Thai-Küche wird beinahe jede Art von Meerestier verarbeitet, vor allem aber große Hummergarnelen. Beliebt sind auch Süßwasserfische wie der riesige Pla buk (siamesischer Wels), der in den Herbstmonaten im Mekong gefangen wird. Die zahlreichen würzigen Pla (Fischgerichte) werden als Pla cian (gebraten), Pla nerng (gedünstet), Pla tod (gebraten mit Tamarindensauce) oder als Gaeng (Currygericht) wie Gaeng khiao wan pla (grünes Fischcurry) oder Gaeng phet gung (rotes Garnelencurry) zubereitet.

Currygerichte zählen zu den beliebtesten Zubereitungsarten und werden in drei Hauptarten unterschieden: Gaeng khiao wan (grünes Curry) wird auf Basis von grünen Chilischoten zubereitet, Gaeng phet (rotes Curry) auf der Basis von roten Chilischoten und Gaeng phanaeng (Erdnuss-Curry) mit Erdnüssen. Im Gegensatz zu indischen Currys, die in der Regel mit getrockneten Gewürzen zubereitet werden, verwendet man bei Thai-Currys frische Zutaten. Sehr verbreitet sind außerdem klare Suppen: Tom yam (sauer-scharfe Suppe) wird in mehreren Variationen zubereitet, die beliebteste ist Tom yam gung (mit Garnelen), aber auch Tom yam gai (mit Huhn) und Tom yam talee (mit Meeresfrüchten) sind verbreitet. Mit Kokosmilch wird zum Beispiel Tom kha gai (Hähnchen-Kokos-Suppe) zubereitet. Neben Fisch wird auch viel Fleisch, insbesondere Geflügel und Schwein, seltener Rindfleisch, gegessen; ein typisches Gericht

T

ist Phet wun sen (Fleisch und Garnelen mit gebratenen Glasnudeln).

Gewürzt wird aromatisch bis scharf mit vielerlei frischen Kräutern wie Koriandergrün und Thai-Basilikum, Zitronengras, frischen und getrockneten Chilischoten, Chilipulver, Chilisauce, Palmzucker, Limetten, Kapi (Paste aus getrockneten Shrimps), Laospulver, Galgantwurzel, Kencurwurzel, Kurkuma, Zimt, Nelken, Kardamom, Erdnüssen und Ingwer. Aber auch die zahlreichen Würzsaucen spielen eine große Rolle, etwa Nam pla (Fischsauce aus fermentierten Sardellen und Meersalz), helle und dunkle Sojasauce sowie Nam man hoi (Austernsauce). Kati (Kokosmilch) bildet die Grundzutat vieler Saucen, Suppen und Currygerichte. Um die bisweilen extreme Schärfe der Gerichte etwas abzumildern, stehen stets getrocknete Kokosraspeln bereit.

Zum Nachtisch gibt es Konfekt aus Klebreis, Yamswurzeln, Agar-Agar-Gelee, Mungobohnenpaste, Palmzucker, Mungobohnenmehl und Kokosmilch, das in Bai toey (Pandanusblättern) kunstvoll drapiert wird. Typische Desserts sind auch Khao nieo kaeo (süßer Kokosmilchreis), Khanom talai (Kokosmilchpudding), Khanom bualoi (goldgelber Bohnenkuchen) und Narayana bantom sindhu (Kokosmilch mit Rosenwasser und Mungobohnenmehl). Alternativ werden frische Früchte wie Zimtäpfel, Lychees, Durian, Longan oder auch Jack Fruit angeboten.

Eine klassische thailändische Mahlzeit besteht aus einer Suppe, mehreren Hauptgerichten, zum Beispiel Currys, vielen Krueng kieng (Beilagen) und meist mehreren Saucen, etwa Chili- und Fischsauce. Alle Gerichte kommen dabei gleichzeitig auf den Tisch. Die Speisen werden mundgerecht zubereitet und traditionell mit den Fingern, heute aber meist mit Gabel und Löffel verzehrt. Die Thailänder sind bekannt für die kunstvolle Präsentation ihrer Speisen mit zu Tieren oder Blumen geschnitzten Karotten und Rettich, Melonen, Papayas, Pomelos und Rambutans. Die Tradition wird selbst in zahlreichen Garküchen gewahrt, die die Straßen säumen und in denen mit frischen Zutaten nach Wahl zahlreiche Gerichte zubereitet werden.

Ein beliebtes Getränk ist Kokoswasser, das meist mit einem Strohhalm direkt aus der Frucht getrunken wird – zahlreiche Verkäufer am Straßenrand schlagen dafür die grünen Kokosnüsse frisch auf. Daneben wird Wasser, grüner Tee und Kaffee getrunken. Zu den typischen alkoholischen Getränken zählen Singha-Bier, Mekong-Whisky und Sang-Som-Rum.

Geang khiao wan pla (Grünes Fischcurry mit Thai-Auberginen)

Für 4 Portionen:
500 g festfleischiges Fischfilet
(Lachs, Seelachs, Seehecht)
250 g Thai-Auberginen
2 frische rote Thai-Chilis
½ Bund Thai-Basilikum
8 Kaffirlimettenblätter
2 EL Kokosraspeln
5 EL Pflanzenöl
2 EL grüne Currypaste (Asialaden)
500 ml Kokosmilch
250 ml Gemüsebrühe
5 EL Fischsauce

• Fischfilet in 2 cm große Würfel schneiden. Thai-Auberginen putzen und waschen und je nach Größe etwas kleiner schneiden. Chilischoten entkernen und in Streifen schneiden. Thai-Basilikum waschen und in Streifen schneiden. Kaffirlimettenblätter waschen. Kokosraspeln ohne Fett in der Pfanne rösten, bis sie duften.
• Pflanzenöl im Wok erhitzen und Currypaste darin anbraten. Während des Rührens mehrmals mit Kokosmilch ablöschen, bis die ganze Kokosmilch verbraucht ist. Gemüsebrühe und Fischsauce zugießen.
• Fischfilet, Thai-Auberginen, Chili, Thai-Basilikum und Kaffirlimettenblätter einrühren und 8 bis 10 Minuten offen köcheln lassen. Auf heißem Reis servieren und mit den gerösteten Kokosraspeln bestreuen.

Pat thong norg gab dog chai (Gebratene Sojabohnensprossen)

Für 4 Portionen:
300 g frische Sojabohnensprossen
1 Bund Thai-Schnittlauch (Asialaden)
1 kleine rote Chilischote
4 Knoblauchzehen
3 EL Erdnussöl
1 EL dunkle Sojasauce
2 EL helle Sojasauce
3 EL Austernsauce
3 EL Gemüsebrühe
1 Prise geschabter Palmzucker
Salz, weißer Pfeffer aus der Mühle

• Sojabohnensprossen waschen und abtropfen lassen. Schnittlauch putzen und halbieren. Chilischote waschen und diagonal in breite Streifen schneiden. Knoblauchzehen abziehen und mit einer Messerklinge flach zerdrücken.
• Wok heiß werden lassen und Erdnussöl darin erhitzen. Knoblauch, Chili, Sojabohnensprossen und Schnittlauch in das heiße Fett geben. Das Gemüse so schwenken, dass sich keine Flüssigkeit bilden kann.
• Sojasaucen, Austernsauce und Gemüsebrühe hinzugeben und wieder schwenken. Mit Palmzucker, Salz und Pfeffer würzen. Auf heiß dampfendem Duftreis servieren.

T

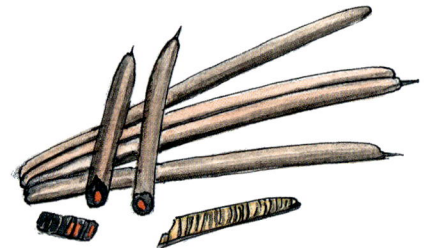

Geang jeud wun sen (Glasnudelsuppe mit Hähnchen und Schalotten)

Für 4 Portionen:
5 getrocknete Mu-Err-Pilze
100 g Glasnudeln
250 g Hähnchenbrust
4 Schalotten
½ Bund Koriandergrün
1 l Hühnerbrühe
200 g frische Sojabohnensprossen
1 TL Knoblauchöl (s. letzter
Zubereitungsschritt)

- Mu-Err Pilze mit kochend heißem Wasser überbrühen und etwa 20 Minuten quellen lassen.
- Glasnudeln kurz in kaltem Wasser einweichen und dann blanchieren; in ein Sieb gießen und abtropfen lassen. Hähnchenbrust in Streifen schneiden.
- Schalotten putzen, waschen und in Streifen schneiden. Koriandergrün waschen, trockenschwenken, Blättchen abzupfen und fein hacken.

- Wok heiß werden lassen, Hühnerbrühe hineingeben und etwas einkochen lassen. Fleischstreifen dazugeben und 5 bis 8 Minuten ziehen lassen. Schalottenstreifen hinzufügen.
- Pilze ausdrücken, in Streifen schneiden und mit den Glasnudeln in ein Sieb gießen. Pilze und Glasnudeln in die Brühe geben. Zuletzt Sojabohnensprossen einrühren und nochmals kurz ziehen lassen.
- Die Suppe in Schalen füllen, mit Koriandergrün bestreuen, mit Knoblauchöl beträufeln und sofort servieren.
- Knoblauchöl ist leicht selbst herstellbar: 1 EL gehackten Knoblauch in 2 EL Pflanzenöl rösten; abkühlen lassen und mit so viel Pflanzenöl begießen, dass alles bedeckt ist. Das Öl hält sich im Kühlschrank 1 Woche.

Khao phet gai sapparot (Duftreis mit Hähnchen und Ananas)

Für 4 Portionen:
4 Hähnchenbrüste à etwa 120 g
(ohne Knochen und Haut)
4 frische Ananasscheiben (Cayenne-Ananas)
2 Frühlingszwiebeln
4 Knoblauchzehen
2 Tomaten
3 EL Erdnussöl
400 g gekochter Duftreis vom Vortag
3 EL helle Sojasauce
1 EL dunkle Sojasauce
2 EL Fischsauce
1 TL geschabter Palmzucker
weißer Pfeffer aus der Mühle

- *Hähnchenbrüste und Ananasscheiben separat kleinwürfeln. Frühlingszwiebeln putzen, waschen und in feine Streifen schneiden. Knoblauchzehen abziehen und fein würfeln. Tomaten überbrühen, häuten, entkernen und in Streifen schneiden.*
- *Wok heiß werden lassen und Erdnussöl darin erhitzen. Hähnchenfleischwürfel im heißen Öl zwei Minuten braten.*
- *Frühlingszwiebeln, Knoblauch und Ananas hinzufügen und alles kurz schwenken.*
- *Reis untermischen und bei starker Hitze zwei Minuten braten. Tomatenstreifen hinzufügen und alles knapp eine Minute schwenken. Mit Sojasaucen, Fischsauce, Palmzucker und Pfeffer würzen. Sofort servieren.*

TRENNKOST

Die Trennkost ist eine Diätform und basiert auf dem Prinzip, dass eiweißhaltige Lebensmittel wie Käse oder Milch innerhalb einer Mahlzeit nicht mit kohlehydrathaltigen Lebensmitteln wie Nudeln oder Kartoffeln vermischt werden. Die ursprüngliche Form der Trennkost, auf der alle späteren Trennkostformen basieren, wurde zu Beginn des 20. Jahrhunderts von dem Arzt Dr. Howard Hay (1866–1940) entwickelt. Er stellte fest, dass sich eiweißreiche (säurebildende) und kohlenhydratreiche (basenbildende) Lebensmittel, sofern sie gleichzeitig aufgenommen werden, bei der Verdauung behindern, dem chemischen Gleichgewicht entgegenwirken und so zu einer Übersäuerung des Körpers führen. Hierin sieht Hay den Grund für Übergewicht und eine Vielzahl von Zivilisationskrankheiten.

Grundsätzlich sind im Rahmen der Trennkost alle Nahrungsmittel, die eine gesunde und ausgewogene Ernährung kennzeichnen, erlaubt, mit der einzigen Einschränkung, dass eiweißhaltige und kohlehydrathaltige Speisen in zeitlichem Abstand voneinander aufgenommen werden müssen. Den Schwerpunkt legt die Haysche Trennkost dabei auf pflanzliche, basenbildende Nahrungsmittel wie Brot, Nudeln, Kartoffeln, Reis, bestimmte Früchte, Süßungsmittel und Backwaren. Der tägliche Anteil an diesen Lebensmitteln sollte bei 80 Prozent liegen. Der tägliche Anteil an säurebildenden, eiweißreichen Lebensmitteln, etwa Fleisch, Fisch, Eier, Milch, bestimmte Milchprodukte und einige Obstsorten, sollte lediglich 20 Prozent betragen. Beide Gruppen dürfen jeweils mit neutralen Lebensmitteln kombiniert werden; dazu zählen Gemüse, Salate, Kräuter, Avocados, Heidelbeeren, Melonen, Öle und Pilze. Ausführliche Tabellen geben Auskunft über die einzelnen Nahrungsmittel und helfen bei der Zusammenstellung der Mahlzeiten.

Um eine Übersäuerung des Körpers und die daraus resultierenden Stoffwechselstörungen zu verhindern, empfiehlt Hay, den Konsum von stark säurebildenden Nahrungsmitteln wie raffinierten Ölen und Zucker, poliertem Reis, Eiweiß und weißem Mehl auf ein Minimum zu beschränken und auf Alkohol ganz zu verzichten.

Die Trennkost zählt keine Kalorien, sie beinhaltet lediglich eine Änderung der Essgewohnheiten, die wiederum eine Gewichts-reduktion bewirken soll: Der Schweinebraten wird bei dieser Ernährungsform mit Gemüse und Salaten statt mit Semmelknödeln gegessen, die Paella ohne Fisch und Fleisch, dafür mit Gemüse, Spaghetti ohne Bolognese, dafür mit Tomatensauce, das Schnitzel mit gemischtem Salat statt mit Pommes frites oder Bratkartoffeln, und Ratatouille gibt es ohne Knoblauchbrot, dafür mit Quark oder Knoblauchsauce.

Die der Trennkost zu Grunde liegenden Theorien sind zwar mittlerweile wissenschaftlich widerlegt, und erwiesenermaßen sind die beiden Hauptnährstoffgruppen entgegen der Hayschen Theorie nicht so leicht auseinanderzuhalten, da viele Lebensmittel beide Nährstoffarten enthalten. Gesundheitsfördernd ist aber auf jeden Fall der von der Trennkost vorgesehene stark reduzierte Fleischkonsum und der Verzicht auf stark verarbeitete Lebensmittel und Alkohol sowie auf klassische kalorienhaltige Gerichte wie Hamburger, Spaghetti bolognese und Currywurst mit Pommes, die auf jeden Fall beide Eiweiß und Kohlehydrate enthalten.

T

Fenchelsalat mit Garnelen (Eiweißreiche Mahlzeit)

Für 4 Portionen:
8 geschälte große Garnelen
Saft von ½ Zitrone
Kräutersalz, bunter Pfeffer
2 Fenchelknollen
50 g Kokosraspeln
1 EL Erdnussöl
3 EL weißer Balsamicoessig
3 EL Olivenöl
schwarzer Pfeffer

• Garnelen längs halbieren, entdarmen, mit Zitronensaft beträufeln und mit Kräutersalz und buntem Pfeffer würzen. Fenchelknollen putzen, waschen und in dünne Streifen schneiden. Fenchelgrün fein hacken.

• Kokosraspeln in einer heißen Pfanne ohne Fett so lange rösten, bis sie duften und gebräunt sind; auf einen Teller geben.
• Erdnussöl in der Pfanne erhitzen und Garnelenhälften darin auf beiden Seiten 2 bis 3 Minuten braten. Fenchelstreifen auf vier Tellern breitflächig verteilen und mit Garnelen belegen.
• Balsamicoessig mit Olivenöl verrühren und mit Kräutersalz und schwarzem Pfeffer kräftig würzen. Über die Salate träufeln und mit Kokosraspeln und Fenchelgrün bestreuen. Dazu passen gegrillte, mit Mozzarella überbackene Tomatenhälften.

Spaghetti mit Kräuter-Tomaten-Sauce (Kohlenhydratreiche Mahlzeit)

Für 4 Portionen:
1 Zwiebel
2 Knoblauchzehen
1 kg Tomaten
1 Bund gemischte Kräuter (Oregano, Basilikum, Petersilie)
500 g Vollkornspaghetti
Meersalz
2 EL Olivenöl
grob geschroteter schwarzer Pfeffer
evtl. 1–2 EL Mascarpone

• Zwiebel und Knoblauchzehen schälen und fein würfeln. Tomaten überbrühen, häuten, entkernen und in Würfel schneiden. Kräu-

ter waschen, trockenschwenken, Blättchen abzupfen und fein hacken.
• Vollkornspaghetti in reichlich siedendem Salzwasser bissfest garen. In der Zwischenzeit Zwiebel und Knoblauch in heißem Olivenöl glasig dünsten. Tomaten hinzufügen und bei mittlerer Hitze etwa 10 Minuten schmoren lassen.
• Mit Meersalz und Pfeffer würzen und zuletzt die Kräuter unterziehen. Nach Belieben mit Mascarpone verfeinern.
• Nudeln abgießen, abtropfen lassen, auf tiefe Teller verteilen und mit der Sauce überziehen. Dazu passt ein gemischter Salat.

T

TSCHECHIEN

Die Tschechische Republik grenzt im Westen und Nordwesten an Deutschland, im Norden an Polen, im Osten an die Slowakei und im Süden an Österreich. Hervorgegangen ist der Staat aus der Tschechoslowakei, die 1993 in die unabhängigen Staaten Tschechien und Slowakei aufgeteilt wurde. Tschechien umfasst die Regionen Böhmen, Mähren und Tschechisch-Schlesien und zählt heute knapp 10,5 Millionen Einwohner. In der Landwirtschaft werden vor allem Getreide (Weizen, Gerste, Roggen, Hafer und Mais), Kartoffeln, Zuckerrüben, Hopfen, Gemüse, Obst und Wein angebaut. Daneben wird intensive Rinder- und Schweinezucht betrieben und in den großen Waldflächen reichlich Wild geschossen.

Die tschechische Küche ist beeinflusst von der → deutschen, der → österreichischen und der → ungarischen Küche. Ihren Weltruf verdankt sie vor allem der → böhmischen Kochkultur. Verwendet werden einfache Zutaten, aus denen deftige, rustikale Gerichte zubereitet werden. Hauptzutaten sind Fleisch, Hülsenfrüchte, Getreide, Kartoffeln, Kohl und Pilze. Frisches Gemüse wird kaum verarbeitet und kommt höchstens als Rohkost auf den Tisch. Das Fleisch, vom Rind, Schwein, Geflügel oder Wild, wird gekocht, gebraten, häufig auch paniert und stets mit einer Sauce serviert wie bei Svíčková na smetaně (Rinderbraten mit Sahnesauce) oder Kotletky na pivní omáčce (Schweinekoteletts in Biersauce). Überhaupt sind Saucen das Herzstück der tschechischen Küche; sie werden meist aus Bratensaft und Sahne zubereitet, aber auch Meerrettich-, Pilz- und Dillsauce sind sehr beliebt. Zum Fleisch mit Sauce wird immer auch eine Beilage serviert, typisch sind Semmel- oder Kartoffelknödel, mit denen sich die Sauce gut auftunken lässt, aber auch Salz- und Bratkartoffeln, Püree, Kroketten oder Bramborák (Kartoffelpuffer) werden zum Fleisch gereicht. Fangfrischer Fisch aus Seen und Flüssen wird seltener gegessen, Forelle, Aal und Hecht kommen hin und wieder auf den Tisch, häufig in panierter Form. Karpfen ist das klassische Heiligabendgericht und wird traditionell mit Bramborový salát (Kartoffelsalat) serviert. Daneben werden Zavináč (Rollmöpse) und Matesy (Matjesheringe) gern gegessen.

Eine wichtige Rolle in der tschechischen Küche spielen auch die zahlreichen Suppen, die traditionell als erster Gang der dreigängigen Hauptmahlzeit gereicht werden, die am Mittag eingenommen wird. Sehr populär sind Česnečka (Knoblauchsuppe), Zelňakač (Sauerkrautsuppe) und die sämige Bramborová polévka (Kartoffelsuppe mit Steinpilzen und Kümmel), aber auch klare Rinder- oder Hühnerbrühen mit Einlagen, zum Beispiel Nudeln oder Leberknödeln, werden häufig gegessen.

Typische Spezialitäten sind außerdem Prager Schinken, Olmützer Quargel (eine Art Handkäse), Čočka na kyselo (saure Linsen), Schinkenfleckerl (Nudelquadrate mit gekochtem Schinken), Nakládaný hermelín (eingelegter Camembert mit Zwiebeln, Knoblauch, Öl und Paprika) und geflochtene Käsezöpfe mit Korbáček (ein sehr salziger Käse). Auch Klobása (Bratwürste), Utopence (marinierte Fleischwurst) und Sekaná (eine Art Leberkäse) mit viel Senf und frischem Brot werden gern gegessen.

T

Berühmt ist die tschechische Küche außerdem für die Vielfalt ihrer nahrhaften Süßspeisen, die von Jablečný závin (Apfelstrudel) über Palačinky (dünne Pfannkuchen, gefüllt mit Marmelade), Meruňkové knedlíky (Marillenknödel) und Švestkové knedlíky (Zwetschgenknödel) bis hin zu Lívance (gebackenen Hefeteigküchlein) reichen, die traditionell mit Povidla (Pflaumenkompott) gegessen werden.

Zum rustikalen Essen wird Wasser oder Bier getrunken – es gibt zahlreiche einheimische Biersorten wie Pilsner Urquell, Gambrinus, Budweiser, Radegast oder Staropramen, die über die Landesgrenzen hinaus bekannt sind. Beliebt ist außerdem Čaj (Tee) mit Zucker und Zitrone sowie Káva (Kaffee), der mit oder ohne Milch und gern auch als Turecká káva (auf türkische Art) getrunken wird. Eine alkoholische Spezialität ist Becherovka, ein bittersüßer Kräuterlikör, der in Karlsbad hergestellt wird, und auch Wein aus heimischer Produktion wird zunehmend getrunken.

Kotletky v pivní omáčce (Schweinekoteletts in Biersauce)

Für 4 Portionen:
4 Schweinekoteletts
Salz, schwarzer Pfeffer
Mehl zum Wenden
etwa 10 EL Pflanzenöl
50 g geräucherter Speck
2 große Zwiebeln
4 Knoblauchzehen
½ TL edelsüßes Paprikapulver
250 ml helles oder dunkles Bier
100 g Sahne

• Koteletts mit Salz und Pfeffer würzen und in Mehl wenden. In etwa 3 EL heißem Pflanzenöl auf jeder Seite 3 Minuten anbraten, dann mehrmals wenden und in etwa 10 Minuten fertig braten.

• Speck fein würfeln. Zwiebeln und Knoblauchzehen schälen und in feine Streifen schneiden.
• Das restliche Pflanzenöl in einer zweiten Pfanne erhitzen und Speckwürfel, Zwiebel- und Knoblauchstreifen darin etwa 5 Minuten braten.
• Mit Salz, Pfeffer und Paprikapulver würzen und mit Bier ablöschen. Einige Minuten köcheln lassen und mit Sahne verfeinern.
• Die fertigen Koteletts auf Teller verteilen, mit der Biersauce überziehen und sofort servieren.
• Dazu passen böhmische Knödel (s. Rezept Seite 54)

T

Zelňačka (Sauerkrautsuppe)

Für 4 Portionen:
150 g geräucherter Speck
1 mittlere Zwiebel
3 Knoblauchzehen
250 g Kartoffeln
500 g küchenfertiges Sauerkraut
1 TL edelsüßes Paprikapulver
1 TL getrockneter Majoran
Salz, schwarzer Pfeffer
1,25 l Gemüse- oder Fleischbrühe
2 EL Butter
1 EL Mehl
etwas Schmand oder saure Sahne
2 EL gehackte Kräuter (Petersilie, Dill)

- Speck fein würfeln. Zwiebel und die Knoblauchzehen schälen und fein würfeln. Kartoffeln schälen und in Würfel schneiden. Sauerkraut mit der Gabel auseinanderzupfen.

- Speckwürfel in einem Topf auslassen und in diesem Fett Zwiebel und Knoblauch anbraten. Mit Paprikapulver, Majoran, Salz und Pfeffer würzen.
- Kartoffeln und Sauerkraut hinzufügen, einige Minuten andünsten und dann alles mit Brühe aufgießen. Nach dem ersten Aufkochen die Hitze etwas reduzieren.
- In einem separaten Topf aus Butter und Mehl eine helle Schwitze rühren, mit einer Kelle Sauerkrautsuppe aufgießen, kräftig durchrühren und in den großen Suppentopf rühren. Die Suppe bei mittlerer Hitze etwa 15 Minuten köcheln lassen.
- Die Suppe auf vier Teller verteilen, ein wenig Schmand oder saure Sahne in die Mitte geben und mit gehackten Kräutern bestreuen. Dazu passt frisches Bauernbrot mit Butter.

Povidla (Pflaumenkompott oder -mus)

Für 4 Portionen:
500 g reife süße Pflaumen
etwa 50 g Zucker (je nach Süße der Pflaumen)
1 TL Rotweinessig
125 ml trockener Rotwein
1 Zimtstange

- Pflaumen waschen, entsteinen und halbieren. In einem Topf mit Zucker, Rotweinessig und Rotwein verrühren, Zimtstange einlegen und alles aufkochen lassen.

- Die Hitze reduzieren und bei geringer Hitze etwa 10 Minuten einkochen lassen. Zwischendurch immer wieder umrühren. Entweder heiß, lauwarm oder gut gekühlt zu Lívance (s. Rezept Seite 277) servieren.
- Für die Herstellung von Pflaumenmus statt der Zimtstange ¼ TL gemahlenen Zimt verwenden, das Kompott bei geringster Hitze etwa 40 Minuten einkochen lassen und dann pürieren.

Lívance (Gebackene Hefeteigküchlein)

Für 4 Portionen:
250 g Mehl
300 ml lauwarme Milch
1 Päckchen Trockenhefe
1 EL Zucker
1 Ei
1 Prise Salz
etwa 100 ml Pflanzenöl zum Braten
Zimt und Zucker zum Servieren

- Mit einem elektrischen Handrührgerät das Mehl mit der Hälfte Milch, der Trockenhefe und dem Zucker kurz verrühren.
- Die Schüssel abdecken und den Teig etwa 1 Stunde gehen lassen, bis er sich vergrößert hat. Dann mit der restlichen Milch, dem Ei und dem Salz zu einem geschmeidigen, leicht flüssigen Hefeteig verrühren.
- In Tschechien gibt es eine spezielle Liwanzenpfanne mit vier Vertiefungen, in denen der Teig gebacken wird. Alternativ kann man aber auch eine kleine beschichtete Pfanne verwenden. Den Teig mit einer kleinen Kelle portionsweise in die Pfanne gießen, anbacken lassen und wenden.
- Die knusprig gebackenen Liwanzen heiß oder lauwarm mit Schlagsahne und Pflaumenkompott oder -mus (s. Rezept Seite 276) oder anderem Kompott oder Marmeladen zum Nachmittagskaffee servieren.

TUNESIEN

Die nordafrikanische Republik Tunesien grenzt im Norden und Osten ans Mittelmeer, im Westen an Algerien und im Südosten an Libyen. Verschiedene Eroberer haben im Laufe der Jahrhunderte ihre Spuren im Land hinterlassen, von den Phöniziern über die Römer, Araber und Türken bis hin zu den Franzosen – Tunesien erlangte 1956 seine Unabhängigkeit von Frankreich. Die große Mehrheit der zehn Millionen Tunesier gehört dem Islam an; daneben gibt es kleine christliche und jüdische Minderheiten. Landwirtschaftlich genutzt wird vor allem der Norden des Landes, wo im mediterranen Klima Weizen, Gerste, Datteln, Zitrusfrüchte, Gemüse und Oliven angebaut werden. Im trockenen Süden dagegen wird extensive Schaf- und Ziegezucht betrieben.

Die tunesische Küche ist verwandt mit der → arabischen Küche und den Küchen der benachbarten nordafrikanischen Staaten, sie lässt aber auch den Einfluss der → französischen Küche erkennen. Das oft verwendete Tomatenmark zum Beispiel – eine beliebte Zutat für Eintöpfe – ist ein Erbe der Franzosen, ebenso das Baguette, das alternativ zu Tabouna (Fladenbrot) zum Essen gereicht wird. Gekocht wird mit viel Gemüse, vor allem Karotten, Kichererbsen, Bohnen, Paprika, Kartoffeln und Tomaten. Fleischgerichte werden vorwiegend mit Geflügel und Lamm zubereitet, seltener mit Rindfleisch – Schweinefleisch ist im Islam tabu. In Küstennähe kommen viel Fisch und Meeresfrüchte, etwa Langusten und Königskrebse, auf den Tisch. Eine wichtige Zutat sind Eier, die – hartgekocht oder als Spiegelei – Bestandteil vieler Gerichte sind. Chakchouka etwa ist ein Gemüseeintopf mit Würstchen und Spiegeleiern. Zu den typischen Spezialitäten zählen auch Brik, frittierte Blätterteigtaschen, die variantenreich mit Lammhackfleisch oder Thunfisch, Kartoffeln, Kapern, Zwiebeln und Petersilie sowie einem gekochten Ei in der Mitte gefüllt sind. Damit man den leicht öligen Knusperteig besser verdauen kann, werden sie mit Zitronensaft beträufelt.

Im Unterschied zu den anderen nordafrikanischen Küchen wird in der tunesischen scharf gewürzt. Die Schärfe rührt vor allem von der Würzpaste Harissa (aus frischen Chilischoten, Salz, Knoblauch, Koriander, Kreuzkümmel und Olivenöl) her, die reichlich verwendet und stets auch zum Essen serviert wird. Gewürzt wird ansonsten sehr aromatisch mit Chilischoten, Koriander, Kümmel, Kreuzkümmel, Kurkuma, Knoblauch, Minze, Koriandergrün, Dill, glatter Petersilie, Lorbeer, Thymian, Rosmarin und Selleriekraut.

Das traditionelle tunesische Frühstück besteht aus Tabouna (Fladenbrot) mit Schafskäse und Oliven, aber auch das französische Frühstück mit Baguette, Butter und Marmelade ist recht verbreitet. Datteln, Orangen, Aprikosen, Nektarinen, Kaktusfrüchte oder Wassermelonen werden morgens ebenfalls gern gegessen. Das Mittagessen umfasst verschiedene kleine Gerichten oder Chorba (Suppen), die mit Fladenbrot getunkt werden, etwa Lablabi (Kichererbsensuppe), Harira (sättigende Gemüsesuppe) oder Labaneja (Spinat-Joghurt-Suppe). Auch Mechouia (Salate aus Grillgemüse, Zwiebeln, Thunfisch, Kapern, Eiern, Oliven und Schafskäse, angemacht mit Olivenöl und frischem Zitronensaft) werden in der tunesischen Mittagshitze gern gegessen.

Zur Hauptmahlzeit, die am Abend im Kreis der Familie eingenommen wird, gibt es häufig das Nationalgericht Couscous (Hartweizengrieß), der auf vielerlei Art mit Fleisch, Fisch oder Gemüse zubereitet wird. Sehr beliebt sind auch Tajines, Schmorgerichte aus verschiedenen Zutaten, die im gleichnamigen flachen Tontopf mit spitz zulaufendem Deckel gegart werden. Weitere typische Speisen sind Mechoui (Lammbraten am Spieß, über dem offenen Feuer gegart) und Ojja (Lammhackfleischbällchen und pochierte Eier in Tomatensauce). Dazu werden stets auch verschiedene Kleinigkeiten wie Ommik houria (Karottenpüree mit Knoblauch, Harissa und Kapern), gegrilltes Gemüse und gemischte Oliven sowie Tabouna oder Baguette gereicht. Der Nachtisch ist in der Regel sehr süß und üppig. Typische Desserts sind Bouza (Pudding aus Mandeln, Nüssen und Sesam), Makrout (Dattelgebäck mit Honigüberzug), Baklawa (in Zuckersirup getränktes Blätterteiggebäck mit Nussfüllung) und Ghraiba (Kichererbsengebäck mit Puderzucker).

Zum Essen wird vor allem Wasser, mit oder ohne Kohlensäure, getrunken. Zu jeder Tageszeit gibt es außerdem stark gesüßten Minztee, der in kleinen Gläsern, oft mit Pinienkernen oder Mandeln, serviert wird. Espressoähnlicher Kaffee ist ebenfalls beliebt; er wird schwarz und stark gesüßt oder mit Milch getrunken. Alkoholische Spezialitäten sind Boukha (Feigenschnaps), Thibarine (Dattellikör) und tunesisches Bier, etwa Celtia – allerdings ist im muslimisch geprägten Tunesien der Alkohol weitgehend den Touristen vorbehalten.

Tajine (Gemüseschmortopf mit Hähnchen)

Für 4 Portionen:
500 g Hähnchenbrust
4 Knoblauchzehen
1 große Zwiebel
250 g Karotten
250 g Zucchini
250 g Kartoffeln
500 g Fleischtomaten
1½ EL Tajine-Würzmischung
(oder zu gleichen Teilen gemahlener Kreuzkümmel, Cayennepfeffer, Kardamom, gemahlener Safran, 1 Msp. gemahlener Zimt)
Salz, schwarzer Pfeffer
2 EL Olivenöl
250 ml Gemüsebrühe
50 g Rosinen

- *Hähnchenfleisch in mundgerechte Stücke schneiden. Knoblauchzehen abziehen und in Scheibchen schneiden. Zwiebel schälen und in 2 x 2 cm große Stücke schneiden. Karotten und Zucchini putzen und in Scheiben schneiden. Kartoffeln schälen und in dünne Scheiben schneiden. Tomaten überbrühen, häuten und grob zerschneiden.*
- *1 EL Tajine-Würzmischung mit den Fleischstückchen vermengen und etwa 30 Minuten im Kühlschrank ziehen lassen.*
- *Fleisch mit Knoblauch, Zwiebeln, Zucchini, Kartoffeln und der restlichen Würzmischung locker vermengen, mit Salz und Pfeffer würzen und nochmals 15 Minuten im Kühlschrank ziehen lassen.*
- *Tajine-Form mit Olivenöl beträufeln, den Boden mit Tomaten auslegen und die Fleisch-Gemüse-Mischung darauf schichten.*
- *Die Form mit dem Deckel verschließen und auf dem Herd bei mittlerer Hitze etwa 20 Minuten garen. Dann den Deckel lüften, alles mit Gemüsebrühe beträufeln, wieder verschließen und weitere 30 Minuten garen.*
- *Nach etwa 20 Minuten den Deckel kurz heben, um Dampf abzulassen und die Rosinen darüber zu streuen. Tajine im Topf servieren und dazu Pitabrot reichen.*

T

Kuskusi bel buri (Couscous mit Fisch)

Für 4 Portionen:
500 g Couscous
Salz
4 EL Pflanzenöl
2 Zwiebeln
250 g Kartoffeln
2 rote Paprikaschoten
250 g Weißkohl
1 TL Kümmel
8 küchenfertige Fischkoteletts à etwa 100 g
(z. B. Meeräsche)
schwarzer Pfeffer
2 EL Tomatenmark
1 TL Harissa
1 kleine Dose Kichererbsen in Tomatensauce
(etwa 200 g)
1 l Gemüsebrühe
1 EL Butterflöckchen

- Couscous in einer Schüssel mit einer Prise Salz, 2 EL Pflanzenöl und 100 ml lauwarmem Wasser vermischen und 20 Minuten quellen lassen. Dann den Couscous in einem Dämpfeinsatz über heiß siedendem Wasser etwa 50 Minuten dämpfen.
- In der Zwischenzeit die Zwiebeln schälen und in Streifen schneiden. Die Kartoffeln

schälen und in mundgerechte Stücke schneiden. Paprikaschoten putzen, entkernen und vierteln. Weißkohl putzen, waschen und in kleine Rauten schneiden. Kümmel im Mörser zerstoßen.
- Fischkoteletts mit Salz, Pfeffer und Kümmel würzen.
- Dämpfeinsatz aus dem Topf nehmen, Wasser abgießen und das restliche Pflanzenöl im Topf erhitzen.
- Zwiebelstreifen darin andünsten, Tomatenmark einrühren und leicht anrösten. Harissa mit Kichererbsen verrühren und in den Topf geben.
- Mit Gemüsebrühe aufgießen und aufkochen lassen. Die Hitze reduzieren und Kartoffeln, Paprika und Weißkohl einlegen. Alles bei mittlerer Hitze etwa 20 Minuten garen. Dabei den Siebeinsatz mit dem Couscous auf den Topf setzen.
- Fischstücke in die Sauce geben und weitere 10 Minuten ziehen lassen.
- Zum Servieren den Couscous in einer Schüssel aufhäufeln, mit Butterflöckchen belegen und löffelweise mit der Sauce überziehen. Gemüse und Fisch rund um den Couscous-Berg herum anrichten.

Ojja (Lammhackfleischbällchen mit Eiern und Tomatensauce)

Für 4 Portionen:
400 g Lammhackfleisch
Salz, schwarzer Pfeffer
1 TL Schwarzkümmel
1 EL fein gehackte frische Minze
100 ml Olivenöl
4 Knoblauchzehen
1 kleine rote Chilischote
1½ EL Tomatenmark
1 TL Harissa
¼ TL Cayennepfeffer
1 TL Kreuzkümmel
500 ml Gemüsebrühe
4 Eier
2 EL in Streifen geschnittene frische Minze
zum Garnieren

- *Lammhackfleisch mit Salz, Pfeffer, Schwarzkümmel und Minze verkneten und etwa 16 Bällchen daraus formen.*

- *Hackfleischbällchen in etwa 50 ml heißem Olivenöl von allen Seiten 8 bis 10 Minuten knusprig braten. Herausnehmen und auf Küchenpapier entfetten.*
- *Knoblauchzehen abziehen und fein hacken. Chilischote putzen und fein würfeln.*
- *Das restliche Olivenöl erhitzen und Tomatenmark, Knoblauch, Chili und Harissa unter Rühren darin anbraten. Mit Cayennepfeffer, Kreuzkümmel und Salz würzen und mit Gemüsebrühe aufgießen.*
- *Nach dem ersten Aufkochen die Hitze reduzieren und die Sauce bei geringer Hitze etwa 15 Minuten köcheln lassen.*
- *Die Sauce mit Salz und Pfeffer abschmecken und die Eier so aufschlagen und hineingleiten lassen, dass die Eigelb ganz bleiben. Die Sauce 5 Minuten ziehen lassen und zu den Fleischbällchen servieren.*
- *Dazu passt Fladenbrot oder Baguette.*

TÜRKEI

Die Republik Türkei erstreckt sich über zwei Kontinente, 97 Prozent der Landesfläche (Anatolien) gehören zu Vorderasien, die übrigen drei Prozent (östliches Thrakien) zu Europa. Das Land grenzt im Nordwesten an Griechenland und Bulgarien, im Nordosten an Georgien, Armenien und Aserbaidschan, im Osten an den Iran und im Süden an den Irak und Syrien. Außerdem grenzt es ans Mittelmeer im Süden, an die Ägäis im Westen und ans Schwarze Meer im Norden. Der muslimisch geprägte, laizistische Staat, der als Nachfolgestaat des Osmanischen Reichs seit 1923 besteht, zählt mehr als 71,5 Millionen Einwohner. An der Süd- und Westküste herrscht ein mediterranes Klima vor, in dem vielerlei Obst und Gemüse, vor allem Zitrusfrüchte, Feigen, Bananen, Tomaten, Wein, Oliven und Mandeln gedeihen. Weiter im Landesinneren, wo die Sommer heiß und die Winter kalt sind, werden Mais, Weizen, Gerste und Pistazien angebaut. In den Steppen im

Osten werden Schafe, Ziegen und Rinder gezüchtet.

Die traditionsreiche, vielfältige türkische Kochkultur ist eine orientalische Küche, was sich in einer Vorliebe für frisches und gefülltes Gemüse, der Verwendung von Rosinen, Pinienkernen und Korinthen sowie vielfältigen Gewürzen, etwa Fenchel, Dill, Thymian, Minze, Safran, Zimt und Nelken, ausdrückt. In der Antike wurde sie von Nomaden und asiatischen Turkvölkern beeinflusst, die sich schon früh sehr abwechslungsreich von Fleisch, Gemüse, Getreide und Milchprodukten ernährten. Ihr Erbe manifestiert sich in Produkten wie Schafskäse, Joghurt und Kebab. Die Tradition, Gemüsegerichte mit Olivenöl zuzubereiten, geht auf die Alten Griechen zurück, während zahlreiche Süßspeisen ihren Ursprung im Vorderen Orient und der → persischen Küche haben.

Typisch für die türkische Küche sind Gerichte mit Lamm- und Hammelfleisch, Rind und Geflügel – Schweinefleisch ist im Islam tabu. Sehr verbreitet ist Kebap (gegrilltes Fleisch). Döner kebap bezeichnet – anders als in Deutschland – gewürzte, gegrillte Fleischscheiben, die mit einem großen Messer von einem Spieß geschnitten und mit Reis und Salat serviert werden. Beliebt sind außerdem Iskender kebabı (Lammgrillfleisch mit Tomatensauce, kleingeschnittenem Fladenbrot, Paprika, Joghurt und geschmolzener Butter), Şiş kebabı (Grillspieß aus mariniertem Lammfleisch, Tomaten und Paprika), Adana kebabı (am Spieß gegrilltes, würziges Lamm- oder Hammelhackfleisch) und Köfte (würzige Hackfleischbällchen aus Rind oder Lamm). Lahmacun (mit Hackfleisch belegter dünner Fladen) wird gern als Imbiss gegessen. In Küstennähe werden auch Fisch und Meeresfrüchte zubereitet.

Auch frisches Gemüse spielt in der türkischen Küche eine große Rolle: Es wird in Olivenöl gebraten, gedünstet oder mariniert, gekocht oder frittiert, mit Reis oder Hackfleisch gefüllt oder als Turlu (Eintopf mit oder ohne Fleisch) zubereitet. Beliebt sind Biber (grüne und rote Peperoni), die es in verschiedenen Schärfegraden gibt und die als Gemüse oder Salatbeilage gegessen werden. Ein über die türkischen Grenzen hinaus berühmtes Gemüsegericht ist Imambayıldı (mit Tomaten, Zwiebeln und Knoblauch gefüllte, geschmorte Auberginen). Die wörtliche Übersetzung »der Imam fiel in Ohnmacht« geht auf die Legende zurück, nach der der Imam (Vorbeter) beim ersten Kosten des Gerichts vor Entzückung in Ohnmacht gefallen sein soll.

Türkische Salate werden in der Regel mit einer Marinade aus Olivenöl und Zitronensaft zubereitet, etwa Çoban salatası (Hirtensalat mit Tomaten, Gurken, Paprika, Schafskäse und Zwiebeln), Patlıcan salatası (pürierte Auberginen mit Knoblauch und Olivenöl) oder Sogan salatası (Zwiebelsalat). Eine lange Tradition haben kalte und warme Meze (Vorspeisen): Dabei handelt es sich um verschiedene Cremes, die vorwiegend aus Joghurt hergestellt und mit Olivenöl und Zitronensaft verfeinert werden, etwa Haydari (mit Minze und Schafskäse), Havuç ezmesi (mit Karotten) oder das sehr verbreitete Cacik (mit Gurken). Weitere kalte Meze sind Humus (Kichererbsencreme) und Dolmas (gefüllte Weinblätter), eingelegte Gemüse, Beyaz peynir (Schafskäse), Kaşar peyniri (Hartkäse aus Schafsmilch), Salate, Honigmelone, Oliven sowie verschiedene gesalzene und geröstete Nüsse. Zu den warmen Meze zählen Sigara böreği (mit Schafskäse gefüllte, frittierte Blätterteigstangen), Mücver (Zucchinipuffer), Karides güveç (gebackene Garnelen mit Tomaten, Knoblauch und Gewürzen) und Fırında mantar (gefüllte, überbackene Champignons).

Zu allen türkischen Gerichten wird grundsätzlich Pide (weiches Fladenbrot) oder Ekmek (leichtes Weißbrot) gereicht, zu warmen Speisen auch Reis oder Bulgur, das Grundnahrungsmittel der ländlichen Gebiete. Zum Dessert oder zum Tee gibt es Süßspeisen, die aus Honig, Zucker, Teig, Nüssen und Früchten zubereitet werden. Sehr verbreitet ist Baklava (in Sirup getränktes Blätterteiggebäck mit Nussfüllung), aber auch Lokum (Süßigkeit auf Basis von Sirup) und Helva (Konfekt aus Sesam, Öl, Zucker, Honig und Nüssen) sind beliebt.

Essen ist in der Türkei stets ein geselliges Ereignis, und die Hauptmahlzeit am Abend fällt daher auch üppig aus: Sie beginnt mit Meze, darauf folgt eine Çorba (Suppe), dann gegrilltes oder geschmortes Fleisch oder Gemüse mit Salat sowie verschiedene Dolmas (gefülltes Gemüse) und zum Abschluss frisches Obst oder ein Dessert.

Das türkische Nationalgetränk ist Raki (Anisschnaps), der mit einem Glas kalten Wasser serviert wird. Raki wird trotz des muslimischen Alkoholverbots reichlich getrunken, zum Essen und zwischendurch. Eine alkoholfreie Spezialität ist Ayran (leicht gesalzenes Joghurtgetränk); daneben erfreuen sich Çay (schwarzer Tee) und Kahve (Kaffee) großer Beliebtheit. Der Kaffee wird nach türkischer Art mit Zucker im Wasser in einem speziellen Kupfertiegel aufgebrüht.

Yoğurtlu ıspanak salatası (Spinatsalat mit Joghurt)

Für 4 Portionen:
1 kg frischer Blattspinat
4 Knoblauchzehen
6 EL Olivenöl
Salz
schwarzer Pfeffer aus der Mühle
Saft von ½ Zitrone
200 g Vollmilchjoghurt
nach Belieben 1 Prise Safranpulver

- *Spinat gründlich waschen und grob hacken. Knoblauchzehen schälen und fein würfeln.*

- *In einem großen Topf die Hälfte des Olivenöls erhitzen. Knoblauch darin glasig dünsten, Spinat hinzufügen und bei mittlerer Hitze unter Rühren garen. Salzen und pfeffern und vom Herd nehmen.*
- *Zitronensaft mit Joghurt und dem restlichen Olivenöl verrühren. Die Masse vorsichtig unter den Spinat ziehen.*
- *Salat mit Salz und Pfeffer abschmecken und nach Belieben etwas Safranpulver darüberstreuen. Lauwarm oder kalt servieren. Dazu passt Fladenbrot.*

Imambayıldı (Gefüllte Auberginen)

Für 4 Portionen:
4 mittlere Auberginen
Salz
2 große Zwiebeln
5 Knoblauchzehen
2 lange grüne (milde) Peperoni
½ Bund glatte Petersilie
10 EL Olivenöl
500 g geschälte Tomaten im Saft (Konserve)
weißer Pfeffer
1 Prise gemahlener Zimt
1 Prise Zucker
½ TL getrockneter Thymian

- *Auberginen waschen, längs halbieren und für 30 Minuten in kaltes Salzwasser legen. Auberginen abtupfen und mit einem kleinen Messer das Fruchtfleisch herauslösen, aber nur so viel, dass die Auberginenhälften noch stehen können.*
- *Zwiebeln und Knoblauchzehen schälen und fein würfeln. Peperoni waschen, putzen und in kleine Würfel schneiden. Petersilie waschen, trockenschwenken, Blättchen abzupfen und fein hacken.*
- *In einer Pfanne 8 EL Olivenöl erhitzen und Zwiebeln, Knoblauch und Peperoni 5 Minuten unter Rühren darin andünsten.*
- *Auberginenfruchtfleisch hinzufügen, 2 Minuten weiter braten, dann Tomaten mit Saft einrühren. Bei niedriger Hitze 10 Minuten schmoren lassen und mit Salz, Pfeffer, Zimt, Zucker und Thymian würzen.*
- *Die Mischung in die Auberginenhälften füllen und diese in eine mit Olivenöl ausgestrichene Auflaufform geben. Das restliche Olivenöl mit Petersilie verrühren und die Auberginen damit überziehen.*
- *Auberginen auf mittlerer Schiene im vorgeheizten Backofen bei 180 °C (Umluft 160 °C) 20 Minuten garen. Heiß, lauwarm oder kalt servieren.*
- *Dazu passen Schafsmilchjoghurt, der löffelweise über die Auberginen gegeben wird, und Fladenbrot.*

Baklava (Blätterteiggebäck mit Walnussfüllung)

Für 4 Portionen:
500 g Zucker
Saft von 1 Zitrone
150 g zerlassene Butter
500 g Blätterteig (TK)
Mehl für die Arbeitsfläche
2 Eiweiß
250 g gehackte Walnüsse

- In einem Topf 400 ml Wasser mit 400 g Zucker verrühren. Das Zuckerwasser unter Rühren erhitzen und etwa 8 Minuten köcheln lassen. Den Topf vom Herd nehmen und Zitronensaft unterrühren. Zuckermischung erkalten lassen.
- Ein Backblech mit etwas Butter einstreichen. Die aufgetauten Blätterteigscheiben auf einer bemehlten Arbeitsfläche ausrollen. Die Hälfte des Teiges auf das Blech legen und mit flüssiger Butter bestreichen.
- Eiweiß mit dem restlichen Zucker steif schlagen und Walnüsse unterziehen (1 EL zum Bestreuen zurückbehalten).
- Die Mischung auf dem Blätterteig verstreichen, mit der anderen Hälfte des ausgerollten Blätterteigs belegen und dabei die Teigränder andrücken.
- Mit einem scharfen Messer in etwa 6 x 6 cm große Quadrate schneiden und mit der restlichen Butter gleichmäßig bestreichen.
- Blätterteiggebäck im vorgeheizten Backofen bei 200 °C (Umluft 180 °C) etwa 30 Minuten backen, bis es eine goldbraune Farbe angenommen hat.
- Noch heiß mit Zuckersirup überziehen und mit den zurückbehaltenen Walnüssen bestreuen. Erkalten lassen und servieren.

🇭🇺 UNGARN

Die Republik Ungarn mit ihren mehr als zehn Millionen Einwohnern grenzt im Westen an Slowenien und Österreich, im Norden an die Slowakei, im Osten an die Ukraine und Rumänien und im Süden an Serbien und Kroatien. In der weiten ungarischen Tiefebene werden im trockenen Kontinentalklima vor allem Weizen und Mais, Hafer, Kartoffeln, Wein, Tafeltrauben, Raps, Sonnenblumen und Soja angebaut, außerdem Obst und Gemüse. Bis zur Entstehung des Königreichs Ungarn im Jahre 1001 waren die Magyaren, die den größten Anteil der ungarischen Bevölkerung bilden, ein nomadisch lebendes Reitervolk, das mit großen Viehherden umherzog – das traditionelle ungarische Kesselgulasch ist ein kulinarisches Erbe aus dieser Zeit. Nach 150-jähriger osmanischer Herrschaft fiel das Land Ende des 17. Jahrhunderts an die Habsburger. 1867 entstand die Doppelmonarchie Österreich-Ungarn, die nach dem Ersten Weltkrieg 1918 wieder zerfiel.

U

Die würzig-scharfe ungarische Küche ist vor allem geprägt von der deftigen Kochkultur der magyarischen Stämme, die im Laufe der Geschichte ihrerseits die → österreichische und mitteleuropäische Küche beeinflussten. Sie spiegelt aber auch das → türkische und das österreichische Erbe wider, und auch Einflüsse der → französischen Küche gelangten über den Wiener Hof nach Ungarn. Beatrix von Neapel, die durch die Heirat mit Matthias I. Corvinus im 15. Jahrhundert Königin über Ungarn und Böhmen wurde, brachte sogar einige Kochgewohnheiten aus → Italien mit ins Land.

Die wohl wichtigste Zutat der ungarischen Küche, den Paprika, brachten die osmanischen Herrscher mit. Das feuerrote Paprikapulver, das in unterschiedlichen Schärfegraden von mild bis scharf hergestellt wird, diente zunächst als Arznei und wird erst seit dem 18. Jahrhundert als Gewürz verwendet. Es dient zum Würzen nahezu aller Fleischgerichte und vieler Gemüsezubereitungen, wobei ungarische Gerichte in der Regel nicht sehr scharf sind. Das wohl bekannteste ungarische Gericht ist Gulyás (Gulasch), was in Ungarn traditionell eine Suppe bezeichnet, die im Kessel über dem offenen Feuer gegart wurde. Das Fleischragout mit Zwiebeln und Paprika, das außerhalb Ungarns als Gulasch bekannt ist, heißt hier Pörkolt. Als Paprikács bezeichnet man eine gulaschartige Zubereitung aus Fleisch, Geflügel, Fisch oder Gemüse, die mit saurer Sahne verfeinert wird; und wenn schwarzer Pfeffer statt Paprikapulver verwendet wird, heißt das Gericht Tokány. Zahlreiche Speisen werden auch mit Schmalz oder Speck, Zwiebeln und saurer Sahne zubereitet. Eine traditionelle Beilage ist Tarhonya, eine Art Nudelgraupen aus Mehl und Eiern, die zu Fleischgerichten mit Sauce serviert

werden. Landesweit verbreitet sind Lángos (in Fett ausgebackene Hefeteigfladen), die mit Knoblauch gewürzt und mit saurer Sahne und Schafskäse oder mit Lecsó (einer Mischung aus Zwiebeln, Tomaten und viel Paprika) belegt und aus der Hand gegessen werden. Es gibt auch süße Lángos-Varianten mit Zimt und Zucker, Pflaumenmus oder Konfitüre. Eine weitere Spezialität ist Hortobágyi húsos palacsinta (Pfannkuchen mit Hackfleischfüllung), serviert mit Paprikasauce und saurer Sahne.

Die ungarische Küche hält außerdem zahlreiche Backwaren und Süßspeisen bereit: Neben verschiedenen Rétes (Strudeln), Dobostorta (Schichttorte mit Schokocreme und Zuckerglasur) und Esterházy torta (Mandel-Schoko-Torte) sind vor allem süße Palacsinta (gefüllte dünne Pfannkuchen) sehr beliebt. Der Gundel palacsinta (mit Nuss- oder Maronenfüllung) etwa geht auf den ungarischen Meisterkoch Károly Gundel (1883–1956) zurück, der, inspiriert von französischen Einflüssen, die ungarische Kochkunst im 20. Jahrhundert prägte.

Neben den landesweit verbreiteten Spezialitäten lassen sich aber auch deutliche regionale Unterschiede erkennen: In der Balaton-Region, rund um den Plattensee, kommen zahlreiche Fischgerichte auf den Tisch, die vor allem mit Fogas (Zander), Ponty (Karpfen) und Csuka (Hecht) zubereitet werden; sehr beliebt ist Halászlé (Fischsuppe mit Tomaten, Paprika und Pfeffer). Außerdem spielen Wild, Pilze und Beeren aus den waldigen Bakony-Bergen hier eine große Rolle. Das Gebiet um die Stadt Szeged im südlichen Ungarn ist ein wichtiges Zentrum für den Paprikaanbau. Die Szegediner Fischsuppe etwa wird mit reichlich Paprika gewürzt und ähnlich der französischen Bouillabaisse zubereitet. In der ostungari-

U

schen Tiefebene rund um die Stadt Debrecen werden die würzigen Debrecziner Würstchen (leicht geräucherte Wurst mit edelsüßem Paprika) hergestellt. Außerdem sind Krautgerichte hier sehr populär, und die Speisen werden mit vielen Kräutern wie Estragon, Dill, Majoran und Thymian zubereitet.

Im traditionellen Weinland Ungarn wird viel Rot- und Weißwein getrunken, häufig auch mit Mineralwasser gemischt; aber auch heimische Biersorten erfreuen sich großer Beliebtheit. Spezialitäten sind der edelsüße Tokayer, ein Dessertwein, und Barackpálinka (Aprikosenschnaps). Daneben gibt es viele Mineralwassersorten, Málna (Himbeersirup, der mit Wasser verdünnt wird) sowie Kaffee – ebenfalls ein Erbe der Türken.

Gulyás (Gulaschsuppe)

Für 4 Portionen:
250 g Rindfleisch
2 Zwiebeln
2 Knoblauchzehen
1 rote Paprikaschote
2 Tomaten
250 g Kartoffeln
50 g Butterschmalz
1 Prise Kümmel
etwas abgeriebene Schale von 1 unbehandelten Zitrone
1 Prise Majoran
½ TL edelsüßes Paprikapulver
Salz, schwarzer Pfeffer

- *Rindfleisch in ½ cm große Würfel schneiden. Zwiebeln und Knoblauchzehen schälen und fein würfeln. Paprikaschote waschen, entkernen und würfeln. Tomaten über-*
brühen, häuten, entkernen und würfeln. Kartoffeln schälen und in Würfel schneiden.
- *Butterschmalz in einem Topf erhitzen und Zwiebeln und Knoblauch darin etwa 15 Minuten unter Rühren dünsten (eventuell etwas Wasser zugießen).*
- *Rindfleischwürfel dazugeben, mit Kümmel, Zitronenschale, Majoran, Paprikapulver, Salz und Pfeffer würzen und weitere 10 Minuten schmoren lassen.*
- *Paprika und Tomate einrühren, mit 1,5 l Wasser aufgießen und bei geringer Hitze etwa 45 Minuten köcheln lassen.*
- *Nach etwa der Hälfte der Kochzeit die Kartoffelwürfel zugeben. Nochmals würzen, und wenn es scharf sein soll, etwas rosenscharfen Paprika hinzufügen.*

Halpaprikács (Fischgulasch)

Für 4 Portionen:
800 g Hechtfilet
Saft von ½ Zitrone
Salz, schwarzer Pfeffer
½ TL edelsüßes Paprikapulver
1 Zwiebel
1 grüne Spitzpaprikaschote
50 g Butter
800 g küchenfertiges Sauerkraut
150 g saure Sahne
1 EL Mehl
1 EL frisch gehackter Dill

- Hechtfilet in mundgerechte Stücke schneiden, mit Zitronensaft beträufeln und mit Salz, Pfeffer und Paprikapulver würzen. Zwiebel schälen und fein würfeln. Paprikaschote waschen, entkernen und in Würfel schneiden.
- In einem Topf die Butter erhitzen und Zwiebel und Paprika darin andünsten.
- Sauerkraut hinzufügen und mit etwa 200 ml Wasser aufgießen. Mit Salz und Pfeffer würzen und etwa 30 Minuten köcheln lassen.
- Saure Sahne mit Mehl und Dill verrühren und unter das Kraut heben. Hechtstücke einlegen, kurz ziehen lassen und servieren. Dazu passen ofenfrische Lángos (s. Rezept Seite 289).

Gundel palacsinta (Palatschinken mit Maronenfüllung)

Für 4 Portionen:
250 g Mehl
3 Eier
375 ml Milch
1 EL Zucker
1 Prise Salz
Butter zum Backen
100 g Löffelbiskuits
200 g Maronenpüree (Konserve)
2 Eigelb
150 g Sahne
50 g Puderzucker
Schokoladensauce (Fertigprodukt)
evtl. Rum

- Aus Mehl, Eiern, Milch, Zucker und Salz einen Teig rühren. In reichlich Butter 16 dünne Palatschinken backen und auf einer Arbeitsfläche einzeln auslegen.
- Löffelbiskuits zerbröseln und mit Maronenpüree, Eigelb, Sahne und Puderzucker cremig rühren. Palatschinken damit gleichmäßig bestreichen und aufrollen.
- Die gefüllten Rollen in eine gebutterte Auflaufform legen, mit Butterflöckchen belegen und im vorgeheizten Backofen bei 200 °C (Umluft 180 °C) etwa 15 Minuten überbacken.
- Je vier Stück auf einen Teller legen, mit Schokoladensauce überziehen und nach Belieben mit Rum flambieren.

U

Lángos (Hefeteigfladen)

Für 4 Portionen:
500 g Mehl
½ frischer Hefewürfel (20 g)
1 TL Zucker
300 ml lauwarme Milch
¼ TL Salz
etwa 100 ml Sonnenblumenöl zum Backen

- Mehl in eine Schüssel sieben und eine Mulde formen. Hefe einbröckeln, mit Zucker und ein wenig Milch vorsichtig verrühren und etwas Mehl vom Rand darüberstäuben. Die Schüssel mit einem Tuch abdecken und den Vorteig an einem warmen Ort etwa 30 Minuten gehen lassen.
- Die restliche Milch und das Salz dazugeben und alles zu einem geschmeidigen Teig verkneten. Diesen zu einem Kloß formen, mit einem Tuch abdecken und nochmals 1 Stunde gehen lassen.
- Den Teig nochmals kräftig durchkneten und in acht Portionen teilen. Diese zu Kugeln formen und abermals 15 Minuten gehen lassen.
- Jede Teigkugel mit der Handfläche flach drücken, sodass der Teig etwa 1,5 bis 2 cm hoch ist. Diese Fladen rundherum mehrmals mit einem Messer einritzen, damit sie sich beim Braten nicht zusammenziehen.
- Fladen portionsweise in einer beschichteten Pfanne mit etwas heißem Öl auf jeder Seite 2 bis 3 Minuten goldgelb backen.
- Die fertigen Fladen im vorgeheizten Backofen bei 50 °C warm halten. Als Beilage zu Fischgulasch (s. Rezept Seite 288) servieren.

USA

Die Vereinigten Staaten von Amerika werden aus 50 Bundesstaaten gebildet. Das Land erstreckt sich von der atlantischen Küste im Osten bis zur pazifischen Küste im Westen, grenzt im Norden an Kanada und im Süden an Mexiko. Die mehr als 305 Millionen Einwohner setzen sich zu einem großen Teil aus Nachfahren europäischer Siedler zusammen, rund 13 Prozent stammen von afrikanischen Sklaven ab, ein ebenso großer Teil sind Immigranten aus Lateinamerika, asiatische Einwanderer machen etwa vier Prozent aus, die Nachfahren der indianische Ureinwohner nur ein Prozent der Gesamtbevölkerung.

U

Die Küche der USA ist weitgehend durch die verschiedenen Einwandererkulturen geprägt, zum Teil auch durch die Küche der → indianischen Ureinwohner. Einflüsse aus → Spanien, → Frankreich, → England, → Schottland, → Irland, → Deutschland, → Holland, → Russland, der → jüdischen und verschiedenen asiatischen Küchen wurden in der Neuen Welt mit uramerikanischen Zutaten wie Tomaten, Kürbis, Kartoffeln, Mais, Bohnen, Chili, Erdnüssen und Truthahn sowie anderen regionalen Produkten abgewandelt. Je nach Einwanderergruppe und den klimatischen und landschaftlichen Gegebenheiten hat die US-amerikanische Küche verschiedene regionale Ausprägungen entwickelt.

Die Küche der Neuenglandstaaten an der nördlichen Ostküste weist vor allem englische und schottische Einflüsse auf. Gekocht wird mit reichlich Meeresfrüchten wie Muscheln, Krebsen und Austern – Hummer wird in so großen Mengen gefangen, dass er an Imbissbuden angeboten wird. Wichtige Zutaten sind außerdem Cranberries, Ahornsirup, Äpfel, Käse, Rindfleisch und Truthahn. Zu den typischen Spezialitäten zählen Lobster Roll (mit Hummer gefülltes Brötchen), Clam Chowder (Eintopf mit Muscheln, Schweinefleisch, Kartoffeln und Sahne), Clambake (Meeresfrüchtetopf mit Hähnchen, Mais und Zwiebeln) und Boston Brown Bread (dunkles Mischbrot mit Mais und Rübensirup). Weiter südlich, rund um die Chesapeake Bay, die größte Flussmündung der USA, die an Virginia und Maryland grenzt, stehen ebenfalls reichlich Meeresfrüchte, vor allem Krebse, Muscheln und Krabben, auf der Speisekarte. Typische Gerichte sind Maryland Crab Cake (Pfannkuchen mit Krabbenfleisch), Cream of Crab Soup (Krabbencremesuppe) und Oyster Stew (Eintopf mit Austern und Schweinefleisch).

Die herzhafte Küche Pennsylvanias, im Nordosten der USA, ist stark vom Erbe deutscher Siedler geprägt, was sich auch an den Namen der zahlreichen Kuchen wie Fruit Kuchen (Blechkuchen mit Obst), Fasnachts (Krapfen) oder Hutzel Brod (Früchtebrot) ablesen lässt. Viele Gerichte verbinden süße und saure Geschmacksnoten, verschiedene Früchte mit eingelegten Zwiebeln, Rüben, Gurken und Sauerkraut. Typisch sind außerdem Schweinefleischgerichte, Cup Cheese (eine Art Kochkäse) und Pretzel (Laugenbrezel).

Die Küche der Südstaaten, von North und South Carolina im Osten bis Arkansas und Louisiana im Westen ist weitgehend homogen, mit Ausnahme einzelner regionaler Abweichungen wie der → Cajun-Küche und der → kreolischen Küche in Louisiana. Die deftige, herzhafte Küche verwendet einfache Zutaten und Gewürze und reichlich Fett. Viele Gerichte werden gebraten oder frittiert, aber auch das Slow Cooking, das langsame Schmoren bei kleiner Hitze, ist hier sehr verbreitet. Schweinefleisch und Geflügel, aber auch Süßwasserfisch, vor allem Catfish und Süßwasserkrebse, werden gern gegessen, außerdem Okraschoten, grüne Tomaten, Süßkartoffeln, Pekannüsse, Reis, Mais, Pfirsich und Wassermelonen.

Die rustikale Küche im Südwesten der USA, von Texas und Oklahoma im Osten bis Arizona im Westen, weist Einflüsse der indianischen und der → mexikanischen Küche auf; in Texas hat sich außerdem die → Tex-Mex-Küche entwickelt. Chili, Bohnen, Tomaten, Zwiebeln, Mais und Avocados spielen eine große Rolle, gewürzt wird mit Kreuzkümmel und Koriander. Fleischgerichte mit Schwein, Geflügel oder Rind und sehr süße Desserts wie Moyettes (Hefeteilchen mit Zimt-Zucker-Kruste) oder Pan Dulce (süßes Brot mit farbi-

U

gem Zuckerguss) prägen außerdem die Speisekarte.

Im Mittleren Westen, also den Staaten, die im Norden an die großen Seen grenzen, bilden Getreideanbau, Rinder- und Schweinezucht sowie die Käserei wichtige Wirtschaftszweige. Die Küche ist einfach und herzhaft, gewürzt wird sparsam mit Dill, Kümmel, Senfkörnern und Petersilie. Obst und Gemüse wird nach bewährten Methoden der Einwanderer aus Deutschland, Russland, Osteuropa, Großbritannien und Skandinavien konserviert: Gemüse wird sauer eingelegt, Obst getrocknet, eingeweckt oder eingekocht, Fisch und Fleisch gesalzen, getrocknet oder geräuchert. Typische Gerichte sind Wild Rice Soup (cremige Suppe mit Wildreis, Gemüse und Pilzen), Cole Slaw (Krautsalat mit Karotten und Mayonnaise) und Corn Relish (süß-sauer eingelegter Mais mit Paprika, Zwiebel und Sellerie). Beliebt sind zudem Braten, Würste, Sauerkraut, Räucherfisch, Gelees, Pfannkuchen und Piroggen.

Die Küche der Staaten Washington und Oregon an der nordwestlichen Pazifikküste ist von → japanischen Einflüssen geprägt. Sie verwendet frische Produkte, ist bestrebt, den Eigengeschmack der Zutaten hervorzuheben und zählt Sojasauce zu den alltäglichen Zutaten. Lachs, aber auch andere Fische und Meeresfrüchte werden häufig zubereitet, herzhafte Gerichte oft mit Früchten kombiniert wie bei Pork Chops with Apricot (Schweinekoteletts mit Aprikosen), oder Swordfish with Peach Salsa (Schwertfisch mit Pfirsichsauce).

Die Küche Kaliforniens ist eine klassische → Fusionsküche, die → chinesische, japanische und → vietnamesische Kochtraditionen mit → italienischen und lateinamerikanischen Einflüssen verbindet. Sie ist tendenziell leicht und gesundheitsbewusst und verwendet viel frisches Gemüse und Obst sowie fettarmes Fleisch von Kalb und Geflügel. Cesare Cardini kreierte hier den Caesar Salad (Römersalat mit Croutons, Parmesan und einer speziellen Vinaigrette), der heute mit vielerlei Zutaten variiert wird, und auch die California Rolls (Sushi-Art, bei der das Seetangblatt innen liegt) wurden hier erfunden.

Neben den regionalen Eigenheiten hat sich im Laufe der Jahre, oft im Zusammenhang mit bestimmten Festen, auch eine gesamtamerikanische Esskultur ausgebildet, zu der Baked Potatoes with Sour Cream (Ofenkartoffeln mit Quark), Baked Beans (weiße Bohnen in Tomatensauce), Süßkartoffelauflauf und Brownies (üppiger Schokoladenkuchen vom Blech) ebenso zählen wie belegte Bagels (Hefeteigkringel), Pfannkuchen mit Ahornsirup, Apple Pie (Apfelkuchen) und Cheese Cake (cremiger Käsekuchen). Thanksgiving (Erntedank) wird traditionell mit Roast Turkey (gefüllter Truthahn) begangen, zu Halloween werden reichlich Kürbisgerichte wie Pumpkin Pie (Kürbiskuchen) zubereitet.

Daneben hat sich in den vergangenen Jahrzehnten im ganzen Land eine → Fastfoodkultur ausgebreitet, deren Gerichte oft aus einzelnen ethnischen und regionalen Küchen hervorgegangen sind: Hot Dogs, Hamburger, Cheeseburger, Spareribs, Chicken Wings, French Fries (Pommes frites), Popcorn, Marshmellows, Frozen Yoghurt, Wraps und Sandwiches sind überall zu bekommen. Wie das Fastfood haben auch viele andere in den USA entstandene Ernährungstrends, etwa All-you-can-eat-Buffets, Coffeeshops oder bestimmte Diätformen, aber auch Produkte wie Coca-Cola, Tomatenketchup, Erdnussbutter und verschiedene Eissorten, in kürzester Zeit ihren Weg nach Europa gefunden.

Getrunken werden in den USA viele Arten von Softdrinks und gesüßter oder ungesüßter

U

Eistee sowie Kaffee, der häufig mit Sirup aromatisiert wird. In Gegenden mit deutsch- oder osteuropäischstämmigen Einwohnern wird in zahlreichen Brauereien Bier hergestellt, und im Westen der USA werden hervorragende Weine angebaut. Bei den höherprozentigen Getränken sind Whiskey und Cocktails sehr beliebt.

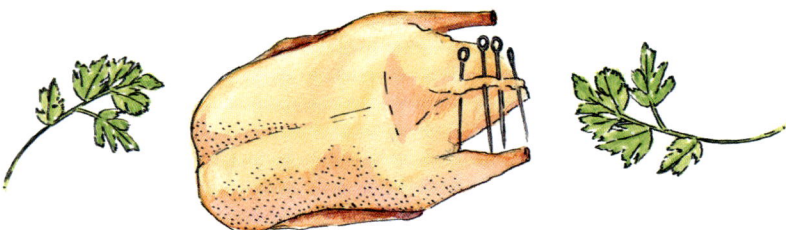

Roast Turkey (Gefüllter Truthahn)

Für 8–10 Portionen:
1 küchenfertiger Truthahn (Pute)
von etwa 6 kg
Salz
2 große Zwiebeln
1 Stange Staudensellerie
1 Bund Petersilie
500 g Weißbrot vom Vortag
250 g geräucherter Speck in Würfeln
5 EL Butter
100 ml trockener Weißwein
250 ml kräftige Hühnerbrühe
Salz, schwarzer Pfeffer
je 1 Prise frisch geriebene Muskatnuss und
Paprikapulver
1 EL Stärkemehl

- *Truthahn innen und außen salzen. Zwiebeln schälen und fein würfeln. Staudensellerie waschen, putzen und in kleine Würfel schneiden. Petersilie waschen, trockenschwenken, Blättchen abzupfen und fein hacken. Weißbrot in Würfel schneiden.*

- *Speckwürfel in einer Pfanne auslassen, Zwiebeln, Sellerie und Petersilie dazugeben, kurz mitbraten und dabei die Butter einrühren. Mit Weißwein und 100 ml Brühe aufgießen, vom Herd nehmen.*
- *Brotwürfel unterrühren und mit Salz, Pfeffer, Muskat und Paprika kräftig würzen.*
- *Den Truthahn mit der Brotmasse füllen und in einen großen Bräter geben. Im vorgeheizten Backofen bei 160 °C (Umluft 140 °C) gut 4 bis 5 Stunden garen. Zwischendurch mit dem ausgetretenen Fleischsaft übergießen.*
- *Den fertigen Truthahn aus dem Bräter nehmen, in Alufolie hüllen und ruhen lassen.*
- *Den ausgetretenen Bratensaft mit der restlichen Brühe einkochen und mit Stärkemehl binden. Sauce mit Salz, Pfeffer und Muskat abschmecken und separat servieren.*
- *Truthahn zerteilen und auf einer Servierplatte anrichten. Dazu passen gebackene Süßkartoffeln und Cumberland Sauce (Fertigprodukt).*

Caesar Salad (Caesarsalat)

Für 4 Portionen:
1 Eisbergsalat
100 g junger Parmesan
150 g Kochschinken
250 g gegartes Hähnchenfleisch
200 g Tomaten
4 hartgekochte Eier
1 kleine Dose Gemüsemais

Für das Dressing:
1 Knoblauchzehe
1 TL Zitronensaft
¼ TL scharfer Senf
1 Ei
125 ml Olivenöl
Salz, schwarzer Pfeffer
1 Prise Zucker
1 EL geriebener Parmesan

- Salat waschen, putzen und in Streifen schneiden. Parmesan hobeln und den Kochschinken in Würfel schneiden. Hähnchenfleisch in Streifen, Tomaten in Achtel schneiden und die Eier vierteln.
- Salat, Schinken, Hähnchenfleisch, Tomaten, Eier und Gemüsemais vermengen, zuletzt die Späne vom gehobelten Parmesan untermischen und auf vier Teller verteilen.
- Für das Dressing die Knoblauchzehe abziehen und durch die Presse drücken. Mit den anderen Dressingzutaten in eine Schale geben und cremig schlagen.
- Dressing über die Salatportionen träufeln und servieren. Dazu passt geröstetes Baguette.

Hot Fudge Sauce (Schokoladensauce)

Für 4 Portionen:
100 g Zucker
½ Päckchen Vanillezucker
50 g ungesüßtes Kakaopulver
200 g Sahne
¼ TL gemahlener Zimt
1 kleine Prise Salz
1 EL Butter

- Zucker, Vanillezucker, Kakaopulver, Sahne, Zimt und Salz in einen Topf geben und unter ständigem Rühren 2–3 Minuten kochen.
- Etwas abkühlen lassen und Butter einrühren. Die Schokoladensauce lauwarm zu Vanilleeis servieren.

U

Pumpkin Pie Cheesecake (Kürbis-Käse-Kuchen)

Für 1 Form von 24 cm Durchmesser:
Für den Boden:
150 g Löffelbiskuits
50 g Butter
Butter für die Form

Für die Füllung:
250 g Kürbis (z. B. Hokkaido)
800 g Frischkäse
150 g saure Sahne
200 g Zucker
1 Päckchen Vanillezucker
1 TL Speisestärke
4 Eier
je 1 Prise gemahlene Nelken, Zimt,
Muskat, Ingwer
kandierte Pekannüsse zum Verzieren

- *Für den Boden die Löffelbiskuits zerbröseln und die Butter zerlassen. Brösel und Butter vermengen und mit der Rückseite eines Löffels in eine gefettete Springform drücken.*
- *Für die Füllung den Kürbis schälen, entkernen, das Fruchtfleisch in grobe Stücke schneiden und etwa 15 Minuten in siedendem Wasser garen. Abgießen, in einem Sieb abtropfen lassen und mit einem Mixstab pürieren.*
- *In einer Schüssel Frischkäse, saure Sahne, Zucker, Vanillezucker, Speisestärke und Eier zu einer glatten Masse verrühren. Die Hälfte der Masse mit dem Kürbispüree verrühren und mit Nelken, Zimt, Muskat und Ingwer würzen.*
- *Kürbiscreme auf dem Kuchenboden verteilen, dann die helle Frischkäsemasse vorsichtig darüberstreichen.*
- *Den Kuchen im vorgeheizten Backofen bei 160 °C (Umluft 140 °C) knapp 60 Minuten backen.*
- *Abkühlen lassen und mit kandierten Pekannüssen verzieren.*

U

VEGANE KÜCHE

Im Unterschied zur ➔ vegetarischen Küche verzichtet die vegane Küche nicht nur auf Fleisch, Geflügel und Fisch, sondern auch auf tierische Lebensmittel wie Milch, Eier, Honig und Gelatine und alle Produkte, die daraus hergestellt werden. Besonders strenge Veganer übertragen diese Haltung auch auf alltägliche Gebrauchsgegenstände wie Kleidung und Schuhe, Putzmittel und Kosmetikartikel und meiden Erzeugnisse, die aus Tierprodukten wie Wolle oder Leder oder mit Hilfe von Tierversuchen hergestellt wurden.

Die Vegan Society wurde 1944 von dem Engländer Donald Watson als Abspaltung der englischen Vegetarian Society gegründet. Watson und seine puristischen Anhänger störten sich daran, dass der Begriff »vegetarisch« als Abkürzung für ovolaktovegetarische Ernährung gebräuchlich war. So kreierte Watson den Begriff »vegan«, indem er das englische Wort vegetarian auf seine Anfangs- und Endbuchstaben verkürzte und damit symbolisch zum Ausdruck brachte, was Veganismus in seinen Augen bedeutete, nämlich die logische Fortführung des Vegetarismus.

Die Entscheidung für eine vegane Lebensform ist meist ethisch begründet, was auch der Definition des Veganismus durch die Vegan Society zu entnehmen ist, in der das Bestreben formuliert wird, »soweit wie möglich und praktisch durchführbar, alle Formen der Ausbeutung und Grausamkeiten an Tieren für Essen, Kleidung oder andere Zwecke zu vermeiden und die Entwicklung tierfreier Alternativen zu fördern«. Aber auch gesundheitliche Gründe können den Ausschlag für eine vegane Ernährung geben, etwa eine Allergie gegen tierisches Eiweiß.

Heute haben Veganer durch die »kulinarische Globalisierung« eine stattliche Auswahl an Lebensmitteln und auch an Ersatzprodukten (etwa auf der Basis von Soja), die eine abwechslungsreiche Speisekarte ermöglichen. Tierische Gelatine kann durch Agar-Agar (aus Algen hergestelltes Geliermittel) ersetzt werden, gängige Milchprodukte durch Kokosmilch, Cresoy (aufschlagbare Sojasahne), Hafersahne (Kochsahne auf Haferbasis) oder Sour Supreme (saure Sahne auf Sojabasis), und zum Braten gibt es Alsan (rein pflanzliche Margarine). Statt Fleisch werden Okara (feste Bestandteile der Sojabohnen, die bei der Herstellung von Sojamilch abgeseiht werden), Seitan (Weizeneiweiß mit fester Konsistenz), Sojafleisch (Trockenprodukt auf Sojabasis) und Tofu (festes Sojaprodukt) verwendet.

Auch in anderen Bereichen arbeitet die vegane Küche gern mit alternativen Produkten. Beim Getreide etwa sind Amaranth (hirseähnliche Pflanze aus den Anden), Bulgur (grob geschroteter Hartweizen) und Couscous (Hartweizengrieß) sehr beliebt; zum Süßen wird gern Agavendicksaft (dickflüssiges Süßungsmittel) benutzt, zum Würzen Baharat (persische Gewürzmischung aus Muskatnuss, Zimt, Knoblauch, Koriander, Kardamom) oder Hefeflocken (pulverisierte Hefe). Sehr beliebt sind auch Algengemüse wie Hijiki (japanische Meeresalge mit fester, fleischiger Konsistenz), Konbu und Wakame (japanische Braunalgen) und Nori (japanische Rotalge) sowie Hülsenfrüchte. Doch sollte, wer sich vegan ernährt, in jedem Fall sorgfältig darauf achten, dass er auch wirklich alle nötigen Nährstoffe zu sich nimmt, da sonst die Gefahr der Mangelernährung besteht.

V

Gebratener Seitan mit Avocado-Tofu-Dip

Für 4 Portionen:
2 reife Avocados
150 g Seidentofu
Saft von ½ Zitrone
50 ml Sonnenblumenöl
½ TL Kräutersalz
schwarzer Pfeffer
4 Scheiben Seitan à 150 g
1 EL Alsan (pflanzliche Margarine)
1 TL Mirin (süßer japanischer Reiswein)

- Avocados schälen, vom Kern befreien und in grobe Stücke schneiden. Tofu ebenfalls in grobe Stücke schneiden.
- Tofu, Avocadofruchtfleisch, Zitronensaft und Sonnenblumenöl im Küchenmixer pürieren und mit Kräutersalz und Pfeffer würzen.
- Seitan-Scheiben in heißem Alsan auf beiden Seiten knusprig braten und auf vier Teller verteilen. Mit Mirin beträufeln und servieren. Avocado-Tofu-Dip dazu reichen.

Nuss-Carob-Aufstrich

Für 4 Portionen:
150 g Dattelmus (aus dem
Reformhaus oder Naturkostladen)
150 g Haselnussmus (aus dem
Reformhaus oder Naturkostladen)
2 EL Carobpulver
1 EL Getreidekaffeepulver
80 ml Wasser

- Dattelmus, Haselnussmus, Carobpulver, Getreidekaffee und Wasser gut vermengen oder mit dem Mixstab cremig rühren.
- Als Aufstrich zu Crackern oder Brot aus dem Naturkostladen oder Reformhaus reichen.

V

✕ VEGETARISCHE KÜCHE

Die vegetarische Küche bezeichnet eine Ernährungsform, die bewusst auf Fleisch, Geflügel und Fisch verzichtet und sich stattdessen auf pflanzliche Lebensmittel wie Gemüse, Kartoffeln, Getreide, Obst, pflanzliche Fette und Öle, Nüsse und Hülsenfrüchte sowie Produkte, die vom lebenden Tier stammen (Milch, Eier und Honig), konzentriert. Die Gründe für diese Ernährungsweise sind vielfältig. Der Begriff Vegetarismus wurde im 19. Jahrhundert geprägt, die Ernährungsform ist aber sehr viel älter. Sie wurde bereits in der Antike als Teil philosophisch-religiöser Bestrebungen etwa von den Pythagoräern praktiziert und parallel dazu in ➜ Indien gepflegt, wo sie noch heute sehr verbreitet ist.

Die vegetarische Lebensform kann religiös bedingt sein (etwa bei den Buddhisten und strenggläubigen Hinduisten) oder ethische Gründe haben. So hat etwa die öffentliche Diskussion um den Status von Tieren seit den 1970er Jahren die Hinwendung zum Vegetarismus erheblich befördert. Viele Vegetarier sind aus Protest gegen die Aufzucht- und Haltungsbedingungen zu dieser Ernährungsform übergewechselt oder weil sie schlicht das Töten von Tieren ablehnen. Auch gesundheitliche Gründe oder persönliche Vorlieben können bei der Entscheidung für eine vegetarische Ernährung eine Rolle spielen.

Als erste Vegetariervereinigung wurde 1847 in England die *Vegetarian Society* gegründet. Auf Betreiben des Pfarrers Wilhelm Baltzer (1814–1887) entstand 1867 in Deutschland der »Verein für natürliche Lebensweise«, der erste vegetarische Verein Deutschlands. Ende des 19. Jahrhunderts erreichte der Vegetarismus über die Reformbewegung, in deren Zentrum ein neues Verständnis des Verhältnisses von Mensch und Natur stand, in Deutschland eine breitere Öffentlichkeit. In den 1970er Jahren erlebte er mit der Umweltschutz- und Ökologiebewegung einen weiteren Aufschwung.

Der Vegetarismus ist allerdings keine einheitliche Ernährungsweise, sondern umfasst verschiedene Kostformen: Ovolaktovegetarier ernähren sich von pflanzlichen Lebensmitteln, Eiern und Milchprodukten. Daneben gibt es die Laktovegetarier (die keine Eier essen) und die Ovovegetarier (die keine Milchprodukte zu sich nehmen). Eine Küche, die komplett auf Lebensmittel tierischen Ursprungs verzichtet und ausschließlich mit rein pflanzlichen Lebensmitteln arbeitet, wird als ➜ vegane Küche bezeichnet.

Entgegen der noch immer verbreiteten Ansicht, eine vegetarische Ernährung führe zu Mangelerscheinungen, haben langfristige ernährungswissenschaftliche Studien den positiven Effekt einer solchen Ernährungsweise belegt. Durch eine höhere Menge günstigerer Nahrungsbestandteile wie komplexe Kohlenhydrate, Ballaststoffe, Vitamine, Mineralstoffe und sekundäre Pflanzenstoffe ist eine vegetarische Ernährung (in ihrer ovolaktovegetabilen Form) gesünder als Mischkost, führt seltener zu Übergewicht und Bluthochdruck und mindert das Risiko von Krebs- und Herz-Kreislauf-Erkrankungen.

V

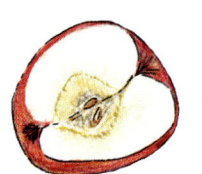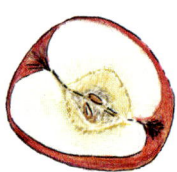

Safranspinat mit Kartoffelbällchen

Für 4 Portionen:
750 g Kartoffeln
Salz
1,5 kg junger Blattspinat
4 Knoblauchzehen
500 g Vollmilchjoghurt
Saft von ½ Zitrone
2 g gemahlener Safran
schwarzer Pfeffer
100 g Mehl
1 Eigelb
2 Eier
Mehl zum Wenden
50 ml Olivenöl
200 ml Sonnenblumenöl

- Kartoffeln waschen und ungeschält in kochendem Salzwasser garen. In der Zwischenzeit den Blattspinat verlesen, gründlich waschen und in einem Sieb abtropfen lassen. Knoblauchzehen abziehen und fein hacken. Joghurt mit Zitronensaft, Safran, Salz und Pfeffer verrühren.
- Kartoffeln abgießen, kurz auskühlen lassen und pellen. Noch warm durch eine Presse drücken oder zerstampfen und mit Mehl und dem Eigelb zu einem geschmeidigen Teig verarbeiten.
- Kartoffelmasse mit Salz und Pfeffer würzen und mit befeuchteten Händen gleichgroße Bällchen daraus formen. Eier verquirlen.
- Kartoffelbällchen zuerst in Mehl wenden, durch die verquirlten Eier ziehen und dann erneut in Mehl wenden.
- Olivenöl in einer größeren Pfanne oder im Wok erhitzen. Knoblauchwürfel darin glasig dünsten und dann den Spinat hinzufügen.
- Bei mittlerer Hitze unter mehrmaligem Schwenken und Rühren 2 bis 3 Minuten garen. Mit Salz und Pfeffer würzen und die Pfanne vom Herd nehmen.
- Sonnenblumenöl in einem Topf heiß siedend erhitzen. Kartoffelbällchen portionsweise einlegen und von allen Seiten goldgelb frittieren. Herausnehmen und auf Küchenpapier entfetten.
- Safranjoghurt unter den lauwarmen Spinat mischen und diesen breitflächig auf vier Teller verteilen. Die Kartoffelbällchen darauf anrichten und sofort servieren.

V

Kohlrabi-Sauerkraut-Salat mit Äpfeln

Für 4 Portionen:
2 große Kohlrabiknollen (etwa 500 g)
4 Frühlingszwiebeln
1 Bund Kerbel
2 große Äpfel
Saft von ½ Zitrone
250 g rohes Sauerkraut
150 g Ricotta
2 EL Weißweinessig
Vollmeersalz
grob geschroteter schwarzer Pfeffer
4 EL Pinienkerne

- *Kohlrabi schälen, vierteln und in Scheibchen schneiden. Frühlingszwiebeln putzen, waschen und fein würfeln. Kerbel waschen, trockenschwenken, Blättchen abzupfen und fein hacken.*
- *Äpfel schälen, entkernen, in Stifte schneiden und mit der Hälfte des Zitronensafts beträufeln.*
- *Kohlrabi, Äpfel und Frühlingszwiebeln breitflächig auf vier Tellern anrichten. Das Sauerkraut mit einer Gabel auseinanderzupfen und darauf verteilen.*
- *Ricotta mit dem restlichen Zitronensaft, 2 EL Wasser und Weißweinessig verrühren und mit Salz und Pfeffer würzen.*
- *Die Teller damit löffelweise überziehen und mit Kerbel und Pinienkernen bestreuen. Dazu passen gemischte Vollkornbrötchen.*

VIETNAM

Der langgezogene Küstenstaat Vietnam grenzt im Süden an Kambodscha, im Westen an Laos, im Norden an China und im Osten an das Südchinesische Meer. In seiner wechselvollen Geschichte stand das Land jahrhundertelang unter chinesischer Herrschaft, bis es im 10. Jahrhundert die Unabhängigkeit erlangte. Fortan wurde es von verschiedenen Dynastien regiert, bis um das Jahr 1880 französische Kolonialherren die Macht ergriffen, die 1945 von den Japanern abgelöst wurden. 1976 kam es nach 30-jährigem Krieg zur Wiedervereinigung des nach Ende des Zweiten Weltkriegs geteilten Landes. Landschaftlich ist Vietnam im Norden und Süden durch große Flussdeltas geprägt, im Hinterland durch Gebirgszüge und Hochebenen. Die rund 86 Millionen Einwohner der sozialistischen Republik sind zum Großteil Vietnamesen, daneben gibt es rund 54 ethnische Minderheiten, unter anderem Thai, Khmer und Chinesen.

Die vielseitige vietnamesische Küche ist vor allem von der ➔ chinesischen Küche beeinflusst, weist aber auch ➔ französische und ➔ indische Einflüsse auf – die Handelsstraße zwischen Indien und China führte durch Vietnam. Das französische Erbe zeigt sich zum Beispiel daran, dass es überall Baguette zu kaufen gibt und im Restaurant Crème brûlée angeboten wird; die Küchensprache ist gespickt mit französischen Ausdrücken (etwa Citronelle für Zitronengras), und auch der Anbau von Artischocken und Kaffee ist ein Relikt aus der Kolonialzeit.

Durch die große Nord-Süd-Erstreckung haben sich im Norden und Süden des Landes unterschiedliche Kochgewohnheiten entwickelt. Im Norden, wo sich das Klima weniger für den Anbau von Gemüse und Kräutern eignet, werden mehr Schmorgerichte, Reisbrei und Suppen gegessen und viel mit schwarzem Pfeffer gewürzt. In Südvietnam hingegen, wo im feuchtwarmen Klima reichlich Obst und Gemüse gedeiht, werden die frischen Zutaten meist kurz im Wok gegart und mit Chili gewürzt. Viele Salate verbinden hier auch herzhafte Zutaten mit Früchten.

Das vietnamesische Grundnahrungsmittel ist Reis, der vor allem im Delta des Mekongs im Süden und des Roten Flusses im Norden angebaut wird. Reis ist eine Standardbeilage, wird aber auch zu Nudeln und Reisblättern verarbeitet. Reisnudeln sind wichtigste Zutat von Suppen, etwa der Nationalsuppe Pho, die variantenreich, aber immer mit Rindfleisch zubereitet und schon zum Frühstück gegessen wird. Mit Reispapier werden mit Fleisch, Fisch und Gemüse gefüllte Frühlingsröllchen hergestellt, die als Goi cuon (roh), Banh cuon (gedämpft) oder Cha gio (frittiert) gegessen werden. Verbreitet sind auch dünne Reispfannkuchen wie Banh xeo (gefüllt mit Shrimps, Krabben und rohen Sojabohnensprossen) sowie pikante Reiskuchen, die in Bananenblättern gedämpft werden.

Fisch und Meeresfrüchte spielen in der vietnamesischen Kochkultur eine große Rolle, vor allem Krabben finden sich in zahlreichen Gerichten. Die beliebteste Fleischsorte ist Schweinefleisch, aber auch Geflügel, insbe-

sondere Ente, wird gern gegessen, Rindfleisch hingegen weniger. Da die vietnamesische Küche keine Nahrungstabus kennt, werden bisweilen auch Grillen, Hunde, Mäuse, Schlangen und Schildkröten verzehrt.

Sehr verbreitet sind Currygerichte, die im Gegensatz zu indischen oder ➜ thailändischen Currys meist nicht sehr scharf und zudem dünnflüssiger sind. Ein beliebtes Gericht ist Lau, eine Art Fondue mit heißer Brühe, in der die auf ein Stäbchen gesteckten Zutaten (Fleisch, Fisch, Gemüse) gegart werden. Außerdem gibt es im buddhistisch geprägten Vietnam zahlreiche vegetarische Gerichte. Salate aus frischem Gemüse begleiten fast jedes Essen, und den Abschluss einer Mahlzeit bildet in der Regel frisches Obst, wie Mangostane, Durian oder Drachenfrucht; Desserts spielen eine untergeordnete Rolle.

Die vietnamesische Küche verwendet vielfältige frische Kräuter, insbesondere Rau ram, eine scharfe Korianderart. Gewürzt wird außerdem mit Knoblauch, Ingwer, Pfeffer, Erdnüssen, Sesam, Curry, Limettensaft, Zitronengras und Kokosnuss. Zu allen Mahlzeiten wird Nuoc mam gereicht, eine Fischsauce, die aus fermentierten winzigen Reisfischen hergestellt wird und den Gerichten eine salzige Würze gibt. Oft wird Nuoc mam noch mit anderen Zutaten variiert, etwa zu Nuoc cham (mit Knoblauch und Chili).

Wie in den meisten südostasiatischen Küchen werden auch in Vietnam alle Gerichte gleichzeitig serviert und meist um eine große Schüssel Reis herum gruppiert. Fester Bestandteil jeder Mahlzeit ist eine Suppe, außerdem pfannengerührte Gerichte und Salate. Gegessen wird mit Stäbchen, denn die Zutaten werden stets, wie in China, in mundgerechte Stücke geschnitten. Das wichtigste Küchenutensil ist der Wok. Vielfach findet das Ko-

V

chen und Essen auch auf der Straße statt, wo an unzähligen Garküchen frisch zubereitete, preiswerte Gerichte angeboten werden.

Das beliebteste Getränk in Vietnam ist grüner Tee; daneben ist koffeinfreier Artischocken-Tee verbreitet, der aus einem gezuckerten Pulver zubereitet wird. Kaffee wird in kleinen Mengen, dafür aber sehr stark getrun-

ken und hat aufgrund eines bestimmten Herstellungsverfahrens ein kakaoähnliches Aroma. Er wird auch kalt als Erfrischungsgetränk mit gezuckerter Kondensmilch und viel Eis angeboten. Das beliebteste alkoholische Getränk ist Bier, von dem sowohl internationale Marken wie lokale Sorten erhältlich sind.

Ca bung (Tofu-Auberginen-Suppe)

Für 4 Portionen:
1 große Zwiebel
4 Knoblauchzehen
2 Fleischtomaten
1 Aubergine (300 g)
300 g Tofu
2 Frühlingszwiebeln
3 EL Erdnussöl
1 TL Zucker
2 EL Fischsauce (Nuoc man)
1 l Gemüsebrühe
schwarzer Pfeffer
2 EL fein gehacktes Koriandergrün

- *Zwiebel und Knoblauchzehen schälen und fein würfeln. Tomaten überbrühen, häuten,*

entkernen und kleinwürfeln. Aubergine und Tofu in mundgerechte Stücke schneiden. Frühlingszwiebeln waschen, putzen und in feine Streifen schneiden.
- *Erdnussöl im Wok erhitzen und Zwiebel und Knoblauch darin goldbraun braten. Tomatenwürfel einrühren, 2 Minuten schwenken und alles mit Zucker und Fischsauce würzen. Mit Gemüsebrühe aufgießen und einmal aufkochen lassen.*
- *Auberginen- und Tofustückchen hinzufügen und die Suppe bei geringer Hitze etwa 10 Minuten köcheln lassen.*
- *Mit Pfeffer abschmecken und in Suppenschalen füllen. Mit Koriandergrün und Frühlingszwiebeln bestreuen und servieren.*

Cha gio (Frittierte Frühlingsröllchen)

Für 24 Stück:
100 g Reisnudeln
5 Frühlingszwiebeln
2 Knoblauchzehen
200 g gegrillter Schweinebauch
200 g geschälte Shrimps
2 EL Nuoc mam (Fischsauce)
1 kräftige Prise Pfeffer
24 Reispapierblätter
Pflanzenöl zum Frittieren
gezupftes Koriandergrün, Gurkenstreifen,
Salatblätter, Fischsauce zum Servieren

- *Reisnudeln 10 Minuten einweichen. Frühlingszwiebeln putzen, waschen und fein hacken. Knoblauchzehen abziehen und fein hacken. Schweinefleisch und Shrimps ebenfalls fein hacken.*
- *Reisnudeln klein schneiden und mit Frühlingszwiebeln, Knoblauch, Schweinefleisch und Shrimps gründlich vermengen. Mit Fischsauce und Pfeffer würzen und 1 Stunde ruhen lassen.*
- *Reispapierblätter leicht mit Wasser benetzen, mit je 2 EL Füllung belegen, die Seiten einschlagen und aufrollen.*
- *Portionsweise in siedendem Öl von allen Seiten knusprig und goldgelb backen.*
- *Mit Koriander, Gurkenstreifen und Salatblättern anrichten und mit Nuoc cham (s. Rezept unten) servieren.*

Nuoc cham (Fischsauce mit Chili und Knoblauch)

Für 8–12 Portionen:
2 kleine rote Chilis
2 Knoblauchzehen
1 TL Zucker
Saft von ½ Limette
1 EL weißer Essig
2 EL Wasser
5 EL Nuoc mam (Fischsauce)

- *Chilis waschen, entkernen und fein hacken. Knoblauchzehen abziehen und fein würfeln.*
- *Chili, Knoblauch und Zucker in einen Mörser geben und gründlich zerreiben. Limettensaft, Essig, Wasser und Fischsauce dazugeben, gut verrühren und Nuoc cham zum vietnamesischen Essen servieren.*

V

Thit heo kho tieu *(Gebratenes Schweinefleisch mit Zucker)*

Für 4 Portionen:
4 Frühlingszwiebeln
800 g Schweinelende
2 EL Pflanzenöl
1 EL Zucker
1 kräftige Prise Pfeffer
¼ TL Salz
3 EL Nuoc mam (Fischsauce)
gehacktes Koriandergrün

- Frühlingszwiebeln waschen, putzen und fein hacken. Schweinefleisch in ½ cm große Würfel schneiden.
- Pflanzenöl im Wok erhitzen und Frühlingszwiebeln darin anbraten. Schweinefleisch hinzufügen und von allen Seiten kräftig braten.
- Mit Zucker, Pfeffer und Salz würzen und mit 250 ml Wasser ablöschen. Bei mittlerer Hitze einkochen lassen, dabei immer wieder umrühren. Zuletzt mit Fischsauce würzen. Mit reichlich Koriandergrün bestreuen und auf Reis servieren.

 VOLLWERTKÜCHE

Die gesundheitsbewusste, vollwertige Ernährung ist eine ausgewogene Mischkost, bei der Vollkornerzeugnisse, Gemüse und Obst, Kartoffeln und Hülsenfrüchte sowie Milch und Milchprodukte verzehrt werden. Geringe Mengen an Fleisch, Fisch und Eiern gehören ebenfalls zur Vollwertküche; häufig ernähren sich die Anhänger der Vollwertkost aber → vegetarisch, da tierisches Eiweiß bei dieser Ernährungsform eine untergeordnete Rolle spielt. Die Lebensmittel sollten frisch, naturbelassen, ökologisch unbedenklich und möglichst wenig bearbeitet sein: Bei Getreideerzeugnissen sollte stets das ungeschälte ganze Korn verwendet werden. Die Speisen werden in der Vollwertküche schonend und mit wenig Fett zubereitet. Komplett verzichtet werden sollte auf behandelte beziehungsweise »denaturierte« (industriell verarbeitete) Nahrungsmittel wie weißen Zucker oder Weißmehl, da diese Produkte reichlich »leere Kalorien«, also wenig Vitamine und Mineralstoffe haben.

Die Grundlagen der Vollwertküche wurden von den Ernährungsreformern im 19. Jahrhundert entwickelt. Der Naturheilkundler Theodor Hahn (1824–1883) führte zum Beispiel das Grahambrot (aus Vollkornweizen hergestelltes Brot, benannt nach seinem Erfinder, dem amerikanischen Prediger Sylvester Graham) in Deutschland ein; andere führende Wissenschaftler proklamierten eine möglichst naturbelassene Ernährung. Der Begriff »Vollwertkost« geht auf den deutschen Ernährungswissenschaftler Werner Kollath (1892–1970) zurück, der Lebensmittel nach dem Grad ihrer Bearbeitung in eine sechsstufigen Skala einteilte. Stufe eins beschreibt dabei das Optimum, also nicht erhitzte und völlig unveränderte Lebensmittel. Entsprechend der Skala empfiehlt Kollath, vorwiegend rohes unbehandeltes Gemüse, Obst, Hülsenfrüchte sowie Milch- und Vollkornprodukte zu essen. Ein anderes Konzept der Vollwerternährung stellte der Schweizer Arzt Maximilian Oskar Bircher-Benner (1867–1939) vor. Der Pionier der → Rohkosternährung lehnte behandelte Lebensmittel ab und empfahl stattdessen Nahrungsmittel, die einen besonders hohen Nährwert haben, wie frisches Gemüse und Salate; Fleisch hielt er für verzichtbar. Das von ihm entwickelte Bircher-Müsli (hergestellt aus rohen Äpfeln, Nüssen, Haferflocken, Zitronensaft und Milch) ist heute fester Bestandteil der europäischen Frühstückskultur. Eine weitere Variante der Vollwertküche propagierte der deutsche Mediziner Max Otto Bruker (1909–2001), der den Verzehr unbearbeiteter, nicht behandelter, also auch nicht erhitzter Lebensmittel empfahl und für den kompletten Verzicht auf Milch, Fleisch und Fisch plädierte.

Im Mittelpunkt der modernen Vollwertküche stehen Getreide wie Weizen, Grünkern, Hafer, Gerste, Roggen, Buchweizen, Amaranth, Vollreis, Hirse und Mais. Frisches Gemüse, Hülsenfrüchte wie Erbsen, Bohnen, Linsen und Kichererbsen, Nüsse und Samen, Keimlinge, Wildkräuter und Tofu spielen ebenfalls eine wichtige Rolle. Vollkornbrot, Frischkornmüsli, rohes Gemüse, Salate und Obst sollen einen großen Anteil der täglichen Ernährung ausmachen.

Die Deutsche Gesellschaft für Ernährung beschreibt die vollwertige Ernährung als eine Ernährungsform, die dem Organismus genügend Nährstoffe zuführt. Doch nicht nur die Gesundheitsverträglichkeit der Lebensmittel, sondern auch die Umwelt- und Sozialverträglichkeit der Lebensmittelerzeugung werden in der Vollwertküche berücksichtigt. Die Produkte sollten aus biologischem, regionalem Anbau stammen und unter sozialverträglichen Bedingungen hergestellt sein und vermarktet werden. Unverpackte oder umweltschonend verpackte Lebensmittel werden außerdem bevorzugt. Die vollwertige Ernährung soll dabei vor allem der Gesundherhaltung dienen.

V

Kräuterrührei mit Rosenkohl

Für 4 Portionen:
400 g Rosenkohl
2 EL Rapsöl
1 Frühlingszwiebel
6 Eier
5 EL Sahne
Meersalz, schwarzer Pfeffer
je 1 Msp. edelsüßes und rosenscharfes
Paprikapulver
1 EL frisch gehackte Kräuter
(Petersilie, Dill, Basilikum)

- Rosenkohl waschen, putzen und in heißem Salzwasser blanchieren. Frühlingszwiebel putzen, waschen, fein hacken und in heißem Rapsöl andünsten. Rosenkohlröschen einschwenken und einige Minuten braten.
- Eier mit Sahne, Gewürzen und Kräutern verquirlen und über den Rosenkohl gießen. Kurz stocken lassen und auf vier Teller verteilen. Dazu passen Pellkartoffeln und Kopfsalat mit Joghurtdressing.

Gemüseeintopf mit Amaranth

Für 4 Portionen:
250 g Karotten
250 g Kohlrabi
500 g Zucchini
1 mittelgroße Zwiebel
3 Knoblauchzehen
etwa 4 cm frische Ingwerwurzel
½ kleine rote Chilischote
2 EL Olivenöl
125 ml Gemüsebrühe
Meersalz, schwarzer Pfeffer
150 g Amaranth
½ Bund gemischte Kräuter

- Karotten und Kohlrabi schälen und in Würfel schneiden. Zucchini putzen, waschen und ebenfalls in Würfel schneiden. Zwiebeln, Knoblauchzehen und Ingwer schälen und fein würfeln, Chili putzen, entkernen und ebenfalls fein würfeln.
- Zwiebel, Knoblauch, Ingwer und Chili in heißem Olivenöl andünsten. Karotten, Kohlrabi und Zucchini hinzufügen und alles mit Gemüsebrühe begießen und mit Meersalz und Pfeffer würzen. Amaranth einstreuen und bei kleiner Hitze und gelegentlichem Umrühren etwa 20 Minuten garen.
- Kräuter waschen, trockenschwenken, Blättchen abzupfen und fein hacken. Den fertigen Gemüseeintopf damit bestreuen und servieren. Dazu passt frisches Vollkornbrot.

V

✕ ZEN-KÜCHE

Wenn du eine Karotte schneidest, schneidest du eine Karotte. Wenn du knetest, dann knetest du.« Das Wesen der Zen-Küche besteht in einem meditativen, sehr konzentrierten Kochen und Essen. Der Zen-Buddhismus ist eine im 5. Jahrhundert in China entstandene Strömung des Buddhismus. Ab dem 12. Jahrhundert gelangte der Chan-Buddhismus, wie er in China heißt, nach Japan und erhielt dort als Zen eine neue Ausprägung, die in der Neuzeit, wiederum in neuer Ausprägung, in den Westen kam. Der Zen-Buddhismus zielt darauf, das eigene Handeln in jedem Moment konzentriert und bewusst wahrzunehmen, ohne sich von anderen Gedanken ablenken zu lassen. Mit der typischen Zen-Sitzhaltung – ineinandergeschlagene Beinen, gerader Rücken, entspannt ineinander gelegte Hände und halb geöffnete Augen – wird die Konzentration trainiert. Auf diese Weise soll der Geist beruhigt und der Gedankenflut Einhalt geboten werden. Diesen Zustand der inneren Gelassenheit sollte der Zen-Schüler möglichst in jedem Augenblick seines Lebens beibehalten.

Die Zen-Küche ist in diesem Zusammenhang nicht nur ein Kochstil, sondern auch eine meditative Praxis, bei der jeder Arbeitsschritt bewusst und voll konzentriert ausgeführt wird und die Speisen sehr bewusst verzehrt werden. Die Essenz der Zen-Küche lässt sich dabei in vier zentralen Begriffen zusammenfassen: Respekt, Reinheit, Harmonie und Stille. Respekt soll zum einen im Umgang mit der Nahrung gezeigt werden – das Töten von Tieren etwa kann damit nicht vereinbart werden, weshalb die Zen-Küche eine einfache, ➜ vegetarische

Küche ist. Zum anderen soll Respekt auch den Gästen entgegengebracht werden, mit denen man speist. Das Gebot der Reinheit meint die Frische und Naturbelassenheit der Nahrungsmittel, die deshalb meist aus lokalem biologischen Anbau stammen und nach saisonaler Verfügbarkeit verwendet werden. Zen-Gerichte zeichnen sich deshalb durch natürliche, erdverbundene Aromen aus. Harmonisch soll die Zusammenstellung der Zutaten in einem Gericht sein, aber auch das Miteinander derer, die zusammen speisen. Und Stille bezieht sich auf ein entspanntes und sehr bewusstes Kochen und Essen mit allen Sinnen.

International bekannt wurde die Zen-Küche durch den kalifornischen Zen-Lehrer und Kochbuchautor Edward Espe Brown. Sein Buch *Tomato Blessings and Radish Teachings* (1997) erschien auf deutsch unter dem Titel *Das Lächeln der Radieschen* und wurde von Doris Dörrie in *How to cook your life* verfilmt. Brown verbindet in seinem Buch Anleitungen zur Meditation mit praktischen Anweisungen für das Kochen. Die Prinzipien des Zen-Buddhismus, die in der modernen Zen-Küche praktisch umgesetzt werden, gehen dabei auf die Schriften des japanischen Meister Dogen aus dem 13. Jahrhundert zurück. Dort heißt es in einem Liedtext: »Wenn du Reis wäscht, wasche den Reis. Vergeude kein einziges Reiskorn. Behandle Lebensmittel wie dein Augenlicht.« Browns Lehrer Suzuki Roshi, der in den 1960er Jahren von Japan nach Kalifornien kam, um dort ein Zen-Buddhismus-Zentrum zu gründen, lehrte diesen Zen-Buddhismus des Dogen.

Z

Poona (Indischer Kartoffeltopf)

Für 4 Portionen:
Für die Tomatensauce:
1 Zwiebel
3 cm frische Ingwerwurzel
500 g Tomaten
2 EL Pflanzenöl
½ TL Currypulver
1 Prise gemahlener Zimt
1 getrocknete Chilischote
250 ml Gemüsebrühe
1 EL dunkle Sojasauce
1 TL dunkles Sesamöl

Für den Kartoffeltopf:
250 g gekochte Pellkartoffeln
1 große Zwiebel
250 g Champignons
2 große Karotten
250 g Zucchini
250 g Bambussprossen
3 EL Pflanzenöl
Salz, schwarzer Pfeffer
½ TL Sambal Oelek
250 ml Gemüsebrühe

- Für die Sauce die Zwiebel und den Ingwer schälen und fein würfeln. Tomaten überbrühen, häuten, entkernen und klein schneiden. Pflanzenöl erhitzen und Zwiebeln und Ingwer darin anbraten.
- Tomaten einrühren und mit Currypulver und Zimt würzen. Die Chilischote einlegen und die Gemüsebrühe angießen.
- Die Sauce bei mittlerer Hitze etwa 15 Minuten köcheln lassen und zuletzt mit Sojasauce und Sesamöl würzen; dann vom Herd nehmen.
- Für den Kartoffeltopf die Pellkartoffeln schälen und in Viertel schneiden. Zwiebel schälen und fein würfeln. Champignons putzen und vierteln. Karotten und Zucchini putzen und in Streifen schneiden. Bambussprossen ebenfalls in Streifen schneiden.
- Pflanzenöl in einem Topf erhitzen und Zwiebel darin braten. Champignons hinzufügen, einige Minuten schwenken, dann nacheinander Karotten, Zucchini und Bambussprossen zugeben. Mit Salz, Pfeffer und Sambal Oelek würzen und mit Gemüsebrühe aufgießen.
- Bei mittlerer Hitze etwa 10 Minuten schmoren lassen; zuletzt die Kartoffeln hinzufügen und mit Salz und Pfeffer abschmecken.
- Tomatensauce unter den Kartoffeltopf ziehen und mit Reis servieren.

Su shi diong gu (Buddhistisches Pilzgericht)

Für 4 Portionen:
50 g getrocknete Mu-Err-Pilze
4 cm frische Ingwerwurzel
1 Stange Lauch
200 g Karotten
400 g Lilienblütenpilze (Enoki)
150 g Kartoffeln
3 EL Pflanzenöl
½ TL Salz
1 EL brauner Zucker
250 ml Gemüsebrühe
schwarzer Pfeffer
2 EL helle Sojasauce

• Die getrockneten Pilze mit heißem Wasser begießen und etwa 15 Minuten einweichen. Ingwer schälen und fein hacken. Lauch putzen, waschen und in feine Streifen schneiden. Karotten schälen und in Strei-

fen schneiden. Lilienblütenpilze schräg in kleinere Stücke schneiden, unter fließend kaltem Wasser abbrausen und mit Küchenpapier trockentupfen. Kartoffeln schälen und fein reiben.

• Pflanzenöl im Wok erhitzen und Salz darin unter Schwenken bräunen. Ingwer, Lauch und Karotten hinzufügen, einige Minuten dünsten und dann die beiden Pilzsorten zugeben.

• Nach 3 bis 4 Minuten Zucker darüberstreuen und leicht karamellisieren lassen. Kartoffeln einstreuen und mit Gemüsebrühe aufgießen.

• Bei mittlerer Hitze etwa 10 Minuten schmoren lassen, bis das Gericht leicht angedickt ist. Mit Pfeffer und Sojasauce würzen und mit Reis servieren.

Gruppenregister

Geflügel

Fisch & Meeresfrüchte

Beilagen

Alphabetisches Register

Fischsauce mit Chili und Knoblauch (Vietnam) 303
Fischsuppe (Laos) 171
Fish 'n' Chips (England) 86
Fladenbrot (Israel) 128
Fladenbrot, frittiertes (Malaysia) 179
Flan (Mexiko) 194
Flautas (Mexiko) 193
Fleisch-Reis-Terrine (Kambodscha) 145
Fleischbällchen in Brühe (Philippinen) 219
Fleischbällchen in Walnusssauce (Persische Küche) 214
Fleischklößchen (Finnland) 92
Fleischklöße (Norwegen) 203
Flusskrebse mit Kräutersauce (Frankreich) 95
Fried Oysters (Cajunküche) 62
Frischkäse und Räucherlachs in Sushi (Japan) 139
Frituras de batatas (Anden) 26
Früchte, frische, mit Joghurt-Mousse (Nouvelle Cuisine) 206
Frühlingsröllchen, frittierte (Vietnam) 302
Frühlingsrollen (China) 70
Fufu (Ghana) 16
Ful akhdar (Ägypten) 20

G
Gammon (Irland) 126
Garnelen in Kokossauce (Philippinen) 219
Garnelen mit Fenchelsalat (Trennkost) 273
Garnelen mit Tamarindensaft (Kreolische Küche) 165
Geang jeud wun sen (Thailand) 270
Geang khiao wan pla (Thailand) 269
Gefilte Fisch (Jüdische Küche) 142
Geißfuß-Sauerampfer-Gemüse, überbackenes (Slow Food) 247

Gemüse-Quinoa-Suppe (Peru) 216
Gemüse, gemischtes, aus dem Wok (China) 73
Gemüsecurry (Malaysia) 178
Gemüseeintopf mit Amaranth (Vollwertküche) 305
Gemüseeintopf mit Speck (Südamerika) 259
Gemüsepfanne (Äthiopien) 17
Gemüsepüree nach Art der Amish People (Ethnoküche) 87
Gemüserohkost (Italien) 131
Gemüsesalat mit Räucherlachs (Hawaii) 111
Gemüseschmortopf mit Hähnchen (Tunesien) 279
Gemüsespieße mit Papayasauce (Rohkostküche) 228
Geri riha (Malediven) 181
Gewürzweißbrot (Glutenfreie Küche) 102
Ghee bath (Sri Lanka) 253
Glasnudeln in Hühnersuppe (Kambodscha) 144
Glasnudelsuppe mit Hähnchen und Schalotten (Thailand) 270
Grapefruit-Shake (Fastfood) 90
Gratin de bananes jaunes (Guadeloupe) 109
Gravad lax (Schweden) 240
Gravlaxsås (Schweden) 240
Grießgebäck, frittiertes (Algerien) 24
Grilled Salmon with Cashew Rice (Kanada) 148
Grillhähnchen, mariniertes (Hawaii) 112
Grüne Bohnen in würziger Tomatensauce (Ägypten) 20
Grüne Sauce (Kräuterküche) 163
Guacamole (Mexiko) 192
Guinataan hipon (Philippinen) 219
Gulai manis kangkung (Indonesien) 123
Gulaschsuppe (Ungarn) 287

Gulyás (Ungarn) 287
Gundel palacsinta (Ungarn) 288
Gurke mit pfannengerührtem Rindfleisch (Korea) 160
Gurken-Joghurt-Sauce (Griechenland) 106

H
Hackfleischauflauf (England) 85
Hackfleischwürstchen (Balkan) 43
Hähnchen mit Bananenfüllung (ABC-Inseln) 9
Hähnchen mit Duftreis und Ananas (Thailand) 271
Hähnchen mit Safran (Südamerika) 260
Hähnchen und Schalotten in Glasnudelsuppe (Thailand) 270
Hähnchen-Gemüse-Schmortopf (Tunesien) 279
Hähnchen-Reis-Topf (Philippinen) 220
Hähnchen-Schmortopf (Cajunküche) 63
Hähnchen, geschmort, mit Orangen (Israel) 128
Hähnchenauflauf mit Mais (Anden) 26
Hähnchenfleisch mit Parmesan und Eisbergsalat (USA) 293
Hähnchenfleisch und Blumenkohl in Currysauce (Afghanistan) 13
Hähnchenfleisch-Kartoffel-Salat (Australien) 35
Hähnchenfleisch, mariniert und gegrillt (Jamaika) 136
Hähnchenfleisch, pfannengerührtes (Taiwan) 262
Hähnchenfleischfüllung für Tortillas (Mexiko) 193
Hähnchensalat mit Asia-Marinade (Fusionsküche) 100
Halpaprikács (Ungarn) 288
Halwah-e swanak (Afghanistan) 14